国家社科基金
后期资助项目
GUOJIA SHEKE JIJIN HOUQI ZIZHU XIANGMU

U0572513

高校大数据整合与抽取推荐

—— 理论与方法技术

Integration and Extraction Recommendation of Big Data in Universities
Theory and Methodology Technology

张文德　著

WUHAN UNIVERSITY PRESS
武汉大学出版社

图书在版编目(CIP)数据

高校大数据整合与抽取推荐：理论与方法技术/张文德著.—武汉：武汉大学出版社,2024.8

国家社科基金后期资助项目

ISBN 978-7-307-24333-0

Ⅰ.高…　Ⅱ.张…　Ⅲ.高等学校—信息化建设—研究—中国　Ⅳ.G649.2

中国国家版本馆 CIP 数据核字(2024)第 060788 号

责任编辑:郭　静　　　责任校对:李孟潇　　　版式设计:韩闻锦

出版发行:**武汉大学出版社**　　(430072　武昌　珞珈山)

(电子邮箱:cbs22@ whu.edu.cn　网址:www.wdp.com.cn)

印刷:武汉邮科印务有限公司

开本:720×1000　1/16　印张:28.5　字数:496 千字　插页:1

版次:2024 年 8 月第 1 版　　2024 年 8 月第 1 次印刷

ISBN 978-7-307-24333-0　　定价:99.00 元

国家社科基金后期资助项目（20FTQB017）

国家社科基金后期资助项目
出版说明

后期资助项目是国家社科基金设立的一类重要项目，旨在鼓励广大社科研究者潜心治学，支持基础研究多出优秀成果。它是经过严格评审，从接近完成的科研成果中遴选立项的。为扩大后期资助项目的影响，更好地推动学术发展，促进成果转化，全国哲学社会科学工作办公室按照"统一设计、统一标识、统一版式、形成系列"的总体要求，组织出版国家社科基金后期资助项目成果。

全国哲学社会科学工作办公室

序

大数据时代，信息资源呈几何级增长，未经加工的海量信息对用户有效获取信息造成一定的困扰。高校大数据越来越受到人们的关注，高校大数据是在高校领域内所汇聚的海量结构化与非结构化数据信息，包括属性数据信息，即师生的个人信息、师资信息、成绩信息等；行为活动信息，即消费信息、图书借阅信息、教学选课信息等；科学研究数据信息等。比起一般大数据资源，高校大数据具有连贯性、时效性和全面性的特点。

信息种类繁多，要完善高校智慧校园管理服务平台，必须依据高校的特点建立教务、学工等学生基础数据库和学生在校进行网络学习、进入图书馆、到食堂用餐等学生行为轨迹，实现学生行为轨迹在不同教育阶段的贯通，推动高校教育基础数据的伴随式收集和互通共享。通过对高校主要数据模型的梳理，提供统一的基于云的高校数据整合和共享平台，实现高校内部数据的整合和共享，为教学、科研、管理提供数据决策支撑，提高高校的信息化水平。

信息挖掘技术的进步和成熟为高校大数据的整合与抽取提供了有力的武器，高校在进行信息资源整合与抽取时要制定出符合大数据时代的高校大数据整合与抽取策略，提升高校的信息化服务水平，提高学校的管理效率，推动形成覆盖协同服务、全网互通的教育资源云服务体系。为了有效利用和统筹规划高校内部资源，整合更多外部资源，还需对高校数据资源进行整合与抽取。高校具有掌握信息挖掘技术以及具备信息管理能力的综合素质人才，能够统筹规划高校大数据整合与抽取工作，解决异构数据问题。高校应借助高校优秀的技术团队和专家学者的力量，利用成熟的信息挖掘技术，积极建设高校数据精简整合系统，推进高校信息共享工程的发展。

福州大学张文德为二级教授、博士生导师，他带领博士、硕士研究团队，在国家社会科学基金的资助下撰写的《高校大数据整合与抽取推荐——理论与方法技术》在分析与梳理领域内相关文献的基础上，根据他担任福州大学信息化建设办公室主任、主持全校信息化建设的经验以及他担任中国教育和科研计算机网福州节点主任、福建省高校教育信息化学会理事长的管理经验撰写而成，是其长期从事信息化工作的总结，对高校信息化发展具有很强的指导意义。该书创新性强、重点突出、观点鲜明，填补了相关研究领域的空白，对于广大高校信息化工作者来说是一部难得的图书，也是一部值得一读的好书。

亚太先进网络学会 APAN 主席

清华大学教授、博士生导师

王继龙

2024 年 3 月 2 日

前　　言

2020 年 4 月 9 日，中共中央、国务院公布了《关于构建更加完善的要素市场化配置体制机制的意见》，明确指出了数据作为一种新型生产要素，与土地、劳动力、资本、技术构成当今社会五个生产要素。数据作为要素资源，数据的全生命周期运行、应用、安全和管理基础软硬件系统作为不可或缺要素，对经济社会发展发挥数字化赋能作用。

"大数据"一词最早源于美国知名公司麦肯锡，是指海量、高增长率和多样性的信息数据，此类数据集合无法轻易用常规软件工具进行采集、管理和分析。在数字化时代下，数据类型除了传统的结构数据以外，还包括海量的非结构化数据。要构建以数据为关键要素的数字经济离不开大数据的发展和应用，要加快完善数字基础设施，推进数据资源整合、开放、共享，通过数据资源集群化云端赋能和数据链增值，催化数字经济倍增效益和马太效应。

高校大数据就是指在高校领域内所汇聚的海量结构化与非结构化数据信息，包括属性数据信息，即师生的个人信息、师资信息、成绩信息等；行为活动信息，即消费信息、图书借阅信息、教学选课信息等；科学研究数据信息等。比起一般大数据资源，高校大数据具有连贯性、时效性和全面性的特点。

高校大数据整合可以借助政府信息资源整合的做法开展工作，面对"大数据"时代给高校数据整合带来的挑战，从组织维度、数据维度、技术维度三方面对高校数据整合模式进行研究，为高校数据整合工作提供新思路，尝试建立高校数据统一规范管理的组织架构，通过对高校主要数据模型的梳理，提供统一的基于云的高校数据整合和共享平台，实现高校内部数据的整合和共享，为教学、科研、管理提供数据决策支撑，提高高校的信息化水平。各高校的数据整合建设任务主要集中于数据库管理和数据分析两个方面，并提出高校数据中心的具体建设思路主要有数据集中模式、数据共享中心和分布式资源整合三种不同的模式。

　　总的来说，国家关于高校大数据政策从 2015 年颁布《国务院关于印发促进大数据发展行动纲要的通知》开始，紧随其后，全国各省市均陆续发布大数据产业相关政策文件。其中，多数省市都关注到高校大数据，到目前为止，高校大数据已获得了相当大的政策支持和引导。

　　在大力推进信息系统集成整合与数据共享的大背景下，建设"互联网+教育"大平台，成为教育行业信息技术部门需要进一步积极推进的新课题。高校应立足于信息资源整合的现状，结合大数据的时代背景，充分应用大数据时代的信息挖掘技术，采取有效的措施应对大数据时代带来的挑战，实现高校数据资源的整合。在大数据时代，高校大数据整合需要各个环节的配合和各个部门协调一致的工作才能完成。

　　挖掘大数据应用潜能，加强智慧校园服务平台建设，发挥数据的基础资源作用和创新引擎作用，紧抓智慧校园数据共享开放与市场需求的结合点，扶持数据内容和信息技术服务，提供专业化、高质量的信息服务处理基础数据、开展数据挖掘、研发数据产品、提供信息服务、咨询数据应用、促进数据增值。

　　高校要追随国家信息化建设的脚步，将负责大数据整合的各个环节统筹起来管理，使各个部门团结合作，建立起一套统一的技术整合标准体系，才能协调一致地完成工作，推动数据资源整合更好地发展，并研究出解决大量异构数据存在问题的方法，填补安全技术存在的漏洞。

　　高校智慧校园的管理公共服务平台与教育资源公共服务平台互联互通、衔接、开放，构建"互联网+教育"形式，形成了高校教育信息化大平台，借鉴互联网技术和模式，实现数字资源、教育数据、技术设施的有效衔接和共享，全面促进教育服务供给模式升级和教育治理水平提升。

　　在高校智慧校园的建设过程中，统筹新建人事教师管理系统、学生管理和校舍管理等系统，加上前期建设的教务管理系统、科研管理系统、图书管理系统等，形成了高校管理与公共服务的系列平台，但它们基本上是相对独立的。在国家平台建设过程中，配套建设了一批公共技术支撑平台，比如门户网站、统一身份认证、数据交换平台。高校智慧校园在一体化平台建设方面建成了相对集中的信息系统，很多高校都可以提供网上办事与服务，有的学校达到 200 多项事项可以在网上办理。

　　第三方教育信息化平台大概有三类。第一类是综合学习或者服务平台，如：清华大学慕课平台"学堂在线"、国家开放大学提供的大型学习平台等。第二类是科目学习平台，包括在线英语学习、数学学习考试（刷题）等平台。第三类是一些专业平台，包括教学资源服务、作文批改（中文/英文）、网络视频云服务、就业服务/职业能力测试等。目前一些网站已经通过人工智能等技术实现了很多专业的功能，应用前景非常好。

《高校大数据整合与抽取推荐》也获得了 2023 年福州大学研究生教育教学改革项目——优秀教材建设项目（重点支持项目，课题编号：FYJC2023008）资助。高校大数据整合与抽取推荐是一个全新的研究内容，其本身也在不断发展之中，书中各类缺点在所难免，故敬请学界同仁匡谬补正，欢迎读者批评指正。

张文德

2024 年 3 月于福州

目　　录

1. 高校大数据概况

1.1 高校大数据发展

1.1.1 高校大数据

数据被认为是除石油、煤炭、天然气和水等之外的另一种资源，而任何物体的状态都可以用数字来表示，其行为都可以产生数据。数据，顾名思义是为一切经过事态发生而产生的有用或者无用的信息。它的形态包括结构化、半结构化和非结构化。大数据（big data），简言之，为大规模数据或海量数据。它的"大"不在数量，而是在范畴。它是从宏观的角度将数据以一定的作用或者用途进行分类，从而使数据得以有效地利用或者再生。大数据主要应用于大型互联网公司中，用于用户行为分析等方面，以便更好地感应市场取向，了解用户偏好。

1980年阿尔文·托夫勒在 *The Third Wave* 一书中就提出大数据的概念，并且认为大数据将会揭开信息革命的第三次浪潮。从中可以解读出大数据有增长速度快、大容量、多样性、高价值和高度真实性的特点。因此，把"大数据"定义为数据量的规模在足够大的时候，在特定的时间段内无法快速地对数据集合进行预处理和计算，而是通过分布式框架结构进行多并发处理数据，让其能够更快、更准确地体现其详细价值。

高校大数据已经渗透到当今高校的各业务职能部门，成为高校教学、科研及管理重要的资源。高校大数据具有"5V"的特征，即 Volume（规模性）、Velocity（时效性）、Variety（多样性）、Value（价值性）、Veracity（准确性）。规模性表现在数据的数量呈现跨越式增长，从以往的 GB 级上升到 PB 级甚至是 EB 级；时效性是指对大数据处理的结果需要满足快速响应的要求；多样性表现在数据格式有结构化、半结构化数据，如文本、图片和视频等半结构化数据；价值性则是指数据自身的价值密度较低，深层次的价值需要通过数据挖掘、数据分析等过程之后得到；准确性是指数据处理的结果要保证合理和正确。

高校大数据的应用涉及极广，分布于社会的方方面面，每个领域都具有较大发展空间，并能产生一定的生产价值。因此，高校大数据应用的研究意义在当今的信息时代尤为重要。高校是教育的重要阵地，教育方面的大数据显然离不开高校大数据。一般来说，高校大数据主要针对教师管理决策分析及学生行为分析、学生状态分析、学生管理决策分析研究等。高校中汇聚着大量的信息，从教师角度来看，包含教学任务、课件等教学信息，论文著作、科学研究数据等科研信息；从管理者的角度来看，包含学校的资产信息、师资信息、招生就业信息；从学生角度来看，包括姓名、籍贯和联系方式等基本信息，食堂消费、住宿晚归等生活信息，选课、课后作业、借阅图书、成绩等学习信息，参与社团、竞赛、讲座等第二课堂信息等。随着移动互联网以及物联网等新技术的兴起，学校师生主动产生和由设备自动收集的信息也越来越多，如微博、微信等社交信息，各类搜索点击和访问记录信息等。上述信息具有数量大、结构复杂、产生频率快等特点。这导致利用常用软件工具捕获、管理和处理此类数据所耗费的时间超过了可容忍的时间，因此，迫切需要对高校大数据进行深入研究，从而使高校大数据得到有效的利用，促进高校管理和教育的水平。高校大数据其实早已以应用的形式出现，如学生选课系统、校园卡管理系统、图书借阅系统和校园门禁系统等。大学生擅长利用网络平台获取和输出数据信息，这是高校大数据建设中需要思考的一个重要因素。高校大数据是汇集高校的学生、教师和管理者等在学校学习生活活动时产生的数据信息。

高校大数据的处理流程与一般数据的处理过程类似，通常是在合适工具的辅助下对广泛异构的数据源进行抽取和集成，将抽取和集成数据按照一定的标准统一存储，然后对存储的数据进行分析，从中提取有价值的信息，并利用恰当的方式将有价值的信息结果展现给终端用户。具体来说，可以分为数据抽取与集成、数据分析和数据展示。

高校大数据的数据来源呈现出多样化的特征，目前高校大数据的数据来源主要分为四类：第一类是源于各类机器设备、业务系统的日志数据；第二类是源于校园各类业务系统的业务数据；第三类是和用户具有一定关联度的其他数据；第四类是通过网络爬虫工具基于目标网页特征、目标数据模式、领域特征爬取的与科研用户科研活动相关的校园外部数据。其中，业务数据主要包括科研用户的基本信息、专业信息、科研信息、成果信息等，这类数据多产生于个人网站、人事、科研、创新创业等校园应用系统，属于结果化的关系型结构化数据，多存储于 Oracle、SQL Server、MySQL、DB2、Sybase 等关系型数据库中，通过数据集成工具易于实现存储与交换；日志数据涵盖了科研用户线上及线下的科研活动数据、活跃数据、学习数据等，属于"过程化+结果化"的非结构化数据，源于教育行业各种服务器、应用软件、物联网传感器、网络设备等系统，既含有技术层面的信息，又包含大量业务过程细节、用户行为特征、事件经过记录等信息。教育日志高校大数据可作为业务数据的补充，较好地表征教育教学、科研服务、管理服务等各项教育活动全生命周期中难以察觉的过程记录和丰富细节；校园外部数据专注于爬虫引擎所采集到与科研用户相关的跨校、跨域产生的合作交流平台、专著、论文、项目、成果、研究报告等交叉共建成果；其他数据涵盖了科研用户行为活动轨迹等其他类关联数据。行为活动轨迹用以辅助分析科研用户行为，以"结构化+非结构化"数据为主，重点关注科研用户实时位置的定位、历史行为轨迹的分析，能为构建科研用户热门活动圈、热点活动区域等提供数据分析的依据。

高校大数据的数据价值体现在高校的数据基础上，基于大数据构建的多种决策模型，大体上包括学生行为模式分析模型、个性化学习路径推荐模型、教学分析模型、科研分析模型、人员分布模型、消费模式预测模型、财政支出分配模型等，让数据伴随学生的成长和提升，为高校管理层提供决策，为学生提供一体化的服务，为教师的成长提供全方位服务的依据。

1.1.2　高校大数据的形成

可以将高校大数据比作一种产业，通过"加工"实现数据的"增值"，从而实现盈利。高校大数据技术指对含有特定意义的数据进行专业化处理，通过这些专业化的处理才能获得价值高增长率和多样化的信息资产，从而具备较好的决策力、洞察力和流程优化能力。

高校在多年信息化建设和应用过程中，传统的以流程为主体的业务服务模式所沉淀下来的数据成了高校大数据的宝贵资源，这些高校大数据积累了大量教学、科研、运行管理等方面的数据。高校信息化发展进入了智慧校园新阶段，其信息化数据的形态也在发生变化，非结构化数据越来越多，构成了海量的高校大数据，包括了网络教学资源、视频资料、科研等方面的数据，还有物联网和人工智能等新技术普及产生的大量微观数据。

高校拥有如此多的结构化与非结构化的数据，在数据化过程中，这些只是"原始"数据。将这些海量的数据进行有效的分析，对数据进行深层次的分类和利用，在信息化服务中这些规范化后的数据是管理者比较关心的，同时把这些数据反哺给高校内部及外部的各种应用系统，可以大大提升高校的信息化服务水平，提高学校的管理效率，也能为领导提供更科学合理的决策辅助，如将服务类数据形成服务成效、业务模式、用户行为、用户属性数据化等，将教学类数据加以分析运用于教学质量评估体系中，可以有效提高高校的教学质量。

基于高校大数据的个性化学习分析、精确诊断和智能决策支持，提升了教育品质，促进教育公平、提高教育质量、优化教育治理，成为实现教育现代化的重要支撑。高校大数据的主要作用表现在：

第一，有利于促进学生个性化学习。基于高校大数据，可以洞察学生学习需求、精细刻画学生特点、形成"学生画像"，引导学生学习过程、评判学生学习结果。从与学生相关的海量数据中归纳分析出各自的学习风格和学习行为，以及对学习者学习情况和过程相关的各种数据进行测量、收集和分析，进而提供个性化的学习支持。

第二，有利于实现教师差异化教学。高校大数据实现教师差异化教学，一方面可以因材施教，教师可以根据学生的不同需求推荐合适的学习资源，另一方面可以达成更大的教育规模。如 MOOC（慕课）平台突破了传统教育中实体教室的限制，课程受众面极广，能同时满足数十万学习者的学习需求。在教学过程中，为每一个学习者提供不同的教学服务，从而实现规模化下的多样化、个性化教学，达到因材施教的教学效果。MOOC平台可依托高校大数据构建学习者体验模型，对学生线上课程学习进行评估，教师可以对评估结果进行线上课程的再设计，改变课程学习顺序，优化教学策略。

第三，提高课堂教学质量。利用高校大数据可以准确地分析评价课堂教学的质量。过去对课堂、对老师的评价通常是定性和模糊的，在智慧校园的环境下，高校大数据可以实现采集样本的持久化、采集方式的多元化、挖掘手段的多样化、分析技术的多维度。

第四，有利于学校实施精细化管理。传统教育环境下，教育管理部门或决策制定者依据的数据是受限的，一般是局部的、滞后的、零散的、静态的数据，或是逐级申报、过滤加工后的数据，因此，很多时候只能凭经验进行管理和决策。高校大数据基于社会各方面的综合数据资源，能够实现实时精确观察和分析，推进教育管理从封闭型、粗放型、经验型向可视化、精细化、智能化的模式转变，使得大学的管理更加精准、高效、有力；推进教育管理朝着智慧治理、过程监控、分类管理、风险预警、趋势预测的方向发展，真正实现基于大数据分析规律的精准治理，改变原来管理的状况。

第五，有利于学校提供智能化服务。高校大数据可以采集分析学生、教师、家长、管理者的各方面行为记录，从而全面提升服务质量，为家长、学习者和教师等提供优质的智能化服务。对高校大数据的全面收集、准确分析、合理利用，已成为学校提升服务能力，实现用数据说话、用数据决策、用数据管理、用数据开展精准服务的驱动力。

虽然高校大数据分析有着不可替代的优势，但是与此同时，高校大数据对高校教育管理也会带来一些消极影响，具体体现在以下几个方面：

第一，隐私数据与自由数据的平衡问题。隐私数据意味着不能绝对自由，自由意味着要牺牲一定程度的封闭和隐私。高校大数据收集和存储教育数据，虽然是用于教育目的，但教育隐私数据泄露现象屡禁不止。如果高校数据信息被泄露，可能会引发涉及师生权益的诈骗问题。

第二，数据霸权问题。教育的根本宗旨是因人而异、因材施教，高校大数据背后探索的规律，看似是"规律"其实并不是"规律"。高校大数据可以通过概率预测优化学习时间、学习内容和学习方式，预测大学生职业生涯。但是，如人类的智慧、独创性、创造力造就的理念等教育现象是高校大数据无法预测的，按成绩进行分组、教育定制会加深教育鸿沟、限制学生超越发展的诉求，可能会导致教育由一片广阔的天空转变为预定义的、拘泥于过去的狭窄区域。甚至最糟糕的情况可能是：数据被收集者会因怕"数据欺凌"而采取"玩弄数据系统"的"自我保护"反应，由此导致的建立在不真实数据基础上的决策将会更加可怕。

第三，数据垃圾处理问题。随着智慧校园、泛在学习的推进，巨大的信息和碎片化的数据充斥着整个网络世界，高校大数据将成指数倍激增，垃圾数据增加不可避免，这将增加高校机房及数据中心在数据存储及数据处理上的负担和压力。如果以垃圾数据为基础建立决策，可能会使垃圾数据像病毒一样传染，最终使工作蒙受损失。因此，垃圾数据一旦产生，就需要我们在数据处理的过程当中，对垃圾数据进行过滤和清洗，并且自动决策这些数据的去留。目前，在高校大数据垃圾的处理原则、处理技术、数据人才、处理经费等方面都存在问题，特别是在大数据的价值挖掘没有充分利用的情况下，对于垃圾处理的支出显然大于收益，呈现"得不偿失"的局面。当然，尽管对高校教育管理大数据垃圾进行过滤和清洗任务艰巨，也不能因噎废食而放弃对高校大数据的建设和利用。

第四，数据标准问题。数据标准化是数据整合、共享、挖掘和利用的前提和基础，是数据资源实现共享的必要条件，就我国高校整体而言，并没有形成一套完善的、可通用的数据标准体系。高校大数据的价值在于数据的共享，标准化是针对各类数据分散无序的、相对独立的数据资源通过融合、重组及聚合等方式形成一个有序的、较大的、高效的与可读的整体，使人们可以快速地进行使用，这需要建立完善的数据标准体系。高校大数据同样也需要标准化和规范化处理，尽量减少混乱无序的数据，增强教育数据的通用性、可用性和互操作性，从而促进数据整体价值的提升，消除"信息孤岛"现象。

第五，数据质量问题。数据质量主要指数据资源满足用户具体应用的程度，主要从规范性、完整性、准确性、一致性、关联性和唯一性等几个角度综合评估。数据质量是数据科学决策的保障，高校在进行大数据收集的过程中必须有科学的数据标准化方案和详细的计划。目前，高校大数据存在着多源头、不一致、异构、缺失、不准确和重复等问题。①

高校大数据根据存储形式分为结构化数据和非结构化数据，这些结构化数据是整齐格式化和高度组织的数据。它是可以放入表格和电子表格中的数据类型，在计算机中可以轻松地进行检索，而且能够用数据或统一的结构加以表示的信息，如：数字、符号等，高校大数据中常见的结构化数据有学生的学号、学院、班级号、教师的职工号等。非结构化数据本质上是结构化数据之外的一切数据，简单来说就是字段可变的数据，它的数据结构不完整或不规则，不方便用数据库二维逻辑表，没有预定义的数据模型来表示。高校大数据中常见的非结构化数据有课程课件、电子邮件、社交网络数据、监控视频等。

1.1.3　高校大数据管理平台的应用

在大数据时代，高等学校管理创新面临新的机遇，如何利用大数据来促进教育管理水平的提高，是高校急需解决的问题。将来自各方的数据进行采集、加工、分析和处理，并建立数据应用中心，实现数据分析服务，为学校政策制定、落实重大决策提供决策依据。然而，清晰科学的架构设计是高校大数据可持续应用与发展的基础保障。因此，很多高校开始使用大数据管理平台来充分利用数据，为高校教学和科研服务（见图 1-1）。

---

① 陈桂香．大数据对我国高校教育管理的影响及对策研究［D］．武汉：武汉大学，2017.

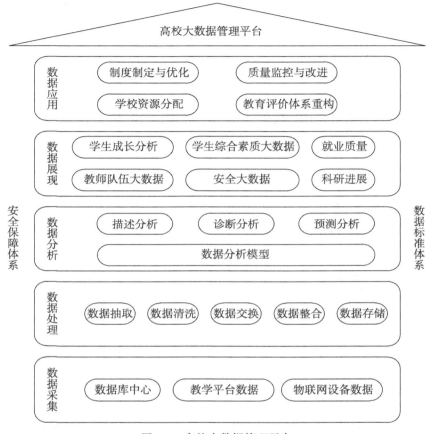

图 1-1　高校大数据管理平台

　　高校大数据管理平台主要包括五个层次：数据采集层、数据存储及处理层、数据分析层、数据展现层、数据应用及安全层。数据采集层主要负责从各个数据源（如：学生信息系统、教务系统、图书馆系统等）中采集数据，并将数据进行清洗、转换和存储。数据存储及处理层主要负责存储采集到的数据，通常采用关系型数据库或分布式存储系统，对数据进行初步的清洗、抽取、交换和整合等。数据分析层主要负责对存储在数据存储层中的数据进行处理和分析，以提取有价值的信息和知识。该层通常包括数据挖掘、机器学习、统计分析等技术。数据展现层主要负责将处理和分析后的数据以可视化的方式呈现给用户，以便用户更好地理解和利用数据。该层通常包括数据报表、数据可视化、数据仪表盘等技术。数据应用及安全层主要负责数据的基本应用场景以及保障数据的安全性和隐私性，包括数据加密、访问控制、审计等技术。

要实现教育中的智能支持，离不开智慧校园，智慧校园是当前教育信息化的发展方向。近几年，以深度学习为代表的人工智能实现了突破，通过深度人工神经网络学习高校大数据中蕴含的规律，如：计算机视觉、语言精准翻译、语音自动识别等，从而获得了智能。在教育领域，如果要充分整合、有效利用和分配教育资源，必须要全面采集高校教育发展过程中的各种高校大数据，通过数据拟合，形成模型。

随着计算性能的不断突破，以深度信念网络（Deep Brief Network，简称 DBN）、多层感知机（Multilayer Perceptron，简称 MLP）、降噪自编码机（Denoising Autoencoder，简称 DAE）、卷积神经网络（Convolutional Neural Network，简称 CNN）以及循环神经网络（Recurrent Neural Network，简称 RNN）等为代表的深度学习算法在语音图像、自然语言处理方面取得突破性进展，使其成了人工智能的一个热门方向。深度学习算法具有以下特点：（1）能够通过一种深层次非线性网络结构，从海量样本中学习到用户和项目的深层次特征的表示。[1]（2）深度学习算法能够很好地处理多源异构数据，将不同类型的数据映射到统一隐空间内，从而得到数据的表征统一。[2]

高校大数据的内容包括数据的收集、存储和加工等。高校大数据可按其类型进行数据收集。其中，结构化数据也就是数据在集成期间，可将不同结构的、有关联的数据汇聚在一起，再经过数据集成，以此来实现各自的业务系统与数据的结合。可根据实际应用的需要，以数据与数据库的对接交换，实际上也是数据应用的交换。这两类数据的交换都有着不同的要求，要符合数字逻辑，富有科学性的交换。非结构化数据则是结构化数据以外的数据，这类数据通常有文本等类型的数据，这些数据可以进行必要的关联、联结。储存在数据库外部的数据往往是工作过程中形成的业务文档、视频文件、图片等，其数据主要通过广大师生、诸多的课程来实施采集，非结构化数据上也可附加主数据元，作为最有效的引证，以实现数据集成。高校大数据的存储是指将收集到的数据进行集中存储、备份，同时

① ABDUL A，CHEN J，LIAO H Y，et al. An emotion-aware personalized music recommendation system using a convolutional neural networks approach［J］. Applied Sciences，2018，8（7）：1103.

② PENG Y，ZHU W，ZHAO Y，et al. Cross-media analysis and reasoning：advances and directions［J］. Frontiers of Information Technology & Electronic Engineering，2017，18（1）：44-57.

进行分类管理以及实时更新。其中结构化数据按照其结构直接存储在数据库中以供检索，非结构化数据则通过一定的转换之后进行存储。高校大数据存储的重点在于进行数据的分类和去重，分类就是将产生的数据分门别类地进行划分，如：教师的数据和学生的数据就应该分开存放，因为不同的数据分析应用的方式不同；去重则是将收集到的数据中重复的数据进行删除，从而只保留一份有效数据，这样做不仅可以节省存储空间和成本，而且减少了数据量，也为后续的数据分析奠定了准确的数据基础。总之，要做到数据标准规范化、数据质量度量化、数据内容精简化、数据管理脉络化。

高校大数据的数据价值体现在高校的数据基础上，基于大数据构建的多种决策模型，大体上包括：学生行为模式分析模型、个性化学习路径推荐模型、教学分析模型、科研分析模型、人员分布模型、消费模式预测模型、财政支出分配模型等，让数据伴随学生的成长和提升，为高校管理层提供决策，为学生提供一体化的服务，为教师的成长提供全方位服务的依据。

1.2　高校大数据基本问题

高校教师的基本信息、讲课的课件和短视频、网络教学课程以及学生的学籍、选课、成绩、借书、上网、论坛等都会产生大量数据，同时还有设备、机房和图书信息等也会产生大量数据。除了在人才培养方面会产生大量数据外，高校管理活动、科学研究、社会服务等方面都会产生大量数据，这些数据明显具备了高校大数据特征，其体量巨大，结构多样，来源分布较广。

1.2.1　高校大数据的特征

高校大数据是对在有限时间内以传统的数据处理方式不能够有效处理的数量巨大且结构非常复杂的数据集的统称[1]。

由于高校大数据的特征，在总数据量接近的前提下，单独分析多个小数据集(data set)，这些小数据集，数据的来源不同，数据的结构形式也

---

[1]　HADOOP W T: The Definitive Guide(2nd Edition)[J]. Computer Reviews, 2012, 215(11): 1- 4.

不全相同。对由这些数据集构成的多元异构大数据进行挖掘和分析，通常能够获得信息和数据中更多的关联和价值，用以辅助预测、决策、监测等行为。这样的用途使得异构高校大数据和高校大数据相关技术研究成为信息时代下人们关注的重点，同时也将是未来发展的主要着力点。

目前，较为统一的认识是高校大数据具有五个基本特点：

（1）高校大数据量大（Volume）

这是高校大数据的基本属性，从 TB 级别跃升到 PB、EB 或 ZB 级别。使数据规模增加的原因有很多，首先是采样的样本不断变大，以前是用少的数据量描述大事物，这样得出的结论可能不准确，随着技术的发展，样本数目逐渐接近原始的总体数据，高数据量带来高的精确性，能够从更多的细节来了解事物属性与本质。其次是随着不同传感器获取数据能力的不断提高，获取的高校大数据也更接近于事物本身，相应描述事物的数据量也会增加。

（2）高校大数据处理速度快（Velocity）

这是高校大数据分析区分于传统数据挖掘的显著特征。随着移动互联网的不断发展，数据的产生变得更快速、更方便，产生数据的量也越大，即呈新摩尔定律式的快速增长。不断产生的数据也要求有相应的处理速度来匹配，才能使得高校大数据发挥有效的作用，否则，快速增长的数据不仅不能带来优势，反而变成一种负担。同时，网络中的数据是不断变化的，有些数据的实时性要求高，需要很快的速度来处理，往往这种数据的价值会随着时间的变化而降低。如果数据在规定的时间节点内没有得到最有效快速的处理，通常这些大量的数据就失去了其存在的价值。此外，在许多环境中要求能够实时处理新增的数据，在高校中，高校大数据就具有很强的时效性。高校大数据以数据流的形式产生、消失，通常数据量的产生表现形式不是一条直线形式，而是呈现为波浪式，这就要求对高校大数据的处理要快速、实时和持续。

（3）高校大数据类型多样（Variety）

这是高校大数据的重要特性。当前的数据存储、处理、查询都是基于数据格式统一、预先定义好的结构化数据来进行的。但是，随着互联网的快速发展，涌现出大量的非结构化数据，非结构化数据没有统一的结构属性，但人们在浏览新闻、网上购物等时会产生大量的视频、图片、音频等非结构化数据，所以在存储时，增加了数据存储、处理的难度。

（4）高校大数据价值密度低（Value）

这是高校大数据的重要特性，在进行采样时，样本越大，所得到的统计结果也就越接近于事物本身。高校大数据通常是直接采用全部数据，由于省去了归纳和采样，这意味着需要包含了所有的数据信息，从而保障了分析结果的可靠性，但是，同时也带来了许多无用的信息，所以高校大数据关注的非结构化数据的价值密度偏低，比如在连续不间断的监控视频中，有价值的可能就是一两秒。如果能将它们"提纯"并迅速处理为有价值的信息，就相当于掌握了一把能够开启宝藏大门的钥匙。从统计学角度看，可以对传统的结构化数据进行采样，然后进行抽象、分析和归纳等处理，如何通过强大的机器算法更迅速准确地完成数据的价值"提纯"，是大数据时代亟待解决的难题。

（5）高校大数据内容真实（Veracity）

高校大数据中的内容是与真实世界中的发生事件紧密相连的，利用高校大数据就是从庞大的网络数据中提取出能够解释和预测现实事件的过程。通过高校大数据的分析处理，能够获得解释结果和预测未来。因此，必须强调提取数据的准确性和可信赖度，即数据的质量。如：通过高校大数据获取并分析用户提供的信息，可以知道用户独特的需求和喜好，并能够预测出用户下一步的动作，在用户行动前向用户推送信息。

除上面介绍的五个特点外，高校大数据还有以下三个特点：

（1）高校大数据关联性（Viscosity）

高校大数据关联性即数据流间的关联性，关联的数据价值远大于孤立的数据。通常原有建立在人的主观认识基础上的关联物监测法已经落后，取而代之的是借助机器的超强计算能力和复杂的数学模型，对看似杂乱的高校大数据进行专业性测试和分析，自动搜寻和建立关联关系，并得出有价值的结论。高校大数据不看重单个数据流的价值，强调从彼此关联的数据流发现相关关系，而不是因果关系，只需要知道"是什么"，而无须明白"为什么"。

（2）高校大数据易变性（Variability）

高校大数据易变性即数据流的变化率。高校大数据的生成是瞬息万变的，导致数据量在极短时间内快速增长，数据更新速度极快，数据价值的衰减率高，需要对不断变化的数据做出快速反应，即在瞬息万变的状态下进行动态、实时分析。这些不但包括人为产生的大量数据，还包括无数的传感器、监测设备等智能化机器源源不断地自动生成的数据。

(3) 高校大数据有效性(Validity)

高校大数据有效性即数据的有效性及存储期限。数据可以有效记录并长期存储，也可追溯查找、循环往复利用，数据本身的有效性和基于大数据分析与预测的有效性随着时间推移而大大提高。高校大数据看起来是内容繁多且杂乱无章的，但是随着存储技术的进步，高校大数据存储空间和时间限制将越来越少。

高校大数据的数据量巨大，随着互联网时代的到来，社交网络、移动网络都在不停地产生数据，数据无时无刻不在增长。同时，随着传感器获取数据能力的不断提高，数据量也将不断增长，并且由于技术的发展，样本数目越来越接近事物本身，会产生接近原始的总体数据，这样一来，在带来数据高精确性的同时也带来了巨大的数据量。高校大数据数据类型多样、结构复杂，它同大数据一样，在产生文本数据的同时还产生图片、视频、音频等数据。由于目前还没有建立统一的数据标准，高校大数据的结构各异，极其复杂。最后，高校大数据还有着数据产生频率快的特点，由于高校大数据的数据来源就是在校的师生，只要师生进行活动就会产生数据，而师生又时刻进行着活动，如上下课、吃饭、购物等，所以也会随之产生相应的数据，即数据产生频率快。

高校大数据体量大、速度快，为支撑实时决策，通常数据的分析必须以毫秒计；具有多样性，大数据包括非结构化数据、准结构化数据和结构化数据，如视频、音频、日志文档等数据；具有准确性，高校大数据经过处理后，达到的结果更加准确；有价值，高校大数据能从规范处理的大数据中获得有价值的信息。高校大数据研究涉及面广，并且更具针对性，将教育教学与信息技术融合，提高教与学的效果，以云计算、物联网、大数据分析等新技术，提供一种环境全面感知、数据化、网络化的教学、科研、管理和生活服务，使教育和教学更具有发展空间，同时产生巨大的社会价值和产业空间。

高校大数据作为大数据中的一个特例，还具备以下特殊的特征。

（1）互联网共享

高校大数据的网络用户基本是来自同一片互联网的，甚至拥有相同的
IP 和统一标准的注册账户。校园网与其相关联的教职工及学生的统一账
号，为校园中人与人、物与物、人与物之间的全面互动、互通、互联提供
了保障。

（2）服务终端应用

高校大数据的数据采集终端也是它的服务终端，从学校的官方网站到
各类相关手机移动 App，都同时具备数据采集和提供服务的双向功能，这
也是高校大数据有别于其他大数据的具体特征。

高校大数据还有一些具体特征。

（1）需要大容量的数据存储

伴随着各种随身设备、云计算和物联网、云存储等技术的发展，物和
人的所有轨迹都可以被记录，数据因此被大量生产出来。高校移动互联网
的核心网络节点是人，每个高校中的人员都成为数据制造者，照片、录
像、短信、微博都是其数据产品；数据来自自动记录设施、自动化传感
器、生产监测、交通监测、环境监测、安防监测等，也来自自动流程记
录，刷卡机、收款机、电子停车收费系统等设施以及各种办事流程登记
等。大量自动或人工产生的数据通过互联网聚集到特定地点，包括互联网
运营商、电信运营商、商场、企业、政府、银行、交通枢纽等机构，形成
了大数据之海。

（2）需要多样性的信息采集

随着传感器、智能设备以及社交协作技术的飞速发展，高校组织中的
数据不仅包含半结构化和非结构化数据等传统的关系型数据，还包含来自
互联网日志文件、网页、社交媒体论坛、搜索引擎、电子邮件、文档、主
动和被动系统的传感器数据等原始数据。在大数据时代，高校的数据格式
变得越来越多样，涵盖了音频、图片、文本、视频、模拟信号等不同的类
型，高校数据来源也越来越多样，不仅产生于组织内部运作的各个环节，
也来自组织外部。

发掘这些快慢不一、形态各异的数据流之间的相关性，是高校大数据
做前人所不能、做前人之未做的机会。高校大数据是处理不同来源、不同

格式的多元化数据，以及巨量数据的利器。

(3)拥有快速度的信息集成

快速度是大数据处理技术和传统的数据挖掘技术最大的区别，而高校大数据也是一种以实时数据处理、实时结果导向为特征的解决方案，它的"快"有两个层面。

一是高校大数据产生得快。在高校中的数据爆发通常集中在开学季，新生入学需要输入各式数据，学生在规定的时段内进行选课，以支持并适应接下来的校园生活。有的高校大数据是爆发式产生，有的高校大数据是涓涓细流式产生，但是由于学生用户众多，短时间内产生的数据量依然非常庞大，如射频识别数据、日志、点击流、GPS(全球定位系统)位置信息等。二是高校大数据处理得快，如数据处理系统可以处理直接涌进来的新数据，也可以从数据池中调出数据进行处理。高校大数据也有批处理和流处理两种范式，以实现快速的数据处理。

(4)需要真实性数据信息

高校大数据的重要性就在于对高校决策的支持，高校大数据的规模能为决策提供帮助，同时，高校大数据的真实性和质量是制定成功决策最坚实的基础，是获得真知和思路最重要的因素。追求高校大数据质量是高校一项重要的要求，即使是最先进的数据清理方法也无法消除如天气形势、人的感情和诚实性、经济因素以及未来某些数据等固有的不可预测性。

在处理这些类型的高校大数据时，数据清理无法修正这种不确定性，接受高校大数据的不确定性，采取数据融合，即通过结合多个可靠性较低的来源创建更准确、更有用的数据点，或者通过鲁棒优化技术和模糊逻辑方法等先进的数学方法，往往可以获取真实的数据信息。

1.2.2   高校大数据的类型与内容

(1)高校大数据从不同的角度划分，可分为不同的类型。

①按高校大数据性质划分

按高校大数据的性质划分，高校大数据可以分为非结构化数据、半结构化数据、结构化数据。非结构化数据则是没有固定格式的数据。半结构化数据是非关系模型，包括所有格式的办公文档、文本、图片、智能硬件结合数据、各类报表、图像、音频和视频信息等教学资源，不适合用二维表存储，但有基本固定模式的数据。半结构化数据一般是自描述的，数据的结构和内容混在一起，是用树、图来表达的数据。结构化数据即是数据库中的数据，可用二维表的结构来进行逻辑表达，以关系数据库形式管理的数据。

高校在智慧校园的建设中，基本都建立了信息管理系统，在数据中心收集了大量的结构化数据。同时，各类教学系统中还存在网课视频、课件等诸如此类的非结构化和半结构化数据，经过一定的处理后，可以转化为更容易分析使用的结构化数据。

②按高校大数据结构划分

高校大数据可以分为四层，从低到高可以分为基础层、状态层、资源层和行为层。基础层包括各类教育基础数据，如学生的选课与成绩信息、学籍系统、人事系统、资产系统数据等。主要服务于高校管理者宏观掌握高校发展状态的科学决策。状态层为各类教育装备、环境与业务的运行状态数据，在智慧校园中主要靠传感器获取，主要服务于高校管理者掌握各项教学业务运行状况和优化教育环境。资源层为各种形态的教学资源数据，主要以非结构化数据为主，包括网络教学资源、上课过程中产生的教师教案和学生笔记、试题等教学辅助资源。行为层则是用户的行为数据，包括学生行为和教师行为数据，学生个性化学习、行为预测和发展性评价以及教师的师德内容等。基础层和资源层数据属于结果性数据，状态层和行为层数据属于过程性数据。

③按高校大数据来源划分

高校教育管理大数据可分为两类：

一类来自教育系统内部，是教育管理大数据的主要来源，包括管理类数据、教学类数据、科研类数据及服务类数据。管理类数据来自学校的行政部门，这部分数据包括学生学籍管理、教职工工资绩效管理等一系列数据，这部分数据为学校对于学生的档案管理以及教师的审查考核提供帮助。教学类数据来源于学校的教学岗位，这部分数据包括学生的学分绩点、学科成绩以及教师课程安排等，这部分数据协助学校对学生的教育培养提供帮助。科研类数据来自科研岗位的实验和各种记录，这也是高校大数据中所占体量比较大的部分，这部分数据用于各项科研活动，协助高校进行科学研究。服务类数据来源于学校的教辅类机构，如：图书馆、信息中心、测试中心等为师生提供服务产生的数据。

二是来自外部数据源，是社交媒体和互联网产生的数据。随着腾讯QQ、微信及微博等社交媒体的发展，网络化趋势加剧，与此同时产生的高校大数据也在不断增加。

④按高校大数据主体划分

从采集业务来看，高校大数据可分为教师教育管理类大数据、学生教育管理类大数据、综合教育管理类大数据和第三方应用类大数据四类。教师教育管理类数据主要包括教师基本信息、备课教案、课堂教学、科研数据、成果转化、评奖评优、进修培训及参加的各类活动数据等。学生教育管理类大数据主要来源于学生的学习和生活及社交数据活动，如学生的基本信息、所学的课程、成绩、排名、评奖评优及参加的各级各类活动等。综合管理类数据包括学校基本信息数据、学校各项评比类数据、学校各项奖励数据等。第三方应用类大数据，包括教学资源、金融缴费、生活服务、云课堂、微课等。

⑤按高校大数据的数据用途划分

高校产生的数据可划分为人、财、物三大类。"人"包括教师、学生、后勤人员等，"财"包括高校财务运行状态，"物"包括高校固定资产。

⑥按高校大数据所属部门可分为以下六类：

A. 学校基础数据。主要包括教师数据、学生数据、学院专业数据、部门设置数据等。

B. 人事管理数据。主要包括人事招聘、职称职务、科研记录、奖金评定等数据。

C. 教务管理数据。主要包括成绩数据、课程数据、学籍数据、学情数据等。

D. 资产管理数据。主要包括固定资产数据、校舍数据、楼宇数据、场地数据等。

E. 财务管理数据。主要包括工资数据、绩效数据、财务报销数据、学生缴费数据等。

F. 图书馆数据。主要包括馆藏知识数据、图书馆工作数据、用户使用图书馆的数据等。

(2)高校大数据包括教学数据、科研数据，还有学生管理数据、资产管理数据等，宏观上可以将内容分类为资源大数据、教师大数据、学生大数据等。

①资源大数据

通过对资源大数据的分析与利用，可以让高校管理者了解学校的总体发展情况，为管理者合理规划提供决策支持。如：高校的在校资产信息数据，每年各院系的招生及就业信息，图书馆购置的印刷型、电子型资源信息数据，上级管理单位下发的文件通知等政策文件信息数据。

②教师大数据

教师的教学安排、课件与课程等授课信息数据，发表专著论文、承担和参与科研的数据等。通过对教师大数据的分析与利用，可以为师资培训与提升提供更精准的规划，还能促进教师的合理化配置，更好地为教师管理服务，从而促进教师队伍管理的现代化。教师大数据除了大家熟知的学历、职称、专业、年龄等基本信息，还有参与培训数据、教育教学活动数据等。这样才能更全面地了解教师的整体情况以及每一位老师的发展情况。

③学生大数据

通过对学生大数据的分析与利用，可以更好地调整人才培养方案，以达成人才培养目标。学生大数据包括德育数据、体测数据、成绩数据、获奖数据、就业跟踪及学习轨迹等数据，可以很好地评估一个学生的学业完成情况和就业情况，实现精准的学习干预和预警，并实现及时的家校联动。

（3）高校可以在学生学习行为分析、心理咨询、学科规划、就业情况分析、校友联络等方面借助大数据分析技术，挖掘数据中潜在的价值。

①学习行为分析

高校一般都有自己的学习管理系统，这些学习管理系统为学生、教师提供了课程学习和交流的空间。教育数据分为键击层、回答层、学期层、学生层、教室层、教师层和学校层，数据就寓居在这些不同的层之中。高校每年的开课数在数千门，学生数在数万人，产生的数据量非常大。应用大数据分析技术使得监控学生的每一个学习行为变为了可能，学生在回答一个问题时用了多长时间、哪些问题被跳过了、为了回答问题而做的研究工作等都可以获得，用这些学生学习的行为档案创造适应性的学习系统，能够提高学生的学习效果。

②心理咨询

在校园的论坛、微博等平台上每天都会产生评论、帖子、留言等数据，这些数据集中反映了师生的思想情况、情感走向和行为动态，对这些数据进行采集，并进行科学的存储、管理，同时使用高校大数据技术进行有效的分析利用，建立师生思想情感模型，对掌握师生心理健康程度，有针对性地加强对师生的心理辅导有着重要的意义。

③学科规划

如何在高校中加强学科交叉融合，打造凸显核心竞争力的高水平学科，构筑有生命力的学科生态是学校学科规划的重要任务。借助高校大数据分析技术，充分收集各学科的科研项目数据、教学状态数据、前沿发展动态等信息，分析学科建设存在的不足，确定学科未来发展的方向，发掘出潜在的具有国际视野的学科带头人。

④就业情况分析

就业情况分析一般从就业单位、就业地区、所在院系专业、性别、签约类别、就业年份等维度来分析，只是一般意义上的统计结果，对于指导单个学生的就业以及预测未来的就业情况发挥的作用比较有限。应用高校大数据分析技术，将学生就业模型涉及的学习情况、校外实习、获奖情况、生活信息、社团信息、参加的竞赛及所投公司当年的招聘计划、历届学生在所投公司的表现等众多的信息进行收集。

⑤校友联络

校友资源犹如一座座宝藏，许多校友虽然离开学校，但还是一直关心着学校的发展，对高校的发展建设有着重要作用。有效地把校友团结起来、联络起来，对学校的建设和发展具有重要意义。用传统的管理方法，仅校友信息收集就要耗费大量的时间和精力。如果通过利用高校大数据技术收集各类社交网站上的非结构化数据，利用分类、聚类等数据挖掘方法，确定校友身份并收集其联系方式、参加的活动信息和校友取得的成就等，可以大大提高校友数据收集的效率，为以后利用校友资源提供良好的基础。

1.2.3 高校大数据的数据源

高校在教育教学运行过程中，围绕着师生管理和服务，每时每刻都在产生着大量的数据。随着信息技术的发展及应用的深入，高校在教育教学运行中累积的数据不再只是单一的业务管理结构化数据，还有大量的非结构化数据。尽管教学管理创新的动力主要来自学校内部，但随着大数据时代的来临，高校教育教学运行过程中累积的数据势必改变并影响着管理者的思维方式和工作、生活习惯，为满足精准管理、科学管理提供了可能。

(1)各业务管理系统产生的数据

随着智慧校园建设推进，针对业务管理需要，统筹规划，建设教务、科研、财务、资产、人事等信息系统，在进行日常事务管理的过程中，日积月累将产生大量的结构化数据。

（2）网络教学过程中产生的数据

随着智慧校园的推进，基于教务管理基础数据共享的网络教学平台的应用不断深入，将会产生并累积大量的教学资源、师生网上交互等非结构化数据。

（3）师生上网累积大量的上网行为数据

高校在进行网络建设时，本着安全管理需要，都建设有网络用户上网行为管理系统，该系统可从网络浏览信息、搜索关键字、发帖留言等多方面记录网络用户上网行为，特别是在多种网络融合、移动终端日益普及的情况下，该系统累积的数据将日益增加。

在高校中，学术资源所依托的形式越来越多样化，高校图书馆所需要容纳的新信息类型也越来越多，如战略库、方法库等，还有慕课以及各视频网站上常见的讲座视频、公开课、纪录片等。大学生真正所需的是经过分析处理的信息加工品，只有这样，才能够拿来解决复杂问题，使读者能够自由遨游在信息海洋而不是被淹没。因此，高校图书馆应该把分析用户的新需求作为开展工作的出发点，不断了解用户所需要的信息类型和层次，以此作为生产提供信息产品的目标。通过大数据的信息采集和科学分析，挖掘出用户在使用图书馆时真正的需求点。

随着高校教育信息化建设的不断深化和逐渐加强，比以往更庞大的数据在快速地积累保存，这些对于高校来说，是珍贵的资产。这些庞大的数据并不仅是简单的数据的积累、记录和保存，如果能有效地利用它们，其隐含的价值会对高校的现代化建设产生相当积极的效果。如通过对"课程+成绩+就业"等相关数据的科学深入分析，就能在一定程度上对教师授课、学生选课、学校的排课的相关内容进行有效的指导和建议；通过对"学生的图书借阅记录+学生选课信息+学生课程成绩"等相关数据的分析，就可以对学生的兴趣爱好有一定的掌握，并可以对学生未来就业做出具体的建议。在如今的时代，信息就是金钱，高校大数据技术应用于高校教育信息化将会有更多更加突出的表现，展现出其重要的作用。

如果从应用场景出发，数据源可以分为管理、资源、行为、评价四种。

（1）管理类数据

包括一卡通数据、上网数据、学籍数据、学生成绩等，这些数据多以结构化的形式存储在关系型数据库中；各级管理系统，各个业务部门都有自己的管理系统，如：办公自动化、教务、财务、学生、迎新、资产、人事等诸多业务管理系统，每天都会产生大量的数据。各类网站，包括学校主页站点，学院、科研机构、党群、行政和直属单位等部门在内的二级网站等。

(2)资源类数据

包括媒体素材、课件、试卷、案例等，这类数据多以文本、音视频等非结构化的形式存储在文件系统中。

(3)行为类数据

包括教师教学行为和学生学习行为产生的数据，涉及讲解与演示行为、答疑与指导行为、评价与激励行为、教师提问与学生交流行为等，高校师生每天以智能手机及平板电脑等终端形成的移动互联网数据等。

(4)评价类数据

包括学业水平考试类数据和综合素质评价类数据，以及社会各类新媒体报道。

1.2.4　高校大数据的数据价值

高校大数据蕴含着巨大的使用价值，高校大数据对于高校的教育管理具有重要意义。从横向维度来看，涉及学生的学习行为、学生的消费行为、学生的兴趣爱好、教师科研、教师教学等。从纵向深度来看，学校决策层可以基于时间维度来观察学校每年的教师队伍建设情况、学生生源情况、学生的家庭情况、学生的消费情况等。高校大数据建设有助于将学生管理工作者从日常的具体事务性工作中解脱出来，解决运用传统手段难以获取各类统计数据的问题，从中挖掘出有价值的信息，经过综合性的和过程性分析，找到学生各种行为之间的逻辑关系，思考背后的内在联系，并做出恰当的教学、管理决策，探索实现人的自由、全面和个性化的发展模式，通过信息技术与教育的深度融合实现教育价值重构、结构重构、程序再造。使得教育评价方法更加公平，使得教育评价从"经验主义"走向"数据主义"。大数据分析将导致教育科学研究方法的重大转变，从追求单向因果性转向追求复杂的多元相关性，使得科学研究路线更加客观。

高校大数据主要具备以下价值：

（1）诊断与改进

教学的诊改工作要求高校从学校、院系、师生、专业和课程等在内的基础数据以及其他业务系统的专项数据等高校大数据入手，诊断和发现高校所存在的问题，从高校的办学目标与定位出发，不断加强教师队伍建设、强化人才培养体系，细化专业配置、课程体系、课堂教学等教学要素，建立持续改进的诊断体系，为诊改工作提供翔实的支撑数据，保证教学诊改工作的数据严肃性和精确性。

（2）画像与个性化推荐

在高校信息化建设当中，通过使用学生的静态属性数据，包括个人学习成绩、个人在图书馆借书和阅览的情况、一卡通个人消费记录、校园网浏览使用历史、在线学习记录等，以及校园监控设备收集到的学生学习方式个性化内容，如学生在校园移动的轨迹、停留时间、运动情况等动态行为数据，全方位评估和预测某个学生、某类学生以及全部学生的学习生活轨迹和习惯状态，从而为高校管理与决策提供更加有效的参考依据。

（3）预警与决策

通过收集教师和课程之间、学生和课程之间的数据，如：课堂教学数据、移动平台学习数据、日常行为数据，可以建立大数据预警中心，不仅对包括出勤率、作业完成率、考试及格率、课堂活跃度、教学评价、答题正确率等在内的教学指标进行对比分析，对某项指标低于设定阈值的教师和学生，通过手机、邮箱的方式予以预警，对在限定时间内未做修正的对象进行通报。此外，通过分析学生的异常活动地点、异常消费行为、学习活动减少、不协调群体行为等现象，及早发现学生的异常心理变化趋势，建立风险等级，为学校提前干预提供数据支撑，使得高校大数据在预警学生非平常行为方面发挥重要作用。

（4）高校大数据的价值同时可以基于高校大数据平台

高校大数据平台是构建在网络、服务器硬件平台之上，服务于上层业务系统，软硬件结合的"枢纽区"的智慧校园建设的基础软件设施平台。它是校园信息化建设的数据存储中心和交换中心，负责整合运营全校的数据，在高校信息化系统应用中具有重要价值。

高校大数据具体表现为科研价值、教学价值、社会服务价值、文化价值等，每一种价值形态相对独立，但又相互制约、相互依存。比较典型的应用有：

（1）高校精准教学

以学习者为中心，构建包含从课前、课中、课后三个阶段入手的学情诊断、教学设计、教学活动、教学决策、教学干预和教学反思六个环节的高校大数据精准教学模式。教育教学模式更加精准，数字化教育走向基于大数据分析的智慧教育。

（2）高校精准资助

基于大数据技术，构建与完善贫困生资助对象评定机制、管理机制、退出机制，从而将大数据应用于高校贫困生资助体系中，有效提升工作效率和质量，保证相关工作精准有序开展。

（3）高校档案信息化

将高校大数据运用于档案信息化工作中，一是可以丰富档案来源，多途径主动收集档案资源；二是创新电子档案管理模式，实现异地异质备份并节约存储空间；三是开展多样化档案服务，整合档案资源，提高档案检索效率，实现档案利用"一站式"服务。

在科研领域的价值：

（1）学科"双一流"竞争力评估和发展定位

提供精准、明晰的学校学科竞争指标对比，分析优势劣势，分析学科热点领域，探索学校学科发展方向。模拟学科评估，进行本校自评检测，通过精准对比分析学科各项指标的差距，制定学科未来发展规划。

（2）师资队伍和学科梯队数据分析

从学科发展的角度分析师资队伍和学科梯队结构，有目的地优化师资队伍整体水平。通过人才数量、学科分布、学历学缘背景、专业技术职务、年龄构成等多角度的分析和对比，为学校高端人才引进、完善学校考核晋升机制等措施明确方向。

（3）教师个人科研评价和辅助定位

为教师个人提供科研能力自画像和研究优势、劣势定位分析报告。根据学科发展方向，协助教师形成科研发展努力方向。根据教师研究需求，推荐各种类型最新的文献资料给教师，提高教师从事科研效率等。

在教学领域的价值：

（1）学校办学趋势分析

通过数据的采集和分析，提供学校总体和各学科专业的招收状况、学生成绩、教学质量评价的分析报告，对比同类专业的优势劣势，提供课程设置、培养方案、学习资源等方面的分析建议等。

（2）学习行为数据分析和学业预警

根据学生课堂考勤、学业成绩、学习时间分布等方面的数据分析，构建学生的学习生活画像，通过与优秀学生之间的学习行为数据对比，描绘学生的学业发展趋势和诊断，在学生出现挂科、成绩排名出现突降之前给予学生和相关教师预先提醒，提供针对性引导、学习经验分享和相关资源推荐等。

（3）教师教学能力数据分析

根据学生成绩和评价提供多角度教学效果分析，如：科目整体教学效果同校、同专业、国内对比，科目中知识点和技能弱势不足分析，便于教师改进教学。提供教学经验、教学资源个性化推荐。

在管理领域的价值：

（1）学生管理

通过网络爬虫、网站接口等技术广泛搜集各企事业单位公布的就业招聘信息，根据学生的专业、兴趣等实现精准推荐，分析应聘情况和学生实力成功率，大量节约学生就业精力，实现高校大数据辅助就业。通过对学生校园卡的用餐、用水消费等数据，判断学生的真实经济情况，通过门禁、Wi-Fi、判断学生是否在校，通过图书借阅、教室自习状况知道学生学习是否努力等情况。此外，还可根据学校体检、用餐、健身记录和体育课成绩为学生提供健康预警和提醒。

（2）基建财务资产管理

通过高校大数据分析，可以从学校多年基建、财务、资产数据，得出学校发展投入、预算和支出趋势分析，便于提高财务投入与产出的绩效分析。同时还可以加强房产、设备、家具等资产的合理配置，加强水、电等能源的监控，制定节能减排措施，使得教育管理决策更加科学。高校大数据还可以深度挖掘教育教学数据中的隐藏信息，发现教育过程中存在的问题和关键点，用于提供决策者来优化教育管理。

实现高校大数据的高价值，需要高校大数据的共享整合程度、深度分析水平都达到一定的状态。这就要求一是高校合作推进数据共享，不同高校办学特点和优势学科不同，在不涉及隐私和安全问题的前提下，共享一部分数据，有助于高校合作，提升大数据的可用性和应用价值；二是高校内各部门大数据交流互通，高校内各部门产生和获取的数据不同，实现数据互通有利于学校统一进行信息管理，为师生提供信息服务；三是建立大数据管理部门，培养或引进一批专业人才，构建大数据管理平台，为高校大数据治理工作提供专业支持；四是通过大数据实现学校、老师、学生的互动。

实现智能管理，构建智慧校园为校园管理、学生学习、教师教学带来了诸多便利，如校园一卡通就是智慧校园的一种基本体现。从学生角度而言，拿着一张校园卡就可以在校园内购物消费、借阅图书等；从学校角度而言，可以将学生的消费信息作为评选贫困生的一个重要依据，让助学金评选工作更加公平公正。此外，建立高校大数据监控平台可以有效应对校园网上各类信息，降低负面信息的影响，同时，也可以作为开展思想政治教育、加强学生心理健康管理的参考依据。

高校大数据可以为高校的学科跟踪、学科动态分析和有潜力的学科发展提供数据分析。学科评估是高校提升学术影响力和整体名望的重要因素之一，高校大数据平台的建立与完善可以为学科的评估提供数据支撑，通过一系列的数据收集、整理及可视化分析后，明确各学科目前发展现状及在全国高校中的排名，采取有针对性的提升学科实力的措施，如引进高层次人才、强科研创新、倡导教师和科研工作者多参加学术会议、研究团队多发表一些高质量的核心期刊论文等。也就是说，高校大数据为潜在学科发展、前沿学科跟踪提供了广泛的数据支持，各学院的学科发展离不开大数据筛查和分析，只有综合评估来自各方的数据，才会对学科的深入分析和研究成为可能。

高校大数据包括大量有价值的数据，如：学生学习数据、学生奖惩数据、教师教学数据、教师科研数据等，这些数据构成高校大数据的基础。这些海量数据中既包含了常规管理型业务产生的，如：教学数据、人事数据、财务数据等结构化数据，同时，又包含了大量的由服务与管理所产生的非结构化数据，如多媒体教学资源等。对这些结构化和非结构化数据进行存储、分析和挖掘，进行有效的管理，充分利用数据信息，为学校管理、教学、服务等工作提供有益的帮助。

高校大数据的利用价值可以概括为四类：第一，模拟现实环境，发掘需求同时提高投资回报率；第二，客户群体细分，细分客户为每个群体定制专有服务；第三，加强部门联系，提高整个管理链条和业务链条效率；第四，降低服务成本，发现隐藏的线索并进行产品服务创新。

基于以上四点，高校大数据在教育教学、资源管控、智慧管理、智慧科研几个方面为高校赋予了新的价值。

（1）教育教学

利用高校大数据开展课堂教学是当前高校教育管理变革的重要内容。在高校的教学上，高校大数据可以满足大规模个性化定制的教学需要，辅助教师授课。教师也可以利用高校大数据等技术，利用数据分析技术进行分析，获取学生的相关学习信息，分析学生的学习行为特点，掌握学生的学习情况，对学生进行个性化的指导、推荐和建议，实现智慧化教学。

（2）资源管控

通过高校大数据平台有利于对校内有限的教育教学、实验室等教育资源的分配进行优化，同时通过对设备生命周期管理工作数据资源进行分析和数据挖掘，完善设备的生命周期管理，使教育资源的分配更加科学合理高效，提升资源产能，降低使用成本。

（3）智慧管理

大数据时代高校的决策、治理模式都将从传统的管理模式向更加科学的治理模式转变。对高校大数据进行数据挖掘与分析有助于高校的决策水平的提升，全体师生的声音将通过大数据传入决策者的脑中，拉近师生间的距离，促进高校决策规范化、科学化。

（4）智慧科研

当前各学科的科学研究已经来到了"超大科学"的拐点，当科研与大数据联系在一起，产生了新一轮的科研方法革命。高校大数据科研资源平台为高校科研队伍提供海量的文献资源，数据的搜集、文献的查找、资源的获取可以说是高校教师从事科研工作所需的基础性服务。高校大数据可以为高校科研人员提供定制化的个性服务和科研进展跟踪，同时通过高校大数据技术使得高校科研从传统的寻找因果关系转到寻找相关关系，达到减少科研资源的浪费，节约研究时间，提升研究效率的目的。

高校大数据的数据价值还有：

（1）建立高校大数据中心框架

针对高校大数据特点，学校的网络与数据中心引进充足的服务器和存储硬件资源，重点突出分布式存储与分布式计算，搭建服务器集群。搭建成熟的集数据收集、处理、计算为一体的超级计算机系统，依靠超级计算机系统提升学校数据计算能力。

（2）丰富高校数据中心资源

建立高校数据中心数据仓库，保存过程数据资源，特别是形成教师、学生连续性、完整性数据，同时重视系统日志、网络日志、App 访问日志、监控资源以及互联网等资源数据，同时加强资源收集、整合、处理、筛选等能力，提升数据中心数据服务能力。

（3）挖掘数据价值提供优质决策

挖掘决策点时注意围绕教学、科研、管理等方面，最大化利用高校大数据优势，全面收集、处理、评估数据信息，及时发现高校教育行为存在的问题，对高校管理做出调整，为优化高校教育教学行为提供信息支持。

1.2.5　高校大数据的数据流与数据量

数据流（data stream）是一组包括输入流和输出流的有序、有起点和终点的字节数据，并且只能被一次或者少数几次读取。数据流能够产生大量的细节数据，由于互联网的网络流量监控和无线通信网的通话记录出现，产生了大量的数据流类型的数据。数据流从输入到输出需要经过一系列的过程，包括数据挖掘、数据清洗、数据处理和数据读取。

在大数据中，分为大数据实时处理和大数据非实时处理两种处理方式。大数据实时处理，如：大学生在图书馆借阅了一本图书，系统则立马会在主页的推荐栏上为他（她）推送一些相关的书籍。这种行为便属于实时高校大数据处理，也可称作流处理。这类数据是不断地从网页中的点击动作中获取数据，之后实时分析后给予反馈。而大数据非实时处理包括服务器日志、log 文档，这些虽然是实时产生，但有时候会一天更新一次，然后保存到本地进行分析，一般会用到分配式文件系统。

　　高校大数据的数据流是指数据的来源和流向，数据流分为输入流和输出流两类。高校大数据的数据输入流就是高校大数据的数据来源，如教务在线系统、研究生管理系统、图书借阅系统、上网计费系统、学生心理咨询系统、智慧门禁、智慧视频监控、论坛贴吧、自助服务终端、就业系统、校友系统、档案管理系统等。高校大数据的数据流在流入之后流向后台的数据分析，通过实时分析获取有价值的信息，实现数据价值——构建科研分析模型、教学分析模型、学生行为模式分析模型、人员分布模型、消费模式预测模型、财政支出分配模型、个性化学习路径推荐模型等。

　　高校大数据的数据流可以分为基础设施层、信息标准层、存储管理层、业务应用层和表现层五个层次，每个层次面向特定的操作环境和场景。高校大数据平台建立了一致、统一的数据中心，使其能够支撑绝大多数高校系统应用。基础设施层是高校信息化建设的核心基础，优质的基础设施是展开业务应用的关键。它主要负责保障网络线路的通畅和安全，确保数据物理存储的安全有效。信息标准层主要是针对数据采集、分析、存储、管理过程中数据标准的制定。信息标准的制定是规范大数据平台中数据合法性、准确性的重要方式，有利于数据的共享、开放和可视化展示。存储管理层是大数据平台的核心模块，它从各个关系数据库、非结构化数据库中采集高校业务数据，通过 ETL 转换工具，抽取、转换、装载数据至平台中。每一种类型都用于特定的情景中，分散的数据经过整合后会形成全局数据库、元数据库、历史数据库等类型。业务应用层主要是指基于高校大数据平台的具体应用场景，包括诊断与改进、画像与个性化推荐、预警与决策等。表现层则是指用户终端，既包括移动手机、PC 电脑、自助终端等设备，也包括一站式服务大厅等设施。

　　高校大数据流以存储管理层为核心，以数据组织驱动，满足各主题场景中的数据服务要求，构建自下而上的数据服务体系。

　　数据流具有多种类型，数据流是由数据项构成的具有连续性、随时间变化性和无界性等特点序列，各数据项因为应用领域的不同，其所代表的意义和相互关系也不尽相同。

　　数据流具有如下具体特征：

　　（1）动态性。数据流中的数据项随着时间不断变化，系统对即将到达的数据内容和其到达时间一无所知，这种数据变化具有高速性和非确定性。

　　（2）时效性。数据需要被系统及时处理，过期的数据处理则会导致错误的结果。数据流中的数据项信息表达的是当前时间事件的状态，这种状态随着时间的推移而不断改变。

（3）瞬时性。数据流中的数据项一旦流过系统，很可能就不再存在。数据流的无限性和连续性决定了当前有限的处理机不可能完全处理数据流所包含的完整信息，而且无限的数据流不可能被完全物理性储存起来。

（4）无限性。数据量剧增且没有固定的上限，对外呈现出海量数据的无限性，数据流中的数据项随着时间的推移不断到达。因此，对这种海量数据如果适用传统的存储技术，将难以达到系统实时性的要求。

高校大数据流可以分为以下几种：一是高校之间的横向数据流，即不同高校数据的沟通互动；二是高校内各部门之间的纵向数据流，即不同部门数据的互通共享；三是高校与师生之间的数据流，即通过收集师生数据信息并深度分析后为其提供服务的过程。

数据流可以作为高校大数据可视化展示的一种形式，数据的展示是将数据的产生、交互进行可视化的映射。数据流通常要结合数据本身或者数据池来展示。如网络教学平台数据池包括了课件、视频、音频等，通过数据池的展现可以实时反馈网络教学平台运行情况。

高校数据流有很多种变化，从表面上看，数据流作为一个概念看起来很简单。数据生成器将记录存储到数据流中，稍后消费者会读取这些数据流。但是，表面下有许多细节会影响高校数据流系统的外观、行为方式以及使用它可以做些什么。

高校大数据的数据流将数据生产者和数据消费者分离。当数据生产者简单地将其数据写入数据流时，生产者不需要知道读取数据的消费者。消费者也可以启动和停止或暂停和恢复他们的消费，而数据生产者不需要知道它。这种分离简化了数据生产者和消费者的实施。高校大数据的数据流可以是持久的，持久数据流的优点是流中的数据可以在数据流服务关闭后继续存在，因此，不会丢失任何高校数据记录。与仅保存在内存中的记录的数据流服务相比，持久数据流服务通常可以保存更大量的历史数据。

高校大数据具有大数据的海量化特点，收集和分析的数据量极大，由于数据量增大、信息发布源增多、信息共享速度快、数据真伪难以辨别、信息的价值密度较低，因此需要利用专业技术工具进行数据筛选和分析。

对于大数据量数据可以通过两个方面进行理解，在横向方面表征为数据量的大小，在这一角度来说，大数据是表示广泛的数据量，表征为数据过多，规模巨大。在纵向方面进行理解表征为结构化数据，可分为结构和非结构化数据，表示为数据的不确定性和多样性。高校大数据来源多元化，共享数据库涵盖系统多。近些年来，各高校都在大力进行知识资源累积和交流，更加扩充了高校的数据量。高校数据量整体呈现出一种量大、多元和有价值的特点。

在高校中，少则几千名师生，多则数万人，这样每一个个体每天学习、工作、生活所产生的数据都汇聚成了高校大数据的一部分。同时随着移动互联网和互联网+的普及，人们的线下活动也正在被记录为数据流入数据仓库中。高校大数据体量巨大，结构多样，来源分布较广，明显具备了大数据特征，这给高校数据的管理造成了极大的困扰。数据量太大，就会造成数据过载，有关分析人员需要花费大量的时间精力去理解、分析、运用、处理这些大数据。这些数据很可能是混乱的、孤立的，甚至是无源的。只有通过数据分析出学校面临的问题，才能引领设计思维过程，设计出更好地为学生服务的有效解决方案。

1.2.6　高校大数据的数据消费

数据消费是一种以统计数据服务和统计数据产品为消费对象的消费活动，是比较特殊的信息消费形式，同时，是社会消费的重要组成部分。数据消费是统计数据生产的目的和原动力，是统计工作最终目的的体现。数据消费的数量、质量、结构和方式，不仅影响统计数据的生产与传播，直接体现统计数据的效果，反映统计整体功能的发挥，而且还影响数据用户消费的质量和水平，关系着统计事业以至整个经济、社会的发展。为了更好地对高校大数据进行挖掘，充分展现数据消费的优势，从而促进高校大数据的扩展与实践，也更好地实现数据的价值，提出了以下几点建议。

(1) 建立科学的数据规划

拥有一个数据的长期规划是非常必要的，通过总体的科学数据规划所得到的数据模型将是富有生命力的，凭借微小的调整和增加，就可适用于多种类型的系统和数据库。早期高校缺乏信息化的意识，积累的数据质量也存在问题，信息化工作人员对于数据规划意识还认识不够，只是简单地意识到所有的数据都是有用的，但是具体怎么用，哪些可以共享，缺乏明确的规划。

(2) 加强数据的质量管理

数据质量是数据分析结论有效性和准确性的基础，也是最重要的前提和保障。既要满足收集速度和精度要求，又要满足数据来源的质量要求。

应建立良好的数据管理机制，包括加强数据标准建设、重视历史数据积累、学习数据处理技术等，以求在数据准备阶段从数据源头保证数据质量。首先应考虑数据收集阶段的高效化、全面化、标准化。其次应考虑数据清洗过程中的合理化和精确化。去除噪声数据，精确地提取有效数据，保证数据处理过程中的高质量。

（3）部门合作与管理

高校只有从顶层部门进行全面、细致、强力的规划推动，才能减少乃至消除职能部门间资源共享的屏障。高校信息化部门应借助自身在技术层面的优势，整合各业务系统数据，形成数据中心，变被动为主动地去维护数据。各学科职能部门也要充分沟通和配合，及时反馈和跟进。只有通过这种顶层推动、信息部门主导的模式进行体制改革，才能有效地推进大数据在高校中的应用。通过对数据的收集和整理，反过来为学校和业务部门反馈数据的统计和分析结果，相互推动工作的发展，建立自下而上的数据监督与管理机制，形成内需拉动的信息化发展良性循环机制。

为此，高校大数据的数据消费体现了高校大数据的价值所在，数据的价值具体表现为：用户个性化、精准化及集知识、能力、资源、过程融合一体的智慧化服务产品的生产提供和推送；如何存储、管理数据并利用高校大数据技术分析挖掘这些数据的潜在价值等，是高校大数据在数据消费层面关注的内容。

（1）为用户精准推送个性化服务产品

高校大数据可以利用大数据技术对用户群体进行类别划分，对其关注的主题和感兴趣类型进行标签化处理，通过智能化标签判定不同用户的动态需求，把馆藏信息和推荐材料发给特定群体，为不同的图书馆用户群体提供个性化和针对性的服务产品，并及时获取用户的反馈信息，不断补全和更新最受用户关注的信息和借阅率较高的图书资料。通过为不同用户进行的探测性推荐服务，逐步提高推送服务的针对性和精确度。

（2）为学科和科研提供方向

根据高校大数据的学科数据、科研数据、图书馆数据等，预测学科研究的热点，寻找学科之间的交叉和关联，运用引文分析、神经网络分析和可视化分析等手段，构建学科的知识网络。为高校学生的选修、选课、毕业论文的撰写方向等提供有价值的参考信息；为博士生和硕士生的研究提供指导，可以让他们节约文献查阅的时间，尽早确定自己的选题方向，准确把握研究领域的研究进展；也可以与其他数据来源方通过合作协商的方式，采集高校科研人员通过调查、实验、观测、探测等科学手段积累的大量科学数据，这些数据不仅具有研究价值，而且对同行的科研人员有分享价值。

（3）为资源订购提供决策依据

通过分析用户对图书馆资源使用的数据记录，如数据库访问、图书借阅及下载历史等，可以有效评估图书馆各种馆藏资源的利用效率。预测读者关注的热门图书和热点内容，进而为图书馆精确采购信息资源提供决策依据，避免资金浪费。

高校大数据可以使高校节省资金，提供更合适的程序，满足更多用户的信息需求，并成为用户更有效的信息来源；高校大数据可以为图书馆管理者必须做出的决策和资金要求提供基于数据的理由；高校大数据可以提供知识管理的过程和产品，这些过程和产品在高校中变得越来越重要。

高校大数据的数据消费群体范围不断扩大，大数据消费者层次增多，数据消费形式表现多样，发挥了数据的功能和作用，但也正是因为这些原因会出现统计素质偏低的问题，对于欠缺统计知识的人来说，会曲解或者误解统计数据产品的含义，或者夸大统计数据的功能和作用，影响高校统计数据的深度开发和使用。

随着数据资源的发展，数据消费也越来越深入人心，高校也越来越注重数据消费，通过各种手段来提高数据质量，改革统计管理体制，通过数据消费来推动高校发展。但也会出现监管力度不到位的情况，使一些虚假的数据乘虚而入，影响了数据质量，使数据失真、失实，不可信，不可靠，不能用，从而严重阻碍了统计数据的消费，使之成为制约数据消费最核心的问题。

所以，高校大数据的数据消费在带来诸多便利的同时，也存在一些问题，应在原有的基础上采取实质性的措施进行改善，从而促进高校的可持续发展。

高校大数据能够在多领域、多行业创造出经济、社会价值，数据转换成为信息，信息转换成为知识，能够被用户使用。在高校大数据的数据消费中，高校可以作为数据的发布者、消费者和进行数据整合存储的第三方。通过开放、采集、整合不涉及个人隐私和信息安全的部分高校大数据，可以开发公共大数据平台，为社会提供有关高校信息的产品和服务，为公众对高校的评价、选择以及高校决策创造条件，促进社会公众的"数据消费"，实现高校大数据的社会价值、经济价值。

建设新的高等教育数据基础设施，作为发展供应商竞争市场的一种方式，预计将使潜在的收费学生申请者更容易获得机构数据。它将加快收集教学质量数据，并使大学能够被评估和排名。在高等教育领域，由大数据驱动的组织和学习分析是政府和企业推动的"智慧校园"发展愿景的一部分，建立"智慧校园"的共同目标正在成为热门话题。高校可以利用它们产生的大量数据来改善学生的学习体验，增强研究事业，支持有效的社区推广，并改善校园的基础设施。特别是学生数据将通过"对学习过程进行数据处理"来"重塑学习"。高等教育的数据化体现在商业教育技术领域的快速增长、MOOC(大规模开放式在线课程)在全球大学中的扩展，以及学习分析、教育数据挖掘、智能辅导系统甚至人工智能的方法和应用演进中。

(1)高校大数据促进整体性观念变革

传统的数据分析因为没有处理海量数据的技术所以更注重个体的差异性，而高校大数据则是一个整体性观念的体现，高校更注重集体知识共生共荣，通过为个人提供完善的知识存储、分类，帮助个人将拥有的各种资料和信息变成更具价值的知识。

(2)高校大数据促进学科体系建设

传统的教育模式生成的教学材料通常是一些教师通过自己的教学经验材料开发一个更主观的研究项目，存在形式单一、缺乏内容和创新性的问题，大多数是灌输型教育。大数据时代正在彻底改变这种现状，通过在学校建构支持团队知识管理的知识系统，让学校中的信息与知识通过获得、创造、整合、记录、创新等过程，不断地回馈到知识系统内，形成不间断的学校智慧循环，推动学校知识创新，学科体系建设。

(3)高校大数据促进高校科技创新

高校大数据是财富，是资源，是科研的战略高地。高校大数据正在改变人们的研究方式，是人类认识自然的新钥匙。高校大数据成为人类认知和科技创新的新动力，科学研究面临新的范式转换。高校大数据成为高校科研创新的重要基础，同时也是高校科研的重要产物和成果。利用高校大数据的可知识化、可计算化，可以实现理论建模、数据分析等科学研究功能。

1.2.7 高校大数据发展研究方向

高校大数据分析不仅仅在分析一步，要根据数据的生命周期来整体考量，分三个阶段：数据的生产、数据的分析和数据的利用。

高校大数据整体架构与发展方向如图1-2所示：

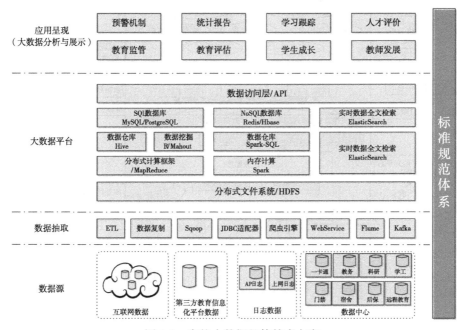

图1-2　高校大数据整体技术方案

因此，高校大数据未来的发展方向可以从以下几个方面来考虑：

(1)建立教育大数据生态(大数据生成、采集与存储)

与企业相比，高校的数据生产和利用过程存在以下特点：数据来源多元化、数据异构维度高、数据类型多样化、数据整体价值高、数据分析需求层次错落且目标不够清晰等。因此，建立教育数据生态，探索一种有效、便捷的数据生产模式来解决以上数据问题(不同于企业的强制管理模式)，是高校教育大数据工作的核心内容。

(2)建设大数据分析平台及分析技术研究(大数据分析)

目前，各高校一般已形成主数据中心，以此为基础建设一个校园大数据分析平台，在当今信息化的高校发展中显得特别重要。让大数据说话，将大数据中有价值且重要的信息用最便捷的方法来为师生的教学、科研、管理和生活消费等提供服务，将信息化数据真正转变成智能化服务。见图1-3。

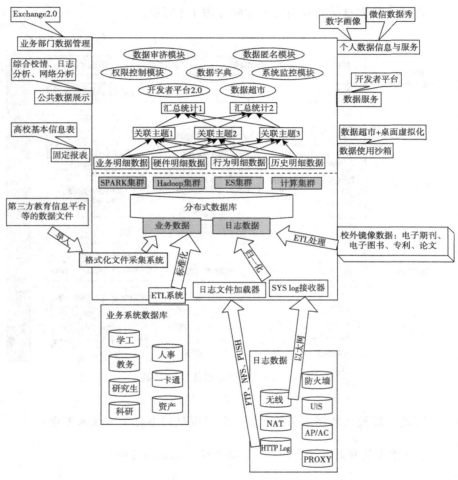

图1-3　高校大数据整体架构

（3）大数据应用管理平台（大数据利用）

构建针对大数据分析结果进行数据利用的应用平台，平台可包含服务类和教学类应用，可与现在主流的校级应用管理平台对接（如：碎片化服务平台），从而让分析的数据结果得到充分的利用。

信息就是资源，大数据已成为现代化发展的重要生产要素之一。国家对于大数据的掌握力和运用能力已经成为提升国际竞争力的重要内容，在大数据带来巨大价值这一时代背景下，各国将大数据发展作为经济社会发展的核心。

通过收集个人信息，运用大数据分析技术，针对顾客的消费需求进行精准推送；同时分析市场发展趋势，制定出符合企业发展的科学经营战略，不断提高企业的市场竞争力。数字经济的产生可以成为推动经济发展的新引擎，助推社会经济进一步发展。

为了解用户、意愿、行为、业务需求、知识应用能力及知识服务需求等，仅通过简单的分析是无法达到的，通过大数据分析技术可以很好地达到目的。通过大数据知识服务，可以很好地帮助用户了解国际上某个研究领域的发展状况和趋势，从而更好地为社会服务。通过大数据研究国际顶尖科研技术人员的知识结构、基本技能和基本素养，并将此进行分析整合成一套合理的培养计划并付诸行动，为未来社会发展提供优良品质人才。还可以通过大数据分析软硬件资源、信息资源等的现状来预测服务系统可能出现的问题，并形成针对性的解决措施。通过大数据分析技术来分析用户的信息行为，建立知识服务，从而更好地为知识用户提供个性化服务。

1.3　高校大数据应用

高校信息化建设伴随着信息技术的发展，已从数字校园逐渐迈入了智慧校园的阶段。大数据作为优化高校信息化服务的手段对于智慧校园的建设产生了极其重要的影响。智慧校园是高校信息化的高级形态，它是以用户服务为核心，采用最新的互联网思维，利用云计算、大数据、虚拟化等技术，整合学校的教学、科研、管理等内容，深层次发现和挖掘用户服务需求，提升服务质量与用户体验，实现一站式服务。

高校大数据的具体应用情况有以下几种。一方面是应用于教学：①学生成绩分析：对学生成绩以及排名等数据进行分析研究，更加清晰地了解学生成绩的整体分布状况以及学生的学习状况。②上网行为：对各年级同学上线次数、上网时间段、总流量以及在线课程的受欢迎程度等数据进行分析研究，引导学生合理运用网络资源，树立健康的上网理念。③教学质量评估：对学生给予教师的评价、学生活跃程度、学生成绩和教师授课情况等数据进行分析研究，帮助教师更好地进行教学活动。另一方面是应用于科研：①科研项目：对科研项目的负责人年龄、学历以及院系等高校科研项目信息进行分析研究，更全面地了解学校科研项目情况。②科研经费：对科研经费的投入、科研论著的发表数量以及各学院经费的投入和支出等数据进行分析研究，直观地了解科研经费、科研成果以及科研奖励等方面的信息。③科研成果：对科研成果的获奖比例、科研成果的学科背景和科研成果的论文级别等数据进行分析研究，清晰统计科研获奖情况。此外，还可以应用于管理方面：①就业分析：对学生就业的就业行业、地区分布以及就业专业排名等数据进行分析研究，为高校决策者提供指导或数据支持，改进现有的教育模式，提高对毕业生就业指导的实效性。②招生分析：对学生的生源地以及招生的学生类型等数据进行分析研究，发现哪几个地区的考生是历年招生的主力军，进而为学校做到有重点、有成果地招生指导。③资产数据统计分析：对资产的数量、资产的分类以及资产的年增长率等数据进行分析研究，为各类资产的购置和合理分配提供了决策支持，便于校领导从全局上把握资产信息，加强成本核算，对固定资产进行系统的规划、建设和管理。④住宿分析：对学生住宿过程产生的数据进行分析研究，帮助学校相关管理人员更加合理地分配宿舍资源，更加科学地进行宿舍管理。

正是由于高校大数据来源的广泛性，所以高校大数据每秒产生上千万条的数据量，并实时更新，高校大数据的数据量正从 TB 级别跃升到 PB 或 EB 级别。这意味着数据量可能是无限的，产生的数据流也在不断变化，对数据进行处理的结果不会是最终的结果，数据还会不断地到达。因此，对数据流的查询结果往往不是一次性就完成的，而是持续的增加。

高校智慧校园建设是高校信息化的必然趋势，智慧校园是基于数字校园、云计算和物联网建立的现实世界与数字世界的融合，以实现对人和物的感知、控制和智能服务。在高校多年信息化建设的基础上，智慧校园实现了大数据共享与交换、优化高校资源配置、数据分析辅助决策，为高校师生提供更具智慧性的教学、科研、管理和服务，其对教育信息化转型发展、校园智能管理和对师生智能服务具有广泛的发展前景。随着时间和技术的发展，未来的智慧校园定会更加完善，更具"智慧"。然而，智慧校园建设是一个系统工程，高校需结合学校自身特点，在做好顶层设计后统一规划，分步实施，实现向智能信息处理、认知计算架构的演进，最终实现教育过程的全面信息化，实现提高教育水平和效率的目的。它离不开数据的共享、服务与统计等。

（1）数据标准化共享

智慧校园数据中心将业务系统运行过程中的业务数据进行抽取、合并和筛选之后，面向跨部门业务和个人综合业务形成完整、独立的主题数据库，提供数据封装和应用接口。智慧校园解决了业务系统之间没有打通而形成的"信息孤岛"问题，统一数据标准、应用标准与接口标准，降低数据交换成本，盘点学校数据资产，开展统计查询和数据挖掘，实现大数据分析在学校的应用，为学校发展决策提供科学依据与帮助。

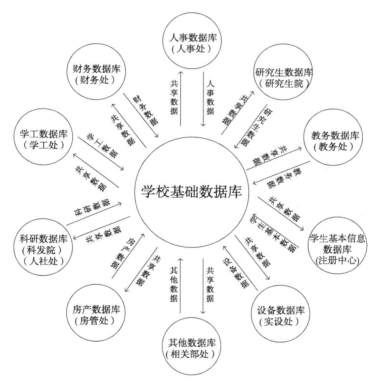

图1-4　数据共享模式示意图①

（2）"一站式"服务平台

智慧校园"一站式"服务以不同用户的视角，将涉及多个部门的多项

① 吴驰，于俊青，王士贤. 高校信息化建设与管理［M］. 武汉：华中科技大学出版社，2021：211.

应用服务抽取到服务门户，多维度反映师生全面信息，全面实现流程再造，提供包含科研、学工、人事、财务、办公、国资等多个服务场景、多种服务类别的服务门户，从管理信息化转变为服务信息化的模式。

(3) 数据统计和分析辅助决策

在多年的高校信息化建设和应用过程中，已经积累了大量教学、科研、管理等方面的业务大数据。传统的以流程为主体的业务服务模式所沉淀下来的大数据成了新的宝贵信息资源。随着信息化发展进入新的阶段，智慧校园、云服务、泛在学习、知识管理等也存在以下问题：积累的大数据主要来自业务过程，可使用的外部大数据极少，迫切需要对综合大数据进行分析与利用。面向业务条线和事务处理缺乏整合，被业务部门牵着走。部分业务系统独立运行，数据不能共享，形成信息孤岛。部分业务没有信息化支撑，缺少这方面的大数据。个人填写的大数据质量不高、信息不全，无法强制。

与此同时，也要看到信息化正在扮演更加多元化的角色，从单一注重信息技术管理领域到围绕改善用户体验、业务流程管理、业务大数据分析领域。信息技术全方位嵌入服务、业务过程之中，由共享或自建的服务组织集中提供基础架构和信息技术应用，并全面嵌入各种相关的业务服务。大数据信息的重要性超越了流程本身，相比业务流程设计，信息管理和应用技术的重要性更高，创建信息化业务模式，从外部数字化到逐步建立内部全面的大数据化业务能力，加强了业务流程与信息技术的全面融合。

但是，还要看到大数据规模扩大，管理成本增加，同步规则复杂，大数据利用困难，质量和应用有效性不高，业务流程变更对大数据组织架构提出要求。终端用户使用遇到困难，用户与信息库间存在信息获取与提供等方面的巨大矛盾，师生用户始终游离于大数据交换和产生过程外。师生利用个人大数据登录不同业务系统越多、与"人"相关的大数据就越多，要全面获取这些大数据难度也越大。

因此，创新建立层次化大数据服务与管理体系，纳入个人、学校业务主体，形成大数据采集、利用的良性生态。建立单位业务大数据托管平台、个人大数据中心和部门大数据中心等数据管理系统。建立面向大数据快速配置分析平台，面向学校的主题大数据分析展示和决策支持平台。

1.3.1　完善和建立相关的预警机制

通过对学生成长的智能化分析，形成以学生学业预警为主的大学生危机即时预警系统。在学生有学业危机倾向时，及时向学生本人以及教师等发出预警，提醒学生本人注意，并提醒辅导员、班主任、任课教师及时关注该学生，制定有效的帮扶措施，避免出现学业危机。

（1）高校大数据预警机制的未来趋势

首先，高校大数据预警机制普遍化。随着社会信息化的发展，在初尝预警机制的功能及优势后，越来越多的高校将加大资金力度于预警机制中。其次，高校大数据预警机制实用化。预警机制将逐步从分析预测阶段转化为解决方案阶段，跳出数据的范畴，形成实用性的解决方案。再次，高校大数据预警机制标准化。高校的大数据预警机制在大规模地利用后，各个高校在相互借鉴学习的基础上会形成一个潜在的标准和模式。最后，高校大数据预警机制智能化。智能科技的发展带动着各行各业，在预警机制中的监控也逐步被智能设备和技术取代，从而提高监控精度和力度。

（2）通过学生数据构建学生标签进行行为预警成为高校大数据预警机制

其中，包括静态和动态的学生数据。此外，还应考虑学生行为预警内容，主要包括：上课考勤、宿舍点名、食堂就餐、图书馆出入、校门出入、校园活动参与等。

（3）高校大数据下的预警机制建设标准主要涉及以下几个方面

①全面的预警范畴

目前高校的管理范围十分广泛，从学生入学到毕业，包括生活、学业和实习就业等多方面，所以应该对学生进行全面的预警。全面的预警是保障预警机制能够起到有效作用的重要方面，能够准确地平衡学生各方面的发展。在警示教育、课堂考勤、学籍查询、毕业审核等多方面的预警中结合教育和培养方案分别设立各类型的预警部门。这些部门不仅要在功能上符合对高校的管理意义，还需要在教育上对学生有科学的培养战略规划。

②严格的预警标准

预警的标准制定必须符合国家和学校的规章制度和办学宗旨，可以由教师、学生、专家、教学管理人员共同制定指标和标准，并在执行过程中不断优化，以符合本校的实际情况，切不可照搬照抄。既要考虑学籍管理各个环节的预警，又要考虑各个环节各个要素之间的相互作用与影响。此外，在学校制定宏观指导性意见的基础上，各个学院结合学校的实际情况，制定具体的标准，不但要考虑整个学校的共性，也要考虑各个学院、各个学科专业的特点。

③智慧的预警手段

一个大学在校生较多，要管理利用好这些信息，必须采用信息化的管理手段，形成统一的信息管理平台，建构具有信息预警功能的模块。高校信息预警的功能模块应该包括以下几个方面：第一，专业课程执行计划预警模块，即学生的专业培养方案，在这个模块中列出学生在毕业前所需完成的各类课程，并能将学生已学课程与培养方案进行比对，便于学生查漏补缺。第二，成绩学分预警查询模块，学生可以查询自己详细的各门课程成绩、已获学分、重修学分、学分绩点、专业课程成绩排名以及综合成绩排名等信息，充分了解自己在各个阶段的学习情况，合理安排学习计划。第三，教师预警管理模块，为主管领导、任课教师、辅导员和班主任提供班级或个人学籍信息、学籍状态及学籍成绩的查询和打印功能。第四，管理员预警模块，提供给预警管理员维护预警信息功能，便于及时更新预警机制管理规则制度、专业培养方案、预警异动信息等数据。第五，预警管理制度模块，使学生了解预警机制中的相关管理制度。

④及时的预警执行

预警的目的如果只是通过可视化的形式展示出来，那就只是一堆数据的堆砌，而起不到任何作用。预警的真正目的在于能够对学校的管理与教学等事件提前发出警示信息，并制定出预警与防范的最合理完善的解决方案，避免类似事情发生。在高校的预警机制中，及时地对预警信息进行相应的处理，有利于高校节约时间成本，将宝贵的时间用于更多有意义的规划中；有利于高校及时了解洞悉事态的发展，减少因为其他事态的发生而导致的预警结果的不准确性。原则上，通常认为对预警的执行应该在二十四小时之内，若是需要额外的信息收集才可进行规划制定的应该在风险评估后再做进一步的计划执行。

（4）高校大数据预警机制的建设类型

①大数据下的学生健康预警

学生健康预警包括了身体健康和心理健康。身体健康一直是被人们所重视的，随着近年来经济的不断发展，心理健康也正在成为与身体健康同等重要的健康问题之一被高校所重视。

身体健康：身体是一切运动的机能，是革命的本钱。在高校中对学生身体健康的重视尤为重要。在身体健康中的预警应该包括对学生作息时间、饮食习惯、体能检查、体检信息、既往病历等进行集成。而预警系统应能够在这些基础数据下对学生发送健康建议并起到督促的作用。有重大疾病以及高危病患的学生信息应立即反馈到有关部门。这些信息对医疗与高校公共卫生的建设具有重大意义。

心理健康：近年来心理健康越来越成为高校重视的主题。心理健康能够影响高校学生的生活、事业、家庭乃至未来的发展。因此，高校十分有必要对大学生的心理健康实施预警。预警系统中实时定向向学生发布相关心理辅导的文章，通过建立心理模型，反映学生的思想情况、情感走向和行为动态，从而减少心理健康问题对学生的影响。

②大数据下的学生学业及发展规划预警

学业无疑是学生生涯中的重要任务之一，而学习成绩是较为容易被收集到的数据信息。健全高校的学业预警机制，在学生的学习成绩有落差、挂科、毕业受限、学分未修满时对学生的学业进行预警能够在一定程度上对学生进行提醒和督查。可以根据每个学生的学习情况对其设置个性化的预警线，在必要情况下可以将成绩发送家长、辅导员等。在预警系统中也可以设置学业目标，使学生迅速地了解到与周围同学的差距。

③大数据下的学生突发事件预警

任何突发事件在处理上都十分棘手，为了让我们更好地掌握突发事件的发生规律，就应该制定相应的突发事件预警机制。

第一，快速反应原则。在突发事件发生后，能够第一时间进行信息搜集，预测突发状况，并提出解决方案。在事先收集相关的突发事件案件清单，对我们全面剖析突发事件、制定最优方案十分有用。

第二，预防为先原则。预防是解决突发事件的前提。最理想的情况是不发生所谓的突发事件，让一切事情尽在掌握中，从而把握事件的主动权。

第三，信息公开原则。应对突发事件，在新媒体环境下，要做到信息公开，预警有序。只有信息公开，将预警信息面向公众发布，才能最大范围地进行预警，提高高校用户对预警系统的信服度，实现高校对预警信息的最佳利用。

④大数据下的学生考勤预警

高校中的学生会通常会承担检查学生出勤情况的工作，主要是对学生夜晚在寝情况以及上课情况进行督查。在预警系统中，可以将迟到、夜不归宿等情况较多的同学进行重点监测与检查，不但优化了学生会的工作流程，而且提高学生的安全意识，让学生形成自律习惯。在预警系统中若出现超过迟到、早退、夜不归宿等情况的"预设值"，则根据情节严重情况和违反次数进行通报批评、处分等相关处罚。

在高校大数据管理系统中，高校的预警机制无疑将优化高校的管理、强化学生的学习、生活规律。目前由于学生、学生会、辅导员等各种原因，在高校管理中存在着许多漏洞。弥补上这些漏洞正是提高高校学习质量水平的重要因素。在高校大数据的预警机制下，高校的管理模式将更加人性化和现代化，为高校的发展提供重要的发展途径，为学生的发展前景开辟崭新的未来。

1.3.2　高校大数据教育监管

"监管"一词在《现代汉语词典》中的解释是"监视管理""监督管理"，当监管理念深入教育领域，便产生了教育监管的火花。通过调查发现，教育信息化过程中缺乏对学习过程的监督、管理及学习结果的评价。数据驱动学校变革的大数据时代已经来临，利用教育数据挖掘构建教育模型，探索教育变量之间的关系，为教育教学发展提供决策支持，已经成为信息化教育发展的必然趋势。数据挖掘技术在教育领域的应用为网络学习数据分析提供了有力的技术支撑。如何有效分析教育信息化过程中产生的海量数据是巨大的挑战。

国外的教育监管起源较早。美国的教育服务监管呈典型的地方分权型特征，其体系由联邦、州和地方三级教育行政机构组成；英国发挥监管职能的主要是国家监管渠道和学校内部监管渠道，设立了教育监管机构，构建了基于风险的监管机制；丹麦建立了完善的法规，对成人教育进行严格的监督与控制；德国的教育行政管理和教育督导合二为一，建立了专门的培训机构；沙特阿拉伯、伊拉克则联合成立区域性合作培训机构；加拿大对非营利性和营利性私立学校的区分用法律形式固定，配以不同的行为规则；巴西、马来西亚等国家通过法律允许举办营利性教育；澳大利亚制定开放高等教育与培训体系；新加坡对私立教育机构制定质量监控体系①。

目前，教育监管体系的概念还不够明确。有学者认为，教育监管是运用科学的手段、方法和技术，对教育服务进行全面设计、组织实施和检查分析的行为，是全面提高教育公共服务能力和教育管理水平，保证其建设与运行管理的规范化、标准化和制度化②。

---

① 王娟，李卓珂，杨现民等. 智能化时代新型教育服务监管体系建构与路径设计[J]. 电化教育研究，2020，41(1)：84-90.
② 黄云鹏. 教育服务政府监管框架概述[J]. 经济体制改革，2005(2)：16-20.

高等院校的教育及其质量是一个多层次、多因素交织构成的复杂系统，如果高等院校教育质量（如质量、问题、变化与趋势等）的概念内涵和系统代表指标像经济领域那样采用指数来表示，就能够比较简洁、及时、可靠地显示其状况。为了达到这一目的，需要借助现代技术的支撑，比如大数据、云计算和人工智能等。

（1）高校大数据教育监管的优势

①关注过程、关注微观。随着大数据技术不断渗透到各行各业，高校教育数据的采集将面临新的变革。高校智慧校园在数据的质量和价值方面都有着传统高校数据所不可比拟的优势。

②民主治理、集思广益。利用数据进行决策，已经在管理中形成共识。大数据时代，高校决策模式和治理模式都将面临转型。传统高校治理受限于校园信息化程度和智能化程度不高，学校相关的事业发展方案、措施、策略等不能广泛传达至师生。而在智慧校园中，可以实现高校由"管理"向"治理"转变，更好地实现治理的民主化、科学化。

③及时反馈、因材施教。根据学习平台，通过监测与收集学生对各个知识点的反应，来确定要重点强调的知识和决定不同的讲述方式。在智慧校园中，利用大数据技术开展翻转课堂教学改革或在线教育是当前高校教育管理变革的重要内容之一。高校学生数量庞大，是运用信息技术的主要群体，也是高校教育管理大数据的重要生产者和使用者。

④动态评估、全面多维。大数据时代，从数海中全方位、多维度和动态化地用易懂的数据关系找到当前教育管理问题及其影响因素和根本原因。高校教学活动是大数据评估最常用的领域，大数据促进高校教育管理评估从注重经验向注重数据转变，从注重结果向注重过程转变。

⑤优化组合、注重效能。推进高校资源大数据平台建设，有利于对有限的实验室、寝室、教育教学等资源进行重组、匹配和优化，不但使教育资源具有新的结构，产生新的功能，而且还能提高资源效能。

（2）建议

①坚持"以用户为中心"导向。我国高校管理层要树立"用户中心"的管理导向，以学校战略发展目标为指导，以业务流畅性为准绳，融合软件、硬件、资源和服务，面向用户提供明确统一、简单易用的集成化服务，推动学校教育教学管理模式的变革。高校在信息技术规划管理应用方面，开发一个执行多任务的"一站式"统一平台，简化管理任务，使其更

容易被学生接受，突出人与人、人与资源的高度融合。

②"以人为本"。高校大数据教育管理具有属人的特点，从建设大数据教育管理的物理设施建设、大数据教育管理的软件系统开发应用、大数据教育管理的隐性文化培育，都必须坚持"以人为本"的原则。高校大数据教育管理文化应将人文关怀融于其中，防止人的尊严、人的价值在强大的技术理性面前被贬低、被异化。

③扬长避短。大数据的双重效应给我国高校教育管理带来了机遇，也带来了挑战。针对大数据技术的双面性，高校在制定应对规划、战略、制度时要坚持扬长避短、趋利避害的原则。发扬大数据在促进民主、平等、公正、自由的大学文化建设及科学研究方面的优势，利用大数据的及时性、动态性及互动性等优势，营造新型师生关系；利用大数据的预警性来判断教育管理动态趋势，做到防患于未然；利用大数据的先进性，提升教育管理信息的安全性，从而保护师生隐私和数据财产不受非法侵犯。

④完善大数据教育管理制度规约。信息技术给高校教育管理带来的种种机遇和变革的"利"远远大于"弊"。对于大数据、云计算在高校中运用的态度应包括"促进"和"规范"两个维度，"促进"和"规约"是车之两轮、鸟之双翼，对于高校大数据教育管理发展而言亦是如此。一方面要通过法律法规促进高校教育资源共享平台、数据平台的建设和开放；另一方面要通过法律法规进行大数据利用和交易的规范化，从而保护个人隐私、保护数据安全。

(3)高校 CIO 制度初步建立

在互联网+时代，网络与高校教育管理的结合就是用互联网来促进教学、科研、管理和服务的升级。因此，建立首席信息官（CIO）在高校大数据教育管理变革中是必要的，是保证从上而下推进教育变革的前提。

大数据时代，"互联网+教育"已深入人心，但是采取哪种策略融合，则是对教育者创新和智慧的大挑战。据美国高等教育信息化协会（EDUCAUSE）发布的报告显示，大部分学生表示在包含在线和面对面的混合环境中学习效果最好。移动学习、泛在学习是未来教育的趋势，有着即时性、参与性、愉悦性等优势，将在碎片式学习中发挥优势，成为课堂教学的有益补充。我国诸多高校运用大数据技术进行教学方式改革的探索，取得了初步成效，但也存在着高校大数据教育监管的问题。

大数据发展必须是数据、技术和思维三大要素的联动，高校教育管理大数据的发展，取决于大数据资源的扩展、大数据技术的应用和大数据思维与理念的形成。高校的大数据教育监管的关键之处在于树立大数据教育管理的理念，大数据时代，最需要的是大数据思维、大数据理念。因此，树立数据共享、数据跨界、数据开放、数据合作的理念是我国高校大数据教育管理健康发展的前提。

1.3.3　大数据视域下高校统计工作对策

高校统计工作具有服务教学、优化管理的多重功能。在大数据环境下，高校统计工作的开展与实施也面临着前所未有的机遇与挑战。如何利用大数据技术提升高校统计数据质量并形成能够反映客观事实，为决策提供支持的统计报告成为当前迫切需要解决的一个热点问题。当今社会，对于大数据的应用已经成为各个行业领域所关注的重点。无论是在政府、企业还是高校，大数据都在持续地发挥着前所未有的价值。

（1）优劣势和机会威胁分析

①增加高校统计工作的数据源

在高校统计工作过程中，随着数据量的不断增加，数据类型也不断丰富。在传统高校的统计工作中，对于例如学生信息、教师信息、各部门收入开支信息等的处理较为简单，得出的分析结论也相对片面。随着大数据技术的应用普及，对多源异构的数据处理能力提高，使得高校统计工作分析结果呈现立体化、多样化，最终为高校决策的制定提供更加可靠、有效和科学的数据支撑。

②提高统计工作的效率

传统的人工整理统计数据容易出现数据错误，导致统计数据不准确。应用相关大数据的智能软件和硬件提高了统计工作的效率，统计工作人员只需采集和录入信息，数据的统计、分析和报表的制作主要依靠大数据技术自动完成，不但提高了数据采集速度而且还大大提升了工作质量。避免人为因素导致的数据错误的问题，提高统计数据的准确性，进而提高了高校统计工作的准确性。

③缺乏对数据的深入挖掘

高校随着信息化的全面展开，数据类型与数据量不断丰富，形成网页、视频、空间、日志、数据集市、电子政务数据、教学管理信息系统数据、科研管理信息系统数据等，这些多样化的数据类型包含着数据价值的多个层面。传统的高校统计工作过程中难以对数据进行深入挖掘，加之数据来源不广泛，导致分析结论较为片面。目前大数据在高校统计工作中的应用正处于起步阶段，更多的统计工作仍依赖传统的人工方式完成，难以对数据价值深入地挖掘。

④缺乏相关技术领域的人才

由于很多统计工作人员缺乏统计与大数据技术专业的相关知识，不能很好地深入挖掘和分析统计数据，此外，由于统计工作队伍中兼职人员流动性较大，使得高校专业统计工作难以深入开展。

⑤大数据应用环境整体改善

围绕国家大数据战略，各地、各部门加大信息系统和公共数据开放、互联的力度，充分发挥市场在资源配置中的决定性作用，大数据治理发展环境得到持续改善，大数据治理路径日益清晰，一个既有统一领导又有分级负责，既有顶层设计又有统筹协调，具备比较完备的调查体系、组织体系、指标体系的大数据管理体制已经基本建立起来。在这种开放发展的大环境下，大数据在高校统计工作中的应用也将乘风而上，充分发挥其优势，提供科学准确的数据，挖掘数据价值。

⑥践行国家相关政策要求

对数据弄虚作假的行为依纪依法进行惩处，并对进一步完善统计数据质量责任制进行了系统、全面的部署。相关政策从另一方面要求高校统计工作应当正规化、程序化、透明化，而传统的人工方式显然难以满足新形势下高校统计数据的要求。因此，只有利用大数据技术才能真正做到统计工作正规化、程序化、透明化。

⑦缺乏大数据时代背景下的统计指标体系

高校传统的统计工作主要建立在内部信息流和数据流基础上，比较集中地反映高校内部教学科研活动情况，缺乏对各部门关联数据和隐含数据的深刻认识，缺乏对国内外高校教学科研活动的全面认识，局限于高校发展过程中在教学科研方面投入产出的存量和流量数据的核算分析。在大数据的应用过程中，能够有效地缓解这一系列问题，但是缺乏统一的统计指标体系导致统计工作难以采集到真正需要的数据。因此，应当在科学理论的指导下建立一整套针对高校统计工作的统一指标体系，用于指导高校统计工作的开展。

⑧缺乏统一平台，数据互通不畅

一是"纵强横弱"，高校各部门在横向信息的互联互通比较差，而纵向信息互联互通方面进行得相对较好，存在着众多的"信息孤岛"。二是高校各部门运维人员水平参差不齐，各部门数据不互联、不互通，造成了大量有效数据资源的浪费。三是各部门信息化建设水平参差不齐、权责不清，没有建立统一的标准，缺乏统筹协调标准，加剧了"信息孤岛"的繁殖。这些情况影响了高校统计工作的水平和统计报告的质量。高校职能众多，数据不一致、内容不共享、质量不可控，缺乏统一、共享的跨部门数据平台。由于数据资源整合比较困难，数据碎片化、非结构化，技术整合的成本较高等问题，导致数据资源没能发挥应有的价值和作用。

(2)利用大数据技术提高高校统计工作质量的对策建议

根据SWOT分析法分析出的大数据在高校统计工作中的优势、劣势、机会、威胁的结果，提出利用大数据技术提高高校统计工作质量的对策建议，旨在促进大数据时代高校统计工作的创新发展。

①建立大数据信息服务平台

随着高校信息化发展速度的加快，高校也拥有海量的各类数据，需要高校搭建安全可靠的大数据信息服务平台，以实现高校各部门数据流核算统计以及海量数据处理分析的目的。通过搭建统计数据及相关信息共享平台，高校内部信息流和数据流实现跨部门、跨区域、跨层级实时存储、更新、共建和共享，统计相关部门运用云计算等先进技术对历史和实时数据提取、整理、分类，充分挖掘数据的实际效用价值。

②利用数据挖掘技术，深入挖掘关联信息和隐含信息

大数据的统计应用涉及自然语言处理、音频信号处理、图像处理、模式差异识别、机器学习算法、模型推算等方面专业知识，在数据挖掘中具有很广泛的应用。而大数据在高校统计工作中的应用价值也正体现在对各类数据的深入挖掘，尤其是对关联数据和隐含数据的挖掘，从而获取高价值的信息，推动高校管理走向精细化，决策走向科学化。

③完善统计指标体系

高校统计工作应该拓宽统计口径，扩大统计空间范围，建立多层次、全方位的统计指标体系，如反映高校创新能力和水平的统计、反映高校教学质量的统计、反映高校师生创造力水平的统计等。只有构建适应大数据时代和高校外部环境、形成全面有效的高校统计信息系统，更准确反映高校教学科研状态的统计数据体系，各指标制定部门协同联动充分挖掘统计数据资源，才能为高校发展战略提供有效的数据支撑，从而为高校不断提升办学水平提供高质量的统计报告与统计服务。

④促进人才培养

高校有必要加大相关统计技术人才培养的力度，以满足时代发展和统计工作的实践需求。一方面，高校应引进一些具备创新与信息技术运用能

力强的专业统计工作人员，将其分配到不同的职能部门，使其发挥专业优势，从而形成一支素质较高、信息技术过硬的专业统计队伍；另一方面，高校应加强统计工作者的业务培训，定期邀请一些与大数据和统计学方面相关的专家来学校举办讲座，进而强化统计工作者的信息化意识，培养统计工作者的职业素养，促使其能熟练运用大数据技术进行统计工作，有效提高统计工作效率。

1.3.4　高校大数据的教育评估

高校大数据的规模性、准确性为教育评估提供了全面、及时的数据来源，同时高校大数据具有价值性，即蕴藏了大量可以用于预测、决策、监测等的潜在信息，与教育评估的目的具有高度的契合性，两者的有机结合有利于教育评估的发展。大数据的优势为教育评估带来了春天，有效利用高校大数据及时进行教育评估有利于国内教育事业的蓬勃向上发展。由于高校大数据形式多样，不利于统计与分析的进行，加之高校大数据的庞大来源，如果存在数据错误，会对教育评估产生巨大的影响。此外，信息安全问题也需要我们引起警示，高校大数据的外流可能会威胁高校建设，所以在利用高校大数据的同时要留意网络安全带来的威胁。

（1）趋势分析

信息化时代产生了前所未有的数据规模，高校中蕴涵着数据庞大、结构复杂、产生频率快的信息，处理这些信息需要花费大量的时间，至此高校大数据应运而生。大数据具有规模性、时效性、多样性、价值性和准确性等特点，可以预测、决策、监测等的潜在信息。高校大数据分析具有全面性、实时性，为教育评估提供了更加方便、准确的途径，有利于教育评估的开展。因此利用高校大数据进行教育评估是时代趋势的必然结果。

（2）创新点分析

"高校大数据的教育评估"的创新点主要围绕"高校大数据"展开。高校大数据为教育评估的数据来源提供保障，但是值得深思的是目前获得的数据格式不一，结构化数据与非结构化数据交错，所以本书提出制定一个标准化数据结构，将已有数据在存储过程中进行转换，并将活动图片、活动记录等非结构化数据转化为结构化数据并进行相应转换，最终形成具有标准格式的、结构化的数据仓库，供教育评估使用。

标准化的数据结构一般包括众多方面，而不同数据信息所反映的内容又是不同的，所以本书在利用高校大数据进行教育评估时在数据仓库的基础上立足于元数据进行分类评估，对分类后的数据进行深度挖掘，从而形成具有高价值性的潜在信息，再提供给高校各部门，应用于高校建设与决策。

1.3.5　高校大数据的学生成长分析

随着社会发展和科技进步，数据和信息服务在我们生活的方方面面已经占据越来越重要的位置。高校作为教育阵地，在数据推动、教学改革的契机下，高校大数据更应该被好好分析和利用。结合当今大数据背景，探讨如何利用高校大数据对学生教育成长进行分析。

超互联网时代的到来，互联网、物联网等新技术已经陆续进入我们的生活。高校的信息化建设也面临新的机遇和挑战。数据量越多，高校大数据分析的准确性就会越高。高校作为教育的重要阵地，高校大数据的发展和实践是在教育领域发展大数据、推进大数据应用的重要一步。学生是高校中最重要的主体，近年来学生心理问题频发，对学生成长的关注和引导显得尤为重要，因此，利用高校大数据进行学生成长分析是高校大数据实践中非常重要的一环。

（1）学生成长现状及利用大数据分析的可能性

学生成长一直是高校工作的一个重要方面，学生成长不仅包括学生的知识水平的提高、行为能力的提升、综合素质的提升，还包括心理健康等方面的成长。

①知识水平方面

学习知识是学生进入大学校园的主要目的，知识水平的横向延伸和纵向拓展是一名大学生与高中生知识水平的最显著跃层。然而大学中对学生知识水平的衡量方式还主要依赖传统的考试，具有一定的片面性，更多的是体现了学生对于一门课程的理解和掌握能力，甚至是应试能力，而难以体现学生的知识结构和知识水平。

在当前这个大数据环境中，其实学生在学校各个数据平台留下的数据记录都可以被整合起来，形成数据库，用于分析学生的知识水平程度分布及走向，甚至可以具体到每个具体学生的学习行为记录，形成具体的知识报告。

②行为能力和综合素质方面

除了学习文化知识外，行为能力的提升和综合素质的培养也是大学生成长中非常重要的一部分。在大数据被应用于各领域前，学生的行为能力和综合素质的考查一直是比较难以量化的标准，更多是通过人的主观判断来进行评判。这些能力很难通过具体的数据、指标进行衡量，以至于高校对学生在行为能力和综合素质的培养上产生了怎样的影响很难客观地评估。

③心理健康方面

心理健康的成长贯穿于人的一生。尤其是随着现在社会的发展，普遍知识水平的提高，人们对求学、学历的要求更甚。基于学生这种特殊的身份，在心理健康方面更应该受到关注。因此在高校中心理健康一直是一项非常重要的工作。

近年来，本科毕业生中选择继续考取研究生的比例持续上涨，硕士研究生和博士研究生的人数大幅增加。硕士研究生和博士研究生一直是学生中的一个特殊群体，相对于中小学生，他们已经是成年人，具有一定的责任意识与能力；但相对于已经参加工作的成年人，他们缺乏社会经验，经济未独立。这种特殊的地位和科研的辛苦往往会对他们形成很大的心理压力。

有关高校学生因心理问题而选择轻生的新闻数量逐年增加，通过不断寻求心理健康成长工作新思路、新方法，不断加强这项工作，可以有效缓解学生心理健康教育的难题。

(2)如何利用大数据对学生成长进行分析

大数据的发展为学生成长的分析与评估提供了一种新思路和新方法，应用在高校中，可以将当前掌握的数据量化、更好地预测走向，为学生成长提供服务，使高校更好地帮助学生完善成长进程。

利用高校大数据对学生成长进行分析，那就必须要建立在数据的基础上。因此，首先借助于大数据的技术，建立一个基于大数据的"产出导向"的学生成长质量评价体系，选取合适的指标作为学生成长分析质量评价的关键指标，其次综合运用多种数据分析方法，建立数据模型，针对学生的成长过程进行动态评价，对学生成长质量实现可视化的结果呈现，并及时建立相应的预警系统和预警机制。

①确定测评指标

以学生成长的三个方面为主：知识水平方面、行为能力和综合素质方面，以及心理健康方面，同时结合其他与学生成长相关的方面，从中选定可以用以测评的指标，并为其赋予不同的加权值，以加权的方式形成一个质量评价的公式，这是建立完整的质量评价体系的第一步。

②搭建数据仓库数据抓取

系统地收集与学生成长有关的各类信息，根据确定的测评指标来获取相关的学生成长质量大数据，整合学校现有的各类数据，建立学生成长信息收集系统，以此为基础建立分类数据库，形成学生成长数据仓库。

数据仓库技术是为了有效地把数据集成到统一的环境中以提供决策型数据访问，使分析者能够更快更方便地查询所需要的信息，提供决策支持。数据仓库是提供用于决策支持的当前和历史数据。在抓取过程中可以采取不同的程序和算法，多次抓取，以取得较为全面和准确的结果。

③可视化结果呈现

数据可视化呈现将学生的成长成才信息以尽可能多的形式直观地展现出来，目的是使决策者通过文本、图形、表格等表现方式迅速获得信息中蕴藏的规律，如分布、趋势、密度等要素，它能够代替部分人的经验、主观判断功能，应用结果更加科学、直观。

对于抓取到的数据，以可视化的结果将其呈现出来，更有利于观测数据分析结果。

（3）建立相应的学生成长质量评价体系

①学生成长规律的研究

根据高校人才规格标准，以及大数据分析统计的结果，结合制定出的测评指标，最终形成学生成长评价指标体系，并以此作为评价的依据。

②建立分析规则，进行行为预测

以网络上的云空间数据等为基础，建立相应的分析规则，并依据所形成的分析规则，从海量数据中，利用数据分析技术，从数据中推断出用户的行为规律，创建相关模型来预测将来的行为。

③形成记录曲线

将每个学生的成长过程数据进行统计、结果分析，然后以图表的形式呈现出来，形成记录学生成长全过程的"成长曲线"，让教师、教学管理人员等能够系统、完整地掌握每个学生的成长状况，使每个学生清楚地看到自己的成长足迹。

④建立监控系统

引入学生评价，通过分析，统计出学校教学建设与管理的基本状况，寻找学生成长建设中的"异常点"，并以此分析学校教学建设与管理中存在的成就与不足，提出针对性解决策略。

⑤建立异常点监控系统

建立学校教学质量与学生成长监控异常点综合匹配分析系统，分析匹配系统中的"异常点"，并对异常点的分布、成因进行分析，查找形成异常的内在的原因，最终建立基于智能预测模型的干预机制。为每个学生提供高度个性化的学习服务，以便学生能够享受到高度个性化的学习体验。

大数据可以通过建立数据库、收集数据，可以系统地记录学生成长数据，以进行更为科学的、客观的预测分析，避免了人为估计的过于主观的情况。在利用高校大数据进行学生成长分析的过程中，可以形成一个系统的数据库，促进高校大数据的发展进程。

人具有主观能动性，学生都具有各自不同的个性。运用大数据对学生成长进行分析，可能会不够具体，无法针对每个学生成长形成具体方案。此外高校大数据涉及的数据量十分巨大，数据庞杂，采集数据的工作量大，建库实施过程会遇到一些难题。高校缺乏相应的基础设施，整个工作要从头做起，不但工作量大，而且耗时较长。

随着科学信息技术的迅猛发展，利用高校大数据对学生成长进行分析的可操作性强，实现的可能性高。这一工作的完成顺应了当前大数据的发展趋势。高校作为文化中心，尽早地建立和利用属于本校的大数据库，不但推动大数据发展，还形成良性循环，互相促进。

在建立高校大数据数据库时，应重点注意信息安全问题。安全问题主要包括两个方面，一个是存储时的安全问题，一个是处理过程中的安全问题。高校大数据涉及校内师生的隐私数据，是一个很庞大的数据量，一旦数据库安全问题没有保障好，造成隐私泄露，造成恶劣的影响，后果将难以估量。

高校大数据的应用将成为未来的一个重点趋势，它的应用会越来越广，涉及高校发展的方方面面。大数据的应用为学生成长的分析与评估提供了一种新思路和新方法，应用在高校中，可以将掌握的数据量化，更好地预测走向，为学生成长提供服务，高校利用分析结果更好地帮助学生完善成长进程。因此，利用高校大数据进行学生成长分析是学校分析学生成长现状，促进学生成长发展的主要方式方法。

1. 3. 6　高校大数据对在线学习者进行人才评价

高校在统一数据中心中积累了大量的结构化数据；同时各类系统中还散布着大量的半结构化和非结构化数据，在高校中的这些半结构化和非结构化的数据经过一定处理后，可以转化为更容易分析使用的结构化数据。

在线学习者是指在由网络技术和多媒体技术等构成的网络环境中进行学习的人。人才评价是人才发展体制机制的重要组成部分，是人才资源开发管理和使用的前提。

(1)基于高校大数据的在线学习者分析流程

基于高校大数据的在线学习者评价流程可以分为五步：①根据各高等院校公开的数据，分别在高校数字图书馆、大学生 MOOC、网易云课堂、爱课程等学习平台上采集在线学习者数据。②对采集到的数据分别进行分词和标注。③采用基于机器学习的文本聚类和自动分类方法分别对数据进行清洗并分类，形成在线学习者基本信息和学习信息数据池。④采用共词网络和相关度分析方法；⑤形成在线学习者评价分析报告。

在数据处理的过程中，需以数据库中的数据项为基础。由于在线学习的数据项较为复杂，采用数据项的基本项，描述在线学习者的基本情况与学习状况。

(2)构建大数据时代对在线学习者进行人才评价的综合评价指标体系

①综合评价指标体系构建原则

A. 科学性原则

指人才培养质量评价指标的选取要符合科学发展规律，能够全面反映被评价对象的情况。专业创新人才培养质量的综合评价指标的选取，要以促进学生创新能力、提高综合素质以及适应数据时代的要求为目标，从科学的角度建立综合评价指标体系。

B. 系统性原则

要求评价指标体系应对评价对象进行系统分析，把专业创新人才培养质量评价体系看作一个系统，将每一项评价指标都放到整个评价体系中。

C. 独立性原则

专业创新人才培养质量的综合评价指标体系中的各个指标之间应相互独立，不能存在交叉、重复、包含以及因果关系等。

D. 综合性原则

构建大数据时代创新人才培养质量的综合评价指标体系的最终目标，是培养符合大数据时代要求的综合型、创新型、应用型人才。因此，应全面考虑专业创新人才的知识、能力、素养以及就业情况等因素来建立综合评价指标体系。

②学习分析中的评价

以评价作为切入点，学习分析技术所期待的个性化学习服务，学习分析是对学习者和他们的学习历程加以评量、收集、分析和报告，目的是了解学习者的学习及其学习环境并加以优化。因此，只有建立了评价基准，有一个科学的评价模型，才能够作出相应的预警和预测服务，为有效的预防与干预提供解决方案。

③基于学习分析的学习者综合评价研究

采集高校大学生学习过程中的数据，构建学生综合评价参考模型，包括主动性、完成度、投入度、调控度和联通度这五个维度。维度建模主要来源于理论演绎和专家访谈，将构建的维度模型进一步细化，提炼出相应的数据结构，为量化评估提供可操作的依据。

表 1-1　　　　　　　　　　学生综合评价参考模型指标分类

指标	投入度	完成度	主动性	调控度	联通度
	认知投入	指定任务完成	自主学习主动性	规律性	关系网络
指标分类	情感投入	非指定任务完成	强制活动主动性	持续性	社交活跃度
	行为投入		交互主动性	学习效率	社交中心度

通过模型，梳理高校大数据中的数据资产，如想考查学生参与学习的主动性，可以考查学生在线学习了多长时间、在线完成作业花费了多长时间以及在论坛中所花费了多长时间等。又比如一个练习学生可能做了两次，平台记录下来了其每一次做的情况。把这些数据整合起来后，才能够真正意义上去表征评估内容。

利用高校大数据平台的数据进行业务解析，然后转化为基于学习的活动流，汇聚到数据仓库中，再利用潜在变量、特征变量等通过机器学习中的指标算法，确定上级指标维度，最后分别给出上级指标的权重，通过学生综合评价参考模型进行验证应用。

目前很多在线学习，包括强制性要求参加的线上学习，会出现一打开视频，学习者就去做其他事情的现象，视频虽然一直处在播放状态，但学习者并没有真正投入学习中。一般系统里面都存储有关视频播放时长的数据，但显然并不是所有视频播放时长的数据都有效，此外，一些有意义、有价值的数据可能没有被系统记录。所以，在线学习平台要记录学与教的过程及结果、学习者的心理特征、职业发展特征以及其他相关的数据，整理非结构化数据，比如图片、视频等。在完成数据资产汇集时，要动态抽取多类相关数据、快速清洗，按专题分层汇聚。同时要把平台记录行为的数据，包括结构化和非结构化的数据，转化为特征变量。特征变量是经过统计分析后，证明具有足够好的数据质量，是进入算法构建的变量。

利用高校大数据对在线学习者进行人才评价是一个高效化工具，基于高效化原则，科学评价机制将会越来越重要。根据综合评价参考模型和算法可以在很短的时间内完成一项非常庞大的评价工程，不但节省时间，降低机会成本，而且实现效率最大化目标。

④高校具备大数据应用的客观条件

高校拥有设备、数据、技术等优势。海量数据是大数据应用的基础，馆藏数字资源，业务管理与师生服务中产生的系统数据、交互数据等共同构成了高校大数据。信息设备是大数据应用的平台，数据采集、挖掘、分析和存储都离不开高性能信息服务平台。大数据应用涉及分布式数据库、可扩展存储、云计算等信息技术，而这些技术在高校已得到广泛应用。

A. 在线学习方式便捷，课程跨越时空局限，利于采集数据，便于评价。

与传统方式相比，在线教育跨越了时空局限。录播、直播形式使在线学习者的学习时间更为灵活方便。大数据时代的到来，使学习者可以拥有更多个性的学习机会。在线学习平台可以记录学习者的学习轨迹，提出合理的学习建议。同时通过大数据对大量学习者学习数据的精准采集，可以使教师根据反馈情况，重新安排研究课时与教学知识点，提高课程设计的合理性，促进在线学习者的学习质量。

B. 收集数据平台规模空前

众多辅助教学工具和在线学习平台同时也成了大规模的数据收集平台，帮助大数据算法发掘教学过程中的数据，基于数据把握在线学习者学习特点和问题，提供个性化的学习内容和指导。海量的教育数据通过在线平台得以获取和挖掘，成为教育数据化背景下高校大数据顺应数据潮流的一大机遇。

⑤发展趋势和对策分析

A. 高校要树立大数据理念

大数据时代是"以用户为中心"的时代，对高校而言，大数据理念本质上就是关注学习者行为、重视学习者数据、满足学习者需求。高校要牢固践行大数据理念，一方面应内化于心，组织人员认真学习大数据思维，消除对大数据认识的误区；另一方面更应外化于行，充分挖掘数据的价值，通过学习者数据及时、准确地把握不断变化的读者需求，将大数据理念融入高校服务工作的全过程。

B. 高校要强化数据资源建设

以高校图书馆为例，要做好数据资源建设工作，首先，高校图书馆应扩展建设范畴，将数据资源建设范畴由结构化数据向包括音视频数据、系统数据、读者行为数据等半结构化和非结构化数据等数据进行扩展。其次，高校图书馆还应积极进行数据关联，通过不同的研究项目和学科主题线索，对数据进行关联再造，实现数据价值增值。再次，高校图书馆应健全标准规范，依靠科学的标准和规范，实现对多种渠道来源、不同类型结构数据精确、高效、统一的存储和管理。最后，高校图书馆应注重数据整合。高校图书馆的大数据结构复杂、类型多样，只有进行去粗存精的数据整合，才能剔除噪声数据，消除信息孤岛，更便于数据分析与挖掘。通过采取有效的建设大数据资源措施，更好地对在线学习者进行人才评价。

C. 确保在线学习者隐私安全

在线学习者的隐私被侵权表现出途径便捷化、方式隐蔽化、主体多元化等新特征，在线学习者的隐私保护需要政府部门、高校、行业协会及学习者等各方共同努力。宏观上，政府应加快推进《个人信息保护法》的立法进程，做到个人信息保护有法可依；微观上，高校应提升技术能力，不断完善制度，在线学习者也应积极提高自身隐私保护安全能力与意识，最大限度地防范隐私被泄露。

1.3.7　高校大数据对高校教师发展

我国的高校信息化建设起源于 20 世纪 80 年代，基于校内局域网等基本网络信息技术的普及应用，实现了我国高校信息化从无到有的发展，这一时期称为高校信息化 1.0 时代。进入 21 世纪，数字信息化校园建设快速进行，这 20 年间我国所有高校基本都已经完成了一轮或两轮的信息化校园建设，具备了一定的硬件和应用基础。但随着时代的发展，1.0 时代的信息化校园已不能满足高校师生的科研教学与管理需求，于是便诞生了新的高校信息化建设目标，形成高校信息化 2.0 阶段。此阶段高校的信息化校园建设目标从"数字化校园"转为以更深层次的信息整合和更便捷的应用创新的"智慧化校园"建设，而随着云计算、物联网、大数据、5G 网络等新型计算机信息技术和通信技术的产生与广泛应用，使得"智慧化"校园的建设开始提上日程①。

大数据技术的不断发展和应用为高校带来了管理模式、教育教学、资源分配等方面的巨大变革。高校作为人才培养与科技创新的重要阵地，高校教师承载着科研攻关和教书育人的双重使命。高校大数据是获得新认知、创造新价值的源泉。前所未有的大数据量及其带来的变化使高校教师看到了以往难以发现的发展契机，但也面临着如何选择、处理、利用这些数据等问题的困扰。在智慧化校园的建设中，利用高校大数据，获得更好的教学、科研创新成果是目前高校教师实现个人发展的重要途径之一。

（1）高校大数据建设情况

我国教育信息化经过十多年的建设，已经获得长足的进展。

①高校信息化基础设施全面建成

数十年的信息化建设中，我国大部分高校基本全面实现了数字教学资源全覆盖的目标，校园网等基础设施的建设全面完成，很多高校还完成了全校性的网络教学平台的建设。无线及移动网络伴随着手机、平板电脑等个人终端的广泛普及，师生可随时随地借助智能设备访问校内资源，开展工作与学习，此外，网络资源的降低大大减轻了师生的经济负担。在智慧化校园的建设中，越来越多的高校也开始建设本校大数据综合中心，将云计算、机器学习、人工智能等技术融入卡务服务、信息服务、移动信息服务、邮箱服务、教师团队管理建设等项目中，更好地实现高效管理，高质量服务师生。

②教育资源云服务产品高速发展

通过互联网进行职业教育与培训的群体也不断庞大，以至于投资企业将互联网教育市场作为未来投资的重点领域。互联网正提供越来越丰富的教育产品，呈现出支持教育教学核心业务创新的态势，形成全生态发展的局面。

③相关专业建设稳步推进

随着互联网及大数据技术的发展，大数据相关学科专业建设越来越重要。我国已加大大数据相关专业学科的建设，大数据科学与技术专业人才的培养正拉开序幕，多所高校获批建设"数据科学与大数据技术"专业。

① 饶爱京，万昆，邹维．教育大数据时代高校教师教学领导力建设［J］．现代教育管理，2019（1）：57-61．

（2）高校大数据对高校教师发展影响研究

在近几年的高校信息化建设中，大数据从早期限定于少数几个行业的工具应用逐渐融入高校的教学、科研与服务体系之中。从线下到线上的教学模式变革，到智能化科学化的科研管理系统与评价体系，大数据在高校里的广泛应用提升了高校青年教师的教学与科研效率，高校教师与学生日益感知到大数据及其相关服务对其生活学习所产生的影响。技术的进步虽然带来机遇，但也带来了挑战与危机，正逐步淘汰落后的产能。如何在高校大数据时代提升高校教师的个人能力水平，促进高校科研教学的发展，是一个非常值得深入探讨的问题。

①高校大数据对高校教师带来的积极影响

高校大数据给高校教师在数据采集、教育教学、资源分配、智慧科研等方面带来了显著的影响。

A. 数据采集

在数据采集上，传统的采集技术局限于技术、人力，主要以结构化、结果性和静态性的数据为重点，关注整体的发展情况，这样的采集方式虽然对学校教育决策、规章制度制定提供了较为高效的信息反馈，但对于师生个体而言，其信息还远远不够，无法根据提供的信息对结果做出科学准确的预测，只能在事后采取措施，容易造成"亡羊补牢，为时已晚"的被动局面。而高校大数据采集所带来的技术变革，将互联网、物联网和大数据技术带入校园，建设更加信息化、智能化的智慧型高校校园，使得数据采集不仅在速度上远远超过以往，也能够把具有动态性、微观性、非结构化、过程化的数据收集起来，并且对数据的处理也更加复杂深入[①]。这种在数据质量和数据治理方面的巨大优势让高校的教育管理更加科学化、人性化，从而大大提升了高校教师的科研与教学成果。

B. 教学优势

在教学上，大数据可以满足大规模个性化定制的教学需要，为学生创建动态的个人学习空间，通过大数据分析做出预测可能提高学生学习成绩的行为，从而辅助教师授课。教师都可以在平台上发布自己的教学资料，学生可以根据自身情况从大量的教学视频、课件、文档等资料中自主选择学习内容，改变了以往选报了某一门课程，只能根据教师的课堂讲解、教

---

① 覃福钿，李晶. 大数据对高校教学研的影响与探索[J]. 计算机工程与科学，2019，41（S1）：238-241.

师所定的教材或者教师的 PPT 等进行学习的教学资源短缺的学习方式。

C. 资源调控

高校的大数据平台建设，有利于对校内有限的教学设备、实验室等教育资源进行优化分配，更加科学合理高效地分配教育资源，提升资源产能①。在高校的日常科研教学活动中，有很多高校斥巨资建造的实验室出现利用率不高，而有的实验室却人满为患的现象。高校的大数据平台可以很好地解决这些问题。

首先高校大数据管理平台从管理理念上打破了硬件资源的固定归属概念，利用物联网、大数据等信息技术从学校的整体统筹管理和调控，对资源、能源进行统一调配，从模糊化、经验化的管理向清晰化、科学化转变，为高校教师提供更多的科研教学资源。

D. 智慧科研

当今各学科的科学研究已经来到了"超大科学"的拐点，把科研与大数据联系在一起，产生了新一轮的科研方法革命，诞生了学术界流行的新理论"科学研究第四范式"②。高校作为培养人才、科学研究的主要阵地，高校教师承担着科研创新和知识传授的任务，大数据科研资源平台为高校科研队伍提供海量的文献资源，数据的搜集、文献的查找、资源的获取可以说是高校教师从事科研工作所需的基础性服务。

②高校大数据对高校教师发展的消极影响

古往今来，每一项技术发明与创造都是一把双刃剑，高校大数据的发展虽然给高校带来了种种便利与发展机遇，但同样也在技术的使用中暴露了一些不足和消极影响。大数据所带来的便利会以师生的个人隐私作为代价，其中数据霸权与高校教师自身的数据处理能力的不足都不利于高校教师的发展。

A. 数据隐私与数据霸权

在大数据时代，我们的个人信息、一言一行，都在被各类电子设备终端的软件和网站记录为数据并进行分析，大数据应用成果的确便利了我们的生活、学习和工作，但同时也带来隐私权被侵犯的问题。如何在便利与隐私权之间寻找到一个平衡点，成为研究高校大数据的一个难题。

大数据可以通过概率预测优化学习内容、学习方式和学习时间，可以预测学生职业生涯，然而这种根据大数据预测所做出的决策是否有违教育

---

① 郑庆华. 高校教育大数据的分析挖掘与利用[J]. 中国教育信息化，2016(13)：28-31.
② 陈桂香. 大数据对我国高校教育管理的影响及对策研究[D]. 武汉：武汉大学，2017.

公平值得深入探讨。教育的最高境界是因材施教，制定真正符合人才发展规律的教育方法，但是通过挖掘大数据所获得的"规律"并非真正的规律。在高校的教育与科研中，有很多非理性的东西是无法预测的，如人类的智慧、创造创新能力，大数据很难体现这些难以定量定性分析的非理性因素。而根据大数据所做出的教育与科研相关策略，也可能会限制高校教师与学生的发展诉求，加重马太效应。但是如果放弃数据的采集和使用，将会失去大数据分析给我们带来的诸多好处。一味陷入数据崇拜，又将导致我们失去隐私与自由。人们对大数据的相关担忧可能会使得数据越来越难以收集，更为不幸的是，如果人们出于畏惧"数据霸凌"而采取欺骗手段进行数据采集，那么建立在虚假数据基础上的决策将更为糟糕。[①]

B. 数据资源不足，数据素养缺失

数据资源是高校教师开展大数据应用的基础性资源。对大数据资源的采集并不是不加分辨地照单全收，原始数据要经过采集、加工、分析等环节才能被利用。大数据时代，碎片化的数据充斥在整个网络中，若不能很好地在收集与处理数据的过程中分辨有价值数据和垃圾数据，那么后期的工作就会受到很大的不良影响。在"大数据"时代拥有敏锐的数据素养意识才能及时地挖掘出数据中的价值。美国高校对大数据的认识和应用起源较早，在校园、家庭、社会中这种认识已经演变为一种技术文化，同时针对不同的社会群体开展不同的数据素养教育，大大地提高了全民的数据素养意识。数据素养意识的淡薄，不利于高校教师对于数据素养的重视，导致数据素养教育发展缓慢。

(3)大数据背景下高校教师的发展途径探究

在高校加快大数据建设的背景下，高校教师要想在这一潮流下谋求自己的发展，就要找准自身的定位，树立终生学习的理念，提升自己的数据素养意识，同时高校与教育管理部门也应出台和大数据相适应的相关政策，以便更好地支持师生的科研学习、支持智慧型校园的建设。

随着高校智慧化校园的建设，高校大数据开始普及应用，给高等教育和科研创新带来了翻天覆地的变化。大数据时代对高校教师提出了更高的素质要求，也提供了更多的机遇。高校教师要能够顺应时代发展，适应校园大数据的发展，不断提高自身的数据素养。同时，高校与教育管理部门

---

① 方旭，韩锡斌. 高校教师教学大数据技术行为意向影响因素研究——基于清华"学堂在线"的调查[J]. 远程教育杂志，2017，35(6)：76-86.

也应当从政策立法、搭建平台、增强意识等方面积极探索高校教师个人能力发展与数据素养提升路径，从而推动高校的科研教学发展。

1.4　高校大数据治理与监测

近年来，随着大数据技术在各行业领域的渗透与结合，有关大数据价值实现与数据治理等研究成为热点话题，同时也是当今大数据环境需要解决与面临的重点问题。在大数据时代，基于新媒体的社交网络、商务平台、政府管理等领域产生了海量数据，并且随着时间的推移，数据规模不断递增，庞大数据规模蕴含巨大的价值但同时也存在风险性。如何应对大数据资源与大数据技术带来的风险，在持续获取价值与追求收益的同时进行风险规避，实现二者的平衡是大数据治理的核心所在。

大数据治理的重要性体现在各个方面。对于高校而言，大数据资源成为高校的重要资产组成，需要合理有效地利用大数据资源，精准优化高校运营，提升核心竞争力，高质量的大数据治理有助于提升高校治理体系现代化，创新高校治理模式，从而促进教学科研的发展，大数据治理是发挥数据价值从而紧密结合大数据技术的保障机制，是适应时代变革、顺应发展潮流的重要体现。

目前国内有关大数据治理的相关研究主要围绕以下几个方面。一是大数据治理框架和体系研究。如郑大庆、黄丽华等学者基于大数据治理内部要素（决策机制、激励与约束机制、监督机制）和外部应用特征（大数据生命周期、利益相关者、流通方式），构建了大数据治理参考模型①。安小米、宋懿等从大数据资源供给治理体系、保障治理体系以及服务治理体系3 个维度提出了大数据治理规则体系构建的研究构想②。二是围绕大数据治理产生动因与发展的相关研究。如：从科学、技术、社会视域深刻分析大数据产生的动因和趋向③，基于已有的大数据治理代表性文献，从动因、议题的角度，揭示大数据治理的主要对象、活动和目的，提出大数据

---

① 郑大庆，等. 大数据治理的概念及其参考架构[J]. 研究与发展管理，2017，29(4)：65-72.
② 安小米，宋懿，郭明军等. 政府大数据治理规则体系构建研究构想[J]. 图书情报工作，2018，62(9)：14-20.
③ 董铠军，杨茂喜. 科学、技术、社会视域下大数据治理的动因和趋向[J]. 科技管理研究，2017，37(22)：26-31.

治理策略及其实现路径①。三是关键技术应用研究。杜小勇等从数据管理的角度，探讨了数据治理中的一项关键技术：数据整理，并介绍了以数据拥有者和直接使用者（行业用户）为核心的数据整理的关键技术。②

1.4.1　高校大数据治理

作为高校大数据的一个分支领域，由于时间的有限性，大数据治理的相关研究及其成果较少，其中有关大数据治理的定义构成及概念研究，不同学者基于不同视角、多维度地进行界定与论述。目前，较为权威的大数据治理定义是由领域专家 Sunil Soares 于 2012 年提出，即大数据治理是广义信息治理计划的一部分，它通过协调多个职能部门的目标来制定与大数据优化、隐私和货币化相关的策略③。学者 Zarate Santovena 认为大数据治理内涵包括到管理工作、信息治理、数据定义和使用标准、主数据管理、元数据管理、数据生命周期管理、风险和成本控制内容④。有的学者从大数据治理目标、权力层次、对象及范围、解决的实际问题 4 个维度，对大数据治理的概念进行阐述。针对大数据治理定义界定，不同学者出于不同研究方向给出了各异的概念阐述，由于大数据治理概念的复杂性与应用领域的广泛性，对于大数据治理概念的认识，应当从多个维度进行综合理解。

通过相关研究文献回顾与梳理，结合有关大数据治理的研究范围，与业界各学者观点，尝试对大数据治理概念进行描述。大数据治理涉及国家、行业、组织三个层次⑤。不同层次的大数据治理涉及的核心概念有所区别，国家层面，大数据治理是一系列相关的法律制度安排、政策和指导方针，是国家提升治理水平现代化与治理模式创新的重要手段与途径。在该层次，大数据治理涉及战略、大数据架构、政府数据开发、社会治理、公共管理等关键领域，具有宏观性、指导性、战略性的特点。行业层面，大数据治理是指对行业大数据的管理和利用进行评估、指导和监督的一套体系框架，建立相关行业数据标准、行业规范，实施行业监管以及培育意

---

① 安小米，郭明军，魏玮，陈慧. 大数据治理体系：核心概念、动议及其实现路径分析[J]. 情报资料工作，2018，39(1)：6-11.

② 杜小勇，陈跃国，范举，卢卫. 数据整理——大数据治理的关键技术[J]. 大数据，2019，5(3)：13-22.

③ 索雷斯. 大数据治理[M]. 匡斌，译. 北京：清华大学出版社，2014.

④ Zarate Santovena, A. Big data：evolution, components, challenges and opportunities[D]. Massachusetts：Massachusetts Institute of Technology, 2013.

⑤ 梅宏. 大数据治理成为产业生态系统新热点[J]. 领导决策信息，2019(5)：26-27.

识氛围。组织层面，大数据治理是基础，也是大数据战略落地实践的重要内容。该层次的大数据治理是以组织内部大数据与可获得的外部行业数据作为治理客体，以提高数据质量、促进大数据服务创新、价值创造和降低成本为目标，通过建立基于业务流程和职责分工的大数据管理机制，从而实现数据优化、数据管理治理。

高校进行数据治理需要从多方面着手，从而提高教学的质量。首先高校要搭建智能化数据资产平台。数据是学校的"资产"，要精心做好对数据的治理。智能化数据资产平台以全域数据治理、智能化数据资产运维为目标，建立数据收集、整合、治理、存储、常态化监控和开放的一体化平台。然后要建立有效的数据共享、管理与保障体系。通过对教工、学生等相关数据进行梳理，建立了部分全局数据字典，完成数据的标准化和治理，涵盖人事、学生、资产、财务等数据域。最后为实现多校区"业务通"提供统一支撑平台。主要工作是重建了统一身份认证平台，具备人证合一、身份认证，支持多种登录方式，能用一个账号，实现多重身份的自由切换。平台为各类校园业务应用系统提供基础支撑，保障门禁权限、讲座活动、图书资料、超市购物等多类校园生活服务信息的在线查询。

高校数据规范化治理工程包括健全数据规范化治理规章制度与标准化管理体系；建设覆盖全生命周期的一体化数据质量监测管理平台；建设覆盖学校核心业务部门的学校数据资产化支撑平台；建设面向教育信息化资源融合的大数据治理平台。

高校数据治理的三个内核环节，一是数据的组成规范，包括数据质检体系和数据建设标准；二是对现有数据的治理，目前存在很多僵尸数据，甚至是垃圾数据，对这些数据的清理是一项重要工作；三是数据的过程管理，数据代表了高校各项业务的信息，要做好数据的工作，就要从源头梳理各个业务部门的权限。

高校资源体系化知识工程包括制定数字化资源的数据表示及交换规范；构建面向全校教学资源的多模态学科知识图谱；建设个性化教学知识服务示范平台。各所高校都在一段时间内开发了一些网络课程，但这些课程主要是教师单独设计，可以说，课程与课程之间的关联度比较弱。因此，站在高校总体的高度来看，需要建立知识图谱，建立一个学科知识整体教育系统。从而形成支撑体系，以此加强课程之间的关联性。它就像一座图书馆，如果只是堆放一些书本在那里，没有进行加工，那么它的使用效率肯定比较低。只有为每一本书进行编目，建立起检索系统，才能统筹规划，让它的效益实现最大化、整体化。因此，资源体系化知识工程就是为大学创造一个知识服务社会的体系。

数据治理终极目标：就是使高校大数据形成具体的单元，在实际需要时，能快速组合产生出所需要的内容；或者就是将高校大数据的数据单元，存放在"一张表"中，在实际需要时，能快速组合产生出所需要的内容。

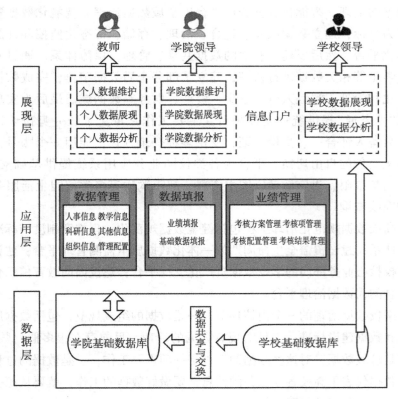

图 1-5 "一张表"平台技术架构示意图①

1.4.2 信息生命周期管理理论

信息生命周期是指信息从出现到使用最后到老化消亡的动态、循环过程，该过程一般伴随价值形成与不断增值。信息生命周期是信息运动的自

① 吴驰，于俊青，王士贤. 高校信息化建设与管理[M]. 武汉：华中科技大学出版社，2021：229.

然规律，信息生命管理理论则是出于掌握与利用信息运动规律、开发信息潜在价值，而衍生出的一种信息管理模型。简单来说，信息生命周期管理是将信息作为一项资源进行管理从而使其获得增值，具体体现在将信息的整个生命周期划分为不同阶段，针对各阶段的信息特性进行信息管理。国内外关于信息生命周期管理的研究与实践较多且成熟，现有研究中不同学者对于信息生命周期管理阶段的划分各有不同，但都大致可以概括为信息的收集、存储、利用和销毁等阶段。基于粟湘、郑建明、吴沛等学者在《信息生命周期管理研究》一文中提出的信息生命周期管理的六阶段划分展开，如图 1-6 所示。根据信息运动的特点，信息生命周期管理在横向的管理阶段包括信息的创建（产生/发布）、采集、组织、开发、利用、清理（销毁/回收）六个部分。①

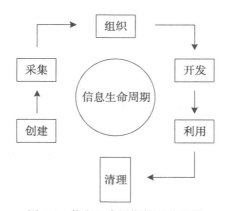

图 1-6　信息生命周期管理阶段图

基于信息生命周期管理理论的大数据治理，是指依托于生命周期理论，对组织拥有的大数据资产进行数据采集、组织、存储与利用的全过程、全方位的治理。依托生命周期理论进行大数据治理框架构建的理论依据主要有两个方面。一是大数据资源从产生到处理、利用各阶段，同小样本数据一样具有生命周期特征，在不同阶段具有不同特点并且都有着大数据治理的需求；二是大数据治理的根本目的在于实现组织数据的增值与数据风险防控，而依托于信息生命周期管理理论的大数据治理框架能够协助组织更全面、更系统地管理与挖掘数据价值。

---

① 粟湘，郑建明，吴沛．信息生命周期管理研究［J］．情报科学，2006（5）：691-696.

1.4.3　大数据治理的需求分析

在信息化高度发展的今天，组织成长与核心竞争力的提升离不开大数据的支持，而高校大数据治理是实现这种支持的基本手段。信息技术为组织的发展提供了各类数据支撑，从组织内部的员工信息数据到跨部门的业务合作数据，现代组织是一个有着海量动态的、异构性的"大数据"的部门。而高校大数据的价值性是不可估量的，因为从频繁模式和相关性得到的一般统计量通常会克服个体的波动，从而发现更多的隐藏的知识和模式。然而，如何将组织拥有的大数据资产转化为可利用的生产要素依然面临着诸多挑战。因此，对于组织而言，无论是挖掘具有高价值的隐藏信息与知识模型，使组织的大数据资产从常规分析转入深度分析，或者是帮助组织适应当今多变且竞争激烈的社会环境，都需要利用大数据治理来寻求解决方式。组织对于高校大数据治理的需求主要集中在以下几个方面。

（1）数据优化

作为高校组织部门拥有的高校大数据这一核心资源，良好的数据资源是组织发展的关键，具体表现为组织将数据优化作为其数据治理的目标需求之一。在大数据背景下，数据的优化包括了数据质量提升、数据整合和数据精简等问题。数据质量问题产生于数据生命周期的各阶段中，如重复备份带来的数据冗余、数据表示的不一致性导致的低利用率，以及数据的真实性等。数据整合是对已有的多源异构及不同时期的数据进行整合处理，形成统一的时空语义和面向对象管理的数据的过程。组织大数据资源的多源异构、孤立分散的特性，使得解决好数据整合和精简问题，实现数据结构和数据含义统一成了组织在大数据治理进程不得不面对的问题。

（2）数据共享

大数据背景下，大数据的开放与共享是指突破数据组织边界而实现的数据开放和流通，是多源数据跨组织、跨领域的聚集与深度融合，是大数据价值挖掘的前提条件。在政府部门，建立有效的数据资源共用共享机制能够进一步推动电子政务建设、更好地发挥政府的服务职能。在企业组织，实现跨部门的数据共享能够提高数据资源的经济价值，为企业决策支持提供支撑。然而，在具体的实施层面，无论是政府部门还是企业组织在数据的共享方面都存在许多障碍。在数据共享与开发中存在的问题包括数据的标准不一致、业务独立与系统隔离、数据时效性等。因此，在大数据背景下，随着政府部门的电子政务建设与企业信息化建设的发展，对于跨领域、跨部门的数据共享的需求越来越明显。

（3）数据安全

如何保证数据安全，建立数据安全保护机制是组织大数据服务平台的重点内容，是大数据治理实施的重点领域，涉及数据传输、数据访问、数据存储等阶段。数据安全治理是将相关大数据技术与安全管理思想运用于数据安全防范，综合业务、技术、网络等各部门职能，采用系统化的思路和方法实现"数据安全使用"的愿景。相比传统安全概念，在大数据时代，组织有关数据安全治理的需求发生了改变，主要是以信息合理、安全流动与使用为目标，在组织内部构建一个能够保障数据使用环境的数据安全体系。该体系覆盖数据使用标准与规范、相关人员身份与权限管理、安全技术支持等内容。

1.4.4　大数据治理的参考架构

高校大数据治理框架主要基于信息生命周期管理理论，以组织高校大数据资产的价值实现与风险防控为目标，对组织在数据采集、组织、开发和利用过程中面临的主要问题与实际需求进行分析，梳理了组织层面大数据治理各阶段的任务与关键治理域，构建了如图 1-7 所示的大数据治理框架。

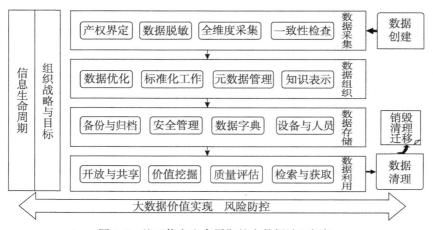

图 1-7　基于信息生命周期的大数据治理框架

（1）数据采集与预处理

首先，组织在数据采集与获取过程中需要注意产权界定问题。数据产权界定是否清晰是组织数据治理需要关注的重点问题。数据属于平台、用户还是服务器，使用权、所有权和转让权什么关系，源数据和算法是否同属于知识产权范畴，诸多问题需要明确。其次，当采集的数据涉及个人安全信息与商业敏感内容时，需要进行数据脱敏。数据脱敏是指对某些敏感信息通过脱敏规则进行数据的变形，实现敏感隐私数据的可靠保护。最后，大数据治理还应注意全维度采集与一致性检查，大数据资源的分散性与异构性决定了组织在数据采集与获取时应从多个维度着手。为了保证采集的数据的有效性，还需对采集到的数据进行一致性检查，保证其与源数据在内容上的一致性。

（2）数据组织

数据组织是决定大数据质量的关键环节。该阶段的主要任务是对组织部门拥有的高校大数据资产进行有序管理与组织，是高校大数据价值实现的前提条件。数据优化包括数据清洗、数据精简与整合，初步采集的数据难以避免出现不合适、较为粗糙的数据，此时需要对数据进行净化与清洗，剔除无效数据。数据的精简与整合同组织的标准化工作与元数据管理相联系。

（3）数据存储

高校大数据背景下，规模庞大的半结构化和非结构化数据的存储需求日益上涨。为了应对大数据对数据存储带来的新要求与巨大挑战，目前数据存储技术主要包括 MPP 数据库架构、Hadoop 技术扩展和封装、一体机技术三种。除了存储技术的支持，大数据治理还应关注存储设备与人员管理。存储设备的采用既要保证数据存储的安全性，同时还应考虑成本问题，人员管理体现在访问权限的分级设置与进入的身份确认。为了保证数据的安全性，需对存储的数据进行归档与备份。数据备份能够有效地解决由操作系统软件漏洞与硬件损坏、人为操作失误、非法访问者攻击等威胁，组织采取的备份策略包括完全备份、增量备份、差分备份三种，应依据实际情况与需求进行选择。数据存储不仅涉及硬件部分，还涉及逻辑存储，其中数据字典就是对数据的数据项、数据结构、处理逻辑等进行描述和存储的工具。数据字典是一个预留空间、一个数据库，是用来储存信息数据库本身，大数据治理应关注数据字典的构建。

(4)数据利用

数据利用阶段，高校大数据治理的关键领域为数据共享、价值挖掘、质量与评估、检索与获取。数据共享是组织大数据治理的重要治理领域，数据共享的实现有助于提高数据利用率，推动组织发展，而数据共享的前提是组织的标准化工作与元数据管理。在数据利用阶段，组织的大数据资产价值得以真正体现。数据质量的评估在为数据利用提供反馈的同时为高校大数据治理在数据采集、组织和存储阶段提供经验的积累。另一方面，高校大数据利用率的高低还取决于资源的可获得性与匹配性。提供多个检索与获取渠道，为数据利用者在最短时间内以最合理的方式获得数据资源提供保障。匹配性是指数据使用者与其获得的数据资源之间的匹配度，匹配度越高越能实现数据价值。

高校大数据资源蕴涵着巨大的价值，数据治理必须作为一项战略工作得到足够的重视和充分的研究与落实。同时，随着组织数据资源的增长，数据治理在组织涉及大数据资源的各个环节发挥着作用。

1.4.5　加强高校大数据治理

随着信息化技术的快速发展，现代社会的资料已经实现了数据化，以数字形式存储的资料使用户可以很方便地进行检索。但是，随着电子存储数据量的逐年增加，数据资料的大数据特点更加突出，必须采用新的技术和结构来实施信息管理，以进一步提高治理的质量和效率，实现治理现代化。

(1)高校大数据分析与治理

高校大数据是以类型多、容量大、存取速度快、应用价值高为主要特征的数据集合。大数据技术是对数量巨大、格式多样、来源分散的数据进行采集、存储和关联分析，从中发现新知识、创造新价值、提升新能力的新一代信息技术和服务业态。开发高校大数据和各产业发展结合的新方式，全面促进中国各类产业的进步和繁荣。高校大数据正在改变人们的生活和人们理解世界的方式，大数据分析的思维和方法也开始影响到治理的发展趋势。而高校大数据分析在资源多样化、利用便捷化和管理信息化三个方面发挥着重要作用。

（2）高校大数据分析助力治理现代化的路径

高校大数据分析方法在治理中的实现方式是将大数据分析方法运用在对信息的清洗、分析和展示中，几乎贯穿了信息处理的整个过程，广泛收集数据进行存储，并对数据进行格式化预处理，采用数据分析模型，依托强大的运行分析算法支撑数据平台，发掘潜在价值和规律并进行呈现的过程。常见的大数据分析方法"其相关内容包括可视化分析、数据挖掘、预测分析、语义分析及数据质量管理"[①]。

可视化分析有利于提升数据资源的可理解性，它是指在大数据自动分析挖掘方法的同时，利用支持信息可视化的用户界面以及支持分析过程的人机交互方式与技术，有效融合计算机的计算能力和人的认知能力，以获得对于大规模复杂数据集的洞察力。

那么数据资源的可视化分析可以理解为借助可视化工具把数据资源转化成直观、可视、交互形式（如动画、声音、表格、视频、文本、图形等）的过程，便于用户的理解利用。以文本数据可视化为例，目前典型的文本可视化技术标签云，可以将文本中蕴涵的主题聚类、逻辑结构、词频与重要度、动态演化规律直观展示出来，目前诸多新工具都为数据资源的可视化提供了科学工具。

语义引擎实现对数据资源的智能提取。大数据时代全球数据存储量呈激增趋势，传统的关键词匹配的搜索引擎仅仅能够进行简单的关键词匹配，用户无法得到非常准确的信息，检索准确率并不高，而且检索结果相关度较低，检索结果缺乏引导性。为提供给用户高质量的检索结果，改善用户搜索体验，提高效率，实现智能提取，语义搜索引擎应运而生。"语义引擎是随着语义网的发展，采用语义网的语义推理技术实现语义搜索的语义搜索引擎。"[②]

它具备从语义理解的角度分析检索者的检索请求，能够较好地理解检索者的真正意图，实现信息智能提取。对语义分析可以采取自然语言处理方法进行概念匹配，提供与检索者需求相近、相同或者相包含的词语。目前存在基于本体的语义处理技术，它以本体库作为语义搜索引擎理解和运用语义的基础。对于服务部门而言，将语义引擎分析方法与协同过滤关联规则相结合，挖掘用户的需求，提供个性化的服务。

①　高志鹏，牛琨，刘杰．面向大数据的分析技术[J]．北京邮电大学学报，2015（3）：1-12.
②　赵夷平．传统搜索引擎与语义搜索引擎比较研究[D]．长春：吉林大学，2009.

1.5　高校大数据服务内容与研究框架

个性化学习是高校教学改革希望实现的目标之一，通过把大数据挖掘技术和学习内容结合起来，运用在线学习系统就能够指导学习者规划学习发展方向，制定学习目标，实现个性化学习功能。通过系统评估个人情况，根据分析结果推荐可能取得优秀成绩的课程方案。

在大数据背景下，高校在教学、科研、管理等活动中产生了大量数据，这些数据以碎片化、分散的形式分布在科研机构、各学院等部门，易造成数据的破坏和流失，通过大数据集成管理，将有利于高校信息资产的集中管理，有利于信息资源的共建共享，有利于科学决策和科学管理。因此，除了通过大数据相关技术实现个性化学习之外，各高校实现大数据管理服务也尤为重要。①

高校大数据服务内容：

(1)支持学科发展的数据主题

如本科生、研究生教学质量评估，发展规划处的学科评估，教师学术表现分析，等等。

(2)支持学校全局的数据主题

如高校基本数据统计，一卡通消费分析、资产分析、贫困生身份认定，校情概览，等等。

(3)支持院系业务的数据主题

如各学院的教学、科研工作统计分析，各学院奖学金评定绩点统计，等等。

(4)支持大学事务的数据主题

如创新"一站式"服务模式，"一张表"、个人数据中心，快速配置数据平台，等等。

---

① 石峻峰，等. 高校大数据集成管理研究[J]. 图书馆学研究，2014(21)：47-50.

1.5.1　高校大数据的精简整合系统范式管理

高校大数据信息集成前的异构数据含有大量冗余数据，这些冗余数据在数据库中以重复字段的形式存在，在存储系统中以重复文件和重复备份数据的形式存在，然而，集成又是目前高校信息共享工程中的核心构成。重复数据劣化数据质量，进而降低信息决策的准确性并增加成本耗费。通过数据集成将建立一个数据共享中心，实现学校数据的集中管理，并建立高效快捷的业务联动，生动且层次分明的数据聚合展现提供可行性支撑。① 针对高校信息系统的数据库属性级、记录级的重复数据以及存储子系统中的文件级重复数据和备份系统中的重复数据作为研究对象，提出一套解决方案并开展研究。

在详细分析了某高校的数据分布与数据结构并对相似度算法、聚类算法、SOM 网络、BP 神经网络、数据库原理、哈希函数、Rabin 指纹、布隆过滤器和 C++进行深入理解之后，在该高校现有的各部门的异构数据库数据源和存储设备的基础上建立了高校数据精简整合系统范式。

在不含有主键的数据库精简范式方面，由于高校有一些历史数据是不含有主键的，并且无主键的数据表的记录会出现重复的可能，所以要对这些重复记录进行精简。具体步骤包括预处理、求字段相似度、重复记录检测、重复记录处理。

在含有主键的数据库记录精简范式方面，分为注入流程和精简流程，注入流程通过使用 SOM 网络进行字段类型的匹配，在此基础上使用 BP 网络实现相似字段的匹配，通过 SOM-BP 的配合完成了异构数据库与共享池预留字段的对应。将异构数据库数据注入共享池后，根据表与表之间的字段对应的不同情况采取不同的策略对异常记录进行检测，这些异常数据需要人工筛查与复核，将最终的处理数据结果整合成一张完整的表。

在存储子系统的冗余数据精简方面，在哈希算法、Rabin 指纹、布隆过滤器算法的基础上，根据高校存储系统中的冗余数据有"文件级"和"字节级"两种不同的粒度的特点，分为信息系统间的文件级重复数据精简和备份数据精简两个范式模型。

最后，通过实验，验证了数据库精简范式的查全率、查准率和储存子系统精简的压缩率。

---

① 季亚婷，刘乐群. 基于 KETTLE 的高校多源异构数据整合实践[J]. 合肥师范学院学报，2019，37(6)：59-61.

1.5.2　高校碎片化信息整合构建

随着高校建成了人事管理系统、教务管理系统、学工管理系统、科研管理系统和财务管理系统等，大大提高了高校各项业务的效率。大数据时代的一个显著特征就是数据碎片化，也就是说，除了存储在各业务系统中的结构化数据外，伴随高校师生的行为活动，还产生了海量的非结构化数据。对高校海量碎片化信息进行有效整合并加以利用，不仅能实现多源异构数据的共享，还能充分挖掘其背后的价值，实现知识集成及创新，从而为用户管理决策提供支持与帮助。因此，如何利用这些海量碎片化信息为高校的人才培养、科学研究、绩效评估等提供有效的支持，在当前高校信息化建设过程中显得尤为重要。

为了解决高校海量数据无法得到有效利用的问题，首先，从高校用户需求出发，分析了知识碎片的概念及高校碎片化信息整合思路，总结高校碎片化信息整合流程，在此基础上构建了高校碎片化信息整合框架，并详细阐述了高校碎片化信息整合的关键技术。同时，指出高校碎片化信息整合的关键在于对高校碎片化信息整合特征进行有效选择。其次，通过比较各类数据挖掘及机器学习算法的优劣，选择将训练样本速度快、分类精度高、抗噪能力强的随机森林算法运用到整合特征选择过程中。通过对随机森林的概念及算法步骤的分析，构建了基于随机森林的整合特征选择模型，并定义了特征选择模型的评价指标用以衡量模型的精度。最后，以"贫困生认定"案例对随机森林算法在高校碎片化信息整合特征选择中的准确性和有效性进行验证。

研究结果表明，高校碎片化信息整合不仅具有很好的扩展性，还充分考虑到用户的自主性，为用户提供了个性化的决策支持。高校碎片化信息整合的核心在于最优整合特征集合的选择。随机森林具有良好的泛化性和鲁棒性、对噪声不敏感、能处理连续属性等特点，很适合用来建立高校信息整合特征选择模型。利用随机森林算法构建了高校碎片化信息整合的特征选择模型，通过高校贫困生认定这一实验对模型进行验证。实验结果表明随机森林算法在高校信息整合特征的选择上表现出较高的准确性和有效性，为高校信息整合提供了一种新的思路。

1.5.3　高校课程评价对象和评价词抽取

随着 MOOC 等平台的飞速发展，这些平台积累了大量课程评论信息。这些课程评论中蕴含了大量对 MOOC 学习者、教学者和平台管理者富有价值的信息。通过对这类具有互动性的文本进行情感分析，既可以为学习者选择所要学习的课程提供支撑，也可以为教学者提升教学水平、优化课程资源提供参考，还可以为管理者优化平台功能提供补充。这些平台中的课程评论的研究是当下大数据分析热点问题之一，但是，相关研究还不够深入。MOOC 课程评论中两个核心元素是评价对象和评价词。MOOC 课程评论评价对象和评价词抽取是 MOOC 课程评论情感分析的基础任务。以 MOOC 课程评论为研究对象，研究如何有效地从 MOOC 课程评论中抽取评价对象和评价词。

LSTM 模型是当某个隐含层单元需要利用距离较远的其他隐含层状态信息时，它能够记录之前的信息并且传递给后面的记忆单元。BiLSTM 网络是 LSTM 的一种改进结构，能够捕捉序列向前和向后两个方向的信息，更有利于充分利用文本上下文的信息。

在相关研究成果的基础上，提出将 MOOC 课程评论中评价对象和评价词的抽取问题看作一个序列标注问题，并提出一种基于 BiLSTM-CRF 的 MOOC 课程评论评价对象和评价词抽取模型。具体来说，基于 BiLSTM-CRF 的 MOOC 课程评论评价对象和评价词抽取模型由四部分组成。第一部分是输入层，将课程评论编码。第二部分是嵌入层，将输入的 MOOC 课程评论中的每一个词映射成一个低维的向量。第三部分是 BiLSTM 层，将嵌入层的输出作为 BiLSTM 层的输入，学习 MOOC 课程评论评价对象和评价词的双向长距离上下文特征。第四部分是 CRF 层，将 BiLSTM 层的输出作为条件随机场层的输入，学习学到一个更高层次的特征。本书的主要贡献是利用 BiLSTM 在高维表征学习方面的优势来抽取评价对象和评价词的双向长距离上下文特征，以及利用 CRF 学习评价对象和评价词标签之间的前后依赖关系。

从中国大学 MOOC 平台的课程评价区采集了大量的课程评论文本作为实验语料，来验证本书所提出的 MOOC 课程评论对象和评价词抽取模型在真实的课程评论数据集上抽取评价对象和评价词的有效性。

在机器学习领域的有监督分类任务场景中，通常使用召回率（Recall，简称 Rec 或 R）、精准率（Precision，简称 Pre 或 P）和准确率（Accuracy，简称 Acc 或 A）这三个指标衡量机器学习模型的性能。

$$召回率 = \frac{预测类别为正例且预测正确的样本数}{所有真实类别为正例的样本数} = \frac{TP}{TP+FN}$$

$$精准率 = \frac{预测类别为正例且预测正确的样本数}{所有预测类别为正例的样本数} = \frac{TP}{TP+FP}$$

$$准确率 = \frac{预测正确的样本数}{总样本数} = \frac{TP+TN}{TP+TN+FP+FN}$$

在情报学领域，查全率和查准率常用于衡量检索系统或检索式的性能。查全率是测量检索系统检出相关文献能力的一种尺度，由检出的相关文献量与检索系统中相关文献总量的百分比而得出：

$$查全率 = \frac{系统检出的相关文献数}{系统信息库中存储相关文献数}$$

查准率是衡量检索系统拒绝非相关文献能力的一种尺度，由系统检出相关文献数与检出的文献总数之比而得出：

$$查准率 = \frac{系统检出的相关文献数}{系统检出的文献总数}$$

查全率与召回率的英文写法相同，均为 Recall；查准率与精准率的英文写法相同，均为 Precision。

在实验中，本书主要评测了本书提出的模型在准确率、召回率以及 F1 值(F-Score，简称 F1)这三个方面的有效性。F1 是召回率和准确率的调和平均值，可以反映一个模型的综合性能。实验结果表明，提出的模型可以有效地从 MOOC 课程评论中抽取出评价对象和评价词。

1.5.4　高校大数据的资源推荐方法

随着在线学习的进一步发展，各学习平台积累了大量的学习资源，学习者在选择学习资源时容易出现信息迷航问题，而推荐系统在缓解学习者信息过载方面发挥着重要作用，它能够方便快速帮助学习者从目标数据中自动挖掘感兴趣的、有价值的信息。现有的针对在线学习资源的推荐方法主要是利用协同过滤算法在学习者-学习资源评分数据上进行计算，但由于数据量的剧增，原有方法的局限性日益显现。一方面，传统方法中矩阵分解的点积运算方式存在一定的限制，使得推荐方法无法进一步学习到更多数据特征，最终影响到推荐效果；另一方面，传统方法利用的学习者-学习资源评分数据过于单一，由于评分数据将学习者对学习资源的偏好程度限制在固定的取值范围内，使得学习者无法利用更加准确的浮点数度量学习者对学习资源的主观偏好，不能完全代表学习者对学习资源的真实态度，这可能会导致后续的推荐结果产生误差，造成一定的影响。而近期深度学习理论与实践的发展，为解决上述问题并提升推荐系统性能带来了更多的思考。

为了进一步缓解上述在线学习推荐方法的局限性，尝试利用深度学习神经网络模型进行解决。具体来讲，首先，针对矩阵分解方法点积运算方法存在局限性问题，利用距离分解代替矩阵分解方法，使用距离来度量学习者和学习资源间的关系，并在此基础上构建多层神经网络模型，增强模型对更深层次特征的学习，形成基于深度距离分解的在线学习资源推荐方法。其次，针对评分数据单一的问题，提出利用评论文本情感改进评分数据的策略，构建基于 BERT 模型的慕课评论文本情感分值计算方法。该方法在 BERT 预训练模型的基础上，根据下游具体的情感分值计算任务，结合多层神经网络进行模型微调，从而在慕课课程评论文本情感分析的基础上实现对具体情感分值的计算，在综合考虑情感偏离误差的基础上，将计算得出的情感分值与原始评分数据融合，以此改进评分数据。最终，在实验部分，使用采集到的"中国大学 MOOC"平台上的学习者和学习资源相关数据作为本书的实验数据，并在该数据集上验证了涉及的相关方法，通过在具体评测指标上和基线方法的比较、相关参数的分析讨论，证实了此方法的有效性。

1.5.5　基于深度学习融合评论情感的慕课群组推荐

在当今大数据时代，海量的数据资源给人们带来多元化信息的同时也造成了信息选择的困扰。因此，如何更具针对性地为目标人群推荐满足其需求的信息资源是各领域亟待解决的问题。随着社会化进程的推进和互联网的普及，慕课体系不断发展壮大，越来越多的学者开始研究慕课相关领域的问题，并取得了一定的成果。然而，在慕课推荐领域，现有的研究技术与方法仍存在一定的局限性。一方面，目前对于慕课评论文本的分析缺乏定量研究，且在文本分析技术方面没有充分利用具有较高文本挖掘性能的深度学习预训练语言模型，这限制了对慕课用户的偏好分析能力；另一方面，目前有关慕课用户偏好挖掘和慕课群组推荐的研究不够完善，大多依赖于用户的个人属性特征和评分数据，没有考虑到将评论文本情感量化成具体分值并融入评分数据中，这会导致对慕课用户偏好的挖掘过于片面，并对后续的推荐效果造成负面影响；此外，对于体量庞大的慕课用户及课程等数据，经典的基于协同过滤的矩阵分解方法由于其线性点积运算方式无法高效学习数据的特征信息，从而影响推荐性能。因此，将深度学习技术应用于慕课评论情感分析和慕课群组推荐有助于提升慕课群组推荐性能，同时，对于推动慕课领域的飞速发展与进步也具有重要的理论和现实意义。

在相关研究成果的基础上，针对上述慕课群组推荐相关领域现有研究的局限性，提出了利用深度学习技术改进的方法。具体来说，针对目前慕课群组推荐中对评论文本情感利用不充分的问题，提出了利用 BERT-wwm-ext 预训练语言模型来计算慕课评论文本情感分值的方法，并基于自适应思想提出了慕课评论文本情感分值与评分的融合策略，以用于后续的慕课群组生成和群组推荐中。针对现有群组推荐中常用的协同过滤矩阵分解方法的局限性，将基于深度学习的神经协同过滤架构应用于慕课群组推荐中，在此基础上，构建出基于神经矩阵分解的慕课群组推荐模型。

最后，以中国大学 MOOC 平台的用户和课程等相关数据作为原始实验数据并进行预处理，在这一真实数据集上对本书提出的基于深度学习融合评论情感分值的慕课群组推荐方法进行实验。通过将其与基线方法在具体评测指标上进行对比分析，验证了提出的方法在真实场景中的有效性。

为此，本节对本书需要进行研究的主要内容进行梳理，得到如图 1-8 所示的研究框架。

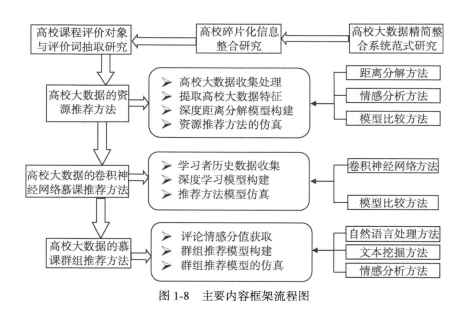

图 1-8　主要内容框架流程图

2. 高校大数据技术进展

高校大数据是大数据的一类，大数据产业发展政策、开放数据的整合与应用、大数据多源异构数据融合、大数据精简整合技术进展、大数据挖掘技术进展、大数据的数据稀疏技术进展，都对高校大数据产生较大的影响，以下介绍大数据技术的进展。

2.1 高校大数据产业发展政策

在新一轮世界科技浪潮中，大力发展大数据产业已成为提高综合国力的必然要求和时代进步的前进方向。随着中国正式将大数据发展提升到国家战略高度，推动和完善大数据产业发展的政策体系显得尤为必要。通过对中、美、英、日四个国家大数据发展政策体系的分析比较，剖析中国大数据产业发展政策体系存在的问题，为推进和完善中国大数据产业发展政策体系提出建议。

信息技术日新月异。近年来，随着云计算、人工智能、物联网等信息技术的发展，数据的物化和物质的数字化带来了人机和物质的高度融合，人类进入了大数据时代。大数据作为国家的基本战略资源，已经成为科技的有力工具。美国、英国、日本等发达国家都推出了大数据国家战略，争夺大数据产业的制高点。大数据发展已成为中国的国家战略。国家大数据战略实施以来，中国大数据产业发展取得了丰硕成果，在各行业、企业和地区都蓬勃发展。然而，大数据产业的发展仍存在许多困难和制约因素，使得大数据产业的发展不平衡、不充分。

2.1.1 中国大数据技术发展政策体系概述

以下从宏观、中观和微观三个层面，将大数据政策体系划分为国家战略规划、大数据技术产业政策和企业政策，从这些方面简单阐述中国大数据技术发展政策体系现状。

近年来，中国正在逐步建立、完善大数据技术产业的政策体系和布局，国务院和有关部委都通过意见指导、项目支持等方式引导和推进大数据产业发展。

①国家战略规划

中国强化大数据产业顶层设计，从战略高度推动了大数据产业的发展。明确提出了"实施国家大数据战略"，确立了大数据的重要地位。实施大数据协调发展重大问题，加强对大数据发展工作的指导和监督考核，促进地方政府、部门和行业加强沟通协调，促进政府数据公开共享，加强数据管理统筹规划资源，审查大数据领域跟踪和监督年度重点工作的落实情况，研究提出相关政策建议。

②高校信息资源的共享体系

大数据产业的发展离不开相应的基础设施建设，中国高度重视和加强数据中心、宽带互联网、无线网络、云计算等基础设施建设，先后出台了相关文件，加快政府信息数据开放共享，为大数据产业发展提供数据基础。高校信息资源的共享体系，由主要依靠建设基础设施、开发信息资源、培训信息技术来改变教育教学过程的"粗放型"教育信息化向"集约型"教育信息化转变，用共享信息资源、发展信息服务和提升信息素养来优化教育教学过程。①

2.1.2 高校大数据整合与抽取的相关政策规定

国务院《促进大数据发展行动纲要》中提到教育文化大数据，提出完善教育管理公共服务平台，推动教育基础数据的伴随式收集和全国互通共享。建立各阶段适龄入学人口基础数据库、学生基础数据库和终身电子学籍档案，实现学生学籍档案在不同教育阶段的纵向贯通。推动形成覆盖全国、协同服务、全网互通的教育资源云服务体系。探索发挥大数据对变革教育方式、促进教育公平、提升教育质量的支撑作用。加强数字图书馆、档案馆、博物馆、美术馆和文化馆等公益设施建设，构建文化传播大数据综合服务平台，传播中国文化，为社会提供文化服务。

国内关于高校大数据整合与抽取的对策建议：关于高校大数据整合与抽取的对策建议，郑忠林提出对高校图书馆的大数据资源进行整合，并设计出一个分层的大数据整合平台模型，该模型融合了管理操作层、数据预

---

① 张文德. 教育信息化由粗放型向集约型转变[J]. 中国教育网络，2015(1)：48.

清洗与过滤层、数据整合层和大数据资源层，并以此试图提供一系列的图书馆大数据整合策略，利用云计算技术确保数据整合的高效和经济，统一系统数据架构和实现智能化整合，提供进一步集成和共享的可能性。① 游生辉立足于高校实际，探索大数据时代高校校友资源整合的价值实现路径和技术实现路径，他提出了校友资源整合平台构建的设计理念，校友平台包括学校基本的数据库、校友信息管理系统、基于手机客户端的校友 SNS 互动系统及后台管理维护②。颜英利认为不但要通过整合平台资源，以促进教学资源库的建设，使之符合社会发展的诉求，还应整合组织资源，即借助各方力量完成教学资源的共享。此外，还应在全面引入资源整合理论的同时，进一步整合人力资源和信息资源，以实现整合资源超越部分资源之和的目的。③

2.1.3　美英日大数据发展政策体系比较分析

由于英国、美国、日本都是世界科技强国，也较早就重视大数据技术发展，因此，将这几个国家宏观大数据战略、大数据技术产业政策和企业政策及公共项目政策三个方面的政策进行了比较。④

（1）国家战略规划比较分析

①共同点

第一，三个国家具有一致的大数据战略目标，都将大数据确定为国家战略，这样，将促进国家大数据技术的研发，加强大数据在相关行业的应用和大数据产业的发展。各国都非常重视大数据的发展，都希望在国际竞争中取得优势地位。

第二，美、英、日战略规划都建立了具体的管理实施机构。美国成立了高级大数据监测小组，协调政府对大数据的投资，推动美国大数据核心技术的研发，推动美国大数据战略目标的实现。英国的大数据战略将基础设施、硬件和软件建设、技术能力、数据开放和共享分配给特定机构即信息经济委员会负责具体实施。在日本，总务省、教育部、科学部、经济产

---

① 郑忠林. 大数据时代高校图书馆信息资源整合系统平台的构建研究[J]. 四川图书馆学报，2016(6)：67-69.
② 游生辉. 大数据视角下高校校友资源整合路径探析[J]. 高等理科教育，2017(6)：64-69.
③ 颜英利. 大数据背景下高校教学资源整合研究[J]. 中国成人教育，2018(24)：37-39.
④ 陈健. 我国大数据技术发展的政策体系研究[D]. 昆明：云南师范大学，2017.

业部等部门具体负责大数据技术的研发和产业发展。

第三，各国都有重要的大数据支持项目和明确的大数据行动计划。美国、英国和日本都有明确的支持领域，美国高度重视大数据关键技术领域的研发，英国高度重视数据分析技术、公开共享公共数据以及产学研合作，日本高度重视与大数据相关的IT产业发展和人才培养。

第四，美国、英国和日本都非常重视大数据技术研发的资金投入。在美国、英国和日本的国家大数据战略中，都明确提出了大数据的具体投资额。

②不同点

虽然美国、日本、英国、中国等主要国家都出台了相应的政策来促进大数据技术的发展，但不同的国家政策有着不同的轻重缓急。

第一，不同的国家对大数据发展有不同的优先次序。美国政府作为领先的技术力量，高度重视大数据的研发和应用，加强顶层设计。在英国的大数据政策体系中，更注重大数据技术的研发和应用。英国政府发布了《英国农业战略》，旨在利用大数据促进英国农业的发展，把英国建设成为世界农业信息化强国。日本政府认为，应用大数据是提高日本国际竞争力的必要手段，高度重视大数据应用人才的培养。目前，中国大数据政策在国家战略层面上比较全面。提出了建设数据强国的目标，强调促进大数据的全面发展。

第二，战略规划推动的方向不同。美国重点支持大数据技术的重要研发，推动大数据技术在其他部门和社会各界的研发和应用。英国高度重视大数据技术人才培养和基础设施建设，强调各部门之间的沟通与合作。英国政府强调为大数据技术的发展创造良好的环境和"奠定良好的基础"。日本十分重视大数据技术人才的培养和大数据产业的发展。中国强调从数据开放共享、制度创新等方面促进大数据的全面发展。

第三，不同的战略制定机构。在美国，战略制定主要由与科学技术有关的部门进行。在英国，制定这一战略的是经济发展部门。在日本，总务省、经济产业省、教育科学省制定了这一战略。

第四，对人才培养的重视程度不同。美国特别重视大数据技术研发和管理人才的培养；英国非常重视大数据分析和应用人才的培养。日本特别重视大数据应用人才的培养。

第五，产业扶持方式不同。美国和英国更喜欢大数据市场的自由发展，而政府只是间接地为大数据技术的发展提供了良好的环境。而日本则属于政府主导的市场经济发展模式，强调政府在大数据市场发展中的主导作用。

第六，国家战略规划发布时间不同。美国拥有早期的大数据战略布局和高水平的大数据技术，英国和日本的国家大数据战略紧随其后。

美国、英国和日本都从国家战略的角度做出了积极的安排，以促进本国大数据技术的发展。三国都是科技强国，大数据技术起步早于中国，对中国国家大数据战略具有借鉴意义。

（2）大数据技术产业政策比较分析

美国和英国都是自由经济发展模式，主要鼓励数据开放和共享，为大数据产业发展提供活力。日本政府不仅从宏观上把握了日本大数据发展的大局，而且从微观上考察了大数据在企业中的应用场景、问题和效果观点。同时也积极跟进市场需求，从政策层面引领大数据产业发展。在鼓励数据共享和开放的同时，中国正在努力优化大数据产业的区域布局。日本的大数据产业虽然仍落后于美国，但其大数据技术研发能力和大数据产业发展均处于亚洲前列。此外，它与中国一样，强调政府在经济发展中的主导作用。因此，其促进大数据产业发展的措施对中国具有重要的借鉴意义。

（3）企业政策及公共项目政策比较分析

美国大数据技术相关企业积极开展自主创新，而政府主要积极开放共享政府大数据，从而间接为国内大数据技术相关企业的发展创造有利条件。除了政府设计的开放共享，英国信息经济委员会和技术集群联盟还积极提出各种融资方式的可能性，帮助与大数据技术相关的企业吸引投资。在日本，微观层面是政府措施与企业自主创新的结合。企业与政府共同推动大数据技术相关企业的技术进步。结合美、英、日等国的企业政策，政府积极开放共享大数据，为大数据应用企业创造了有利条件，为中国提供了借鉴经验。

2.1.4　主要发达国家大数据政策比较对中国的启示

总体而言，国外政府的大数据政策和措施表现出以下明显特点：一是发布总体布局战略规划。大数据先行国家将推动大数据发展作为国家战略予以支持；二是着力构建包括人才培养、产业支持、金融支持和数据开放共享在内的配套政策。

由于各国大数据的技术基础、市场基础和数据文化氛围不同，各国的政策重点也存在一定差异。对中国来说，大数据市场才刚刚起步，在支持计划和政策上还存在很多差距。为加快大数据技术在中国的应用和产业发展，必须进行政策环境建设。一是加快研究制定国家大数据发展战略。战略上要进一步明确大数据的有利发展机遇，规划重点在大数据研究领域规划，布局是关键技术研发方向，加强大数据基础设施建设和人才培养，加强对大数据产业的支持，完善系统机制、资金、法规、标准等方面的安全保障，将推动大数据的发展提升为真正的国家行动，为后期的专项政策、项目规划等提供依据。二是借鉴国外政府的大数据政策，制定出适合中国国情的发展路线图符合中国实际的大数据支持政策，从战略技术能力储备和战略应用实施等角度履行相关部门职责，为大数据产业孵化、技术研发创造良好的政策环境并推广应用。

国外关于高校大数据整合与抽取的对策建议：国外学者 Sagarra，M. 和 Mar-Molinero，C. 等人研究墨西哥的"教育现代化计划"，并试图发现这个计划如何影响墨西哥大学的教学和研究效率。他们使用一种结合的方法，包括传统的比率和数据包络分析模型。这种混合允许他们评估每一所大学的效率变化，并探索这些变化是否与教学、研究或两者都有关。[①] 学者 Zhang，H.，Fang，M. 就当前高等教育而言，用于教学和管理的信息系统越来越丰富，其信息化建设也越来越迅速。然而，高校信息化项目建设时间过长，没有统一的规划以及其他原因，造成了信息化的困难，信息管理不能跨部门共享。随着信息化的不断深入和信息资源的不准确，如何利用数据挖掘技术获取有价值的信息，是高校管理信息化中异构信息研究的一个重要课题。在分析高校信息化建设中存在的信息孤岛问题的基础上，以学生管理工作为主导，提出了一种基于分布式查询的异构信息资源集成平台。基于该平台，信息可以在全球范围内得到有效的应用。通过对数据挖掘在学生信息管理中的应用分析，说明数据挖掘是信息技术建设中提高高校管理能力和科研水平的有效技术。[②]

① SAGARRA M, MAR-MOLINERO C, AGASISTI T. Exploring the efficiency of Mexican universities: integrating data envelopment analysis and multidimensional scaling[J]. Omega, 2017(67): 123-133.
② ZHANG H, FANG M. Research on the integration of heterogeneous information resources in university management informatization based on data mining algorithms[J]. Computational Intelligence, 2021(37): 1254-1267.

2.2　高校大数据多源异构数据融合

随着社会信息化不断发展和信息数量的不断增长，数据来源和数据类型也呈现多样化，各种存储形式不同但内容相同的数据量逐渐增多。数据融合的本质是多方数据协同处理，以达到减少冗余、综合互补和捕捉协同信息的目的。该技术已成为数据处理、目标识别、态势评估以及智能决策等领域的研究热点。通过数据融合，能够将研究对象获取的所有信息全部统一在一个时空体系内，得到比单独输入数据更多的信息。数据融合能有效解决信息化建设过程中数据结构多样化、数据来源复杂等问题，构建统一的数据接口，提高信息的利用率，可实现数据的统一管控。为促进多源异构数据融合在更多行业的应用中，下面介绍高校大数据多源异构数据融合在信息共享、辅助决策、智能推荐、数据集成等领域的应用。

2.2.1　高校大数据多源异构数据

多源异构数据是在大数据发展的基础上，随着人们对于拓宽数据来源和综合研究不同数据结构的需求而被提出来的，具有以下三点特征：第一是数据来源具有多源性。当一个数据集成系统不再单纯依赖单一的数据流为其数据来源，转而面向多个数据库系统采集信息，则大大拓展了其输入侧的数据广度，即可认为其具有了多源性。第二是数据种类及形态具有复杂性，即异构性。它既可以指代不同的数据库系统在存储和获取方式之间的差异，也可以用来表征不同数据本身在结构上的差异。第三是数据具有时空性。它是指数据本身除本身数据含义之外，还同时具有空间和时间属性，空间属性表现在其多用于描述地形和环境特征，包括较多的图片和图像数据；时间属性是指数据是非线性和时变的。数据融合本质上是对来自多方数据的协同处理，以达到减少冗余、综合互补和捕捉协同信息的目的，该技术已成为数据处理、目标识别、态势评估以及智能决策等领域的研究热点。

2.2.2　多源异构数据融合的应用

单一来源的信息以及无法满足人们对数据信息丰富度、实时性、准确可靠性等方面的要求，这就需要数据融合技术从多源数据中得出估计和判决，以增加数据的置信度、提高可靠性、降低不确定性[1]。目前，多源异构数据的融合主要应用在促进信息共享、辅助决策、智能推荐和地理信息系统的数据集成等几个方面。

(1)促进信息共享，消除信息孤岛

面向大数据多源异构数据的处理方法，实现了快速对大数据进行处理以及不同系统内的数据共享，有效消除不同部门之间的"信息孤岛"现象。基于多源异构数据融合的大数据共享技术，可以解决信息系统信息孤岛的问题。各种在线应用系统间的数据能够进行有效的整合和共享，并且有统一的登录点来访问各类信息化系统。将多源异构的空间数据转换为统一的数据格式，以实现网络环境下方便有效的集成和共享，从而实现对空间数据的互操作。

(2)辅助决策，优化管理

随着信息化建设由最初的规模式扩张，到如今追求内涵式发展，即如何合理配置资源、实现资源的共享，最大限度发挥大量信息数据的作用等，人们日益认识到信息化建设中进一步提升管理与服务能力的重要性。信息化建设的现阶段，各类信息管理系统中汇聚着大量数据。这些数据，数量庞大、产生频率快、数据结构复杂，且大多来源于不同的信息管理系统，看似无关联、零散，但是，如果能整合好这些多源异构数据，就能提供很大的决策支持。从数据自身角度而言，多源数据融合能够在不影响信息管理系统独立运行的情况下，实现系统间数据的共享互通，满足部门间的数据交叉检索，提高报表的运行速度和访问效率；多源数据融合形成的数据池，有助于对大数据进行统一规划和管理，实现多维度的数据交叉分析和数据挖掘分析。从决策支持服务的角度而言，基于多源数据融合的数据分析服务，能够提供全局性的数据统计分析和决策支持，提供有价值的参考信息，有更多的依据来进行各项决策计划的制订和管理。

多源数据组织管理重点在于如何表达、存储、关联和查询现实实体及其随时间变化的状态，采用的组织和存储机制的优劣直接影响到数据的查询检索效率，因此，多源、多分辨率、多时相、异构数据组织管理的重点

---

① 贺雅琪. 多源异构数据融合关键技术研究及其应用[D]. 成都：电子科技大学，2018.

在于如何构建科学、高效的组织管理模型。面对应急救援中多源异构的复杂环境数据，徐成华、宋雨娇、于振铎、庄子尤提出了一个三维可视化系统，能够实现海量矢量数据和三维对象模型的高效加载，并实现多源异构数据的空间融合，支持指挥人员进行辅助决策，开展救援指挥调度，提高了应急救援的工作时效[①]。何炎雯、李志华针对智能健康管理中对信息集成的要求，深入分析信息资源的异构特性，对基于多级多中心的多源异构数据融合方法进行研究，提出智能健康管理中多源异构数据的融合树体系结构，获得了较好的融合效果，实现了对信息的有效集成，使管理效果更加优化[②]。

通过对多源服务的实时虚拟整合，达到在线同步数据分析和可视化表达，从而实现数据到知识的快速生成和信息的按需获取，提高决策效率。利用数据中间件的形式，对多源异构数据进行清洗转换，为上层应用提供标准数据集，以此提供更好的决策支持。在开展决策支持服务过程中进行多源数据库融合，以及实施过程中的难点及解决方式，基于多源异构数据库融合开展决策支持服务的模型。

（3）智能推荐

随着大数据时代的到来，互联网中积累了海量用户、商品和社交信息等数据。如何利用这些多源异构数据来挖掘用户的偏好和建立商品的特征，提高传统推荐的推荐精度、提高推荐结果多样性成了研究的热点问题。传统推荐系统主要采用基于协同过滤或基于内容的推荐算法计算推荐结果，基于协同过滤的推荐算法准确度较低、可解释性差且存在冷启动问题，而基于内容的推荐算法存在物品特征处理复杂和用户冷启动问题，因此，充分利用多源异构数据的各自优势成了推荐系统的重要研究课题。目前，基于多源数据融合推荐的深度学习模型主要将基于内容的推荐方法和协同过滤方法组合。

服务推荐是服务数量日益增长形势下解决信息过载的有效手段，相较于基于功能性和非功能性信息匹配的服务发现，服务推荐更多地考虑用户的偏好和个性化需求。面对类型多样的服务特征，如何将所有特征统一整

①　徐成华，宋雨娇，于振铎，庄子尤．面向应急救援的多源数据融合技术［J］．计算机系统应用，2019，28（12）：9-18.
②　詹国华，何炎雯，李志华．智能健康管理多源异构数据融合体系与方法［J］．计算机应用与软件，2012，29（9）：37-40.

合，并有效提升服务推荐效果成为服务挖掘研究的关键性问题之一。传统推荐方法通过对特征间交互的构建缓解数据的稀疏性问题以获得准确的预测结果，除了针对数据稀疏问题，将特征间的交互信息作为模型互补信息也十分重要。然而，一般的基于特征交互的推荐方法仅考虑成对的特征交互。结合服务数据的特殊属性，构建多视图特征间更复杂更高阶的交互获取更细粒度的信息是十分必要的。

冀振燕、宋晓军、皮怀雨、杨春提出推荐算法融合根据数据类型选择合适的推荐算法，如：基于内容的推荐算法和协同过滤推荐算法融合，协同矩阵分解算法和基于信任传播的算法融合等，并提出一个基于深度学习的推荐模型，可融合评分、评论和社交网络数据进行更准确的推荐①。翟书颖、郝少阳、杨琪以城市商业选址为背景，利用社交媒体上的用户签到数据、小区房价数据以及各种 POI 数据等多源城市数据，在数据预处理基础上进行多侧面商业特征和地理特征提取，提出基于随机森林的商业选址推荐方法。结果表明利用多源城市数据与单一数据源相比，具有较高的稳定性和推荐质量②。

(4) 地理信息系统中的数据集成

从空间属性集成和多源空间数据集成两个方面提出了源空间集成存储与处理开发框架，通过架构实例分析了空间数据集成各种解决方案的优缺点、使用场景、实现难度等特点，有效解决 GIS 及非 GIS 数据集成使用的问题③。从采集的空间实体出发，根据数字图像、空间及一般属性结构的不同，设计基于可交换图像文件原理的多源异构数据融合模型，将相关的空间位置和一般属性写入数字图像中，完成此类关联数据的高度整合。警用地理信息系统(Police Geographic Information System，简称 PGIS)是多源异构数据技术、地理信息技术和公安系统业务工作高度结合的产物。周凯分析了如何利用多源异构数据融合技术保障 PGIS 平台业务数据、测绘地理信息数据、"一标三实"等数据高效利用，互补短板，统一承载于警用

---

① 冀振燕，宋晓军，皮怀雨，杨春 . 基于深度学习的融合多源异构数据的推荐模型[J]. 北京邮电大学学报，2019, 42(6)：35-42.

② 翟书颖，郝少阳，杨琪，李茹，李波，郭斌 . 多源异构数据融合的智能商业选址推荐算法[J]. 现代电子技术，2019, 42(14)：182-186.

③ 徐强 . GIS 领域多源异构数据集成的普适性处理框架研究[D]. 西安：陕西师范大学，2018.

地理信息平台，协同发挥数据最大价值，提高数据在分析决策中的应用价值①。另外，多源异构数据融合在其他领域也发挥着重要的作用。基于数据驱动的故障诊断方法，不依赖精确的机理模型和完备的专家知识，仅通过设备运行状态数据分析抽取数据的更深层特征，从而实现关键设备的故障诊断。相较于基于单一数据源抽取的特征可能造成诊断结果不精确的情况，融合多源异构数据可以发挥多源异构数据的互补性，弥补单个数据源数据所包含信息不完整的缺点。胡永利、朴星霖、孙艳丰、尹宝才针对复杂场景下实时精确的多目标定位与跟踪问题，利用更多更有效的数据源，包括无线、视频和深度信息，挖掘传感器之间的互补性，提出了多源异构信息的有效融合方法，以突破现有技术的瓶颈，实现鲁棒的目标定位与跟踪。②

2.2.3　多源异构数据融合的方法和技术

不同的数据融合方法和技术在查准性能、成本等方面有所差异，且不同的数据和平台也具有各自的特点，基于多源异构数据融合的不同应用场景提出了各种不同的方法和技术。

（1）虚拟数据库技术

在网络虚拟数据库中，存在大量的异地异构数据，用户通过远程调度和访问方法进行异地异构数据检索。针对时间开销大、查准率低等一些问题，基于虚拟数据库技术的异地异构数据源整合方法，构建虚拟数据库异地异构数据的整合模型，实现虚拟数据库异地异构数据源整合并验证了该方法在实现异地异构数据源整合优化的优越性能。

（2）元数据集成法

针对高校信息化建设中存在的多源异构数据集成高网络带宽、高存储成本的问题，运用本体论和元数据方法和技术，可以实现多源异构数据环境的元数据集成。构建局部本体，生成领域本体，抽取局部元数据，在本体的指导下对局部元数据进行集成，得到全局元数据。数据集成是将若干个分散的数据源中的数据、逻辑物理地集中在一个数据集合的过程，目标

①　周凯.一种多源异构数据融合技术在 PGIS 系统中的研究与应用[J].测绘，2019，42（2）：51-55.

②　胡永利，朴星霖，孙艳丰，尹宝才.多源异构感知数据融合方法及其在目标定位跟踪中的应用[J].中国科学：信息科学，2013，43（10）：1288-1306.

是实现数据共享和信息交流，核心任务是要将相互关联的分布式异构数据源集成到一起。该方法可以避免大量数据的存储和传输，极大降低网络带宽和数据存储成本。

（3）中间件技术和动态投影技术

中间件技术建立了异构数据之间的映射关系，对多源数据进行了语义统一，在数据访问中重构中间信息数据，可以根据用户访问要求提取数据内容，减少了由语义不同造成的数据信息损失。中间件技术搭建了多源异构数据客户请求与数据访问中间平台，用户可根据自身要求访问多源异构数据。基准相异是异构数据的一个基本特征，多源数据访问时需要构建一个暂时统一投影，实现数据显示和检索功能，这种方式被称为动态投影。动态投影实质是数据源投影的引用，将数据存储与表现相隔离，建立投影坐标系引用，实际数据源的投影并未发生变化。动态投影是以第一个加载到数据驱动管理器的投影为基准，当加载后续数据时，若投影与当前投影相同，坐标保持不变；若相异，则进行动态投影变换，后载入的数据投影转换为当前投影。如此实现投影的动态变换与统一，解决异构数据空间基准不一致问题。

（4）ETL 工具

ETL 是 Extraction，Transformation，Loading 的简称，即数据抽取、转换和加载，它是建设共享数据中心，从各业务系统获取高质量数据的关键环节，是对分散在各业务系统数据源中的异构数据进行抽取、转换、清洗和加载的过程。ETL 工具在数据集成领域中有其自身的一些特点，如各应用系统的数据源异构，数据差异性大。而且除了结构化数据外，还存在很多半结构数据和无结构数据，这些数据都需要进行集成；另外，使用 ETL 进行异构数据集成，需要将数据在抽取和加载的过程中进行远程传输；不像数据仓库中只存在数据增加，数据集成中可能还涉及相关数据的修改与删除。而这些数据源有一定相互关系，可能存在矛盾、重复等问题，因此，要对所有数据进行预处理，定义清楚各个领域数据产生源头，实现数据中心库上行数据"一数一源"的管理目标。

利用 KETTLE 对学生考试信息与上网信息的抽取、转换和加载，ETL模型自动生成了以上网行为事实表为中心表，以学生信息、上网信息、时间 3 个维度的数据仓库，建立了学生考试信息与上网信息的 ETL 模型，实现了异构数据的整合，为系统间的数据共享，乃至后续的数据分析挖掘提供了数据准备。在高校信息化建设过程中，可以尝试应用各类 ETL 工具，解决不同系统之间的数据共享、数据集成等问题，从而提高数字化校园的建设效率，减低建设成本①。刘文军、吴俐民、方源敏深入分析了地理空间数据的多源性和异构性的来源以及 ETL 技术的原理。基于从海量的、复杂的基础地理信息数据和框架数据中提取行业相关应用的空间数据的目的，尝试将 ETL 技术和 GIS 技术结合的方法，对不同来源、尺度、类型、组织方式及软件支撑平台的基础地理空间数据，在预先定义好的抽取规则和转换规则基础上，通过数据的抽取、清洗、转换，最后装载到框架数据库的实验，实现了空间数据的共享和集成②。

（5）GML——地理标记语言

作为一个开放的、公开的行业标准，GML 能解决当前空间数据模型相互独立的问题，能消除以往空间数据格式不兼容，资源无法共享的弊端，GML 已经成为网络环境下不同系统之间交换数据的良好格式。采用 GML 作为多源异构数据集成的描述格式，可在数据层上有效地实现空间数据的集成和互操作。

数据格式转换、直接数据访问和数据互操作三种数据集成模式，基于 GML 数据互操作模式的、多源异构空间数据集成模型，该模型通过使用相应的 GML 转换接口把分布式异构空间数据源转化为统一的 GML 格式文档，通过集成引擎和相应的集成规则对异构空间数据进行有效的集成，实现数据共享的目的。

刘占伟、刘厚泉提出了一个基于 GML 的多源异构空间数据集成模型，解决了多源异构空间数据向 GML 文档的转换，设计实现了多源异构空间数据集成系统，从而实现了基于 GML 的空间数据集成和基于 SVG 的空间数据可视化③。李建军、陈洪辉、胡爱国、罗雪山提出的基于 GML 的多源异构空间数据协同集成是，借鉴开放式网格服务体系结构（OGSA）的思想，遵循 GML 技术规范，计算机支持的协同工作理论，实现多源异构空间数据的协同集成，并利用 SVG 技术进行空间数据的可视化和空间信

① 刘充. 基于 KETTLE 的高校多源异构数据集成研究及实践[J]. 电子设计工程，2015，23（10）：24-26.

② 刘文军，吴俐民，方源敏. 基于 ETL 的多源异构空间数据集成技术研究[J]. 城市勘测，2014(2)：55-59.

③ 刘占伟，刘厚泉. 基于 GML 的多源异构空间数据集成系统的设计[J]. 计算机工程与设计，2007(8)：1962-1965.

息网络化发布，对于异构数据源空间数据的综合利用具有重要的意义①。缪谨励、李景朝、陶留锋在分析地理标记语言（GML）格式特征的基础上，提出了一种基于 GML 的国土规划多源异构数据集成模型，分析了基于该模型的多源异构数据集成技术流程，实现了 Map GIS 数据、Arc GIS 数据向 GML 数据的转换和集成分析②。

多源异构数据融合是研究如何将不同数据库之间的物理和逻辑差异进行屏蔽，方便将不同来源的数据进行统一存储、分析和管理。数据融合过程中还要重点研究如何发现数据源之间的关联关系，建立一个不同来源数据互补利用的整体。目前，多源异构数据融合已经在地质、电力、医疗、交通、教育、环境等各行各业发挥着重要的作用，不少学者基于虚拟数据库技术、元数据集成法、ETL 工具和地理标识语言等原理和技术针对各行各业的应用进行研究和分析，可以预见未来多源异构数据融合的应用将会越来越广，研究体系也会越来越完善。

2.2.4 高校大数据多源异构融合发展战略

将高校多源异构数据融合作为一个单位，分析其优势劣势机会威胁，形成高校大数据多源异构融合发展战略。

（1）优势

①科研人才优势。高校是科研人才的聚集地，一直被认为是科学技术发展和社会进步的带头人，拥有突出的智力资源优势，具有学科齐全、人才密集和对外交流广泛便利的特点。②科研设备和条件优势。高校有着雄厚的科研基地和不断更新的科学研究设备，为开展高层次高水平的科学研究提供了优越的条件。

（2）劣势

①多源异构数据融合的相关政策缺乏。国家和上级有关管理部门尚没有制定明确的高校数据融合政策，仅个别省份出台了教育大数据的应用发展指导意见和相关安全管理办法。②高校人员多，数据来源广泛，且数量大，为数据的整合分类增加了困难度。并且由于高校各个部门的职能互有

---

① 李建军，陈洪辉，胡爱国，罗雪山. 基于 GML 的多源异构空间数据协同集成[J]. 计算机工程，2004（23）：34-36.
② 缪谨励，李景朝，陶留锋. 基于 GML 的国土规划多源异构数据集成模型[J]. 地质通报，2014，33（10）：1571-1577.

交叉，一条相同的信息往往同时储存在学校不同部门的系统中。③高校工作人员的学历、年龄和素质不一，有一些员工缺乏互联网及信息化的学历背景经历，缺少大数据思维，观念滞后，存在知识的盲区，使得部分工作人员对高校异构数据融合研究和实际应用的热情较低，认为自己用不来新平台，不赞成对现有状况的改变。

（3）机会

①现有数据融合技术的不断发展和成熟。我国对高校数据融合的研究从 1994 年就开始了，从理论探讨到技术选择，再到高校内不同领域的实际应用，至今已有二十多年的历史。且随着云计算等其他互联网技术的高速发展，高校数据的融合集成有了新技术、新方法、新平台。②时代发展的要求。大数据时代是一个数据驱动的智慧时代，更是一个用户体验至上的时代。如高校图书馆针对师生信息需求呈现出的情景化、多元化和个性化的特点，应紧跟时代潮流，以用户为中心推进大数据的管理和服务创新，挖掘用户真实需求，融合用户的基本数据和使用痕迹，为其提供个性化定制服务、学科化知识服务等智慧服务，有效提升用户体验。

（4）威胁

①高校师生员工的隐私安全。高校的各个系统存储了师生和员工的大量个人信息，包括姓名、身份证号、家庭信息和手机号码等敏感数据，而大数据的采集、存储、挖掘、融合和利用等环节都有可能使他人的隐私信息被侵犯和外泄。②大数据时代数据的复杂性。科学数据涉及多源和异构数据的发现、获取、分析和表达等过程，并且许多数据资源多以采集时的数据原始状态存在，因此，在数据分析时要从数据清洗、数据预先处理开始，做大量的重复性工作。

（5）CiteSpace 软件可视化分析

数据融合能有效解决信息化建设过程中数据结构多样化、数据来源复杂等问题，构建统一的数据接口，提高信息的利用率，可实现数据的统一管控。本次研究以中国知网（CNKI）数据库收录的 311 篇与高校大数据异构融合相关的论文为研究对象，运用信息可视化软件 CiteSpace，以时空知识图谱和内容知识图谱分析为主要研究方法，揭示国内高校大数据多源异构融合的研究热点和发展趋势。

①分析工具

　　以中国知网数据库中相关的文献作为数据源，利用 CiteSpace 软件可以对文献中所包含的关键词进行分析，产生关键词共现图、关键词时间线图等可视化图谱，以明确当下研究进展，熟悉多源异构数据融合在高校领域的研究热点，并预测其研究的发展趋势。

　　②研究热点与趋势分析

　　根据关键词的时间线图（见图 2-1），可以清晰地看到研究的关键词随时间的变化情况。根据时间线图末尾的关键词，可以大致预测未来的研究趋势可能集中在以下 4 个方面：教学资源的融合、高校数据集成平台的开发、超融合技术与云桌面系统的构建、完善数据融合的相关法规和标准。

　　随着大数据应用范围不断扩大，各个高校也在积极应用大数据等信息技术推进信息化建设，逐步建设智慧校园，而智慧校园的建设需要各部门之间协同努力。

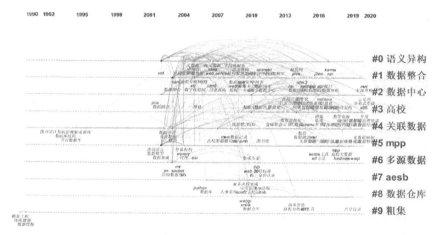

图 2-1　关键词共现时间线图谱

（6）高校大数据多源异构融合研究热点与趋势总结

①教学资源的融合

　　充分发挥大数据时代的优势，利用大数据平台促进各学科课程教学资源的整合，完善教学体系，挖掘具有价值的教育资源。

　　②高校数据集成平台的开发

　　如基于模型-视图-控制结构用于构建平台的体系结构，以适用大规模的页面切换和用户访问以及数据显示，以此解决多源异构数据调用的困难性。

③超融合技术与云桌面系统的构建

提供虚拟化管理平台和虚化桌面控制器，简化桌面管理和运维工作，可以直观看到计算、网络、存储和桌面的各项资源使用情况，有利于管理员快速配置桌面用户、资源和权限，有效降低 IT 管理复杂度与成本。

④数据融合的相关法规和标准的制定和完善

标准的制定有利于减小数据融合的难度，而相关法规制度的完善则为数据融合提供了良好的制度保障，让高校数据融合有法可循、有法可依。

2.3　高校大数据挖掘、稀疏与画像技术进展

随着大数据时代到来，类型复杂的海量数据给数据挖掘技术带来了巨大挑战。为应对高校大数据环境下的数据危机，对高校大数据挖掘技术研究进展进行阐述，针对大数据挖掘技术进行简单分析，希望能对大数据挖掘技术有更加全面和全新的认识。

高校大数据挖掘技术从诞生以来发展速度很快，数据挖掘技术在不断发展的过程中已经取得了较大进展，积累了一批研究成果。随着技术的日趋成熟，应用的场景也不断深入，在不同的领域得到重视。探究大数据挖掘技术的应用，可以为未来大数据挖掘技术发展提供参考依据，为未来信息时代发展提供技术支持。

2.3.1　数据挖掘技术概述

数据挖掘技术是指从海量数据库中挖掘出有用信息，并对这些信息进行分析的过程。大数据挖掘技术作为一种现代化信息技术，在各个领域都能带来高价值，通过对数据进行挖掘，对海量的数据进行优化分析，为各领域发展提供参考依据。数据挖掘技术主要包括数据收集、数据访问、决策支持数据挖掘以及大数据挖掘这几个阶段。

大数据处理的基本流程是数据挖掘思想在大数据环境下的具体表现，数据挖掘过程是一个系统工程，数据挖掘的每一个过程都可能会进行反复操作。以下是大数据挖掘的流程：

第一步，数据预处理过程。数据预处理过程指的是对从海量数据中收集到的原始数据进行初步处理，处理成可以供后面流程使用的规范数据。数据预处理过程的主要内容包括：数据清洗、数据格式转换、数据提取、数据检查。数据预处理过程的数据主要问题为：逻辑错误数据、不一致性

数据、重复数据、虚假数据、缺失数据、不合理数据、异常数据等。由于数据量大而且复杂，因此，数据的预处理要多次进行直到符合要求。这个过程是一个复杂的过程，所需要的时间和人力成本非常大，但是这个过程又是非常重要的，因为这个过程形成的数据将会直接影响到后面数据挖掘的结果。

第二步，数据融合。大数据有多样性的特点，这说明收集到的数据形式和结构也不一样，这样的数据无法进行数据分析和挖掘。与数据清洗不同的是，数据融合是对不同形式和结构的大数据进行融合成一致的数据形式，收集到的数据有非结构化和半结构化的大数据，将这些大数据根据后面分析需要融合成一致的结构化数据，有很多学者将数据预处理和数据融合归为同一个步骤。

第三步，数据分析。数据分析是数据挖掘过程的核心部分，这一过程直接关系到数据挖掘的成功与否。数据分析是将经过数据预处理和数据融合的大数据分析找出对研究有价值数据的过程。寻找有价值的信息不是盲目寻找信息，是要根据目标或用户的实际需求来寻找有价值的信息。

第四步，结果评价与展示。这一过程主要对经过数据分析得到的有价值的信息进行评价，确认这些信息是不是目标所要求的信息，同时还要让用户能够得到自己需要的信息。由于用户并不具有专业知识，得到的信息可能会看不懂或者不能合理地使用，因此，结果展示就需要对这些信息进行可视化处理，将有用信息进行具象化表现。

经过以上步骤就可以实现数据挖掘，当然数据挖掘并非简单的这些步骤，中间还存在许多问题，这些要管理人员根据需要自行调整。

2.3.2 数据挖掘技术的分类

要实现大数据挖掘这一过程需要熟练使用数据挖掘技术，数据挖掘的方法涉及许多不同的学科和领域，方法复杂多样。根据不同的问题，数据挖掘技术的内容也不一样，要按照实际问题合理使用数据挖掘方法。根据数据挖掘的任务来划分，常常分为聚类挖掘、关联规则、时间序列、分类挖掘、web挖掘、回归分析算法、神经网络方法。数据挖掘技术不仅仅是这些，并且还在不断地发展，随着数据挖掘技术在不同领域的深入，数据挖掘技术也在不断更新，有一大批新的数据挖掘技术正在问世。

(1) 分类挖掘

这个挖掘算法是最常用的挖掘算法之一，使用方便，容易上手。分类挖掘算法是根据目标要求制定某种规则模型，然后根据这个规则模型将数据进行分类，在分类过程中将这些数据分成两类或是多类。进行分类挖掘的关键就是根据需要建立一个可以描述数据属性或者概念的模型。① 建立这样一个模型主要是根据描述属性的元数据组组成的，每个元数据组作为数据训练集中的训练样本，根据类的不同划分不同标号，标号确定样本的属性，这些数据元组形成训练数据集合。学习模型通常采用数学公式、分类规则或者具有判定功能的树形结构来确定；然后就可以使用该模型进行分类，通过评估判断预测模型的准确性。常用的分类算法有决策树约简、贝叶斯分类方法、支持向量机等。

（2）聚类挖掘

聚类挖掘算法是数据挖掘技术中非常重要的一个技术手段，根据概念可以知道这是将数据进行聚类的一种方法。这一算法主要是根据数据的属性聚集在一起，然后根据这些数据与模型的相似度进行匹配，也就是常说的"物以类聚"，将数据划分为不同的类别，经过归类后会得到一组组相似的数据。组内的数据具有很强的相似性，但是，不同组的数据差异性很大。在聚类的过程会把一个组内的所有数据当成一个整体来研究，定义距离函数，按照最小距离的原则进行聚类，如果输出的聚类数据不满意则调整参数重新评估和输出直到得出满意的数据为止，由此可见聚类挖掘算法也是需要不断调整进行的。

（3）关联规则挖掘

这个算法主要通过不同数据间的相互联系进行，在所有数据中找出最高频次的数据，然后从这些高频次项中找到相互联系的规则，简单来说就是挖掘出数据集中频繁出现的模式。如以下形式的规则：

computer→system disk　　［support＝7％，confidence＝70％］

其含义为：支持度为7％表示有7％的顾客同时购买计算机与系统盘，置信度为70％意味着购买计算机的顾客有70％也购买了系统盘。②

因此，关联规则算法就是根据自己的需要设置阈值形成不同的分组，然后根据分组找到高频组项，从高频项目组中产生关联规则，如果觉得不

---

① 马琳．数据挖掘技术综述浅析［J］．数字技术与应用，2019(37)：10.

② HAND D J，YU K．Idiot's Bayes not so stupid after all？［J］．International Statistical Review，2001，69(3)：385-398.

合适可以自行调整阈值再次寻找高频组项。

(4)时间序列

这一算法是一种应用非常广泛的一种算法，在股市预测、生产过程预测、电气检测等领域均有使用。时间序列是按照时间排序的一组随机变量，它通常是在相等间隔的时间段内依照给定的采样率对某种潜在过程进行观测的结果。时间序列是分析时间序列的分析模型，主要有向量自回归、ARIMA 模型、GARCH 模型和 STATESPACE(傲态空间)模型。

(5)人工神经网络

人工神经网络是建立在自学习的数学模型基础之上，能够对大量复杂的数据进行分析，可以完成对人脑来说复杂的模式进行分析。人工神经网络可以表现为指导的学习也可以是不用指导的聚类，但是，输入人工神经的数据都是数值型的，目前在数据挖掘中，常用的两种神经网络是 BP 网络和 RBF 网络。人工神经网络具有以下特点：自学习功能、联想存储功能、高速寻找优化解的能力。其中，自学习功能是将需要的数据与实际得到的数据进行匹配，将结果储存在人工神经网络中。寻找一个复杂问题的优化解，往往需要很大的计算量，利用一个针对某问题而设计的反馈型人工神经网络，发挥计算机的高速运算能力，可能很快找到优化解。

2.3.3 高校大数据挖掘技术的实际应用与发展方向

(1)高校大数据挖掘技术的实际应用

大数据时代下，高校大数据挖掘技术的研究已经取得一定的成果，并且已经应用到了很多领域，且具有很好的效果。但是，面对不断增长的大数据和用户对数据的不同需求，数据挖掘还面临巨大的挑战。大数据挖掘技术是随着网络、大数据和信息技术发展而不断发展起来的，大数据挖掘技术可以为各个行业提供预测信息。

高校大数据挖掘技术在教学上的应用主要是学生选课和教务管理。其中在学生选课系统中有大量的学生数据和课程数据，在数据挖掘中需要对数据进行预处理并与数据挖掘技术相结合，应用关联规则的 FP-tree 算法对大量的数据进行挖掘从而得到可用的关联规则，可以很好地提高学生选课的便利性和流畅性。每个高校都有教务管理系统，教务管理系统是一个复杂且内容多样的系统，主要的工作内容是提供管理学生的课程信息、教师信息、基本信息和成绩信息。为很好地实现教务管理人员管理教务管理系统，可以通过数据挖掘技术将一些重要的数据从教学数据库中提取出来，并将有关的高价值信息提供给管理人员，更好地为教务管理人员服务。

数据挖掘技术不仅在教学上有很高的价值，在高校图书馆也有很好的应用。其中关联分析上主要提供书目推荐功能，这是一个比较有实际意义的应用，利用关联规则技术，根据自动化系统中的数据，可以丰富借阅数据开展书目推荐工作。根据读者的年级和专业等基本信息，对借阅特点进行分析，管理者可以掌握读者的借阅特点，从而开展书目推荐工作。通过聚类挖掘算法可以实现对读者进行聚类分析，将不同阅读习惯的读者分为不同类型的读者族群，针对不同的族群开展不同的服务。在图书管理工作中，还可以通过聚类挖掘算法根据图书的流通次数进行聚类分析，根据利用率的高低分为不同的图书族群，可以用来反映图书馆的藏书利用情况，从而针对性地优化藏书结构。

（2）高校大数据挖掘技术的发展方向

随着挖掘技术及其他大数据技术的成熟，高校通过数据挖掘技术获取客观、动态数据，开始不断地从用户角度出发，强调对高校日常教学、科研、管理进行数据采集，从而进行聚类分析、智能处理，发展个性化服务，为人们提供便捷服务。数据挖掘技术在高校大数据中的重点应用从通过简单的数据统计以及排序等基本功能获取表面的信息，过渡到有机地结合数据挖掘技术、机器学习以及识别模式等相关方法，从其大量的数据中挖掘隐藏在数据之中的有用信息，并发掘和应用隐藏在这些庞大数据库中比较深层次的信息，其中，这些技术常用于身份认证、贫困生认证、图书馆借阅信息系统、一卡通等多个应用场所。

在技术日益更新的大数据环境下，高校大数据的各个师生数据库不再是一个个孤立的个体，利用数据优势和技术优势，发展创新，提炼数据库中大数据内在关联线索，采集数据价值。同时，利用大数据挖掘技术和其他技术功能，将多个师生数据库搭建成互联互通的信息的平台，开展智慧教学模式，建立智慧化校园，实现有效的资源共享、汇聚中心，分阶段搭建，因地制宜，因材施教。同时，可以开展复合式系统，如"今日校园App"，集多方信息于一体，将若干个数据库连接起来，并通过可视化界面展现出来，并根据数据库中的相关信息完成相关个性化推荐，服务师生大众。

（1）优势分析

①大数据环境下，多方大数据技术得到了充分的发展，利用大数据挖掘技术管理海量的数字资源，能对校园指数级剧增的数据进行快速而有效的数据分析，通过找出这些数字资源的有机联系，能把数据的内在价值充分挖掘出来，为各项服务应用提供智能决策分析。

②通过数据挖掘技术及其他数据分析技术打造的"智慧校园"，能够打破校园的"信息孤岛"，实现信息互通，充分享受互联网技术给高校的教学、学习、科研、生活和管理带来的进步。

③数据挖掘技术可以从用户信息和行为特征找出关联规律。据此用统计学原理建立用户行为偏好模型，预测用户兴趣点并匹配档案数据，形成个性化的推荐界面，使用户更好地理解、评判、反馈实时挖掘结果，达到大数据挖掘精准服务和知识推荐的功能。

（2）劣势分析

①在大数据环境下，相关的高校师生数据是动态的且数量庞大，有时数据是不完全的，存在噪声、不确定性、无效性等问题。

②数据挖掘技术与特定数据存储类型的存在适应问题。不同的师生数据库类型多样，不同的数据存储方式会影响数据挖掘的具体实现机制、目标定位、技术有效性等。指望一种通用的应用模式适合所有的数据存储方式来发现有效知识是不现实的。因此，针对不同数据存储类型的特点，进行针对性研究是目前流行而且也是将来一段时间所必须面对的问题。

③高校各大师生数据库基本是以各自为战的方式，所借助的软件公司不同，软件公司的技术力量和技术重心也不同，各个数据库之间缺乏针对技术开发的信息交流，缺少借鉴和提升。正因为没有明确的设计规范，导致其形式和功能各异。因此，必须加强开发设计经验的交流和推广，避免人力和财力的浪费。

（3）机会分析

通过这些项目的开放与进行，能够进一步掀起大数据挖掘的热潮，使得大数据挖掘的应用更广泛，技术更成熟。

当采用数据挖掘的算法分析和处理海量数据时，算法的改进主要取决于算法的精度和速度，即算法的准确度和效率。如今，学术研究主要集中在精度和效率之间设定适当的临界值和对数据挖掘的结果进行可视化两个方面。针对数据挖掘算法中的新贵——RNN、CNN、DNN、Capsule 等一系列深度学习算法的研究，将成为引领大数据研究方法的风向标。在新的数据挖掘新潮中，其应用算法将能更好地服务海量数据。

（4）威胁分析

①在进行数据挖掘过程中，多少会涉及用户的个人隐私问题，引发一定的伦理问题，因此对数据进行脱敏处理尤为重要。

②在大数据环境下，随着恶意软件、链接、病毒程序等频发，数据安全受到了更大的威胁，信息泄露、篡改问题频发，用户的数据安全亟需保障。

（5）竞争策略

分析与高校大数据师生数据库挖掘技术进展相关文献的发展趋势和创新点，分析其竞争优势，产生竞争策略。

①将大数据挖掘技术与智慧校园建设充分融合，成为学校提高教学质量与服务水平的有力手段。它可以对智慧校园的海量数据信息进行量化处理，促进教学资源共享，为移动客户端提供支持，推动智慧校园建设发展。

②近年来，人工智能的发展加之计算机特有的速度快的优势，使得计算机语义分析能力得到极大的增强。可以说，人类的自然语言具有语义关联错综复杂的特点，包括同义、近义、反义、相关等多种类型，但是人工智能可以超出单纯使用语义规则的模式，对语义进行聚类、统计和分析，进而获得词语重组后的对应关系，并进行自动识别和标注。这些语义的关联将被记录、保存、更新、丰富，从而建立起既庞大又科学的语义数据库。保证高校大数据挖掘过程中的准确性和科学性，使得大数据挖掘技术有依据、有保障。目前，高校大数据挖掘技术可采用许多现成的语义知识库，如：各类主题词表、知网、百度百科、维基百科等，在此基础上再从网络社会中提炼语义信息，进行语义补充和更新。

（6）对策

①对于数据无效性问题，如确属关键数据，可采用整例删除，否则建议采用删除变量或用特殊码代替，以保证数据库统计样本的有效总量。数据缺失问题一般需要数据责任人进行手工补充。数据重复性问题可以通过合并或清除的方式来处理。同时，抓住数据挖掘项目研究热潮，吸取各大

项目经验，"站在巨人肩膀上"，并做好前期的数据清洗工作，保证数据的可用性。

②从高校大数据角度来看，相关标准必须进行有效整合。大学校内各大数据库之间的数据标准要统一，相关数据值要和基础业务数据保持一致，层层推进，一步一步解决，开展各类信息的对接工作，拓展高校大数据总量，真正建立起高校大数据的师生数据库。各个数据库的供应商之间应该沟通商定、相互借鉴，尽量选择统一的数据标准，同时针对多种数据挖掘算法也做好统一，针对新兴的数据算法合理使用，更广更深程度地完成数据挖掘。

③网络入侵、网络泄密等行为成为大数据时代异常重要的安全隐患。对于这类安全隐患，除了采用传统的防火墙、入侵检测、防病毒方法以外，高校还可以采用数据完整性鉴别方法，即通过身份控制，根据用户独立的身份配置相应权限。随着大数据环境的发展，数据加密技术也得到了很好的发展，很多数据加密技术可引起重视并加以运用，如数据传输加密、数据存储加密和密钥管理等，这些数据加密技术是保护个人隐私和敏感数据的重要方法，确保免于暴露数据，免于违规使用有安全风险的数据，支持用户根据自身权限进行选择性访问数据，确保高校大数据既好用又安全。

④针对恶意软件攻击，采用基于数据挖掘技术的分类方法，就可以根据每个恶意软件的特征和行为进行检测，从而检测到恶意软件的存在，一定程度上保障数据安全。

⑤针对数据库中涉及个人隐私信息的收集，需要事先征求当事者同意，如实在需要收集时，需要完成脱敏处理，或者设置访问权限，保障用户隐私信息。

⑥对于存储在库的信息，要定期做好数据备份和数据维护，谨防数据丢失，或者数据泄露。

2.3.4　缓解高校大数据稀疏技术问题进展

随着信息技术的快速发展，低成本、便捷和易得的数据访问为用户带来了比历史上任何时候都更具爆炸性的信息，信息过载已成为影响用户体验的重要问题。针对网络上流通的大量数据流，改善用户体验的一种方法是提供相关建议，近年来，推荐系统成为研究的热点领域。通过分析购买和交易的历史以及物品和用户配置文件的其他信息，推荐系统为每个用户生成相关的个性化推荐。多种使用不同类型的数据和分析组件的推荐方法已在音乐、电影等市场发挥显著作用。然而，尽管这些系统被广泛采用，但它们仍存在一些基本缺陷，其中就包括稀疏性，稀疏性是指用于推断相似用户和预测项目的事务和反馈数据丢失的情况，从而阻碍了推荐系统的性能。由于只有小部分用户倾向于对项目留下评价，因此，评级数据总是有限且稀疏的，这导致预测结果不准确。

推荐系统研究领域源自数据的巨大增长，它起源于 20 世纪 90 年代中期，旨在应对信息过载问题，并为用户提供满足其需求的个性化推荐，如今已发展为成熟的研究领域。基于协同过滤的推荐利用用户对某些项目的评分，确定喜好相似的用户，向其他用户推荐其喜欢的项目，无须分析项目的内容。通过接受与其最相似的用户给出的评分，系统的所有用户都可以从彼此的评价中获益。因此，协同过滤的目标是根据用户对同一项目的评分确定相似用户。

在推荐系统领域，基于协同过滤的算法占据重要地位，协同过滤算法的基本思想是相似用户具有相同的喜好，利用用户-物品评分矩阵来评估用户之间的相似性。由于用户数量以及物品数量数以百万计，因而造成了稀疏性问题。稀疏性问题是指没有足够多的历史数据和反馈记录来推断特定用户的相似性，从而影响推荐系统的准确性和性能。对于没有收到太多反馈的项目进行评级的用户，很难找到类似的用户，因此，很难为该用户提出相关建议。

以下从三个研究问题着手，对现有文献的推荐系统领域应对稀疏性问题的研究成果进行梳理。

①如何有效利用现有的稀疏信息，来找到与有推荐需求的用户相似的用户。

②哪些技术可以用来预测空缺的评分。

③在数据稀疏的背景下，推荐系统领域通常采用哪些类型的附加信息来预测用户兴趣。

由于相似度函数是推荐系统的核心，因而有一些论文致力于改进相似度度量的技术。为了减少数据的稀疏性，推荐系统领域的研究人员利用各种类型的边信息来帮助定位用户的兴趣和偏好。

互联网中可供人们选择的信息呈现爆炸式增长，信息过载问题随之而来。推荐系统研究及其应用的出现在一定程度上解决了信息过载问题，然而由于用户和物品的数量级以百万甚至更大单位为计，数据的稀疏性是推荐系统的准确性和表现的重要局限因素。

未来大数据的数据稀疏技术可研究方向包括：寻找更多的可聚合到推

荐系统以提高其效率的附加组件；为特定任务设计更多的体系结构以应对应用场景；寻找有效利用更多数据的途径；寻找更好的方法，将推荐行为的范围限定在小组内，而非整个数据集；优化算法以降低计算复杂度，探索加速已提出的算法方式。未来大数据的数据稀疏技术可研究方向还包括在线学习技术的应用、社会社区探索、精确的语义关系分析、寻找有效的策略去除不重要的评分对，等等。

2.3.5 高校大数据用户画像跟踪系统进展

根据用户画像的概念和构建用户画像的基本流程，对利用高校大数据构建用户画像系统的研究进行研究，揭示面向高校师生群体的用户画像技术在图书馆领域、科研社交平台等领域的应用现状；从模型构建的流程、评价机制和应用领域不均匀等方面提出用户画像研究。

随着互联网技术的发展和应用的普及，社会生活呈现出信息化程度日益加强的趋势。网络上丰富的应用给人们的生活提供便利的同时，也带来了信息过载、信息冗余等问题。如何在浩瀚的信息海洋中找到所需的信息成为学术界和工业界关注的热门问题。网络用户在接收网络上各式各样信息时，其自身在向互联网输出大量数据，包括浏览记录、购买行为和评论行为等。用户画像作为一种根据用户在网络中的行为记录抽取特征、构建模型，令服务提供者更好地向用户提供精准化、定制化服务的技术，近年来在电子商务、精准营销和图书馆领域得到了广泛的应用。

作为日益成熟的数据分析工具，用户画像全面细致地抽象出用户的信息全貌，可以了解并跟踪用户需求变化并分析探求用户需求变化的根本原因，从而进行精准营销。① 最早提出用户画像的概念是交互设计之父A. Cooper，他在研究中将用户画像定义为"基于用户真实数据的虚拟代表"。Amato② 等将用户画像描述为"一个从海量数据中获取的、由用户信息构成的形象集合"，通过这个集合，可以描述用户的需求、个性化偏好以及用户兴趣等。S. Gauch，M. Speretta 等[3]也将用户画像视为一种集合，但这种集合在构成方面略有不同，主要包括加权关键词、语义网以及概念层次结构几方面组成。王宪朋认为用户画像的定义包括三个方面内容：一是用户数据的搜集，该内容也是构建用户画像的前提和基础；二是

---

① 王凌霄，沈卓，李艳. 社会化问答社区用户画像构建[J]. 情报理论与实践，2018，41
（1）：129-134.

② AMATO G，STRACCIA U. User profile modeling and applications to digital libraries [M]//
ABITEBOUL S，VERCOUSTRE A M. Lecture Notes in Computer Science，1999：184-197.

用户画像与业务是密不可分的，构建用户画像时需要对符合业务需求的特定用户进行画像，因此需要体现业务特色；三是构建用户画像需要进行数学建模，需从已有的海量数据中挖掘出更深层次的用户潜在信息，并通过数据可视化技术为用户展示有价值的信息。用户画像是一种大数据环境下用户信息标签化方法，即大数据提供了足够的数据基础，通过抽象出标签信息可以完美地呈现出用户全貌，最终形成一个虚拟用户的全貌，即用户画像。用户画像的内涵主要包括以下几个方面：首先，用户画像是用户真实数据的虚拟代表，是具有相似背景、兴趣、行为的用户群在使用某一产品或者服务时所呈现出的共同特征集合。其次，用户画像关注的是经过静态和动态属性特征提炼后得出的"典型用户"，是具有某种显著特征的用户群体的概念模型。最后，用户画像更加强调用户的主体地位，更加凸显用户的特定化需求。

(1) 高校图书馆领域

在当今高校着力发展建设数字图书馆的背景下，一方面，用户是资源的使用者，面临着规模日益增长的数字资源，分析用户需求显得更为重要；另一方面，用户是资源的创造者，在这样的过程里会产生更多的用户信息与行为数据，为构建用户画像系统、跟踪了解用户需求的变化提供了依据。

用户画像是描述真实用户的过程，通过分析用户在网络上留下的记录，抽取用户的典型特征，赋予用户不同的描述性标签，以此形成用户原型。用户画像的核心理念是根据用户行为数据的特点采用恰当的算法构建模型，借助大数据挖掘技术给用户"贴标签"。裘惠麟认为，在标签层面看，大多数的标签可以在数据统计的基础上建立，如基本属性、心理偏好等，从而绘制出用户画像。[①]

①高校图书馆用户画像模型构建

建立有效的模型，使高校图书馆的海量数据的价值是学者研究的热点问题。吴智勤针对高校图书馆用户的个性特征分化明显但描述用户的关键数据稀疏，基础数据量巨大但价值密度低的问题，将社交网络分析(Social Network Analysis，SNA)方法引入图书馆用户画像，通过网络建模和网络特征分析，将高校图书馆用户抽象为网络节点，研究节点的构成特征以及

相互之间的复杂关系。① 陈添源提出基于移动图书馆特定情境下构建用户画像标签体系，借鉴 VALS2 用户细分的态度量表从使用心理偏好入手重构标签描述体系，以标签体系设计问卷并调研高校移动图书馆用户的人口统计属性、使用行为和心理偏好等变量，利用因子分析、聚类分析和判别分析法选取适宜的用户画像个数。② 徐海玲基于概念格对高校图书馆服务对象进行细化和分类，利用 Con Exp1.3 工具构建不同群体用户类别的细分标签，生成 Hasse 图，通过概念格"Calculate Association Rule"对不同群体的用户行为进行关联规则挖掘，实现群体兴趣画像的精准刻画。③ 乐承毅提出基于改进 RFM 聚类的高校图书馆用户画像构建方法，以某高校图书馆读者信息和行为数据为例，引入并改进客户细分领域中的 RFM 模型对读者群体进行聚类细分，建立具有不同行为特征的图书馆读者群体的用户画像。④ 李伟考虑到经典 k-means 算法在多视角聚类中容易陷入局部最优的缺陷，提出一种基于马氏距离的多视角二分 k-means 算法，引入马氏距离解决欧氏距离在多视角聚类中受属性量纲影响的问题，实验证明改进后的算法在用户画像过程中表现优于经典 k-means 和二分 k-means 算法。⑤

②高校图书馆用户画像应用

国内学者针对高校图书馆提供的不同功能，展开了多方面用户画像系统应用的研究。利用用户画像标签进行阅读推广，提高高校图书馆资源的利用率是研究成果较多的应用。刘漫基于高校图书馆用户基本属性特征、用户行为特征、用户兴趣特征抽象出大学生用户标签，结合本体建模方法构建高校图书馆大学生用户画像概念模型，基于用户画像模型、聚类与关联算法构建高校图书馆大学生用户阅读推广服务新模式，挖掘大学生阅读需求与阅读动机。⑥ 都蓝从数据的采集与获取、行为建模、构建画像以及可视化呈现四方面构建用户画像模型，对图书馆各类阅读数据进行挖掘，利用标签集合构建用户画像模型，完成高校图书馆年度阅读报告，了解读

① 吴智勤，柳益君，李仁璞等．基于社交网络的高校图书馆用户画像构建研究[J]．图书馆学研究，2018(16)：26-30，25.
② 陈添源．高校移动图书馆用户画像构建实证[J]．图书情报工作，2018，62(7)：38-46.
③ 徐海玲，张海涛，张枭慧等．基于概念格的高校图书馆群体用户兴趣画像研究[J]．情报科学，2019，37(9)：153-158.
④ 乐承毅，王曦．基于改进 RFM 聚类的高校图书馆用户画像研究[J]．图书馆理论与实践，2020(2)：75-79，93.
⑤ 李伟，胡云飞，李澎林．基于多视角二分 k-means 的高校图书馆用户画像研究[J]．浙江工业大学学报，2020，48(2)：141-147.
⑥ 刘漫．基于用户画像的高校图书馆阅读推广模式构建[J]．图书馆理论与实践，2019(7)：21-26.

者阅读倾向，开展精准化阅读推广服务。① 陈月娟提出引入用户画像技术的数字阅读平台，利用大数据技术和用户画像技术生成"读者画像"，掌握读者的需求从而更快速为读者推送所需的文献和信息，为读者用户提供个性化服务，提高图书馆资源利用率。② 肖海青构建基于数据采集层、数据处理层、标签抽取层、用户交互关联层及应用实现层的高校图书馆阅读推广参与式用户画像模型，构建基于参与式用户画像的精准阅读推广模式。③

随着图书资源的数字化和图书馆设计理念的转变，高校图书馆不仅为师生提供图书资源，空间资源也是重要的服务形式。尹相权利用北京师范大学图书馆研究间系统日志数据，对数据进行多维度建模，建立用户原型，挖掘高校图书馆研究间的用户行为规律特征，为研究间的设施改进和精准服务提供了数据支撑。④ 康存辉通过分析基于用户画像的高校智慧图书馆空间再造的必要性和解析获取读者利用图书馆全流量数据过程，提出强化全域网络布局的空间再造、认证环境的空间再造、读者使用图书馆过程的空间再造和全流量数据智慧聚合平台的空间再造策略，满足读者和高校智慧图书馆建设的诉求。⑤

学科服务是高校图书馆转变服务理念的重要方向之一，学科服务为高校师生提供科研领域决策支持和查新等服务。图书馆的学科服务以往多集中于学校或院系的教学科研骨干，通过嵌入其教学课堂或研究项目中，提供信息搜集、追踪前沿、趋势分析、项目查新和定题服务等服务，此行为建立在学科发展的基础上，对用户缺乏实质性的精准挖掘。薛欢雪从学科服务角度创建学科服务用户画像创建过程，通过数据收集、建立用户标签体系、确定个人或团队用户画像、确定优先级别、标签标注等过程，将学科用户服务的用户进行精准的标签化。⑥

① 都蓝. 基于用户画像的高校图书馆年度阅读报告研究[J]. 图书馆杂志，2019(4)：27-33，40.
② 陈月娟. 大数据时代高校图书馆数字阅读平台研究与实践[J]. 计算机工程与科学，2019，41(S01)：245-248.
③ 肖海清，朱会华. 基于参与式用户画像的高校图书馆精准阅读推广模式构建[J]. 图书馆工作与研究，2020(6)：122-128.
④ 尹相权，李书宁，弓建华. 基于系统日志的高校图书馆研究间用户利用行为分析[J]. 现代情报，2018，38(1)：115-120.
⑤ 康存辉. 基于用户画像的高校智慧图书馆服务空间再造探索[J]. 图书馆工作与研究，2020(4)：79-83.
⑥ 薛欢雪. 高校图书馆学科服务用户画像创建过程[J]. 图书馆学研究，2018(13)：67-71.

（2）科研社交平台领域

张亚楠认为已有的研究往往将画像问题简单地抽象为多分类问题，没有考虑到信息的充分利用和画像更新问题，提供一种考虑全局和局部信息的科研人员科研行为画像方法，引入深度学习方法，借助深度学习自动从数据中提取高度抽象特征，提取科研人员局部画像，结合全局信息构建科研人员的立体精准画像，通过科研社交平台科研之友的科研人员科研行为数据对提出的方法验证了其有效性。① 王英分析了高校科研用户活动、科研需求及特征，归纳科研用户属性、特征和数据来源，以此为基础构建用户画像获取模式框架，并从具体案例出发，采用网络爬虫技术获取并分析了科研用户的特征数据，提出了动静态相结合的用户画像技术路线。②

用户画像是比较新兴的研究领域，学者们从其内涵、特征、模型构建和应用领域等多角度进行了研究和探讨。同时应该注意到关于高校大数据用户画像的研究尚未形成完整、成熟的理论和体系，画像结果准确性的判断和用户画像模型的评价及反馈机制等方面的研究有待深入，用户画像在高校应用领域的研究发展不均，图书馆服务研究较多，针对科研用户服务的研究有待深入，新的应用领域也有待开发。

互联网应用的发展带来了海量数据和算力的提升，20 世纪提出的机器学习及深度学习近年来在许多领域大放异彩。结合研究进展，用户画像模型的构建基本采用机器学习和深度学习的思路及技术来实现，机器学习和深度学习可看作高校用户画像系统的"上游供应商"。从上游供应商角度考虑，可能的创新来自机器学习和深度学习领域新的研究成果，包括在现有技术的缺陷、弊端等方面做的改进和全新的数学算法构建等形式，需要持续关注人工智能领域的顶级会议、顶级期刊。

高校大数据用户画像研究领域目前已有成果集中在用户画像的理论基础和画像模型的构建，高校用户画像研究目前在画像模型的准确性、评价和反馈机制方面存在空缺。从"下游消费者"的角度考虑，高校用户画像系统的出发点是细化掌握高校师生的显性需求和隐性需求，那么师生可近似作为用户画像系统的下游消费者。相应地，要进一步研究画像模型的准确性、评价和反馈机制，可从用户的需求角度进行调研，如科研人员对科

---

① 张亚楠，黄晶丽，王刚. 考虑全局和局部信息的科研人员科研行为立体精准画像构建方法[J]. 情报学报，2019，38(10)：1012-1021.

② 王英，胡振宁，杨巍，等. 高校科研用户画像特征分析及案例研究[J]. 图书馆理论与实践，2020(4)：35-40.

研平台的功能需求、对高校图书馆等服务型机构的功能需求，根据调研结果来更新画像模型的准确性评价机制。

2.4　高校大数据整合与抽取推荐技术进展

随着高校信息化建设进程的不断推进，高校加速进入了"大数据"时代，并加大了有关大数据整合与应用的相关投入，高校大数据的开发与整合利用是大数据环境下高校进行信息化建设与智慧校园建设的必然要求。随着大数据技术与信息网络的不断发展，高校数据信息的价值日益凸显，以数据驱动的决策制定成了高校改进自身教学建设与事务管理的重要方式。在高校范围内，研究教学活动与师生日常生活往往会产生与汇集海量的数据信息，这些数据信息在支持高校教育发展、院系管理与学生贫困资助和就业服务等方面有着重要的利用价值。因此，高校大数据资源的整合与利用研究是目前高校建设研究的重要组成部分。

高校大数据的整合不单是针对一般意义上存储于高校管理系统与数据中心的结构化数据，或由科学研究与教学活动所产生的科研数据，还包括对高校师生在日常行为活动所产生的碎片化数据信息进行集成与有序化组织的过程。在大数据时代背景下，对高校内部大数据资源的有效整合是建设现代化智慧校园的重要助力手段，也是更好地提升高校服务能力与完善高校服务体系的必然途径。

近几年，有关高校大数据整合与抽取推荐的相关主题受到了越来越多学者的关注。目前，基于高校大数据整合的研究主要集中于高校大数据整合应用研究、高校大数据整合平台与系统构建研究两大方面；基于大数据技术的高校资源抽取推荐研究主要以高校图书馆资源的个性化推荐和高校选课智能推荐为主。

在高校大数据整合应用研究方面，依据高校大数据资源类型的不同，学界的相关研究主要从三个角度展开，即高校科研大数据的整合应用研究、高校师生行为大数据的整合应用研究以及基于高校大数据的智慧校园建设研究。作为支持科学研究的重要机构，各大高校每年都会产生海量的科研数据和事实调查数据，在大数据环境下此类科研数据的整合与管理一直受到领域内学者的高度重视，并由此开展了诸多研究。相较于高校科研大数据的研究，高校师生行为大数据的分析与应用研究则起步相对较晚，基于高校师生行为大数据整合的具体应用场景有图书馆个性化服务、高校贫困生精准资助、就业指导与预测等。信息环境下针对高校师生行为数据的整合与应用能很好地满足高校提升教学能力与服务水平的目标。除此之外，越来越多的高校和研究学者开始重视高校大数据的整合与管理，致力于实现高校各类资源的整合优化配置，创建一个开放、整合、协同的校园信息化架构。

2.4.1　高校大数据精简整合技术进展

当前，在大数据环境下，数据量急剧增长且多元化，在满足人们信息需求的同时，也带来了诸多不便。在这样的时代背景下，若要从海量的数据当中，快速地处理所需数据，成了一大难题，因此，数据精简整合必不可少。通过数据集成，把不同来源、格式、特点、性质的数据在逻辑上或物理上有机地集中，从而提供全面的数据共享。① 高校大数据精简整合技术是指通过对高校各类数据进行收集、整合、分析和处理，以提高高校管理效率和服务质量的技术。

（1）数据精简技术

在数据精简方面，主要介绍自动精简配置技术、在线存储数据压缩技术、数据降维技术。而在数据整合方面，主要介绍了多数据库、数据仓库、中间件、web services、主数据管理这些方案，通过进行这些方面的研究，更加深刻地阐述了数据精简整合的必要性，并提供了技术支持。

①自动精简技术

自动精简配置是一种先进的虚拟化存储容量分配技术，能够提高磁盘存储空间的利用率，简化存储基础结构和实现存储空间按需分配等，正符合云存储的基础架构设施按需要、易扩展方式提供 IT 服务的特点。自动精简配置是一项新的容量分配的技术，不会一次性地划分过大的空间给某项应用，而是根据该项应用实际所需要的容量，多次少量地分配给应用程序，当该项应用所产生的数据增长，分配的容量空间已不够的时候，系统会再次从后端存储池中补充分配一部分存储空间。

自动精简配置，有时也被称为"超额申请"，是一种重要的新兴存储技术。如果应用程序所使用的存储空间已满，就会崩溃。因此，存储管理员通常分配比应用程序实际需要的存储空间更大的存储容量，以避免任何

---

① 杨洵，张文德，廖彬. 高校数据精简整合系统管理研究[J]. 情报探索，2016(4)：83-87，92.

潜在的应用程序故障。这种做法为未来的增长提供了"headroom"(净空)，并减少了应用程序出故障的风险。但却需要比实际更多的物理磁盘容量，造成浪费。自动精简配置软件无须提前分配用不到的磁盘容量，所有存储利用率更高。通俗来说，自动精简配置就相当于在同一个房间里吹气球，只要房间里还有空隙，你就可以把气球吹大，是一种按需分配的。

②在线存储数据压缩技术

针对数据大爆炸，自动精简配置技术也并非万灵药。自动精简配置技术只是容量优化的一个方面，其并没有解决数据增长本身。每一个创建出的字节都要拷贝、备份并且归档。这一系列负面效应抵充掉了自动精简配置所带来的各项好处，因此，还需要有其他的方式。

重复数据删除技术(de-duplication)是一种数据缩减技术，通常用于基于磁盘的备份系统，旨在减少存储系统中使用的存储容量。它的工作方式是在某个时间周期内查找不同文件中不同位置的重复可变大小数据块。重复的数据块用指示符取代，高度冗余的数据集(如备份数据)从数据重复删除技术的获益极大；用户可以实现10比1至50比1的缩减比[①]。而且，重复数据删除技术可以允许用户的不同站点之间进行高效、经济的备份数据复制。

但传统的重复数据删除技术通常不适合在线软件或主存储软件，因为进行重复数据删除所需的算法不可避免地会加长响应时间，这样就导致了费用增加。有三种主要方式实现在线存储器优化、减少容量需求并提高整个存储效率，分别是基于阵列的数据精简技术、主机管理的离线数据压缩、在线数据压缩技术。与某些备份数据精简方案不同，这三种方式采用无损数据压缩算法，这意味着从数理角度看，可经常进行字节重组。这几种方法都有自身的优点和缺点，最显著的优点是降低了存储成本。然而，每种解决方案都在网络上增加了新的技术层级，导致系统的复杂性和风险增大。

A. 基于阵列的数据精简技术

NetApp(纳斯达克股票代码：NTAP)公司宣布了一种新的重复数据删除技术，能够大大提高指定磁盘空间可存储的数据量：高级单实例存储(A-SIS)重复数据删除，让客户充分降低成本并提升效率。[②] 在数据被写

---

① 胡新海. 云存储数据缩减技术研究[J]. 长春工程学院学报(自然科学版)，2012，13 (2)：110-114.

② 存储市场新闻[J]. Windows IT Pro Magazine(国际中文版)，2007(7)：90.

入时，A-SIS 在线运行，减少主存储容量。WAFL（NetApp 的任意位置写入文件布局技术）的重复数据删除功能可实现写入时对 4K 数据块复本的识别（创建 4K 数据块的 32-bit 弱数字信号，接着一个字节与另一个字节地进行对比以保证不出现 hash 冲突），并将其放进元数据的一个签名文件。这一复本识别任务与快照技术相似，在控制器资源充足的情况下，是在后台进行的。其默认每 24 小时进行一次，每次更改的数据量可达 20%。

但 A-SIS 解决方案有三个主要缺点，包括：

采用 A-SIS，重复数据删除技术仅能在单一 flex-volume（而不是传统数据卷宗）内实施，这意味着候选数据块必须是位于同一数据卷宗中的可对比数据块。重复数据删除是基于数据量为 4K 的固定数据块，而非 IBM/Diligent 任意数据量的数据块均可实施这一技术。这就限制了重复数据删除技术的潜力。

当把 A-SIS 和其他多种依赖软件的快照技术一起采用时，限制较多。快照在重复数据删除之前进行，在这种情况下，重复数据删除的候选数据块就被限定，以保持数据的完整性，这就制约了空间节约的潜力。尤其是，NetApp 的重复数据删除技术无法实现空间有效的快照，上述重复数据删除的运行费用意味着 A-SIS 将不再是高利用率（可实现利益最大化）的控制器。这使得进行元数据精简的费用增加了近 6%。

B. 主机管理的离线数据压缩方案

Ocarina 重复删除技术也是主机管理数据精简技术的一种，将压缩与重复数据删除两类技术整合在一起，并且系统会自动对文件类型进行解析，对于不同的类型分别使用不同运算法进行压缩与重复数据删除处理。[1] 其包括一个脱机流程——通过设备读取文件，压缩这些文件然后写回磁盘。当需要某一文件时，另一设备重组数据并将其传给应用软件。这一方法的好处在于压缩水平很高，因为这一流程是离线的，采用了更多 robust 算法。精简比率的合理假设是只读网络环境和最初 ingest（抽取）比率为 3∶1~5∶1。然而，由于在数据写入时有重组需求，经典产品环境的精简比率为 2∶1~3∶1。

主机管理的数据精简方案有以下五个缺陷：

a. 方案花费并不小，这是基于购买数据压缩所需设备和服务器成本。在只读或 write-light 环境中，这些成本支出是需要的。

b. 为了获得上述功能优势，所有的文件必须经过 ingest 处理，这一过

---

[1] 王兴. 重复数据删除系统的性能优化研究[D]. 武汉：华中科技大学，2013.

程速度很慢。

c. 在所有的文件被读取和修改后，再像未压缩一样重新写入磁盘。为了实现成本节约，文件必须重新压缩。这种情况下，可采用这一方法只能是只读或者 write-light 环境。

d. Ocarina 当前只支持文件，不像 NetApp A-SIS 既支持文件也支持基于数据块的存储器。

e. 解决方案的伸缩性不强，因为其精简流程与备份、再生相关，因此数据转移过程相当复杂。

为了平衡，类似 Ocarina 的解决方案适合读取密集型应用软件，且应该避免用于更新速度较快的环境。

C. 在线数据压缩

Storewize 提供了在线数据压缩技术，一个设备位于服务器和存储网络之间，在数据写入/读取过程中同步进行压缩/解压缩。① Wikibon 成员指出依据经验，合理的压缩比例为 1.5∶1～2∶1。Wikibon 调查显示，Storwize 数据精简方式的主要优势在于响应时间很短，同时性能有提高。存储器性能得以提高，因为压缩过程是在数据进入存储网络之前进行。因此，存储网络中的所有的数据都被压缩，这意味着被发送到存储区域网络、内存、内置阵列和磁盘的数据量变少，将存储资源需求和备份窗口减少了 40%甚至更多。

Storwize 数据精简方式有两个主要缺陷，包括：

a. 设备和网络重新设计以配置压缩设备的成本。Wikibon 协会估计净投资收益将高于 30TB。

b. 灾难恢复过程过于复杂，对于有数据重组（re-hydration）计划的用户尤其如此。

以上三种方式中，Ocarina 或 Storwize 数据精简的优势是其可用于任何基于文件的存储器（例如不同种类的设备）。因为其后处理/集中 ingestion 方式，Ocinara 的精简方式最适合读取密集型环境，可获得最佳精简比率。Storewize 的压缩水平最高，而企业数据中心的投资回报一般来说为 30TB 或更高。NetApp 和其他基于阵列的解决方案限制了用户采用其他供应商的产品，配置简单。

③数据降维技术

---

① 谢平. 存储系统重复数据删除技术研究综述[J]. 计算机科学，2014，41（1）：22-30，42.

　　数据降维技术能够将百万级异质性可变数据变成可控可管理级数据，通常用于原始数据的收集与预处理阶段。[1][2] 接下来，将介绍常用的几种降维方法，分别是主成分分析、三层贝叶斯概率模型、奇异值分解。

　　A. 主成分分析

　　主成分分析（Principal Components Analysis，PCA），又称主分量分析，旨在利用降维的思想，把多指标转化为少数几个综合指标，从而简化数据集。PCA 可以看成一个坐标变换的过程：它是一个线性变换，将高维数据的坐标投影到数据方差最大的方向组成的新的坐标系中。将高维数据的坐标投影到数据方差最大的方向组成的新的坐标系中，使得任何数据投影的第一大方差在第一个坐标（称为第一主成分）上，第二大方差在第二个坐标（第二主成分）上，[3] 依次类推，减少数据集的维数，保留低阶主成分，忽略高阶主成分，保留住数据的最重要方面。PCA 的变换步骤如下：

　　第一步计算矩阵 X 的样本的协方差矩阵 S（此为不标准 PCA，标准 PCA 计算相关系数矩阵 C）：

　　第二步计算协方差矩阵 S（或 C）的特征向量 e_1，e_2，$\cdots$，e_N 和特征值，$t = 1$，2，$\cdots$，N；

　　第三步利用公式 2-1，将数据投影到特征向量张成的空间之中。

$$\text{newBV}_{i,\,p} = \sum_{k=1}^{n} e_i \text{BV}_{i,\,k} \qquad (2\text{-}1)$$

　　其中 BV 值是原样本中对应维度的值。

　　PCA 的目标是寻找 $r(r<n)$ 个新变量，使它们反映事物的主要特征，压缩原有数据矩阵的规模，将特征向量的维数降低，挑选出最少的维数来概括最重要特征。每个新变量是原有变量的线性组合，体现原有变量的综合效果，具有一定的实际含义。这 r 个新变量称为"主成分"，它们可以在很大程度上反映原来 n 个变量的影响，并且这些新变量是互不相关的，也是正交的。通过主成分分析，压缩数据空间，将多元数据的特征在低维空间里直观地表示出来。

　　B. 三层贝叶斯概率模型

　　三层贝叶斯概率模型（Latent Dirichlet Allocation，LDA）是一种文档主

① 王凯，刘玉文. 大数据的数据简化理论与方法研究综述[J]. 唐山师范学院学报，2017，39(5)：71-74.

② Zeng X-Q, Li G-Z. Incremental partial least squares analysis of big streaming data[J]. Pattern Recogn, 2014, 47(11)：3726-3735.

③ 龚铁梁. 数据降维算法研究及其应用[D]. 武汉：湖北大学，2012.

题生成模型，包含词、主题和文档三层结构。所谓生成模型，就是说，一篇文章的每个词都是通过"以一定概率选择了某个主题，并从这个主题中以一定概率选择某个词语"这样一个过程得到。文档到主题服从多项式分布，主题到词服从多项式分布。LDA可以用来识别大规模文档集（document collection）或语料库（corpus）中潜藏的主题信息。它采用了词袋（bag of words）的方法，这种方法将每一篇文档视为一个词频向量，从而将文本信息转化为了易于建模的数字信息。但是，词袋方法没有考虑词与词之间的顺序，这简化了问题的复杂性，同时也为模型的改进提供了契机。每一篇文档代表了一些主题所构成的一个概率分布，而每一个主题又代表了很多单词所构成的一个概率分布。

LDA是一种监督学习的降维技术，也就是说它的数据集的每个样本是有类别输出的。这点和PCA不同，PCA是不考虑样本类别输出的无监督降维技术。LDA的思想可以用一句话概括，寻求投影向量，将样本数据映射到低维空间后，使得同类样本尽可能地"紧凑"而异类样本尽可能地"分开"。① 即将数据在低维度上进行投影，投影后希望每一种类别数据的投影点尽可能地接近，而不同类别的数据的类别中心之间的距离尽可能的大。

LDA用于降维，和PCA有很多相同，也有很多不同的地方，其相同点：

- 两者均可以对数据进行降维。
- 两者在降维时均使用了矩阵特征分解的思想。
- 两者都假设数据符合高斯分布。

而不同点在于：

- LDA是有监督的降维方法，而PCA是无监督的降维方法。
- LDA降维最多降到类别数 k-1 的维数，而PCA没有这个限制。
- LDA除了可以用于降维，还可以用于分类。
- LDA选择分类性能最好的投影方向，而PCA选择样本点投影具有最大方差的方向。

C. 奇异值分解

奇异值分解（Singular Value Decomposition，SVD），也就是将一个矩阵进行分解，然后从分解后的矩阵上对数据进行分析。矩阵分解可以将原始矩阵表示成新的易于处理的形式，这种新的形式是两个或者多个矩阵的

---

① 谈锐. 半监督数据降维方法的研究[D]. 无锡：江南大学，2012.

乘积，如公式 2-2：

$$A_{m \times n} = U_{m \times m} \Sigma_{m \times n} V_{n \times n}^{T} \qquad (2\text{-}2)$$

将原始矩阵分解为三个矩阵相乘的形式，其中中间的 Σ 只有对角元素。其他元素都为 0，并且对角元素是从大到小排列的，这些元素成为奇异值，也就是原始数据矩阵的奇异值。可以利用这些奇异值对数据进行降维，从而用更小的数据集来表示原始数据，并且提取了原始数据最重要的特征。这些降维后的数据往往保留了 80%~90% 的原始信息，也就相当于用较小的数据量包含大部分的信息，从而去掉了那些冗余和噪声信息。

SVD 常用于推荐系统和图片压缩两个场景。对于推荐系统，当中的用户-项目矩阵经常会有缺失值，推荐系统先利用 SVD 从数据中构建一个主题空间，然后再在该空间下计算相似度，以此提高推荐的效果。除此之外，SVD 还可以通过矩阵分解，去除噪声的方式起到压缩图像节省空间的效果。[1]

（2）数据整合技术

信息化经过多年的发展，积累了大量的基础数据。然而，丰富的数据资源由于建设时期不同，开发部门不同、使用设备不同、技术发展阶段不同和能力水平的不同等，数据存储管理极为分散，造成了过量的数据冗余和数据不一致性，使得数据资源难于查询访问，管理层无法获得有效的决策数据支持。往往管理者要了解所管辖不同部门的信息，需要进入众多不同的系统，而且数据不能直接比较分析。

数据整合是把不同数据源的数据进行收集、整理、清洗，转换后加载到一个新的数据源，为数据消费者提供统一数据视图的数据集成方式。[2] 通过对数据的整合，使得用户获得共享通用的数据源，从而尽量消除信息孤岛。

①多数据库整合方案

随着计算机网络的普及和互联网的出现，传统的数据集成技术已经无法适应人们获取更多更新数据的需要。人们要求不仅能够集成本地数据源中的数据，而且要求集成分散的网络数据源中的数据；不仅能集成现有数据源中的数据，还要支持可扩展数据源的集成；不仅能够支持数据结构的集成，还要支持语义的高层次的数据集成。

① 闫小彬．大数据增量降维方法的研究与实现[D]．哈尔滨：黑龙江大学，2019.
② 程希来．多数据库系统数据整合平台设计[D]．成都：电子科技大学，2008.

在这种情况下，人们提出了多数据库系统（MDBS）。多数据库系统由一组局部物理数据库组成，多数据库中的数据即时从这些物理数据库中取得，物理数据库无法识别全局查询，系统需要将全局查询分解为一组局部查询，局部查询取得数据后传回到系统中，数据集成处理模块将局部数据按照模式集成信息将局部数据集成为全局数据。针对上述问题，通过对系统中全局查询整个执行过程进行研究，包括模式集成、查询预处理、查询分解、数据集成处理，以及一定的查询优化。

多数据库系统有效地屏蔽了不同数据中心之间的差别，使得企业能充分地实现数据共享，同时局部数据库依然具有自治性，在该数据库上运行的其他系统依然能很好地运行，从而保证原有应用系统很好运行的同时又能实现数据共享。因此，多数据库系统具有重要的研究意义。

②数据仓库整合方案

数据仓库（Data Warehouse）是一个面向主题的（Subject Oriented）、集成的（Integrate）、相对稳定的（Non-Volatile）、反映历史变化（Time Variant）的数据集合，用于支持管理决策。从数据仓库的建立过程来看，数据仓库是一种面向主题的整合方案，因此，首先应该根据具体的主题进行建模，然后根据数据模型和需求从多个数据源加载数据。由于不同数据源的数据结构可能不同，因而在加载数据之前要进行数据转换和数据整合，使得加载的数据统一到需要的数据模型下，即根据匹配、留存等规则，实现多种数据类型的关联。这种方式的主要问题是当数据更新频繁时会导致数据的不同步，即使定时运行转换程序也只能达到短期同步，这种整合方案不适用于数据更新频繁并且实时性要求很高的场合。

对于大数据而言，数据仓库承载着整个企业的全业务的数据。早期数据仓库在关系型数据上，如 Oracle，MySql。到大数据时代，基于 hadoop 生态的大数据架构，数据仓库基本上是基于 hive 的数据仓库。对于很多大数据开发者而言，特别是早期，很多开发者认为 hive 数据仓库就是和业务相关，隐射 Hdfs 数据文件的一张张表。针对 hive 数据仓库而言，最终看到的确实是一张纸表，但这些表是如何根据业务抽象出来的、表之间的关系、表如何更好地服务应用这些问题是数仓建模、数据仓库技术架构的核心。一个好的数据仓库技术架构和数据仓库建模可以减少开发的难度，提高数据服务性能，同时能够在很大层面上对业务形成数据中心，降低存储，计算资源的消耗等。

③中间件整合方案

中间件是位于 Client 与 Server 之间的中介接口软件，是异构系统集成所需的黏结剂。现有的数据库中间件允许 Client 在异构数据库上调用 SQL 服务，解决异构数据库的互操作性问题。功能完善的数据库中间件，可以对用户屏蔽数据的分布地点、DBMS 平台、特殊的本地 API 等差异。

如图 2-2 是中间件的模型图，基于中间件技术的方法调用是通过对现有的功能进行包装，安装符合现代组件标准的各种业务属性和方法使之"改头换面"成为一个虚拟业务组件（Virtual Business Component）供其他符合组件标准的应用调用。①

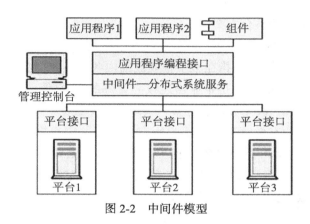

图 2-2　中间件模型

④Web Services 整合方案

Web Services 可理解为自包含的、模块化的应用程序，它可以在网络中被描述、发布、查找以及调用；也可以把 Web Services 理解为是基于网络的、分布式的模块化组件，它执行特定的任务，遵守具体的技术规范，这些规范使得 Web Services 能与其他兼容的组件进行互操作。

当把应用扩展到广域网时，传统的 DCOM 模型就不能完全满足分布式应用的要求：一是 DCOM 在进行网间数据传递时一般采用 Socket 套接字，要求开放特定的端口，这会给带防火墙的网络带来安全隐患；二是 DCOM 进行远程对象调用使用的协议是远程过程调用（RPC），这使得基于 DCOM 的构件无法与其他组件模型的构件进行相互的调用。

Web Services 对 DCOM 和 CORBA 的缺陷进行了改进，使用基于 TCP/IP 的应用层协议（如 HTTP、SMTP 等），可以很好地解决穿越防火墙的问题；更重要的是各种组件模型都可以将数据包装成 SOAP（简单对象访问

---

① 杨晓鹏，黄琛，黄晓川．基于中间件技术的数据整合方案设计与实现[J]．科技视界，2015(1)：113-114.

协议），通过 SOAP 进行相互调用。

Web Services 是面向服务的体系结构，其核心技术主要包括：XML（Extensible Markup Language）、SOAP（Simple Object Access Protocol）、WSDL（Web Services Description Language）、UDDI（Universal Description Discovery and Integratioi）。在 . NET 框架下，微软通过 SOAP 协议在 Web 上提供软件服务，使用 WSDL 这种用 XML 开发出来的语言向用户描述 Web Services 提供的服务，[①] 然后通过建立一个跨产业、跨平台的开放性架构——UDDI，让 Web Services 的供应商在上面发布自己的服务。

⑤主数据管理整合方案

主数据（MD Master Data）指系统间共享数据（如客户、供应商、账户和组织部门相关数据），指在整个企业范围内各个系统（操作/事务型应用系统）间要共享的数据，是企业描述核心业务的数据。[②] 主数据管理通过一组规则、流程、技术和解决方案，实现对企业数据一致性、完整性、相关性和精确性的有效管理，从而为所有企业相关用户提供准确一致的数据。MDM 为继承和管理参考数据提供免代码、低维护的解决方案。在 MDM 系统成为数据仓库的维数据的确定来源后，它使数据仓库能够侧重于卷管理和数据交付的数据管理目标。

时代在发展，技术在更新，终将不断地更新改进数据精简整合技术，更好地过滤无效信息，并将有效信息高效地存储共享，以最大效率最低成本的方式满足用户的需求。

（3）高校大数据精简整合技术发展趋势

大数据技术发展迅速，高校具有人才优势。高校进行大数据资源治理的人才专业性强，与学校各学科联系紧密，人才优势突出。高校具有设备优势，高校软硬件设备能充分进行数据精简整合。高校系统内部关联性强，各部门便于建立协作关系。

但是，在高校中存在各部门业务系统数据标准不一，缺乏完善的数据精简整合规范和统一标准的问题。传统的数据管理理念禁锢了大数据技术的发展，大数据质量不高。现有的数据中存在数据不完整、数据录入不及时等情况。

---

① 曹淑服，安艳辉. 基于 Web Services 数据整合系统的研究［J］. 河北省科学院学报，2015，32（3）：17-20.

② 王春丽. 基于主数据管理的数据共享平台设计［J］. 电脑编程技巧与维护，2019（9）：89-91，98.

要看到机会大数据软硬件条件基本成熟，各类新兴技术迅速发展，云计算、微服务、区块链等逐步发展。智能化技术在大数据领域快速发展。国家重视大数据发展，推进实施大数据战略，数据资源丰富。原始数据资源汇聚融合构建的大数据池是大数据精简整合得以推进的基本前提。

同时还要注意到存在下面的威胁：海量增长的大数据，数据结构越来越复杂。通信信息的安全问题若处理不当也会成为主要威胁，多数涉及个人隐私的数据需要制度与技术作为保障。将高校大数据精简整合服务高校发展的意识、理念相对滞后，各部门对大数据管理的参与程度不高。

①高校大数据精简整合的目标定位从数据治理向高校治理转变

当前高校的大数据治理和数据应用主要以服务本部门日常工作为核心，这些数据的作用范围仅局限在部门内部，暂未实现多部门的数据整合共享，数据价值没有得到更加充分的发挥，必须首先破除这种状态，通过数据治理推进高校数据资源整合共享，依托"双一流"高校建设更好地支撑治理能力和提升治理水平。高校必须明确大数据精简整合是数据治理的首要基础性工作，而高校大数据治理是以服务高校治理现代化为核心，是推进当前高校治理改革模式创新的重要手段。第一，在高校治理的前提下充分发挥高校的设备优势，充分摸清并发挥设备优势。第二，在高校内部各部门之间建立合作关系，打破部门之间的空间隔阂，让大数据在高校内部开放共享。第三，发挥高校的人才优势，将大数据精简整合的专业人才与各业务部门紧密联系起来。因此，为更加适应当前"双一流"高校建设的方针，必须将高校大数据资源精简整合目标定位从强调的数据治理向更高层面的高校治理转变，将推动高校大数据资源精简整合作为高校治理的一项重要举措。

②高校大数据精简整合技术体系向新兴技术深度融合应用转变

传统的数据资源精简整合技术主要是前置库采集方式、数据库对接方式、应用接口方式、XML方式、中间件方式和 Agent 代理方式等，虽然在技术上能够满足当前主流数据整合需求，但同时也存在处理效率低、实施过程复杂、执行结果不稳定、智能化程度低等方面问题。云计算、区块链、微服务等新兴技术在高校业务领域的逐步深入应用，也为高校大数据资源精简整合提供了更加优化的技术选择方案。可利用云计算平台通用性强、扩展灵活、统一管理、安全可靠的特点，构建集中统一的高校大数据精简整合交换平台，通过迁移部署高校事务应用系统，在云平台上实现对高校大数据资源的集中处理和业务应用的协同联动；可利用区块链技术的去中心化、可信安全、防篡改、多方维护、智能合约的特性，构建以区块链为核心数据精简整合技术的架构，屏蔽各高校部门底层技术框架的差异，在保护数据隐私的前提下实现多方协作的数据计算，解决"数据垄断"和"数据孤岛"问题；可利用微服务的软件架构，对应用程序和服务进行拆分，建立颗粒度到每个数据项的标准接口，这样就可以解决传统统一标准接口不灵活、维护复杂的弊端，同时利用微服务的数据总线管理机制，实现数据共享交换过程中对数据的协同调度和全生命周期管理。

③高校大数据精简整合权责划分从迷惘向清晰转变

"双一流"高校建设过程中的重点工作就是推进高校各部门的数据资源整合共享，将高校各部门数据的价值真正利用起来。现在高校各部门间的数据资源整合工作虽然正在有效开展，取得了很大突破，但某些部门仍存在"不愿共享""不敢共享""不能共享"数据资源的行为，对于高校数据对外开放更是存在抵触情绪，究其原因主要是高校对于大数据的整合和开发利用引起的权责问题缺乏完善的法律规章及政策制度支撑，部门对数据归属、数据利用、数据价值和数据公开等方面问题存在迷惘。因此，从法律和制度层面明确数据权责定义将是改变当前高校数据资源整合难的破局之策，在数据产生之前建立大数据统一标准是首要任务。第一，解决数据资源权属问题。主要是明确数据归属权、使用权和管理权，明确各方的相互关系和职责权利，消除数据提供、管理和使用部门的后顾之忧。第二，解决数据追溯问题。对于数据提供和使用过程做到可追溯、可定位，从而可明确责任定位，分清工作边界，进行数据校验核对等方面的工作。第三，解决数据质量问题，为面对海量出现的大数据必须建立统一的数据标准。① 从根本上减少大数据精简整合难度，将不同架构系统产生的数据进行数据精简整合前的初步处理，将不同格式数据变为统一标准数据。

④高校大数据精简整合技术融入智能化技术

第一，积极发展数据精简整合技术的衍生技术。联机分析处理（Online Analysis Processing，简称 OLAP）作为信息整合技术的衍生技术，也能应用在大数据精简整合过程中，也就是在数据精简整合过程中，对数据进一步处理。OLAP 可以告诉用户下一步该怎样和我们这样采取措施会怎样。用户可以在数据整合数据库中建立一个假设，并采用 OLAP 进行辨别假设的正确性。OLAP 分析过程就是一个演绎推理过程。OLAP 与数据挖掘可以实现优势互补，在采用数据挖掘出的结论前，需要验证一些如果

---

① 张文德，杨洵，廖彬. 数据精简整合系统范式管理研究——应用于高校信息集成[J].
中国管理信息化，2016(1)：189-194.

采用该行动所带来的后续影响，而 OLAP 恰好可以回答这类问题。第二，推进大数据精简整合技术与机器学习的融合。大部分精简整合技术要融入多种数学理论与高超技巧，预测精度差强人意，但对操作者要求非常高。而随着智能技术不断发展，可以采用强大的计算机功能完成整个烦琐过程。很多新兴技术在数据整合领域中的应用取得了良好效果，如神经元网络、决策树，在无须人工参与的基础上，即可完成数据整合、分析、挖掘等流程。当今数据精简整合技术就是利用统计、人工智能技术，将高深复杂的信息程序封装起来，让人们无须掌握高超技术即可完成相应功能，并且更好地解决问题。

2.4.2 高校碎片化信息整合进展

(1)信息整合研究综述

目前，国内外已形成对信息整合的系统化研究，从所查阅的涉及信息整合研究的文献来看，关于信息整合的研究主要包括整合方法、整合模式、整合技术以及整合应用的研究。

①整合方法

马文峰[3]（2007）提出信息整合分为基于数据的信息整合、基于信息的信息整合和基于知识的信息整合。① Rao S. 和 Yarrow 采用的主要方式是基于信息门户的整合，从信息实体角度出发对资源进行组织并建立统一检索入口。②③ Alfredo J S[6]（2012）主要通过本体技术实现信息资源的有效整合，并着重描述了整合中的实体及其关系的概念。④ 国内有些人提出了基于本体集成的资源模型，通过分析本体的全局模式解决了数字资源整合中的统一性和高效性问题。采用基于贝叶斯本体映射的方式来进行数字资源整合，即通过分析本体中概念节点及其对应关系，实现同类本体的转化及整合。提出了基于知识链的数字资源整合概念，并构建了数字资源整合模型，该模型可以有效提高数字资源的使用率。吕莉媛[10]（2008）利用自组织理论重组数字资源，使其形成统一的组织结构，并在此基础上构建

① 马文峰，杜小勇，胡宁. 基于信息的资源整合[J]. 情报资料工作，200(1)：46-50，70.
② RAO S. Integration of complex archeology digital libraries：An ETANA-DL experience[J]. Information Systems，2008，33(7-8)：699-723.
③ YARROW A，CLUBB B. Public libraries，archives and museums：trends in collaboration and cooperation[J]. IFLA Professional Reports，2008：107-110.
④ ALFREDO J S. Organizing open archives via lightweight ontologies to facilitate the use of heterogeneous collections[J]. As Lib Proceedings，2012，64(1)：46-66.

了图书馆数字资源整合系统。将开放式参考链接技术运用到数字资源整合中，并提出了具体实现方案，该方案可以为用户提供个性化的资源推送服务。提出关联技术可以有效提高数字资源整合效率，并构建了基于关联数据的图书馆、档案馆和博物馆数字资源整合模式。

②整合模式

信息的整合模式又分为面向内容的信息整合模式、面向对象的信息整合模式以及面向服务的信息整合模式。K. Liston 认为美国高校信息化建设已经比较完善，但是高校数据库中大量信息处于闲置状态，希望通过合理进行高校信息的数据整合，根据用户的实际需要，挖掘出更加有价值的数据信息①。周丽琴认为高校应从市场需求出发，利用现代信息技术、网络技术，对校内外分散的、多样的、异构的、多变的科技信息资源进行整合和共享。② 有人通过分析高校图书馆读者实际需求，提出了基于个性化信息服务的大学图书馆信息资源整合，真正实现了以读者需求为导向的服务模式。徐琦提出了一种大数据环境下基于云技术的高校数据整合和共享平台。该平台通过建立规范化的组织架构，实现资源的高效流动，为高校的管理决策提供辅助支持。③

③整合技术

实现信息整合的技术有数据仓库技术、数据挖掘技术、SOA 架构、中间件技术、XML 技术和搜索引擎技术。Robert 认为高校采用数据仓库方式将更好地实现不同服务器中的信息资源的一致性存储，有利于实施更为复杂的信息检索、更深入的数据挖掘、知识发现等服务。④ Garber 使用爬虫技术对美国高校数据库经常调用的信息资源进行整合，再利用大数据技术对其数据的特点进行分析和学习，以了解高校数据库资源整合的新特点和发展方向。⑤ 有人以 SOA 为指导，利用 XML、Web Service 技术，将各应用系统整合到统一的 Web 应用平台上实现各应用系统间的数据交流，最终实现整个校内系统的整合目标。杨小燕等阐述了大数据技术的发展为

① LISTON K. Intrusion Detection FAQ: Can you explain traffic analysis and anomaly detection[J]. Politologica Acta Universitatis Palackianae Olomucensis, 2008, 31(6): 22.

② 周丽琴. 高校科技信息资源整合与服务对策研究[J]. 科技管理研究, 2015, 5(5): 47-51.

③ 徐琦. 基于大数据的高校数据整合模式研究[J]. 中国教育信息化, 2015(15): 60-63.

④ GROSSMAN R L, GUD Y H, et al. Computer and storage clouds using wide area high performance networks[J]. Future Generation Computer Systems, 2009(25): 179-183.

⑤ GARBER L. Denial-of-service attacks rip the internet[J]. IEEE Computer, 2007, 33(4): 12-17.

高校信息资源的整合提供了有力支持，并充分运用云计算技术提出了高校信息平台资源整合方案。①

④整合应用

信息整合主要应用于用户服务、知识管理和企业决策中。有人认为信息资源整合应以用户为核心，并提出了面向用户的信息资源整合系统模型。通过用户参与，可以加快设计过程、节约开发成本。提出以用户为核心，建立复合型分布式分层次的服务机构模式、基于多种模式的信息服务模式、协作式服务模式和学科信息门户服务模式。认为基于用户的图书馆信息资源整合模式要从用户角度出发，构建能够为用户利用资源解决实际问题的信息平台，真正满足用户多元化、个性化的需求。

（2）高校信息整合研究现状及述评

近年来，随着高校信息化建设逐渐得到重视，不少学者对高校信息整合的研究也做了很多贡献。叶汝军等从理论上解释了高校信息资源整合的内涵和原则，分析了信息资源整合的重要性，并提出了信息整合的主要方向和整合目标。② 而具体实现方面，有提出应用 SOA、EMIF 规范、AJAX 和 Web Services 结合的高校信息资源整合体系，这些体系能有效地实现跨平台整合，但仍无法解决大量信息碎片无法利用的现状。在高校信息化建设中存在的有关问题的基础上探讨了信息资源整合的模式及基础框架，并提出高校信息化建设应从"以系统为核心"转向"以用户为核心"，但关于如何利用高校信息整合为用户提供服务这一问题，没有继续进行实质性研究。陈涛利用 HDFS 的云存储技术，提出一种基于互联网云存储、动态可调整的高校信息资源整合方案。这种方案可以为高校海量数据提供一个完善的数据备份中心，能有效解决大数据存储问题，但对于海量数据的处理和利用没有进行进一步研究。③ 将高校信息资源按照主题和任务形式加以整合，并在此基础上进行数据挖掘，构建主题数据库。该方法能有效挖掘数据的价值，为决策提供一定支持，但其整合内容仅仅为数据层，没有实现能满足用户需求的应用层整合，且整合结果的可扩展性差。

---

① 杨小燕，廖清远，等. 大数据时代基于云计算的高校信息平台资源整合研究[J]. 数据库技术，2013，5(4)：32-35.
② 叶汝军，贾新民，谢一风. 浅谈高校信息资源整合[J]. 中国教育信息化，2009(5)：57-58，62.
③ 陈涛. 基于 HDFS 的云存储在高校信息资源整合中的应用[J]. 电子设计工程，2012(2)：4-6.

目前关于高校信息整合主要依靠数据挖掘和机器学习算法实现。数据挖掘技术能够为高校管理人员提供数据分析支持，通过挖掘有价值的知识来提高高校管理服务的决策效率。采用朴素贝叶斯模型来对学生的就业能力进行预测，为学生的就业工作提供帮助。将关联规则算法和聚类算法等数据挖掘技术运用到网络学习的监管中，为了解网络学习效果、改进网络学习过程提供参考。利用逐步回归和决策树分析等数据挖掘方法对大学生满意度进行分析，探究了影响学生满意度的因素，为高校人才培养提供了参考依据。利用 BP 神经网络和聚类分析技术，通过挖掘隐藏在数据中有用的规律和知识，提出了一个新型网络学习评价方法，为教学评估提供决策支持即一种基于 K-Means 算法的成绩聚类分析方法，以说明数据挖掘技术在教育系统中的应用。

经过系统分析和研究国内外相关文献，发现对高校信息整合的研究存在以下问题：

(1)以需求为导向的高校信息整合体系研究不够完善

国内关于信息整合的研究起步较晚但发展迅速，现有的高校信息整合文献中关于信息整合的实现大多局限于数据管理部门内部，使得高校信息整合资源无法得到有效流动，从而不能为高校的管理决策提供有效支持。同时，由于大部分信息资源没有按照一定的标准和规范进行存储，使得国内外对于资源整合体系的构建没有形成一套标准。此外，文献中对于以需求为导向的高校信息整合体系的研究大多停留在理论阶段，在应用阶段的研究也仅仅基于数据层整合，对于面向用户需求的应用层整合体系的构建有待进一步研究。

(2)高校信息化采用的数据挖掘算法的精度和效率不高

大数据时代除了要实现对海量多源异构数据的整合外，还要充分挖掘数据背后的价值，实现知识的集成与创新。目前国内外关于高校信息整合研究所依赖的数据挖掘和机器学习算法有神经网络算法、决策树算法、关联规则算法、聚类算法、贝叶斯算法等，但在实际研究中，无论哪种算法，其算法的精度、效率和实现复杂度都存在很多缺陷。

(3)随机森林研究现状

为了解决高校信息整合中算法存在的缺陷，本书将运用随机森林算法来解决高校信息整合中的相关问题。

随机森林是机器学习算法的一种，根据相关的研究文献表明，随机森林在没有明显提高计算量的同时提高了预测精确度，并且对那些数据存在缺失或者非平衡的数据进行计算的结果能够很好地通过稳健性检验。随机森林因为具有很高的准确率和有效性在国内外学术界引起很大反响，在国内外各大比赛中争相运用，因而在一些文献中称之为"当前最好的算法"。

随机森林的概念最早由 Tin Kam Ho 在 1995 年提出，其在决策树算法的基础上提出了一种互补分类器，能较好解决决策树算法的过拟合缺陷。① 随机森林算法虽然由国外学者提出，但通过交流学习，国内学者对这一算法也表现出极大的兴趣。2001 年刚确定随机森林算法概念的时候，国内学者周志华就提出了选择性决策树集成，其算法的主要思想是选择弱分类器进行集成，此算法在国内引起了很大的轰动。② 随着随机森林方法在理论和方法上都越来越成熟，相比传统分类预测算法，其优异的预测性能、强大的抗噪声能力等优点使随机森林算法在各大重要领域都得到广泛应用。

随机森林的应用主要表现在两个方面：建立模型和解释变量的重要性。建立模型即根据目标变量与因变量之间的联系来构建预测模型。解释变量的重要性即对重要变量进行特征选择，从而提高预测结果的客观程度。本书通过应用随机森林算法来解释变量重要性，通过计算变量权重对高校信息整合中满足某一决策需求的特征进行选择，变量权重越大，则说明该特征对预测结果的影响力越大，从而得到最优整合特征集合。

(4) 高校大数据整合与应用的未来发展趋势

在高校大数据整合平台与系统构建研究方面，我国已有了较全面且丰富的研究。李慧设计了一种基于 ETL 管理模块的大数据智能高校信息综合处理平台；③ 智慧校园建设从某种程度上来说与高校大数据的整合是密不可分的，因为只有实现高校数据资源的整合和无缝衔接才能实现全方位覆盖校园所有场景的智慧校园系统。

随着数字资源的日益丰富，高校师生与科研人员对于信息需求有了更

① HO T K. Random decision forest[C]//Proceedings of the Third International Conference on Document Analysis and Recognition. Canada：IEEE Computer Society，1995.

② ZHOU Z H, TANG W. Selective ensemble of decision trees[J]. Lecture Notes in Computer Science，2003，2639：476-483.

③ 李慧. 基于大数据的智能高校信息综合处理平台设计[J]. 现代电子技术，2019，42(10)：31-34，39.

高的要求，追求信息获取的准确性、全面性与个性化，由此引发了众多学者对于高校资源推荐的研究与关注。在高校图书馆的个性化推荐方面，王庆桦在分析与挖掘用户行为数据的基础上，研究了高校图书馆个性化推荐算法和系统构建，对高校图书馆提升个性化服务水平具有参考价值。① 在高校选课智能推荐方面，张海华依托大数据和机器学习技术构建了高校选课智能推荐系统，使学生能够科学选课，为学生个性化发展提供更为广阔的空间。文献调查表明现有研究的重点关注高校用户的行为大数据分析、高校数字资源的个性化推荐以及利用等方面。②

①优势分析

面向高校的大数据的整合与应用不同于一般领域数据资源的整合，以高校为主体的大数据资源整合有着天然的优势，主要体现在三个方面。一是良好的数据资源基础。作为人才培养基地与科研机构，高校有着丰富的资源数据，包括购买自外部数据库商的学术资源、源于校内科研团队的科研数据以及教学活动中产生的课件、录播视频等数据，以及校园内的师生消费行为、图书借阅记录、课程信息等基于师生日常学习与生活的活动数据。二是技术与人才优势。高校是思想、文化、科技资源的聚集地，培养和造就了大批优秀人才，在知识创新、推动科技成果转化方面具有独特优势。高校具备的技术与人才优势，为构建高校大数据整合系统、实现高校大数据应用研究提供长远与深层次的支撑。三是强大的内在驱动力。大数据时代，人们对于数据的需求不断上升，特别是对于高校学术研究活动来说，数据是研究开展的前提，而这也是管理人员、科研工作者和高校师生的共同诉求。高校内部强烈的意愿推动高校大数据整合与应用工具的开发。

②劣势分析

在当前形势下，对于大数据整合和推荐而言，高校在具体实践进程中也有其局限性与不足，在很大程度上为研究工作的开展带来了困难。首先，从数据源头上讲，高校相关业务系统数量较多(如校园一卡通系统、学生管理系统、教职工 OA 系统等)且分散，同时高校对于利用大数据提升校园建设的重要性认识不充分，尚未有统一的长远规划，这就导致高校业务平台的数据不规范、标准不统一，数据价值难以被有效挖掘。其次，

① 王庆桦. 基于数据挖掘技术的图书馆个性化快速推荐算法研究[J]. 现代电子技术，2019，42(5)：149-151，156.
② 张海华. 基于大数据和机器学习的大学生选课推荐模型研究[J]. 信息系统工程，2019 (4)：105-106.

高校在大数据整合和推荐实践中可能存在侵权问题。由于大数据相关政策法规与技术标准的滞后性，高校技术部门在数据收集、存储、分析和使用过程中也受现阶段信息技术和标准的限制，数据的整合和具体应用开发可能涉及一些关于个人隐私的关键信息，从而导致隐私侵权问题。最后，经费预算问题。任何工作的开展都是在经费保障的前提下进行的，然而在高校的预算管理中，投入高校大数据开发方面的预算总是有限的，这就意味着不可能完全满足实际工作开展的各方面需要。

③机遇分析

国家政策的支持使高校进行大数据的整合有着前所未有的机遇。除此之外，高校的信息化建设为大数据资源的整合提供了有力的平台。随着高校信息化发展水平日益提高，对数据资源的采集、挖掘和应用水平不断深化。

④挑战分析

高校既要抓住机遇，促进高校大数据资源整合的开展，也要了解外部面临的挑战和威胁，以便及时调整，灵活应对。高校大数据相关研究主要涉及以下两大方面的挑战。一是缺乏完善的大数据发展支撑体系，数据所有权、隐私权等相关法律法规和信息安全、开放共享等标准规范不健全。二是安全技术存在隐患。大数据时代，信息泄密现象极易产生。互联网的开放性对高校大数据资源的安全构成相当大的威胁，比如黑客非法入侵、计算机病毒植入等都对高校数据资源的安全构成挑战。

⑤基本策略

在大数据时代，高校开展大数据整合与推荐工作有利于推动我国教育事业的发展，有利于实现高校大数据资源的开发和利用。高校在进行大数据资源整合时要依托自身内部优势，抓住外部机遇，努力改变内部劣势，积极应对外部挑战。

A. 利用数据资源优势，发展高校大数据应用，大幅度提升高校教育的个性化与智能化水平；强化高校人才与技术优势，加速大数据研究相关成果转化。在相关国家政策的指导下，吸引和鼓励更多行政管理者与科研人员等参与高校大数据的整合与推荐工作。

B. 建立健全的数据安全保障体系，做好信息安全与个人隐私保护。加强高校在大数据再开发工作中的自律性及监管，促进数据资源的有序流动与规范利用。推动大数据技术与教育事业的深度结合，培育面向垂直领域的大数据服务模式。

C. 合理规划利用经费，最大化发挥已有的人力资源与技术设备的价值作用。利用国家政策的支持提高高校大数据研究发展速度，依托高校信息化建设工程，推动教学服务大数据深度应用。

D. 加大高校大数据开发利用投入，发展数据资源服务、大数据平台服务等模式。在现有的法律政策架构内，充分整合、挖掘、利用高校自有数据或公共数据资源。以技术的升级减少与避免安全隐患，如使用区块链技术、量子通信等，保障数据在传输、存储等阶段的安全性。

⑥高校大数据整合与应用的趋势分析

通过对高校大数据的整合与抽取推荐领域相关文献的分析，以及对高校进行大数据整合与利用工作的 SWOT 分析，提出高校在大数据整合与推荐应用中将会呈现出的发展趋势。

第一，高校大数据与具体业务应用联系将越来越紧密。除了已有的贫困生精准资助、就业工作指导、学科知识服务等，还将更多地与高校舆情传播、个性化人才培养、学生心理工作等具体领域相结合。第二，通过设计和建设统一的高校管理系统，整合利用各种信息。未来的高校大数据收集将会在更规范与标准化的数据采集系统上进行，高校大数据的利用率与价值性将会得到质的提升。第三，新兴技术的广泛应用。区块链、人工智能、云计算、物联网等在其他行业领域已取得丰硕成果的新兴技术将在未来广泛地应用于高校的教学质量提升与师生服务工作中。第四，大数据预警作用的充分发挥。在未来，随着高校大数据整合工作的逐渐完善与成熟，基于数据整合与数据挖掘的大数据分析将会在高校的安全管理、招生就业、教学改革等方面更多地发挥其预测预警功能。

2.4.3　高校课程评价对象和评价词抽取进展

(1) 文本情感分析研究现状

根据需要研究的文本长度，文本情感分析研究可以划分为四个研究方向：以单个词为主的词语级文本情感分析研究，以词和词组成的短语为主的短语级文本情感分析研究，以句号、感叹号等特殊标点符号为分隔符的句子级文本情感分析研究，以及由多个句子共同组成的长文本的文档级文本情感分析研究。[1][2]

---

[1]　MÄNTYLÄ M, GRAZIOTIN D, KUUTILA M. The evolution of sentiment analysis—A review of research topics, venues, and top cited papers[J]. Computer Science Review, 2018, 27: 16-32.

[2]　SUN S L, LUO C, CHEN J Y. A review of natural language processing techniques for opinion mining systems[J]. Information Fusion, 2017, 36: 10-25.

①词语级文本情感分析

词语级文本情感分析就是基于情感词典的文本情感分析。词语是文本情感分析中的最小颗粒，是文本情感分析的基础。这一层次的文本情感分析主要侧重情感词典的构建研究以及利用情感词典来对文本的情感倾向进行判断。词语级文本情感分析的主要做法是依据语境给情感词设置一个阈值，当其情感值大于该阈值就可以判定为具有正面的情感倾向，而当其情感值小于该阈值则判定为具有负面的情感倾向。常见情感值的取值范围为[−1，1]，可以将阈值设置为 0。若情感值大于 0，情感词就可以判定为具有正面的情感倾向。若情感值小于 0，情感词就可以判定为具有负面的情感倾向。

②短语级文本情感分析

短语级文本情感分析也被称为属性级文本情感分析。一些研究者认为仅仅对情感词的情感值来推断文本的情感倾向不够精确，还需要情感词与其他词组成的短语的情感值才可以较准确地推断文本的情感倾向。Wilson 等人就使用了情感词组合而成的短语来对文本进行情感分析①。

③句子级文本情感分析

上文中提到的短语级文本情感分析虽然在对较短的文本进行情感分析时的精度较高，但是，在对较长的文本进行情感分析时，由于较长的文本可能涉及多个评价对象，如果不对文本中的多个评价对象进行提取，而是直接将其作为一个整体进行分析，很有可能就会导致长文本的情感分析出现差错。因此，句子级的情感分析主要需要解决文本中评价对象抽取、评价词的抽取以及情感倾向分类。Zhao 等人提出利用 CRF 模型来对较长的文本进行句子级文本情感分析。②

④文档级文本情感分析

文档级文本情感分析的任务是判断整个文档的情感倾向。因此，文档级文本情感分析也被称为文档级文本情感分类。在文档级文本情感分析研究的早期，文档的文本情感值可以通过主观性文本中情感词的情感值相加

① WILSON T, WIEBE J, HOFFMANN P. Recognizing contextual polarity in phrase-level sentiment analysis[C]//Proceedings of human language technology conference and conference on empirical methods in natural language processing, Vancouver, British Columbia, Canada. Stroudsburg, PA, USA: Association for Computational Linguistics, 2005: 347-354.

② ZHAO J, LIU K, WANG G. Adding redundant features for CRFs-based sentence sentiment classification[C]//Proceedings of the conference on empirical methods in natural language processing, Honolulu, Hawaii. Stroudsburg, PA, USA: Association for Computational Linguistics, 2008: 117-126.

的方式，来求得文本最后的情感倾向。在此基础上，Pang 等人提出可以先对文本的主客进行分类方式，然后再对其中的带有主观色彩的句子进行情感分析，从而判别文本的情感倾向。①

（2）课程评论情感分析研究现状

随着 MOOC 的发展，MOOC 平台积累了大量的课程评论信息。不少研究者开始思考充分利用这些越来越多课程评论信息来对学习者的相关学习活动进行分析，从而积累了大量研究成果。El-Halees 以阿拉伯地区在线课程评论为研究对象，主要研究如何将在线课程评论进行二分类处理，即将课程评论分为正面和负面这两类，然后提取学习者对课程的情感倾向特征，从而得出学习者对每一门课程的课程评价。② Chee 通过对在线教学系统中的文本进行分析，构建了一个用于提取学生发表的关于课程效果的情感倾向性模型。该模型在去除一些不完整的短文本的情况下，可以得到的分类效果更好。③ Munezero 通过对在线教育平台上学生的学习日志进行分析，主要是分析学生的学习活动中的情感变化，并依据学生的这种情感变化为教师的教学提供参考，从而提升教学效果。④ Ferguson 等人提出了一个可以利用标注特征来自动对探究性对话和非探究性对话进行分类的二元分类模型。⑤ Ramesh 等人为了预测 MOOC 平台中学习者的课程通过率，提出了一种利用融合种子词的主题模型来分析 MOOC 平台上学习者的讨论内容的模型。⑥ Wen 等人（2014）以著名 MOOC 平台 Coursera 上的讨论帖

① PANG B, LEE L L. A sentimental education: Sentiment analysis using subjectivity summarization based on minimum cuts [C]//Proceedings of the 42nd annual meeting on association for computational linguistics, Barcelona, Spain. Stroudsburg, PA, USA: Association for Computational Linguistics, 2004.

② EL-HALEES A. Mining opinions in user-generated contents to improve course evaluation[C]// International conference on software engineering and computer systems, Berlin, Heidelberg. Springer, 2011: 107-115.

③ LEONG C K, LEE Y H, and MAK W K. Mining sentiments in SMS texts for teaching evaluation[J]. Expert Systems with Applications, 2012, 39(3): 2584-2589.

④ MUNEZERO M, MONTERO C S, MOZGOVOY M, et al. Exploiting sentiment analysis to track emotions in students' learning diaries [C]//Proceedings of the 13th koli calling international conference on computing education research, Koli, Finland. New York, USA: ACM, 2013: 145-152.

⑤ FERGUSON R, WEI Z Y, HE Y L, et al. An evaluation of learning analytics to identify exploratory dialogue in online discussions[C]//Proceedings of the Third international conference on learning analytics and knowledge, Leuven, Belgium. New York, USA: ACM, 2013: 85-93.

⑥ RAMESH A, GOLDWASSER D, HUANG B, et al. Understanding MOOC discussion forums using seeded LDA [C]//Proceedings of the Ninth workshop on innovative use of NLP for building educational applications, Baltimore, Maryland. Association for Computational Linguistics, 2014: 28-33.

为研究对象，利用情感分析技术来对这语料进行分析来了解学习者在学习过程中的情感变化趋势，基于此来对学习者在学习过程中的退课率进行推断。① 刘智为实现信息技术与教育的深度融合，从课程评论文本中蕴含的情感信息入手，主要研究了对课程评论的情感倾向进行分类，这个研究可以说是为学习行为分析研究提供了一种新的研究路径。② 潘怡利用支持向量机（Support Vector Machine，简称 SVM）对课程评论文本进行情感分类。③ Ezen-Can 等人利用机器学习中的聚类方法从 MOOC 平台上课程评论内容中抽取结构化信息，用于探究 MOOC 学习者在 MOOC 平台上的交互模式。④ 对课程评论的情感倾向分类问题进行了研究，利用了两种机器学习方法来对课程评论进行情感倾向的二分类处理，即将其分类为积极和消极这两类。冯君利用句号、感叹号、逗号等标点符号将课程评论的句子分成包含一个子句的短句，然后使用 StanfordParser（https：//nlp. stanford. edu/software/lex-parser. shtml）对课程评论短句进行句法分析，同时利用情感极性词典 NTUSD（"National" Taiwan University Sentiment Dictionary，简称 NTUSD）对课程评论文本进行了情感倾向分析，再利用条件随机场模型，从而构建了一个半监督的情感分类模型，该模型可以用到对 MOOC 课程评论的情感分析研究中，在实验中迭代次数的增加可以显著提升课程评论情感分类的准确率。⑤ Fei 等人基于 word2vec 和 SVM 对课程评论进行分类研究。⑥⑦ Wang 等人设计与开发了一个用于 MOOC 论坛的课程评论可视化挖掘平台 MessageLens。⑧

① WEN M M, YANG D Y, ROSÉ C P. Sentiment analysis in MOOC discussion forums：What does it tell us？[C]//Proceedings of Educational Data Mining, 2014：130-137.
② 刘智. 课程评论的情感倾向识别与话题挖掘技术研究[D]. 武汉：华中师范大学, 2014.
③ 潘怡，叶辉，邹军华. E-learning 评论文本的情感分类研究[J]. 开放教育研究, 2014, 20(2)：88-94.
④ EZEN-CAN A, GRAFSGAARD J F, LESTER J C, et al. Classifying student dialogue acts with multimodal learning analytics[C]//Proceedings of the Fifth international conference on learning analytics and knowledg, Poughkeepsie, New York. New York, USA：ACM, 2015：280-289.
⑤ 冯君. 基于条件随机场的情感分析模型在 MOOCs 评论文本分析中的应用研究[D]. 武汉：华中师范大学, 2017.
⑥ FEI H X, LI H Y. The study of learners' emotional analysis based on MOOC[C]//International conference on cognitive computing. Springer, 2018：170-178.
⑦ WONG J S, LU X L, ZHANG K. MessageLens：A visual analytics system to support multifaceted exploration of MOOC forum discussions[J]. Visual Informatics, 2018, 2(1)：37-49.
⑧ WONG J S, LU X L, ZHANG K. MessageLens：A visual analytics system to support multifaceted exploration of MOOC forum discussions[J]. Visual Informatics, 2018, 2(1)：37-49.

综上，通过对文本情感分析方法与课程评论情感分析方法的文献综述，可以发现情感分析在 MOOC 领域有着良好的应用价值。首先，研究发现的情感分析的数据主要是 MOOC 课程评论，而其他类型的课程评论较少，说明了国外研究者是 MOOC 课程评论方面研究的先行者，且较为深入。另外，课程评论情感分析研究主要是集中在课程评论情感分类这一方面，研究内容还不够广泛，缺乏对课程评论的细粒度情感分析，有关课程评论评价对象和评价词抽取的研究更是鲜见。而课程评论评价对象和评价词抽取又是其他细粒度情感分析任务及其应用的重要组成部分。在对相关研究进行梳理的过程中，本书暂时没有发现可以进行 MOOC 课程评论评价对象和评价词抽取的语料。

（3）评价对象和评价词抽取研究现状

近年来，评价对象和评价词抽取问题极大地激发了研究者们的研究热情。众多研究者参与到了评价对象和评价词的研究队伍中，出现了一大批相关研究成果。①②③ 通过对这些文献的分析，可以将评价对象和评价词的抽取方法分为基于监督学习模型的情感标签抽取方法和基于无监督学习模型的评价对象和评价词抽取方法。然而在评论文本的情感分析中，某些评论词不具有倾向性，且同一评价词在评价不同评价对象时具有歧义性。因此，无论是监督学习，还是非监督学习，都既包括单一抽取评级对象或评价词，又包括对评价单元识别的研究。

①基于监督学习的评价对象和评价词抽取

基于监督学习的评价对象和评价词抽取的原理是对经过人工标注处理的评论性语料进行模型训练，确定模型的参数，然后利用训练得到的模型抽取评论性语料中的评价对象和评价词。

Kim 等人提出了一种先从评论中抽取出全部的评价对象，然后利用句法特征以及最大熵排序模型利用抽取出来的评价对象抽取评价词的方法。④ Jin 等结合语言学特征和上下文特征通过 Lexicalized-HMM（Hidden

① 姚天昉，程希文，徐飞玉，等．文本意见挖掘综述［J］．中文信息学报，2008，22（3）：71-80.

② 赵妍妍，秦兵，刘挺．文本情感分析［J］．软件学报，2010，21（8）：1834-1848.

③ HU M Q, LIU B. Mining and summarizing customer reviews［C］//Proceedings of the tenth ACM SIGKDD international conference on Knowledge discovery and data mining, Seattle, WA, USA. New York, NY, USA：ACM, 2004：168-177.

④ KIM S M, HOVY E. Identifying opinion holders for question answering in opinion texts［C］// Proceedings of AAAI-05 workshop on question answering in restricted domains, 2005.

Markov model，简称 HMM)模型来抽取评价对象和评价词。① Jakob 等主要研究单一领域和跨领域的评价对象抽取问题，将词、词性、最短句法依赖路径、情感句子等特征加入在线性链条件随机场模型中。② Zhou 等则面向中英文语料，解决了跨语言评价对象的抽取问题。根据机器翻译和特征映射关系，通过已有的英文标注数据训练条件随机场模型，提出单语协同训练算法来抽取中文评价对象。③ Wang 等通过在 DT-RNN 后增加一 CRF 层，从而结合递归神经网络和 CRF，以帮助 CRF 捕捉到评价对象和评价词的上下文特征信息，进而抽取出评论文本中评价对象和评价词。④

Wu 等人在论文中对情感标签的定义进行了界定，指出情感标签是指一个由产品特征、情感倾向和情感词的构成的情感三元组结构，然后分析评论的句法依存分析树，根据依存关系抽取出产品特征和情感词，再利用核函数和支持向量机模型来进行学习，从而抽取出评论中的产品特征与情感词间的依赖关系。⑤ 张彩琴在半监督学习的基础上，构建了一个利用 Co-training 来训练 CRF 模型的评价对象和评价词抽取方法，这个方法通过基于 Co-training 的 CRF 模型将已经标注好的评论语料按不同的比例划分为训练集，学习评论语料中的上下文特征信息、依存句法特征信息以及词性特征信息等句法特征，然后基于 Co-training 训练 CRF 模型来抽取评价对象和评价词，最后基于近邻法识别评价搭配。⑥ 廖详文等人提出了一种利用多层关系图模型来抽取评论文本中评价对象与评价词的方法，该方法先通过词对齐模型来从评论文本中抽取评价对象与评价词，并根据评价对

① JIN W, HO H H, SRIHARI R K. A novel machine learning system for web opinion mining and extraction[C]//Proceedings of the 15th ACM SIGKDD international conference on Knowledge discovery and data mining, Paris, France. New York, USA: ACM, 2009: 1195-1204.

② JAKOB N, GUREVYCH I. Extracting opinion targets in a single-and cross-domain setting with conditional random fields[C]//Proceedings of the 2010 conference on empirical methods in natural language processing, Cambridge, Massachusetts. Stroudsburg, PA, USA: Association for Computational Linguistics, 2010: 1035-1045.

③ ZHOU X J, WAN X J, XIAO J G. Cross-language opinion target extraction in review texts [C]//2012 IEEE 12th international conference on data mining, Brussels, Belgium. IEEE, 2012: 1200-1205.

④ WANG W Y, PAN S J, DAHLMEIER D, et al. Recursive neural conditional random fields for aspect-based sentiment analysis[C]//Proceedings of the 2016 conference on empirical methods in natural language processing, Austin, Texas. USA: Association for Computational Linguistics, 2016: 616-626.

⑤ WU Y, ZHANG Q, HUANG X J, et al. Phrase dependency parsing for opinion mining[C]// Proceedings of the 2009 conference on empirical methods in natural language processing, Singapore. Stroudsburg, PA, USA: Association for Computational Linguistics, 2009: 1533-1541.

⑥ 张彩琴. 基于 Co-training 训练 CRF 模型的评价搭配识别[D]. 太原: 山西大学, 2013.

象与评价词的依存句法关系、评价对象内部与评价词内部的共现关系，建立多层情感关系图，再利用随机游走方法计算候选评价对象与评价词的置信度，最后选取并输出置信度高的候选评价对象与评价词。① 沈亚田等人提出利用 LSTM 来抽取评价对象和评价词。②

②基于无监督学习模型的评价对象和评价词抽取方法

基于无监督学习模型的评价对象和评价词抽取方法的原理是借助挖掘评价对象与评价词之间的关系，结合规则和语言学特征直接抽取评价对象和评价词之间的评价关系。通过对基于无监督学习模型的评价对象和评价词抽取方法与基于无监督模型的评价对象和评价词抽取方法的对比分析可知，前者具有移植性强、不需要对评论语料进行标注、较高的召回率等优点。

Li 等人利用浅层语义分析树抽取评价对象，并通过参数剪枝和启发式规则来过滤错误的抽取结果。③ Qui 等人提出可以在提前构建的通用情感词典的基础上，利用双向传播算法先扩展评论中的评价词，然后通过评价词和评价对象之间的依存关系抽取出评论中的评价对象。Li 等人在此基础上提出了一个可以分为两个阶段的评价对象和评价词抽取方法，该方法先在评论内容相关的领域内的评论语料中提取一些具置信度较高的评价对象和评价对象种子，然后利用关系自适应自助（Relational Adaptive Bootstrapping，简称 RAP）算法以及预先标注的部分数据来对最先获取评价对象和评价词种子词典进行扩展。Xu 等人则借助图论的思想来先构建评价对象与评价词的依存句法关系图，然后利用随机游走算法对评论文本进行迭代运算获取评价对象与评价词之间依存关系的置信度，再基于自学习策略的转导支持向量机（Transductive Support Vector Machine，简称 TSVM）模型来抽取评论文本中的评价对象，最后利用提取的评价对象对评论中的评价词进行过滤，这种方法评价对象和评价词抽取的召回率和准

---

① 廖祥文，陈兴俊，魏晶晶，等．基于多层关系图模型的中文评价对象与评价词抽取方法 [J]．自动化学报，2017，43（3）：462-471．

② 沈亚田，黄萱菁，曹均阔．使用深度长短时记忆模型对于评价词和评价对象的联合抽取 [J]．中文信息学报，2018，32（2）：110-119．

③ LI S S, WANG R Y, ZHOU G D. Opinion target extraction using a shallow semantic parsing framework[C]//Proceedings of the twenty-sixth AAAI conference on artificial intelligence, Toronto, Ontario, Canada. AAAI, 2012: 1671-1677.

确率比较高。① Liu 等人利用统计机器翻译方法来刻画评论中评价对象和评价词的关系，再对评论文本进行句法分析，研究发现利用词语翻译模型来抽取评论中的评价对象与评价词鲁棒性较好。② 李纲等提出了一种针对产品网络评论的基于句法分析的情感标签抽取方法，该方法利用依存句法分析设计情感标签抽取算法，构建情感标签抽取模型，通过情感极性计算对抽取出的情感标签进行过滤筛选，在提高召回率的同时保证了较高的准确率。③ 张莉等首先提出利用核心句进行学习的思想，并规定了 10 种句法模式抽取评价对象，然后利用条件随机场模型进行标注。④ 顾正甲等借助哈尔滨工业大学的语言技术平台（Language Technology Platform，简称 LTP）对语料进行预处理，再使用主谓关系（subject-verb，简称 SBV）极性传递法从语料中抽取出评价对象和极性词，然后引入向心理论指代消解找全评价对象和极性词，最后对极性词进行倾向性判别时，考虑到数据噪声影响的情况下，使用词频过滤法、点互信息（Pointwise Mutual Information，简称 PMI）过滤法以及名词剪枝法对噪声数据进行过滤处理。⑤ 李丕绩等提出了一种为每个实体抽取特征标签的方法，通过 K 均值聚类算法（k-means clustering algorithm，简称 K-Means）以及隐狄利克雷（Latent Dirichlet Allocation，简称 LDA）主题模型将每个标签映射到语义独立的主题空间，并根据置信度对标签进行排序。⑥ 郗亚辉等在进一步改进双向传播算法的基础上抽取不同产品评论的特征及观点。首先，为了提高召回率，增加间接句法依存关系模式和动词产品特征。其次，为了提高准确率，以句法依存关系模式作为 HUB 节点，利用 HITS 算法（Hyperlink-Induced Topic Search，简称 HITS）排列候选产品特征和观点的顺序。最后，对最终抽取

① XU L H, LIU K, LAI S W, et al. Mining opinion words and opinion targets in a two-stage framework[C]//Proceedings of the 51st annual meeting of the association for computational linguistics, Sofia, Bulgaria. Association for Computational Linguistics, 2013: 1764-1773.

② LIU K, XU L H, ZHAO J. Syntactic patterns versus word alignment: Extracting opinion targets from online reviews [C]//Proceedings of the 51st annual meeting of the association for computational linguistics, Sofia, Bulgaria. Association for Computational Linguistics, 2013: 1754-1763.

③ 李纲, 刘广兴, 毛进, 等. 一种基于句法分析的情感标签抽取方法[J]. 图书情报工作, 2014, 58(14): 12-20.

④ 张莉, 钱玲飞, 许鑫. 基于核心句及句法关系的评价对象抽取[J]. 中文信息学报, 2011, 25(3): 23-29.

⑤ 顾正甲, 姚天昉. 评价对象及其倾向性的抽取和判别[J]. 中文信息学报, 2012, 26(4): 91-97.

⑥ 李丕绩, 马军, 张冬梅, 韩晓晖. 用户评论中的标签抽取以及排序[J]. 中文信息学报, 2012, 26(5): 14-19.

的产品特征进行优化，去除错误的产品特征。① 彭云从大数据背景下的中文商品评论文本特点出发，提出了商品评论文本的词语语义关系获取方法，设计了语义关系对 LDA 主题模型的约束机制并构建了 4 个带语义约束的 LDA 主题模型，能够更多地提取细粒度的特征词和情感词。②

　　Huang 等人提出了一种将关联规则算法与过滤策略算法相结合来抽取评论中评价对象和评价词的方法，该方法先通过计算出评价对象和评价词互信息值，再通过设置过滤值来过滤掉低于阈值的评价对象和评价词，从而实现评价对象和评价词的抽取。③ 赵妍妍等人提出了一种区别于已有的基于模板和规则的评价对象和评价词抽取方法和基于句法路径自动识别情感句中评价对象和评价词抽取的方法，该方法先从评论文本中自动来抽取一些典型句法路径，再利用精确匹配的方法来获取评论文本中的情感评价单元，然后通过计算句法路径之间的编辑距离来弥补精确性匹配可能存在的不足，这种方法在评价对象和评价词抽取性能方面可以取得不错的效果。④ 王娟等建立了一套不受领域约束的情感评价单元抽取模式，从抽象的短语句法结构入手，分析设计了 10 种情感评价单元的抽取规则，实现自动且准确地抽取情感单元，解决了基于评价词识别的抽取方法存在的情感词典覆盖不全的问题。⑤ 方明等针对评价词不具有指向性等问题提出了一种引入最大熵模型来识别评价搭配的方法，构建特征模板，自动识别评价单元。⑥ 王素格等针对旅游景点评论利用依存关系分析并研究特征——观点对的抽取，构建用于获取含情感倾向组块的规则以及候选特征识别算法，并进一步设计了具有情感倾向的特征——观点对的抽取算法。⑦ 陶新竹等提出了融合核心句与依存关系的评价搭配抽取，改善了依存分析对中文评论文本分析结果不稳定的问题。该方法在利用核心句抽取规则简化评

① 郗亚辉. 产品评论特征及观点抽取研究[J]. 情报学报，2014，33(3)：326-336.

② 彭云. 提取商品特征和情感词的语义约束 LDA 模型研究[D]. 南昌：江西财经大学，2016.

③ HUANG H, LIU Q T, HUANG T. Appraisal expression recognition based on generalized mutual information[J]. JCP, 2013, 8(7)：1715-1721.

④ 赵妍妍，秦兵，车万翔，等. 基于句法路径的情感评价单元识别[J]. 软件学报，2011，22(5)：887-898.

⑤ 王娟，曹树金，谢建国. 基于短语句法结构和依存句法分析的情感评价单元抽取[J]. 信息系统，2017，40(3)：107-113.

⑥ 方明，刘培玉. 基于最大熵模型的评价搭配识别[J]. 计算机应用研究，2011，28(10)：3714-3716.

⑦ 王素格，吴苏红. 基于依存关系的旅游景点评论的特征——观点对抽取[J]. 中文信息学报，2012，26(3)：116-121.

论句结构的基础上提出了融合核心句抽取与依存关系模板的方法，并考虑了省略评价对象的评价搭配抽取①。聂卉等面向在线商品评论，通过研究"产品特征——观点"对应关系的识别方法，引入依存语法关系，形成评论模板库，进而提取特征标签，同时确立候选标签的筛选过滤机制。② 姚兆旭等将主题模型应用于微博话题中，结合改进的 TF-IDF 算法（Term Frequency-Inverse Document Frequency，简称 TF-IDF），先构建语料的主题词特征向量，然后再根据特征词之间的关联度生成主题词汇链来学习语料的主题内容信息，最后利用情感词典，构建此集合，自动抽取主题观点，构成"主题+观点"词条。③ 江腾蛟等人提出可以利用语料的浅层语义和语法分析相结合来抽取评价对象—情感词对，这种该方法根据语义角色分析与依存句法分析来制定评价对象和情感词的抽取规则，然后基于语义分析和领域知识判别和替换虚指评价对象，最后基于特殊情感词搭配表、上下文搭配表及频繁搭配表来识别出缺省和隐含评价对象。④ 吴双在深入分析 Web 金融评论中的情感词、评价对象以及情感评价单元的基础上，结合金融领域特性，构建了金融领域词典和抽取情感极性单元。⑤ 孙晓等人研究了商品评论中的细粒度情感要素的抽取问题，主要是利用条件随机场和支持向量机这两个模型，改进传统的糙耙模型，对评价单元进行细粒度的情感分类判断。⑥ 陈兴俊等人提出可以借助统计机器翻译的方法来抽取评论中的评价对象和评价词，该方法先利用词对齐模型来从评论文本中抽取评价对象和评价词之间的关系，然后利用二分图来构建评价对象和评价词之间的依赖关系，再利用随机游走算法评论文本中候选评价对象与评价词的置信度进行迭代计算，最终抽取评论文本中的评价对象和评价词。⑦ 杜思奇等面向电子商务领域的在线评论，通过引入汉语组块分析对评论文本

① 陶新竹，赵鹏，刘涛. 融合核心句与依存关系的评价搭配抽取[J]. 计算机技术与发展，2014，24(1)：118-121.

② 聂卉，杜嘉忠. 依存句法模板下的商品特征标签抽取研究[J]. 现代图书情报技术，2014(12)：44-50.

③ 姚兆旭，马静. 面向微博话题的"主题+观点"词条抽取算法研究[J]. 现代图书情报技术，2016，32(7)：78-86.

④ 江腾蛟，万常选，刘德喜，等. 基于语义分析的评价对象——情感词对抽取[J]. 计算机学报，2017，40(3)：617-633.

⑤ 吴双. 基于依存句法分析的 Web 金融信息情感极性单元抽取[D]. 南昌：江西财经大学，2015.

⑥ 孙晓，唐陈意. 基于层叠模型细粒度情感要素抽取及倾向分析[J]. 模式识别与人工智能，2015，28(6)：513-520.

⑦ 陈兴俊，魏晶晶，廖祥文，等. 基于词对齐模型的中文评价对象与评价词抽取[J]. 山东大学学报(理学版)，2016，51(1)：58-64.

进行初始化处理，并通过最大熵过滤初始化集合来抽取情感标签。① 张璞等提出了一种基于规则的评价搭配抽取方法，通过依存句法分析和语义依存分析制定规则并抽取核心搭配，引入并列关系算法（Coordinate Algorithm，简称COO）并改进定中关系链算法（Attribute Chain Algorithm，简称ATT），从而完整识别评价对象和短语。② 李良强等提出了一种从海量在线评论数据中自动抽取评论标签的文本处理技术。该方法首先在最大频繁模式挖掘出的频繁项集，然后根据信息标签的词性搭配模式要求过滤出评论标签。③ 姚兆旭等人从微博文本所要表达的主题和观点这两个维度出发，来揭示微博话题内容与观点，同时将主题模型和微博话题相结合，并与TF-IDF算法相结合，然后构建主题特征向量，再根据特征词向量中特征词之间的相关度，自动提取主题词汇链，再与情感词典结合，从而达到主题观点抽取的目的，无监督构建"主题+观点"词条，该模型可以准确且有效地描述话题事件内容及其相应观点。④ 刘臣等针对用户评论中产品特征—观点对的提取及情感分析问题进行了研究，利用组块分析提取产品特征，并利用特征与情感词在位置上的近邻关系提取情感词并组成特征—观点对，最后依据电弧信息方法分析情感倾向。⑤ 李大宇等人提出了一个面向电影评论数据的标签方面情感联合模型，该模型假设情感分布依赖于方面分布，从而提取出电影评论语料中所要评价的方面以及针对这个方面的情感词，进而为观影者的观影选择提供决策参考以及为制片方对改进电影制作提供帮助。⑥ 刘涛针对中文在线产品评论，提出一种基于依存句法分析的显示特征提取方法、一种综合特征词及对应观点词相似度的特征聚类方法、一种结合上下文和两类观点词的隐式特征提取方法，最后基于情感单元三元组总结情感倾向，并展示观点挖掘结果。⑦ 王忠群等提出一种

---

①　杜思奇，李红莲，吕学强. 基于汉语组块分析的情感标签抽取[J]. 情报理论与实践，2016，39（5）：125-129.

②　张璞，李逍，刘畅. 基于规则的评价搭配抽取方法[J]. 计算机工程，2019，45（8）：217-223.

③　李良强，徐华林，袁华，等. 基于最大频繁模式的在线评论标签抽取[J]. 信息系统学报，2016，16（1）：125-129.

④　姚兆旭. 基于WSO-LDA的微博话题"主题+观点"词条抽取算法研究[D]. 南京：南京航空航天大学，2017.

⑤　刘臣，韩林，李丹丹，等. 基于汉语组块产品特征——观点对提取与情感分析研究[J]. 计算机应用研究，2017，34（10）：2942-2945.

⑥　李大宇，王佳，文治，等. 面向电影评论的标签方面情感联合模型[J]. 计算机科学与探索，2018，12（2）：300-307.

⑦　刘涛. 基于特征的中文在线评论观点挖掘系统的研究与实现[D]. 南京：东南大学，2017.

基于大数据思维的主流特征观点对的概念，根据不同用户评论中的认可度建立评论可信性排序模型，以从大量在线商品评论中筛选出可信的评论，为消费者决策提供借鉴。① 李志义等基于条件随机场模型，结合句法特性寻找提取评价特征的路径，然后构建手机领域的评论语料库，接着分解并分析评价特征和评价词间的依存关系，最后抽取并可视化展示"〈评价对象，评价词〉"对。② 王晓宇针对网络评论标签提出了一种基于依存关系与有向图的评论对象和评价词的提取方法，并将改进的局部注意力模型应用于序列到序列的神经网络模型中，构成评论摘要模型，最后应用标签提取方法设计出乡村休闲游网络评价挖掘系统。③

综上所述，通过对相关研究的梳理可知，评论中评价对象和评价词抽取的方法大致可以分为两大类。第一大类是基于无监督学习的方法来抽取评价对象和评价词。这种方法还可以根据是否利用预定义自然语言处理资源分为两小类。第一小类方法关注利用语法规则和评价对象和评价词之间的修饰关系，从无标签信息的种子集中积累评价对象和评价词。然而，这种方法在很大程度上依赖手工编制规则，并且受到词性的影响。如将评价词的词性限制为形容词。第二小类方法关注基于预定义词典的特征工程和句法分析等方法构建一系列序列分类器用来抽取评价对象和评价词。但是，这种方法需要耗费大量的精力来设计手工规则。第二大类方法利用监督学习的方法来抽取评价对象和评价词。这类方法的准确性较前两类方法来说较高，但没有充分利用评论中的长距离上下文信息，从而制约了评价对象和评价抽取的性能。为弥补现有方法的局限性，提出了一种新的方法，即利用双向长短期记忆-条件随机场（Bidirectional Long Short-Term Memory Conditional Random Fields，简称 BiLSTM-CRF）来从 MOOC 课程评论中抽取评价对象和评价词。

2.4.4　高校大数据的资源推荐方法进展

（1）学习资源推荐方法

推荐系统作为一个交叉研究领域，与数学、机器学习、数据挖掘、信

① 王忠群，吴东胜，蒋胜，等．一种基于主流特征观点对的评论可信性排序研究[J]．数据分析与知识发现，2017，1(10)：32-42.
② 李志义，王冕，赵鹏武．基于条件随机场模型的"评价特征-评价词"对抽取研究[J]．情报学报，2017，36(4)：411-421.
③ 王晓宇．网络评论标签提取的研究与实现[D]．北京：北京邮电大学，2018.

息检索等多学科息息相关，利用多种理论进行构建。① 其中，推荐算法是学习资源推荐的核心构成部分，推荐算法很大程度上决定了学习资源推荐的技术类型和性能优劣。因此，该领域大量的学者都对推荐算法的构建展开研究。相较于国内学者，国外学者在该领域起步较早。目前，学习资源推荐的主流推荐算法包括：基于内容的推荐、协同过滤推荐、基于知识的推荐以及混合推荐。②

　　①基于内容的推荐。作为学习资源领域最早使用的推荐算法，参照推荐系统在电子商务领域的应用，基于内容的推荐利用 Web 数据挖掘技术，分析获取到的存在学习者交互的学习资源的内容属性，将学习资源根据属性特征进行用户偏好的建模，在此基础上进行推荐。Zaiane 是首个利用此思路来进行学习资源推荐的学者，通过 Web 数据挖掘技术获取学习者的访问历史数据，在此基础上来进行课程推荐，以达到改进课程路径导航，辅助在线学习过程的预期。③ Khribi 及其团队同样在学习者的近期检索历史信息的基础上，利用数据挖掘技术计算学习者用户偏好和学习资源内容之间的相似性和差异性度量，从而实现针对主动学习者的学习资源推荐。④ De Maio 及其团队以用户生成的内容和连续的 RSS 订阅流信息作为数据基础进行数据挖掘，通过知识建模和内容分析来生成学习者的学习活动并在此基础上进行学习资源的推荐。⑤ Huang 和 Lu 以慕课平台"iCourse"为例，提出了基于内容的 MOOC 课程推荐模型，并通过实验证明模型的预测精度要远高于随机推荐，得出描述性的数据越准确越全面，精度越高的结论。⑥ 国

① 李学超，张文德，曾金晶，等．推荐系统领域研究现状分析[J]．情报探索，2019(1)：112-119.

② SHISHEHCHI S, BANIHASHEM S Y, ZIN N A M, et al. Review of personalized recommendation techniques for learners in e-learning systems[C]//2011 international conference on semantic technology and information retrieval. Kuala Lumpur, Malaysia：IEEE, 2011：277-281.

③ ZAIANE O R. Building a recommender agent for e-learning systems [C]//International Conference on Computers in Education, 2002. NW Washington, DC, USA：IEEE, 2002：55-59.

④ KHRIBI M K, JEMNI M, NASRAOUI O. Automatic recommendations for e-learning personalization based on web usage mining techniques and information retrieval[C]//2008 eighth ieee international conference on advanced learning technologies. Santander, Cantabria, Spain：IEEE, 2008：241-245.

⑤ DE MAIO C, FENZA G, GAETA M, et al. RSS-based e-learning recommendations exploiting fuzzy FCA for Knowledge Modeling[J]. Applied Soft Computing, 2012, 12(1)：113-124.

⑥ HUANG R, LU R. Research on content-based MOOC recommender model[C]//2018 5th international conference on systems and informatics (ICSAI). Nanjing, China：IEEE, 2018：676-681.

内学者郝兴伟与苏雪提出了一种基于知识点管理的教育资源推荐方法，利用数据挖掘技术建立了个性化的 E-Learning 推荐模型。① 卢修元等在"网络课件-概念图-学习资源库"三层模型研究的基础上，提出基于知识内容的资源推荐，并通过多 Agent 实现了在 WC-C-R 模型上进行资源推荐。② 陶剑文与姚奇富引入多 Agent(MAS)系统，提出一种基于 Web 数据挖掘的集成 MAS 与 Web services 的分布式智能推荐系统模型，有效地帮助学员找到所需的资源信息。③ 李嘉与团队成员提出一种基于用户日志的推荐方法，该方法按照建立技术词汇层次树等六步骤实现了基于内容的学习资源推荐方法，并在实验中取得了较好成绩。④ 梁婷婷等提出基于内容过滤 PageRank 语义相似替换的 Top-k 学习资源推荐算法，该算法利用谷歌的 PageRank 算法改进基于内容的推荐算法，实验结果表明，该算法在推荐覆盖率上所有提升。⑤

②基于协同过滤的推荐。作为学习资源个性化推荐最广泛使用的算法，协同过滤的基本思想是通过寻找具有共同兴趣点的学习者，将该学习者感兴趣而目标用户尚未接触过的学习资源推荐给目标用户。由于该算法具有能够挖掘用户新偏好，不需要对学习资源进行专业分类的优点，从而成了主流的推荐方法。其中，Bobadilla 等通过拓展更多与学习者处在不同水平的评分数据，来实现将改进的基于记忆的协同过滤方法应用到在线学习资源推荐中，从而弥补了由于用户量过大而造成的基于内容推荐计算性能不足的情况。⑥ Ha 等利用协同过滤推荐算法提供在线讲座视频的个性化推荐，在确定某个用户感兴趣的候选视频的基础上，通过分块协同过滤算法生成邻域学习者，来预测学习者对课程的偏好，从而获取到最终的课

① 郝兴伟，苏雪．E-learning 中的个性化服务研究[J]．山东大学学报(理学版)，2005(2)：67-71，91．
② 卢修元，周竹荣，奚晓霞．基于 WC-C-R 学习资源推荐的研究[J]．计算机工程与设计，2006(23)：4461-4464．
③ 陶剑文，姚奇富．基于 Web 使用挖掘的个性化学习推荐系统[J]．计算机应用，2007(7)：1809-1812，1816．
④ 李嘉，张朋柱，李欣苗，等．一种通过挖掘研讨记录来促进学生思考的在线督导系统[J]．现代图书情报技术，2012(4)：10-16．
⑤ 梁婷婷，李春青，李海生．基于内容过滤 PageRank 的 Top-k 学习资源匹配推荐[J]．计算机工程，2017，43(2)：220-226．
⑥ BOBADILLA J, SERRADILLA F, HERNANDO A. Collaborative filtering adapted to recommender systems of e-learning[J]. Knowledge-Based Systems, 2009, 22(4)：261-265.

程。① Abel 及其团队在学习平台的讨论社区中，利用学习者与课程以及学习者之间的交互数据作为基础，实现了基于协同过滤的学习资源个性化推荐模型，并在实验中进一步得出了协同过滤算法能够很好适配小型数据集的结论。② Dwivedi 与 Bharadwaj 在传统评分数据协同过滤方法的基础上，结合学习者的经验和可信度，构建了一个双层过滤的学习资源推荐方法，并通过实验证明该方法相较于传统方法性能有明显提升。③ Pang 等基于协同过滤算法的有效性和高效性，提出了一种多层协同过滤推荐方法进行慕课课程推荐，有效提高了推荐的效率。另外，考虑到传统的协同过滤方法并没有向学习者提供最佳的满意度，Mawanel 等尝试提出了一种基于聚类的方法来弥补协同过滤的不足，通过聚类算法拓展了目标用户同质的学习者群体，扩大了领域范围，从而最终确保推荐的学习资源有更好的覆盖率。④ 国内学者在该领域也有相当多的研究成果：周丽娟等为解决学生选课盲目性的问题，提出了一种基于协同过滤的课程推荐方法，该方法在评分数据极端稀疏的情况下也可以为学生做出准确的课程推荐，并通过实验验证了该推荐方法的实用性。⑤ 孙歆团队以学习者行为信息和在线学习资源信息为基础，构建基于协同过滤技术的在线学习资源个性化推荐系统模型，该模型可以更好地为学习者提供个性化服务，提高学习者的自主学习效率。⑥ 马莉和薛福亮在解析用户历史数据为向量的基础上，利用基于密度的噪声应用空间聚类算法（Density-Based Spatial Clustering of Applications with Noise，简称 DBSCAN）对用户进行协同过滤聚类并实施推荐，实验结

① HA I A, SONG G S, KIM H N, et al. Collaborative recommendation of online video lectures in e-Learning System[J]. Journal of the Korea Society of Computer and Information, 2009, 14 (9)：85-94.

② ABEL F, BITTENCOURT I I, COSTA E, et al. Recommendations in online discussion forums for e-learning systems[J]. IEEE Transactions on Learning Technologies, 2009, 3(2)：165-176.

③ DWIVEDI P, BHARADWAJ K K. Effective resource recommendations for e-learning：a collaborative filtering framework based on experience and trust[C]//International conference on computational intelligence and information technology. Berlin, Heidelberg：Springer, 2011：166-170.

④ MAWANEL J, NAJI A, RAMDANI M. Clustering collaborative filtering approach for Diftari E-learning platform' recommendation system[C]//Proceedings of the 12th international conference on intelligent systems：Theories and applications. New York, NY, USA：Association for Computing Machinery, 2018：1-6.

⑤ 周丽娟，徐明升，张研研，等. 基于协同过滤的课程推荐模型[J]. 计算机应用研究，2010, 27(4)：1315-1318.

⑥ 孙歆，王永固，邱飞岳. 基于协同过滤技术的在线学习资源个性化推荐系统研究[J]. 中国远程教育，2012(8)：78-82.

果表明该推荐方法的有效性。①

　③基于知识的推荐。作为第三种常见的推荐系统，该方法在聚合用户和项目的相关知识(如用户需求、用户偏好等)的基础上，通过本体建模，关联数据以及案例推理等流程来生成特定的知识库，并在此基础上来进行推荐。② 其中，Yu 等在考虑学习者、内容和正在学习的领域知识的基础上，利用本体论来实现建模和标识，通过语义关联计算、推荐精炼、学习路径生成，构建了面向上下文感知的结合语义内容的课程推荐方法。③ Aher 等基于学习者历史数据，利用 Web 数据挖掘来构建课程的智能推荐系统：通过 k-means 聚类算法和 Apriori 关联规则算法相结合的方式来寻找最优结果。④ Kusumawardani 等在文本情景信息的基础上建立学习者特征和课程类别本体的概念映射，并根据学生的学习风格进行学习资源的推荐，该方法在真实数据集上取得了良好的表现。⑤ Jetinai 通过为每个学习者的学习风格进行本体建模，构建基于关联规则的个性化网络学习资源推荐方法，并通过实验证明该方法能够实现对单个用户学习资源的有效推荐。⑥ Aryal 及团队根据学习者的风格和个人需求出发，利用 Felder 和 Silverman 工具来构建学习者本体，通过本体关联、特定主题搜索，构建了一个增强的个性化学习环境。⑦ Bouihi 与 Bahaj 提出一种基于语义网的学习资源推荐体系，该体系在经典的 Web 应用程序结构的基础上增加一个由基于本体的子系统和 Web 语义关联规则构成的语义层，用以对学习内容和上下文进行建

① 马莉，薛福亮. 一种基于向量的在线学习推荐系统架构[J]. 情报科学，2017，35(7)：56-59.

② LU J, WU D, MAO M, et al. Recommender system application developments：A survey[J]. Decision Support Systems, 2015, 74：12-32.

③ YU Z, NAKAMURA Y, JANG S, et al. Ontology-based semantic recommendation for context-aware e-learning[C]//international conference on ubiquitous intelligence and computing. Berlin, Heidelberg：Springer, 2007：898-907.

④ AHER S B, LOBO L. Combination of machine learning algorithms for recommendation of courses in E-Learning System based on historical data[J]. Knowledge-Based Systems, 2013, 51：1-14.

⑤ KUSUMAWARDANI S S, PRAKOSO R S, SANTOSA P I. Using ontology for providing content recommendation based on learning styles inside E-learning [C]// 2014 2nd international conference on artificial intelligence, modelling and simulation. Madrid, Spain：IEEE, 2014：276-281.

⑥ JETINAI K. Rule-based reasoning for resource recommendation in personalized e-learning[C]// 2018 International Conference on Information and Computer Technologies (ICICT). De Kalb, Illinois, USA：IEEE, 2018：150-154.

⑦ ARYAL S, PORAWAGAMA A S, HASITH M G S, et al. MoocRec：Learning styles-oriented MOOC recommender and search engine [C]//2019 IEEE Global Engineering Education Conference (EDUCON). Dubai, United Arab Emirates：IEEE, 2019：1167-1172.

模，并在此基础上实施推荐。① 此外，有人提出了一种基于语义网的学习资源个性化推荐算法，根据用户历史信息构建领域本体并计算语义相似度来决定用户偏好，最终找到具有相似兴趣的最近邻居，从而实现学习资源的协同推荐。姜强及团队以课程"C程序设计"为例构建本体，提出了个性化本体学习资源推荐模型，并探讨了如何根据 Felder-Silverman 学习风格量表和学习过程行为模式，推断学习风格。②

　　④基于混合的推荐。推荐方法都有其固有的优缺点，因此，在实际应用中为了提升推荐的性能，往往会采取多种推荐算法相组合的推荐策略（即混合推荐），以避免出现冷启动、数据稀疏性、可拓展性的问题。在学习资源推荐领域，Chen 等提出一种基于协同过滤与序列模式挖掘的学习资源推荐方法，利用协同过滤算法构建项目集，并基于学习序列对项目进行过滤，从而实现对学习资源的推荐。③ Wu 等将基于内容的推荐和协同过滤推荐方法组合，同时考虑到学习者间的语义相似性和协同过滤相似性，实现了基于模糊匹配的学习资源混合推荐方法。④ Do 等将基于知识的推荐与协同过滤推荐算法相结合构建加权混合电子学习资源推荐系统，并在实验环节取得了良好的预测精度。⑤ Pang 团队将协同过滤和时间序列相结合，构建学习推荐算法，有效提高了自适应性。⑥ Da 等将评分数据之外的社交数据、用户标签信息等更多类的信息融合到推荐中，从而拓展邻域，使得推荐的效果更具有覆盖性。⑦ 此外，国内学者在混合学习资源

---

① BOUIHI B, BAHAJ M. Ontology and rule-based recommender system for e-learning applications [J]. International Journal of Emerging Technologies in Learning (IJET), 2019, 14(15): 4-13.

② 姜强, 赵蔚, 杜欣, 等. 基于用户模型的个性化本体学习资源推荐研究[J]. 中国电化教育, 2010(5): 106-111.

③ CHEN W, NIU Z, ZHAO X, et al. A hybrid recommendation algorithm adapted in e-learning environments[J]. World Wide Web, 2014, 17(2): 271-284.

④ WU D, LU J, ZHANG G. A fuzzy tree matching-based personalized e-learning recommender system[J]. IEEE Transactions on Fuzzy Systems, 2015, 23(6): 2412-2426.

⑤ DO P, NGUYEN K, VU T N, et al. Integrating knowledge-based reasoning algorithms and collaborative filtering into e-learning material recommendation system [C]//International conference on future data and security engineering. Ho Chi Minh City, Vietnam: Springer, 2017: 419-432.

⑥ PANG Y, LIU W, JIN Y, et al. Adaptive recommendation for MOOC with collaborative filtering and time series[J]. Computer Applications in Engineering Education, 2018, 26(6): 2071-2083.

⑦ DIAS A S, WIVES L K. Recommender system for learning objects based in the fusion of social signals, interests, and preferences of learner users in ubiquitous e-learning systems [J]. Personal and Ubiquitous Computing, 2019, 23(2): 249-268.

推荐领域内也颇有建树：丁永刚等提出将学习者社交网络信息与传统协同过滤相融合，计算用户间信任度，借助好友对学习资源的评分数据来预测学习者对学习资源的评分值，实现对新学习者的个性化学习资源推荐。①马莉通过构建用户学习路径树型结构来改进评分矩阵缺失的问题，并基于协同过滤推荐方法实现了在线学习推荐。② 夏立新等基于用户自身属性和已有好友分布特征来确定目标用户的最近邻集，在解决数据稀疏的基础上，提出适用于布尔型移动在线学习资源的协同推荐方法。③ 张维国利用协同过滤推荐算法对关联规则 Apriori 算法进行改进，结合学生专业、兴趣爱好、学习成绩等知识，构建了选课个性化推荐算法。④

综上，基于内容的推荐、协同过滤推荐以及基于知识的推荐在学习资源推荐领域有使用，其中，协同过滤算法最为广泛。但由于基于内容的推荐存在不能跨领域推荐、依赖人工设计特征、计算量等不足，协同过滤推荐存在评分数据单一、数据稀疏性、冷启动问题的不足，基于知识的推荐存在重复性知识、个性化程度差等局限⑤，将多种推荐算法组合且融合评分、文本、社交关系在内的多源异构数据（即边缘信息 Side Information）的混合推荐越来越受到重视。但由于方法之间权重计算方式不同，多源异构数据融合存在多模态、大规模、分布不均等复杂特征，混合推荐方法的进一步应用仍面临巨大挑战。⑥

（2）基于深度学习的推荐方法

随着人工智能的进一步发展，深度学习成为大数据处理的热门应用技术，基于深度学习的推荐研究受到业界越来越多的关注，各学者针对传统推荐方法中面临的局限，利用深度学习技术探索解决方案。目前，基于深度学习的推荐方法通常将用户与项目相关数据作为输入，利用神经网络模型学习用户和项目的隐表示，并将隐表示通过特定的激活函数

---

① 丁永刚，张馨，桑秋侠，等．融合学习者社交网络的协同过滤学习资源推荐[J]．现代教育技术，2016，26(2)：108-114.
② 马莉．一种利用用户学习树改进的协同过滤推荐方法[J]．现代图书情报技术，2016(4)：72-80.
③ 夏立新，毕崇武，程秀峰．基于 FRUTAI 算法的布尔型移动在线学习资源协同推荐研究[J]．图书情报工作，2017，61(3)：14-20.
④ 张维国．面向知识推荐服务的选课决策[J]．计算机科学，2019，46(S1)：507-510.
⑤ 刘伟，刘柏嵩，王洋洋．海量学术资源个性化推荐综述[J]．计算机工程与应用，2018，54(3)：30-39.
⑥ 黄立威，江碧涛，吕守业，等．基于深度学习的推荐系统研究综述[J]．计算机学报，2018，41(7)：1619-1647.

（如点积、Softmax、相似度计算等）输出推荐列表①，该流程架构如图2-3所示。

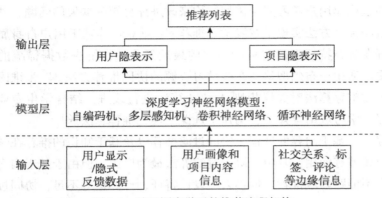

图 2-3　基于深度学习的推荐流程架构

围绕上图的流程架构，国内外学者近年来在该领域的成果逐渐积累：Florez 等利用循环神经网络 RNN 替代了语义表示中的词袋模型，重新构建了基于内容的推荐算法。② Wang 团队利用深度神经网络 DNN 重新构建基于内容的推荐算法并应用在音乐推荐领域。③ 陈亮等利用深度神经网络 DNN 重新构建了基于内容的推荐算法并应用于视频推荐。④ 邵建与章成志利用深度学习与多种方法在文本表示上的应用作对比，证明了基于深度学习的文本表示方法在基于 KNN 的推荐中效果最佳。⑤ 在应对冷启动问题方面，Wei 等利用深度神经网络学习项目的内容特征，并结合时间序列数据改进 SVD++CF 模型，实验结果表明该方法对应对冷启动项目有较好的

① 邢淑凝．基于深度学习的多源信息融合推荐算法研究［D］．济南：山东师范大学，2019.
② FLOREZ O U. Deep learning of semantic word representations to implement a content-based recommender for the RecSys challenge'14 ［C］//Semantic web evaluation challenge. Crete, Greece：Springer，2014：199-204.
③ WANG X，WANG Y. Improving content-based and hybrid music recommendation using deep learning［C］//Proceedings of the 22nd ACM international conference on multimedia. New York, NY，USA：Association for Computing Machinery，2014：627-636.
④ 陈亮，汪景福，王娜，等．基于 DNN 算法的移动视频推荐策略［J］．计算机学报，2016，39(8)：1626-1638.
⑤ 邵健，章成志．文本表示方法对微博 Hashtag 推荐影响研究——以 Twitter 上 H7N9 微博为例［J］．图书与情报，2015(3)：17-25.

预测效果。①② Yuan 等也利用深度学习技术在不改动协同过滤核心的基础上，构建神经网络推荐模型，克服了职业推荐领域内的项目冷启动问题。③ 而 Ouhbi 等提出了一种基于深度信念网络 DNN 和基于项目的协同过滤推荐的混合模型，有效克服了现有方面面对的冷启动问题。④ 针对数据稀疏的问题，Modarresi 等利用自编码机对数值特征与非数值特征进行处理，对评分矩阵进行补全，以解决数据稀疏问题。⑤ 冯兴杰与曾云泽提出深度协同隐语义模型（Deep Collaborative Latent Factor Model，简称 DeepCLFM），在预训练 BERT 基础上，结合双向门控循环单元网络和注意力机制从评论文本中提取用户和商品的深层非线性特征向量，融合至评分矩阵中进行推荐，有效缓解了数据稀疏问题。⑥ 贾伟等同样利用深度神经网络将社会化标签与用户标签融合到评分矩阵中以改善数据稀疏性。⑦ 另外，在特定推荐领域内，Rosa 等通过构建卷积神经网络和双向长短期记忆网络来检测具有压抑内容的句子，从而构建针对检测心理障碍用户的基于知识的社交推荐系统。⑧ Fang 等就深度学习应用于序列推荐的场景展开

① WEI J, HE J, CHEN K, et al. Collaborative filtering and deep learning based hybrid recommendation for cold start problem [C]//2016 IEEE 14th Intl Conf on Dependable, Autonomic and Secure Computing, 14th Intl Conf on Pervasive Intelligence and Computing, 2nd Intl Conf on Big Data Intelligence and Computing and Cyber Science and Technology Congress (DASC/PiCom/DataCom/CyberSciTech). Auckland, New Zealand：IEEE, 2016：874-877.

② WEI J, HE J, CHEN K, et al. Collaborative filtering and deep learning based recommendation system for cold start items[J]. Expert Systems with Applications, 2017, 69：29-39.

③ YUAN J, SHALABY W, KORAYEM M, et al. Solving cold-start problem in large-scale recommendation engines：A deep learning approach[C]//2016 IEEE International Conference on Big Data (Big Data). Washington DC, USA：IEEE, 2016：1901-1910.

④ OUHBI B, FRIKH B, ZEMMOURI E, et al. Deep learning based recommender systems [C]//2018 IEEE 5th International Congress on Information Science and Technology (CISt). Marrakesh, Morocco：IEEE, 2018：161-166.

⑤ MODARRESI K, DINER J. An efficient deep learning model for recommender systems[C]// International Conference on Computational Science. Wuxi, China：Springer, 2018：221-233.

⑥ 冯兴杰，曾云泽. 基于评分矩阵与评论文本的深度推荐模型[J]. 计算机学报，2019，37(10)：1-18.

⑦ 贾伟，刘旭艳，徐彤阳. 融合用户智能标签与社会化标签的推荐服务[J]. 情报科学，2019，37(10)：120-125.

⑧ ROSA R L, SCHWARTZ G M, RUGGIERO W V, et al. A knowledge-based recommendation system that includes sentiment analysis and deep learning[J]. IEEE Transactions on Industrial Informatics, 2019, 15(4)：2124-2135.

ZHANG H, YANG H, HUANG T, et al. DBNCF：Personalized courses recommendation system based on DBN in MOOC environment[C]//2017 International Symposium on Educational Technology (ISET). Hong Kong, China：IEEE, 2017：106-108.

讨论，进一步总结了基于深度学习的序列推荐算法的潜在影响因素，并通过实验论证这些因素的影响程度。① Deng 和 Huangfu 针对医疗保健系统推荐的特殊性，构建了一种基于协同过滤与变分自编码机的协同变分深度学习模型（Collaborative Variational Deep Learning，简称 CVDL），并在实验中证明该方法相对于传统的混合协同过滤推荐方法有明显改善。② 陈耀旺等将深度神经网络应用于网吧游戏推荐场景，基于深度神经网络设计训练模型，并在实验中证明基于深度神经网络的推荐在召回率上有明显提升。③

而在学习资源推荐方面，也有部分学者涉及：Wang 等针对传统的在线学习现有方法的局限性，利用深度神经网络来实现传统的 K 近邻算法，使得模型的准确度提升，且极大减轻了系统运行的负担。④ Zhang 等为处理在线学习用户的高位属性，利用 DBN 实现个性化学习资源推荐，充分利用了 DBN 在函数逼近、特征提取、预测分类方面的高性能。⑤ 随后，其又在原有模型的基础上进一步改进，在真实数据集上提升了模型精度。⑥ 张金柱等基于深度学习的网络表示学习方法处理科研网络中用户的向量表示，并通过向量相似度计算实现对科研学习资源的预测和推荐。⑦ 历小军等提出基于边缘信息的神经网络模型（IUNeu），在神经矩阵分解模型（NeuMF）的基础上，结合用户和课程信息以提升模型的准确性，并在真实数据集上验证方法的有效性。⑧

① FANG H，GUO G，ZHANG D，et al. Deep learning-based sequential recommender systems：Concepts，algorithms，and evaluations［C］//International conference on web engineering. Daejeon，Korea：Springer，2019：574-577.

② DENG X，HUANG F. Collaborative variational deep learning for healthcare recommendation［J］. IEEE Access，2019，7：55679-55688.

③ 陈耀旺，严伟，俞东进，等. 基于深度学习的个性化网吧游戏推荐［J］. 计算机工程，2019，45（1）：206-209，216.

④ WANG X，ZHANG Y，YU S，et al. E-learning recommendation framework based on deep learning［C］//2017 IEEE International Conference on Systems，Man，and Cybernetics（SMC）. Banff，Canada：IEEE，2017：455-460.

⑤ ZHANG H，YANG H，HUANG T，et al. DBNCF：Personalized courses recommendation system based on DBN in MOOC environment［C］//2017 International Symposium on Educational Technology（ISET）. Hong Kong，China：IEEE，2017：106-108.

⑥ ZHANG H，HUANG T，LV Z，et al. MOOCRC：A highly accurate resource recommendation model for use in MOOC environments［J］. Mobile Networks and Applications，2019，24（1）：34-46.

⑦ 张金柱，于文情，刘菁婕，等. 基于网络表示学习的科研合作预测研究［J］. 情报学报，2018，37（2）：132-139.

⑧ 历小军，柳虹，施寒潇，等. 基于深度学习的课程推荐模型［J］. 浙江大学学报（工学版），2019，53（11）：2139-2145，2162.

综上所述，深度学习具有强大的抽象能力、特征表示能力、分类预测能力等优点。[1] 考虑到目前在线学习资源推荐中利用深度学习的案例相对较少，结合在研究背景中提及的当前在线学习资源推荐所面临的挑战，将深度学习应用于在线学习资源推荐是一个可行的方案。

基于此，可以利用深度学习算法来改进在线学习资源推荐中传统协同过滤推荐的限制，基于深度神经网络模型学习更深层次特征表示，构建基于深度学习的在线学习资源推荐方法，以提高现有推荐方法的性能。具体来讲，首先，针对矩阵分解方法点积运算的局限，提出利用距离分解替代矩阵分解，利用深度学习模型构建基于深度距离分解的在线学习资源推荐方法，以期实现对现有在线学习资源推荐方法性能的提升。其次，针对协同过滤算法所用评分数据单一的问题，提出基于深度学习方法计算评论文本的情感分值并融合评分数据构建新的情感评分数据来度量学习者-学习资源的主观偏好的策略，以期实现对推荐质量的提升。

2.4.5　高校在大数据的图卷积神经网络慕课推荐

在 5G 通信技术高速化、互联网接口多样化的时代背景驱动下，社会各领域的业态呈现出日新月异的变化，衍生出与信息技术相结合的新兴服务。大规模开放式在线课程(Massive Open Online Course，简称 MOOC，也称作"慕课")是教育领域在信息时代孕育出的新型授课模式，在网络技术的赋能下，慕课打破时间和空间的限制，学习者能随时随地学习感兴趣的课程，同时慕课有更多的开放性和包容性，允许各类人群接触到优质课程。慕课为更多的人提供高等教育和在职学习资源，促进高校向社会公众提供优质教学资源，引导社会产生新的学习生态。[2] 如今国内外涌现出一批具有代表性的慕课平台。如中国大学 MOOC、网易云课堂、Coursera 和 Udacity 等，这些平台凭借丰富的优质学习资源和触手可及的便利性收获大量受众群体。2020 年起，新冠疫情席卷全球，中小学和高等院校师生的学习、工作均受到不同程度的影响，为缓解疫情对教学造成的不便利性，线上授课成为众多学校采取的主要应对措施，在线学习人数相较疫情前有明显提高，对有主动寻求学习资源需求的大学生群体，慕课成为疫情

---

① 刘凯，张立民，周立军. 深度学习在信息推荐系统的应用综述[J]. 小型微型计算机系统，2019，40(4)：738-743.
② 李晓明，张绒. 慕课：理想性、现实性及其对高等教育的潜在影响[J]. 电化教育研究，2017，38(2)：62-65.

防控期间的主要学习途径之一。① 然而慕课飞速发展的同时，逐渐暴露学习者难以找到感兴趣课程的问题，学习者面对数量繁多、内容同质化的在线学习资源，无法短时间确定课程是否满足需求，甚至可能在参与课程的过程中发现课程未能满足其需求并选择弃学，一方面学习者对课程产生低满意度，另一方面造成许多慕课出现完成率低的问题，导致教学资源浪费。因此，如何有针对地为学习者提供个性化的在线学习资源推荐服务，改善学习者的满意度并提升学习资源的利用率成为慕课发展亟待解决的问题。

推荐系统(Recommender System)作为信息过滤的一种重要手段，为解决信息过载问题提供了有效解决方案，在电子商务、电影、音乐等内容平台领域得到了广泛应用。② 不同于用户使用搜索引擎时带有明确的需求进行信息检索，搜索引擎返回与用户查询内容匹配的相关结果，推荐系统是由系统主导用户的浏览倾向，向用户推送满足其潜在需求的商品或内容，能够为用户提供个性化、定制化的服务。③ 慕课学习者在挑选课程时面临信息过载问题，需要花费大量时间与精力寻找契合认知水平和学习兴趣的课程。因此，在线学习领域推荐系统技术成为一个重要的研究方向，国内外学者致力于将推荐系统技术应用于慕课领域。

在大数据时代，用户在网络上时刻产生数据，成规模的用户行为数据中存在潜在的信息等待挖掘。通过云计算、数据挖掘等技术，分析用户的网络行为日志、静态属性、动态行为等数据，能够分析用户的网络行为习惯，对用户进行构建虚拟画像，更好地了解用户需求从而在产品设计和产品推荐过程中优化，给用户带来优质体验，同时商家获得用户好评。如何构建有效的用户画像模型，并用于推荐系统在近年间成为推荐领域的一个重要研究方向。

综上所述，本书将图卷积神经网络引入慕课协同过滤推荐方法，将学习者历史评分行为转换为学习者-慕课二部图，利用图神经网络对实体间的关联关系良好的表征效果，挖掘其中的交互特征，同时利用双重注意力网络对评论语义的提取能力来构建用户画像，以期改进现有慕课推荐方法

① 马艳云. 新冠疫情下大学生慕课学习研究——基于疫情防控期间与疫情前慕课学习人数的比较[J]. 中国特殊教育，2020(5)：90-96.

② PAN P Y, WANG C H, HORNG G J, et al. The development of an ontology-based adaptive personalized recommender system [C]//2010 international conference on electronics and information engineering. IEEE, 2010, 1：76-80.

③ RICCI F, ROKACH L, SHAPIRA B. Introduction to recommender systems handbook[M]// Recommender systems handbook. Springer, Boston, MA, 2011：1-35.

面临数据稀疏和评分数据单一的问题，提升推荐方法的性能，促进慕课领域的进一步发展。其国内外研究现状如下：

(1)慕课推荐研究现状

目前，学习资源推荐的主流推荐算法可分为四类：基于内容的推荐、基于协同过滤的推荐、基于知识的推荐和混合推荐。①

①基于内容的推荐。基于内容的推荐是学习资源领域最早使用的推荐算法，类似推荐系统在电子商务领域的应用，基于内容的推荐利用 Web 数据挖掘技术，分析学习者过去喜好的学习资源的内容属性，将学习资源根据属性特征进行用户偏好的建模，向用户推荐与他们过去喜好的物品相似的项目。国外学者 Apaza 等②基于学生的历史成绩，利用隐狄利克雷分布(Latent Dirichlet Allocation，简称 LDA)主题模型提取大学课程和在线课程的大纲主题，然后使用基于内容的匹配算法来预测学习者对所有课程的评分。Jing 等③根据学生对课程的访问行为提取个性化偏好信息，结合课程间的先修关系，构建了基于内容的推荐算法框架，在清华大学学堂在线平台收集的数据证实了推荐方法的有效性，并将该推荐系统集成于学堂在线平台为学生提供个性化课程推荐服务。Shu 等④提出一种基于卷积神经网络的内容推荐算法，利用卷积神经网络提取多媒体资源的描述性文本中的隐因子，结合 LDA 主题模型进行多媒体学习资源的推荐。国内学者郝兴伟等⑤提出了一种基于知识点管理的教育资源推荐方法，利用 Web 挖掘技术建立了个性化的 E-Learning 推荐模型。袁静等⑥提出基于情景信息的学习资源个性化推荐算法，分别分析学习者与学习资源的情景信息，利用链接分析和流行度排序计算学习者与学习资源的相似度并完成推荐。王

---

① 刘伟，刘柏嵩，王洋洋. 海量学术资源个性化推荐综述[J]. 计算机工程与应用，2018，54(3)：30-39.

② APAZA R G, CERVANTES E V, QUISPE L C, et al. Online courses recommendation based on LDA[C]// The international conference on information management and Big Data(SIMBig)，2014：42-48.

③ JING X, TANG J. Guess you like：Course recommendation in MOOCs[C]//Proceedings of the international conference on web intelligence，2017：783-789.

④ SHU J, SHEN X, LIU H, et al. A content-based recommendation algorithm for learning resources[J]. Multimedia Systems，2018，24(2)：163-173.

⑤ 郝兴伟，苏雪. E-learning 中的个性化服务研究[J]. 山东大学学报(理学版)，2005(2)：67-71.

⑥ 袁静，焦玉英. 基于情景信息的学习资源个性化推荐[J]. 情报理论与实践，2009，32(7)：116-119.

幸娟①设计并实现了基于 Word2vec 和 TF-IDF 对课程数据进行词向量训练、聚类和相似度计算，从而产生推荐列表的课程推荐系统。

②基于协同过滤的推荐。基于协同过滤的推荐方法假设针对同一项目有相同评分的两个用户，他们的偏好可能是相近的，对其他项目进行评分时往往比随机选择的两个用户有更多的相似性。协同过滤算法找出与目标用户喜好相近的用户，向目标用户推荐相近用户给出好评而目标用户尚未接触的项目。由于协同过滤算法相比基于内容的推荐方法具有能够挖掘用户新偏好的特点，在推荐领域得到了广泛的应用。其中，Koren 等②将用户-项目评分矩阵分解成用户和项目两个矩阵，预测用户-项目评分矩阵中缺失的部分，从而根据预测评分进行推荐，提出的矩阵分解推荐方法在Netflix 电影推荐竞赛中取得第一的成绩。Thai-Nghe 等③将矩阵分解引入课程推荐中，预测学生在课程学习中将取得的成绩表现，提出了一种基于邻域的用户协同过滤方法来生成 Top-N 课程推荐。Thanh-Nhan 等④在基于矩阵分解的课程推荐方法基础上，提出最近邻（K-Nearest Neighbor，简称KNN）协同过滤算法，以改进矩阵分解课程推荐方法的效果。Khorasani等⑤提出了一个基于马尔可夫的协同过滤模型，根据学生在前几个学期所修课程的顺序，在不了解学校、课程先决条件、课程或学位要求的情况下，每学期向学生推荐课程。Lee 等⑥将贝叶斯个性化评分矩阵分解工作分为两阶段算法，以解决不同年级的学生在公共选修课选择上存在差异的问题。Li 等⑦将概率矩阵分解（Probability Matrix Factorization，简称 PMF）

① 王幸娟．基于 Word2Vec 和 TF-IDF 的课程推荐研究［D］．上海：华东师范大学，2020.

② KOREN Y，BELL R，VOLINSKY C. Matrix factorization techniques for recommender systems ［J］. Computer，2009，42（8）：30-37.

③ THAI-NGHE N，HORVÁTH T，SCHMIDT-THIEME L. Factorization models for forecasting student performance［C］//International conference on educational data，2010：11-20.

④ THANH-NHAN H L，NGUYEN H H，THAI-NGHE N. Methods for building course recommendation systems［C］//2016 eighth international conference on Knowledge and Systems Engineering（KSE），2016：163-168.

⑤ KHORASANI E S，ZHENGE Z，CHAMPAIGN J. A Markov chain collaborative filtering model for course enrollment recommendations［C］//2016 IEEE International Conference on Big Data （Big Data），2016：3484-3490.

⑥ LEE E L，KUO T T，LIN S D. A collaborative filtering-based two stage model with item dependency for course recommendation［C］//2017 IEEE international conference on Data Science and Advanced Analytics（DSAA），2017：496-503.

⑦ LI J，CHANG C，YANG Z，et al. Probability matrix factorization algorithm for course recommendation system fusing the influence of nearest neighbor users based on cloud model ［C］//International conference on human centered computing，2018：488-496.

模型引入课程推荐场景中，优化深度神经网络模型，整合学习者的社会信息并计算学习者之间的相似性。国内学者在基于协同过滤的推荐方法方向也取得相当多的研究成果。周丽娟等①针对课程评分数据极端稀疏的问题，对课程进行聚类并构建课程评价矩阵，根据学生对相似课程的评分预测学生偏好，提出了基于协同过滤的课程推荐方法，通过实验验证该方法能在评分数据稀疏的情况下缓解学生选课时的盲目性问题。陈阳雪②通过构建隐式评分模型改进传统的基于物品的协同过滤推荐算法，利用 MapReduce 并行计算模型设计了基于大数据平台的 MOOC 推荐系统，提高了对大规模数据集的处理速度。苏庆等③考虑学习者在学习过程中的学习情况，引入知识掌握程度、平均分和知识难度系数三种因子，改进学习者相似度计算过程，提出了融合度中心性和协同过滤算法的个性化学习推荐模型。

③基于知识的推荐。基于知识的慕课推荐方法认为不同学习者的具体需求是不同的，即使两个学习者对课程给出的评分相似，如果他们的学习特征不同，则需要不同的推荐。基于知识的推荐通过本体建模、关联数据以及案例推理等流程，聚合学习者和课程的相关内容生成特定的知识库，为学习者生成个性化学习需求，并在此基础上进行推荐。其中，Lu④建立多标准学生需求分析模型处理学生的基本信息，并提出一种模糊匹配算法，计算学生需求与学习资料的匹配度从而生成推荐。Santos 等⑤提出 e-learning 场景下以用户为中心的推荐方法，流程包括获取协同算法为学生生成的课程推荐列表，分析学生的偏好特征以挑选推荐列表里最适合学生的课程，最后收集学生对推荐结果的反馈意见，根据反馈修正学生的偏好。Shishehchi 等⑥利用基于知识的方法获取关于学习者的静态知识，包

① 周丽娟，徐明升，张研研，等．基于协同过滤的课程推荐模型[J]．计算机应用研究，2010，27(4)：4.
② 陈阳雪．基于大数据平台的 MOOC 混合推荐算法的研究及应用[D]．杭州：杭州电子科技大学，2017.
③ 苏庆，陈思兆，吴伟民，等．基于学习情况协同过滤算法的个性化学习推荐模型研究[J]．数据分析与知识发现，2020，4(5)：13.
④ LU J. A personalized e-learning material recommender system[C]//Proceedings of the 2nd International Conference on Information Technology for Applications(ICITA 2004)，2004：374-379.
⑤ SANTOS O C，BOTICARIO J G. Building a knowledge-based recommender for inclusive eLearning scenarios[C]//Artificial Intelligence in Education，2009：689-691.
⑥ SHISHEHCHI S，BANIHASHEM S Y，ZIN N A M，et al. Ontological approach in knowledge based recommender system to develop the quality of e-learning system[J]. Australian Journal of Basic and Applied Sciences，2012，6(2)：115-123.

括学习者信息、学习历史，利用基于行为的方法获取关于学习者的动态知识，包括学习风格和知识背景，构建了基于本体的个性化在线学习推荐系统。Aher 等①基于学习者历史数据，利用 Web 数据挖掘来构建课程的智能推荐系统：通过 k-means 聚类算法和 Apriori 关联规则算法相结合的方式来寻找最优结果。Chen 等②认为用户的学习难度倾向是从简单的课程到困难的课程，对于某个特定知识点用户更愿意从理论学习到实践学习，提出了序列模式挖掘（Sequential Pattern Mining，简称 SPM）算法处理学生的学习历史序列，在一个中心式学习平台和一个去中心化的学习平台进行测试，结果表明 SPM 算法取得了良好的效果。Bouihi 等③在经典的 Web 应用架构基础上增加一个语义层，语义层由基于本体的子系统和 Web 语义规则组成，对领域知识和上下文建模，从而产生推荐，提出了基于语义网络的学习资源推荐系统体系结构。国内学者刘志勇等④提出了一种基于语义网的学习资源个性化推荐算法，根据学习者评价和历史浏览记录确定用户感兴趣的学习资源并构建领域本体，通过领域本体计算学习资源间的语义相似度，以确定学习者的兴趣偏好并确定个性化推荐的学习资源。赵蔚等⑤认为个性化学习要结合学习者特性、需求和适应性为用户提供学习资源和学习路径，采用基于本体的技术建立学习者知识本体和知识资源本体，在教学模式规则下进行推荐，提出了本体驱动的知识资源推荐方法，通过实验证明能够满足个性化的学习需求并优化学习过程。

④基于混合的推荐。基于混合的推荐方法集成两种及以上推荐方法，旨在综合现有各种方法的优点，减轻冷启动、数据稀疏等推荐系统可能面临的局限性。在学习资源推荐领域，Wu 等⑥将基于内容的推荐和协同过滤推荐方法组合，同时考虑到学习者间的语义相似性和协同过滤相似性，

①　AHER S B, LOBO L. Combination of machine learning algorithms for recommendation of courses in E-Learning System based on historical data［J］. Knowledge-Based Systems, 2013, 51: 1-14.

②　CHEN W, NIU Z, ZHAO X, et al. A hybrid recommendation algorithm adapted in e-learning environments［J］. World Wide Web, 2014, 17(2): 271-284.

③　BOUIHI B, BAHAJ M. Ontology and rule-based recommender system for e-learning applications［J］. International Journal of Emerging Technologies in Learning, 2019, 14(15): 4-13.

④　刘志勇, 刘磊, 刘萍萍, 等. 一种基于语义网的个性化学习资源推荐算法［J］. 吉林大学学报(工学版), 2009, 39(S2): 391-395.

⑤　赵蔚, 姜强, 王朋娇, 等. 本体驱动的 e-Learning 知识资源个性化推荐研究［J］. 中国电化教育, 2015(5): 84-89.

⑥　WU D, LU J, ZHANG G. A fuzzy tree matching-based personalized e-learning recommender system［J］. IEEE transactions on fuzzy systems, 2015, 23(6): 2412-2426.

实现了基于模糊匹配的学习资源混合推荐方法。Pang 等①将协同过滤和时间序列相结合构建学习推荐算法，有效提高了自适应性。Da 等②将评分数据之外的社交数据、用户标签信息等更多类的信息融合到推荐中，从而拓展邻域，使得推荐的效果更具有覆盖性。国内学者夏立新等③基于用户自身属性和已有好友分布特征，来确定目标用户的最近邻集，提出了适用于布尔型移动在线学习资源的协同推荐方法，该思路有效缓解了数据稀疏问题。张维国④利用协同过滤推荐算法对关联规则 Apriori 算法进行改进，结合学生专业、兴趣爱好、学习成绩等知识构建了选课个性化推荐算法。任维武等⑤提出基于强化学习的自适应学习路径生成机制，考虑学习者与学习情境间的契合度，并建立学习资源强化学习算法训练模型，生成自适应的学习路径，结果表明有良好的实用性。廖宏建等⑥提出将信任网络与传统矩阵分解方法相结合，利用历史行为和评分构建学习者之间的信任关系矩阵，结合课程评分矩阵挖掘学习者与课程的特征并进行评分预测，实验结果表明信任网络能缓解冷启动问题。

（2）用户画像研究现状

用户画像最早由 Alan Cooper 提出⑦，他将用户画像定义为"基于用户真实数据的虚拟代表"。Quintana 等⑧将用户画像描述为"一个从海量数据中获取的、由用户信息构成的形象集合"，这个集合可以描述用户的需

① PANG Y, LIU W, JIN Y, et al. Adaptive recommendation for MOOC with collaborative filtering and time series[J]. Computer Applications in Engineering Education, 2018, 26(6): 2071-2083.
② DA S, WIVES L K. Recommender system for learning objects based in the fusion of social signals, interests, and preferences of learner users in ubiquitous e-learning systems [J]. Personal and Ubiquitous Computing, 2019, 23(2): 249-268.
③ 夏立新, 毕崇武, 程秀峰. 基于 FRUTAI 算法的布尔型移动在线学习资源协同推荐研究[J]. 图书情报工作, 2017, 61(3): 14-20.
④ 张维国. 面向知识推荐服务的选课决策[J]. 计算机科学, 2019, 46(S1): 507-510.
⑤ 任维武, 郑方林, 底晓强. 基于强化学习的自适应学习路径生成机制研究[J]. 现代远距离教育, 2020(6): 88-96.
⑥ 廖宏建, 谢亮, 曲哲. 一种基于隐式信任感知的 MOOCs 推荐方法[J]. 情报理论与实践, 2021, 44(2): 128-135.
⑦ COOPER A, REIMANN R, CRONIN D. About face 3: The essentials of interaction design [M]. Hoboken: John Wiley & Sons, 2007.
⑧ QUINTANA R M, HALEY S R, LEVICK A, et al. The persona party: Using personas to design for learning at scale[C]//Proceedings of the 2017 CHI conference extended abstracts on human factors in computing systems, 2017: 933-941.

求、个性化偏好以及用户兴趣等。Gauch 等①将用户画像视为由加权关键词、语义网以及概念层次结构三方面组成的集合。王宪朋②认为用户画像的定义包括三个方面的内容：用户数据的搜集、特定业务场景和数学建模。用户数据的搜集是构建用户画像的前提和基础；构建用户画像时需要考虑业务场景，从而对符合业务需求的特定用户进行画像，体现业务特色；通过数学建模从海量数据中挖掘出更深层次的用户潜在信息，从而构建用户画像。余孟杰③认为用户画像是一种大数据环境下用户信息标签化方法，即大数据提供了足够的数据基础，通过抽象出标签信息可以呈现出用户全貌。综上可以看出，用户画像是通过分析用户行为数据，提取用户行为特征，并由此形成的一系列可以表示用户兴趣、偏好的标签信息的集合，通过这些标签信息能够对用户有一个全面的了解，并以此为基础预测用户的需求，从而为用户提供更精确的推荐结果。

在用户画像领域，国内外学者主要对大数据时代下用户画像的构建和应用的相关问题进行研究。目前，用户画像构建方法可大致分为三类：基于用户行为的画像方法、基于用户兴趣偏好的画像方法和基于主题的画像方法④。

①基于用户行为的画像方法。基于用户行为的画像方法的核心问题是对用户行为尤其是用户网络行为进行分析。国外学者 Adomavicius 等⑤将数据挖掘技术应用于用户画像领域，通过分析顾客的历史购物数据，制定了用户画像的规则。Nasraoui 等⑥利用遗传算法挖掘 Web 日志文件中隐含的用户使用模式，融合了用户的动态行为，由此构建基于用户日志行为的动态画像模型，实现对用户网络行为的实时跟踪与动态验证。Iglesias 等⑦

① GAUCH S, SPERETTA M, CHANDRAMOULI A, et al. User profiles for personalized information access[J]. The adaptive web, 2007：54-89.
② 王宪朋. 基于视频大数据的用户画像构建[J]. 电视技术, 2017, 41(6)：20-23.
③ 余孟杰. 产品研发中用户画像的数据模建——从具象到抽象[J]. 设计艺术研究, 2014, 4(6)：60-64.
④ 刘海鸥, 孙晶晶, 苏妍嫄, 等. 国内外用户画像研究综述[J]. 情报理论与实践, 2018, 41(11)：155-160.
⑤ ADOMAVICIUS G, TUZHILIN A. Using data mining methods to build customer profiles[J]. Computer, 2001, 34(2)：74-82.
⑥ NASRAOUI O, SOLIMAN M, SAKA E, et al. A web usage mining framework for mining evolving user profiles in dynamic web sites[J]. IEEE transactions on knowledge and data engineering, 2007, 20(2)：202-215.
⑦ IGLESIAS J A, ANGELOV P, LEDEZMA A, et al. Creating evolving user behavior profiles automatically[J]. IEEE transactions on knowledge and data engineering, 2011, 24(5)：854-867.

对 Web 站点的网络日志进行深度挖掘，通过计算用户行为模式的余弦距离进行聚类分析，提出了能够随着日志变化而动态演化更新的用户画像方法。国内学者王洋等①通过网关产品采集的用户浏览行为日志及爬取的辅助数据集，在 k-means 聚类算法的基础上结合用户价值标签和驱动力标签，设计并实现了一种大数据分析平台用户画像系统。杨帆②以读者的行为偏好为中心，通过搜集读者的检索、查阅、文献传递、在线浏览和图书收藏等行为信息，构建了图书馆用户画像与资源画像模型，根据读者画像和资源画像的相似度为读者推荐合适的书籍与服务，从而实现图书馆的个性化推荐。王斐等③结合用户画像改进协同过滤推荐算法，根据用户的基本属性数据和历史行为数据，对用户画像建模生成用户偏好特征向量，利用传统的协同过滤算法生成物品特征向量，计算两者向量的相似度并产生推荐。

②基于用户兴趣偏好的画像方法。基于用户兴趣偏好的画像方法以用户数据为基础，挖掘兴趣和偏好信息，主要从两方面着手：一方面，基于用户在网站的注册信息对用户的显性兴趣进行分析，从而构建用户画像；另一方面，也可以采用隐性方式对用户兴趣进行搜集和推理，建立基于用户潜在兴趣的画像模型。国内学者石宇等④认为用户对资源的浏览、标注和购买等不同行为反映不同程度的兴趣偏好，从用户群体的角度提出了基于认知的用户兴趣建模方法，在电影数据集开展实验，结果表明基于认知的兴趣模型能够更好地反映用户偏好。

③基于主题的画像方法。基于主题的画像方法是充分利用用户各种文本信息，以建立全面而精准的画像的方法。国外学者 Blei 等⑤提出隐狄利克雷分布（Latent Dirichlet Allocation，简称 LDA）主题模型，该研究通过三层贝叶斯概率模型提取词、主题和文档级别的核心，可广泛应用于话题跟踪、知识发现、主题挖掘中，是极具代表性的主题挖掘模型。国内学者郭

① 王洋，丁志刚，郑树泉，等．一种用户画像系统的设计与实现[J]．计算机应用与软件，2018，35(3)：8-14.
② 杨帆．画像分析为基础的图书馆大数据实践——以国家图书馆大数据项目为例[J]．图书馆论坛，2019，39(2)：58-64.
③ 王斐，吴清烈．基于用户画像与协同过滤的大规模定制智能推荐算法研究[J]．工业工程，2021，24(5)：159-164.
④ 石宇，胡昌平，时颖惠．个性化推荐中基于认知的用户兴趣建模研究[J]．情报科学，2019，37(6)：37-41.
⑤ Blei D，Ng A，Jordan M．Latent dirichlet allocation[J]．Journal of machine Learning research，2003，3(1)：993-1022.

心语①考虑用户发出的查询以及点击的广告两种行为，利用 LDA 主题模型提取查询内容和广告中的潜在语义，从而对用户进行分组。陈泽宇等②将 LDA 主题模型与神经网络技术结合，利用 LDA 模型提取用户历史查询词的主题，再应用神经网络训练查询词与主题得到词向量，最后采用随机森林分类算法处理词向量，从而构建用户画像。

综上所述，国内外学者对用户画像的理论及技术已开展广泛的研究，用户画像以用户行为数据为基础提取标签生成画像，用户画像中的标签代表了用户的兴趣点，标签的权重则表示用户对该标签的感兴趣程度。但现有的研究多根据用户的隐式反馈（如网络日志、浏览记录、停留时间等）构建用户画像，少有研究针对用户发表的评论文本这一显式反馈。

（3）图卷积神经网络研究现状

随着学者对神经网络研究工作的深入，深度学习技术在提取图像、语音和文本等欧几里得空间数据的特征并建模方面取得诸多成果，为目标识别、语音识别和机器翻译等场景提供了新的解决方案。然而，在实际生活的许多应用场景需要处理的是非欧式空间数据，例如社交网络、交通网络等③。图数据作为一种常见的非欧式空间数据，由于能够自然地表示现实场景中的数据组织形式，逐渐受到学界的关注。不同于图像、音频和文本等欧氏空间数据具有连续、规则的组织形式，图数据处于非欧空间，每个节点的相邻节点数各异，因而是不规则的，这使得传统神经网络对图数据的处理面临挑战。同时现有的深度学习算法通常假定数据样本之间互相独立，而图数据中节点之间存在联系，连接节点的边潜在反映了节点实例间的关系。受神经网络和图嵌入算法的启发，图神经网络应运而生④。图神经网络以图领域的角度对数据特征进行提取，近年来被引入推荐系统领域并迅速成为研究热点。推荐系统领域中的大多数数据本质上都可以转换为

① 郭心语. 广告定向中基于潜在语义的用户分组方法［D］. 上海：华东师范大学，2014.
② 陈泽宇，黄勃. 改进词向量模型的用户画像研究［J］. 计算机工程与应用，2020，56（1）：180-184.
③ 徐冰冰，岑科廷，黄俊杰，等. 图卷积神经网络综述［J］. 计算机学报，2020，43（5）：755-780.
④ BRUNA J，ZAREMBA W，SZLAM A，et al. Spectral networks and locally connected networks on graphs［J/OL］. arXiv preprint arXiv：1312. 6203，2013. https：//doi. org/10. 48550/arXiv. 1312. 6203.

图结构①。例如，推荐系统通常根据用户与项目的历史交互数据为用户推荐其可能感兴趣的项目，交互历史可以表示为用户和项目节点组成的二部图，历史交互行为反映为用户和项目节点之间相连的边。何昊晨等②利用图神经网络、多层感知机构建多重网络嵌入模型，对用户的偏好和社交关系等多维网络进行建模并融合，解决了多维社交关系下的推荐问题。

2.4.6 高校大数据的慕课群组推荐技术进展

(1)慕课评论情感分析研究现状

随着慕课的蓬勃发展，慕课平台积累的课程评论内容日益增多。由于慕课评论承载着学习者较为真实的情感与反馈，越来越多的学者开始对评论信息进行研究。早在 2011 年，El-Halees③ 就已开始研究阿拉伯地区慕课资源的二分类评论情感倾向性特征。Munezero 等④提出了一个自动提取、分析和可视化学生日志情绪的功能系统，并通过实验说明了该系统在改善师生交流以及增强学生学习体验方面的潜在影响和实用性。Ramesh 等⑤利用主题模型对慕课平台讨论区的内容进行探索，同时证明了该方法有助于预测慕课学生的留存率。Wen 等⑥通过分析慕课平台 Coursera 讨论区中的留言所蕴含的情感来预测学习者的退课率。Ezen-Can 等⑦通过聚类

① YING R, HE R, CHEN K, et al. Graph convolutional neural networks for web-scale recommender systems[C]//Proceedings of the 24th ACM SIGKDD international conference on knowledge discovery & data mining, 2018: 974-983.

② 何昊晨，张丹红. 基于多维社交关系嵌入的深层图神经网络推荐方法[J]. 计算机应用，2020, 40(10): 2795-2803.

③ EL-HALEES A. Mining opinions in user-generated contents to improve course evaluation[C]// International conference on software engineering and computer systems. Springer, Berlin, Heidelberg, 2011: 107-115.

④ MUNEZERO M, MONTERO C S, MOZGOVOY M, et al. Exploiting sentiment analysis to track emotions in students' learning diaries [C]//Proceedings of the 13th koli calling international conference on computing education research, 2013: 145-152.

⑤ RAMESH A, GOLDWASSER D, HUANG B, et al. Understanding MOOC discussion forums using seeded LDA[C]//Proceedings of the ninth workshop on innovative use of NLP for building educational applications. 2014: 28-33.

⑥ WEN M, YANG D Y, ROSE C P. Sentiment analysis in MOOC discussion forums: What does it tell us? [C]. Proceedings of Educational Data Mining, 2014: 130-137.

⑦ AYSU EZEN-CAN, GRAFSGAARD J F, JAMES C. Lester, et al. Classifying student dialogue acts with multimodal learning analytics [C]//Proceedings of the fifth international conference on learning analytics and knowledge, poughkeepsie, New York, USA: ACM, 2015: 280-289.

的方法抽取慕课平台评论的结构化信息，以研究慕课学习者的交互模式。刘智①通过半监督情感识别技术对课程评论情感话题进行挖掘。冯君②利用 StanfordParser③和台湾大学情感极性词典（"National" Taiwan University Sentiment Dictionary，简称 NTUSD）对课程评论进行情感分析，基于条件随机场模型提出并设计了一个半监督的慕课评论情感分析模型。潘怡等④提出了一种基于情感单元的自动情感分类引擎，并将其应用到真实的 E-learning 系统中，以期完善教学模式和支持服务。贺杰⑤通过对比机器学习算法和情感词典方法在分析课程评论情感时的效果，得出利用机器学习中的 SVM 算法相较于使用 NTUSD 具有更好的文本分类效果的结论。Fei 等⑥通过结合 word2vec 和机器学习算法来对判断慕课学习者的情感倾向性，从而获得慕课学习者的学习情绪变化及学习偏好，帮助其提高学习效率和学习质量。Wong 等⑦为了帮助慕课讲师更好地把握课程论坛中学习者的态度和交流的主题，设计并开发了一个慕课论坛视觉分析工具——MessageLens，用于分析人们在社交互动中所产生的丰富内容。

通过分析上述有关慕课评论情感分析的研究成果可以发现，对慕课评论进行情感分析的技术从起初的情感词典方法逐渐进化到目前常用的机器学习算法，研究的侧重点主要是评论情感倾向性判定以及评论主题提取。然而上述研究没有考虑到将评论情感量化成具体数值，与评分数据相结合共同描述慕课学习者的情感偏好，且在情感分析方法上没有充分利用目前在文本挖掘方面具有较高性能的深度学习技术。

（2）深度学习预训练技术研究现状

近年来，随着深度学习的迅猛发展，应用于自然语言处理（Natural

---

① 刘智. 课程评论的情感倾向识别与话题挖掘技术研究[D]. 武汉：华中师范大学，2014.
② 冯君. 基于条件随机场的情感分析模型在 MOOCs 评论文本分析中的应用研究[D]. 武汉：华中师范大学，2017.
③ CHEN D, MANNING C D. A fast and accurate dependency parser using neural networks[C]// Proceedings of the 2014 conference on empirical methods in natural language processing (EMNLP). 2014：740-750.
④ 潘怡，叶辉，邹军华. E-learning 评论文本的情感分类研究[J]. 开放教育研究，2014，20(2)：88-94.
⑤ 贺杰. 在线教育课程评论文本情感倾向性研究[D]. 南昌：江西财经大学，2017.
⑥ FEI H, LI H. The study of learners' emotional analysis based on MOOC[C]//International conference on cognitive computing. Springer, Cham, 2018：170-178.
⑦ WONG J S. Messagelens：À visual analytics system to support multifaceted exploration of MOOC forum discussions[J]. Visual Informatics, 2018, 2(1)：37-49.

Language Processing，简称 NLP）领域的预训练技术也取得了飞速的进步。传统的 NLP 任务多采用循环神经网络、长短时记忆网络等模型，相比于传统的 NLP 算法，预训练技术利用大规模、无标注的语料来训练深层网络结构，具有更强大的文本编码能力，在 NLP 系统中有着显著的改进效果，也能更加高效地利用图形处理器等高性能设备完成大规模训练工作[1]。除了其本身的高性能外，预训练过程还实现了迁移学习[2]的概念，预先在超大数据集上训练好模型，通过微调等方式把模型的结构和权重应用在其他不同的数据集上，处理不同的下游任务。预训练模型已日渐成为 NLP 领域不可或缺的一部分，并逐渐被应用到医学、法律等其他领域，开启了动态预训练时代。

根据时间顺序可将预训练技术分为早期的静态预训练技术、经典的动态预训练技术以及最新发布的新式预训练技术。[3] 最早通过神经网络技术实现的语言模型是由 Bengio 等提出的 NNLM 模型[4]，此后，基于 NNLM 思想的 Word2Vec、GloVe[5] 和 FastText[6] 等也相继被提出。这些早期的预训练技术开启了一种全新的模型训练方式——迁移学习，但无法解决自然语言中常见的一词多义问题，而且在提升下游任务效果方面的作用也十分有限。ELMo[7] 于 2018 年提出了一种动态捕捉上下文相关语义信息的模型，该模型可以有效解决一词多义的问题，展现出了预训练语言模型在 NLP 任务中的良好性能。同期，Transformer[8] 在机器翻译等任务上也有很

① 刘欢，张智雄，王宇飞．BERT 模型的主要优化改进方法研究综述［J］．数据分析与知识发现，2021，5(1)：3-15.
② YOSINSKI J，CLUNE J，BENGIO Y，et al. How transferable are features in deep neural networks？［J］. arXiv preprint arXiv：1411. 1792，2014.
③ 李舟军，范宇，吴贤杰．面向自然语言处理的预训练技术研究综述［J］．计算机科学，2020，47(3)：162-173.
④ BENGIO Y，DUCHARME R，VINCENT P，et al. 2003. A neural probabilistic language model［J］. Journal of Machine Learning Research，2003，3：1137-1155.
⑤ PENNINGTON J，SOCHER R，MANNING C D. Glove：Global vectors for word representation［C］//Proceedings of the 2014 conference on empirical methods in natural language processing（EMNLP），2014：1532-1543.
⑥ JOULIN A，GRAVE E，BOJANOWSKI P，et al. Bag of tricks for efficient text classification［J］. arXiv preprint arXiv：1607. 01759，2016.
⑦ PETERS M E，NEUMANN M，IYYER M，et al. Deep contextualized word representations［J］. arXiv preprint arXiv：1802. 05365，2018.
⑧ VASWANI A，SHAZEER N，PARMAR N，et al. Attention is all you need［J］. arXiv preprint arXiv：1706. 03762，2017.

好的表现，OpenAI 的 GPT① 预训练模型在 Transformer 解码器强大的表征能力的基础上应运而生，并在 NLP 领域中的九项典型任务中一鸣惊人。然而，GPT 本质上仍是一种单项语言模型。因此，建立一个双向预训练语言模型对于提高模型的语义分析能力来说至关重要。BERT 模型是谷歌 AI 于 2018 年发布的大规模预训练语言模型②，BERT 在借鉴 GPT 堆叠 Transformer 子结构的基础上引入了 Masked-LM 预训练方式，实现了双向语言模型的效果；与此同时，BERT 还借鉴了 ULMFiT③ 的策略以及 Skip-thoughts④ 中的预测方法，从而更好地处理句子之间的关系。总而言之，BERT 模型是前期预训练技术的集大成者，极大地推动了 NLP 领域的发展，节省了过去需要从头训练模型所需的时间和资源，并在 NLP 领域的 11 项基本任务中表现出了显著的提升效果。自 BERT 发布以来，基于"预训练-微调"的两阶段法也逐渐成为 NLP 领域的新范式，基于 BERT 的改进模型和 XLNet⑤ 等大量新式预训练语言模型也相继产生，总的来说，预训练技术在 NLP 领域已取得很大进展，与此同时，预训练技术也面临着资源消耗过大、无法处理常识问题和推理问题等挑战。

（3）群组推荐研究现状

自 1994 年明尼苏达大学 GroupLens 团队提出 GroupLens 系统⑥开始，推荐系统领域开启了至今长达二十多年的发展历程，相关研究人员也逐渐将关注重点从传统的个性化推荐转移到对群组推荐的研究中。2011 年，ACM 推荐系统大会举办了以家庭为单位的电影群组推荐挑战赛⑦，在接

① RADFORD A, NARASIMHAN K, SALIMANS T, et al. Improving language understanding by generative pre-training[J]. 2018.
② DEVLIN J, CHANG M W, LEE K, et al. Bert: Pre-training of deep bidirectional transformers for language understanding[J]. arXiv preprint arXiv: 1810.04805, 2018.
③ HOWARD J, RUDER S. Universal language model fine-tuning for text classification[J]. arXiv preprint arXiv: 1801.06146, 2018.
④ KIROS R, ZHU Y, SALAKHUTDINOV R, et al. Skip-thought vectors[J]. arXiv preprint arXiv: 1506.06726, 2015.
⑤ YANG Z, DAI Z, YANG Y, et al. Xlnet: Generalized autoregressive pretraining for language understanding[J]. arXiv preprint arXiv: 1906.08237, 2019.
⑥ RESNICK P, IACOVOU N, SUCHAK M, et al. GroupLens: An open architecture for collaborative filtering of netnews[C]//Proceedings of the 1994 ACM conference on computer supported co-operative work. New York: ACM Press, 1994: 175-186.
⑦ SAID A, BERKOVSKY S, DE LUCA E W. Group recommendation in context[M]// Proceedings of the 2nd challenge on context-aware movie recommendation, 2011: 2-4.

下来的 2013 年、2014 年，ACM 仍将群组推荐作为大会的核心议题①。尽管有关群组推荐的研究正进行得如火如荼，群组推荐领域仍存在许多尚待解决的问题以及有待完善的方面。目前，对于群组推荐系统的形式化定义仍是一个开放问题，如：Skowron 等②从理论角度形式化地定义了群组推荐系统，Roy 等③基于共识分数对群组推荐系统进行形式化定义。而在许多实验环境和真实场景中，群组信息并非现成的，在对群组进行推荐前需要考虑如何构建群组。此外，在进行群组推荐时还要考虑如何平衡群组用户的不同兴趣，从而产生令群组用户均相对满意的推荐。这些问题也基本贯穿了群组推荐的整个过程：群组推荐的过程主要分为群组发现、偏好融合以及预测推荐三个步骤。

①群组发现

在群组推荐中，群组发现包括偏好获取和群组生成两部分。用户的偏好主要分为显示偏好和隐式偏好，其中，显示偏好主要表现为用户的评分或评级信息，需要用户主动提供，因此，获取的显示偏好通常存在数据稀疏性的问题；隐式偏好主要表现为用户的浏览、点赞等历史行为数据，需要通过跟踪、记录用户历史行为信息的方式来获取。现有的群组推荐研究大多是针对已经给定的群组④⑤⑥，而在很多真实情境中，群组尚未形成，这就需要群组推荐系统可以发现并生成潜在的群组。在现有的研究中，群组推荐系统主要通过随机分组、基于社交网络和规则、基于内容的主题模型以及基于相似度或距离的聚类四种方法来形成群组。Boratto 等⑦直接利用用户-项目评分矩阵，基于 K-means 算法聚类成群组。为了避免群组内

① 张玉洁，杜雨露，孟祥武. 组推荐系统及其应用研究[J]. 计算机学报，2016，39(4)：745-764.

② SKOWRON P, FALISZEWSKI P, LANG J. Finding a collective set of items：From proportional multirepresentation to group recommendation[J]. Artificial Intelligence，2014，241：191-216.

③ ROY S B, AMER-YAHIA S, LA A C, et al. Space efficiency in group recommendation[J]. The VLDB Journal，2010，19(6)：877-900.

④ O'CONNOR M, COSLEY D, KONSTAN J A, et al. PolyLens：A recommender system for groups of users[C]//ECSCW 2001. Springer, Dordrecht, 2001：199-218.

⑤ LIEBERMAN H, VAN DYKE N, VIVACQUA A. Let's browse：A collaborative browsing agent[J]. Knowledge-Based Systems，1999，12(8)：427-431.

⑥ FREYNE J, SMYTH B. Cooperating search communities[C]//International conference on adaptive hypermedia and adaptive web-based systems. Springer, Berlin, Heidelberg, 2006：101-110.

⑦ BORATTO L, CARTA S, SATTA M. Groups identification and individual recommendations in group recommendation algorithms[C]//PRSAT@ recsys, 2010：27-34.

已评分用户影响未评分用户的潜在偏好，郑伟等[①]提出了一种融合偏好交互的群组推荐算法模型，并通过实验验证了该模型能明显提高群组推荐性能。徐海燕[②]提出了一种用户自适应分组算法，通过改进的密度峰值算法和融合密度峰值的 K-means 算法对用户进行两次聚类，然后使用动态调整机制对用户进行网络学习共同体内的自适应调整分组，最后通过邓恩指标和轮廓系数证明：相较于传统的 K-means 和高斯混合模型算法，该方法具有更好的群组生成效果。然而以上研究仅将评分及其他用户行为作为聚类特征，均没有充分利用和挖掘用户评论中隐含的情感信息。针对这一不足之处，熊回香等[③]基于 K-means 和相似度计算分别对用户和图书进行聚类，在此基础上，结合图书评论内容为用户群组实现精准化推荐。

②偏好融合策略

Dyer 等[④]于 20 世纪 70 年代末提出了群组偏好和群组偏好融合概念，群组偏好融合是指通过融合群组中各成员的偏好来表达群组的偏好，偏好融合策略又被称为"融合策略"[⑤]。Masthoff[⑥] 在研究中详细对比分析了几种常用的偏好融合策略：平均融合策略（又称"均值策略"）、最大开心策略、最小痛苦策略、公平策略、痛苦避免均值策略、最受尊敬者策略以及多数投票策略。

除了以上这几种单一的偏好融合策略之外，目前的研究还衍生出混合融合策略以及加权融合策略。[⑦] 混合融合策略就是将两种或两种以上的单一策略组合成新的融合策略，以缓解单一融合策略存在的单一性问题。郭均鹏等[⑧]在结合平均融合策略和最小痛苦策略的基础上利用差异度因素来优化模型，并在真实数据集上验证了该方法具有更好的推荐性能。对于既

① 郑伟，李博涵，王雅楠，等. 融合偏好交互的组推荐算法模型[J]. 小型微型计算机系统，2018，39(2)：372-378.

② 徐海燕. 基于群组推荐的在线学习系统研究与实现[D]. 济南：山东师范大学，2020.

③ 熊回香，李晓敏，李跃艳. 基于图书评论属性挖掘的群组推荐研究[J]. 数据分析与知识发现，2020，4(Z1)：214-222.

④ DYER J S, SARIN R K. Group preference aggregation rules based on strength of preference[J]. Management Science，1979，25(9)：822-832.

⑤ MASTHOFF J. Recommender systems handbook[M]. New York，US：Springer-Verlag，2010：677-702.

⑥ MASTHOFF J. Group modeling：Selecting a sequence of television items to suit a group of viewers[J]. User Modeling and User-Adapted Interaction，2004，14(1)：37-85.

⑦ 许晓明，梅红岩，于恒，等. 基于偏好融合的群组推荐方法研究综述[J]. 小型微型计算机系统，2020，41(12)：2500-2508.

⑧ 郭均鹏，赵梦楠. 面向在线社区用户的群体推荐算法研究[J]. 计算机应用研究，2014，31(3)：696-699.

非已经形成的群组，又非临时形成的群组，Roy 等①通过融合最小痛苦策略和投票聚合策略以生成群组来最大程度地提高群组推荐满意度。加权融合策略则是根据成员的影响力对成员在群组中的决策进行权值分配，在此基础上，将成员的偏好融合成群组偏好。Amer-Yahia 等②基于"群组成员之间的社会关系会随时间改变"这一前提假设，提出了一种融合用户凝聚力的策略。唐福喜等③提出了一种基于用户交互行为的偏好融合策略，并通过实验验证了该策略能够有效提高推荐的准确度以及推荐的多样性。赵梦楠④利用社会网络分析法根据每个成员在群组中重要性的不同赋予其不同权重并用于群组评分数据的融合，从而对群组偏好进行预测并做出推荐。Shang 等⑤根据社会影响力模型中人际关系对群组成员偏好的影响来聚合群组偏好，并对群组进行推荐。梁昌勇等⑥根据评分频度权重和均值相似性权重为成员评分赋予权重，采用领域专家法对用户未评分的项目进行评分数据填充，在此基础上，对群组进行基于项目的协同过滤推荐，并通过实验验证了该方法具有较高的推荐性能。Salamo 等⑦提出了三类协调和谈判策略来解决群体用户中存在的偏好冲突问题，从而使得群组用户对最终的推荐结果能够达成共识。李汶华等⑧通过使用多 Agent 系统(Multi-Agent System，简称 MAS) 以及修正的基于案例的推理方法(Case-based Reasoning，简称 CBR) 来聚合群组成员偏好并进行群组推荐，并在公开数据集的实验中验证了该方法能够大幅度提升群组推荐质量，且对异质群体

① BASU R S, LAKSHMANAN L V S, LIU R. From group recommendations to group formation [C]//Proceedings of the 2015 ACM SIGMOD international conference on management of data, 2015: 1603-1616.

② AMER-YAHIA S, OMIDVAR-TEHRANI B, BASU S, et al. Group recommendation with temporal affinities[C]//International Conference on Extending Database Technology (EDBT), 2015.

③ 唐福喜, 刘克剑, 冯玲, 等. 基于用户交互行为的群组推荐偏好融合策略[J]. 西华大学学报(自然科学版), 2016, 35(3): 51-56.

④ 赵梦楠. 基于 SNA 的群体推荐系统的研究[J]. 信息技术, 2014(2): 199-202.

⑤ SHANG S, HUI P, KULKARNI S R, et al. Wisdom of the crowd: Incorporating social influence in recommendation models[C]//2011 IEEE 17th International Conference on Parallel and Distributed Systems. IEEE, 2011: 835-840.

⑥ 梁昌勇, 冷亚军, 王勇胜, 等. 电子商务推荐系统中群体用户推荐问题研究[J]. 中国管理科学, 2013, 21(3): 153-158.

⑦ SALAMO M, MCCARTHY K, SMYTH B. Generating recommendations for consensus negotiation in group personalization services[J]. Personal & Ubiquitous Computing, 2012, 16 (5): 597-610.

⑧ 李汶华, 熊晓栋, 郭均鹏. 一种基于案例推理和协商的群体推荐算法[J]. 系统工程, 2013, 31(11): 93-98.

仍有较好的推荐效果。

传统的群组推荐目标是使群组整体满意度最大化，因此，在群组偏好融合时也会选择尽可能满足所有成员的项目作为群组偏好。然而，近年来有关群组推荐的研究注意力转移到了推荐的公平性上。Sacharidis 等①基于帕累托最优原理提出了两种聚合策略：N 级帕累托最优融合策略（N-level Pareto Optimal Aggregation，简称 NPO）和 X 级帕累托最优融合策略（X-level Pareto Optimal Aggregation，简称 XPO），在真实数据集中通过该策略生成群组并进行推荐，证明了 NPO 和 XPO 融合策略在推荐公平性以及群组推荐效用上的表现优于其他融合策略；而对于组内成员相似度较高的群组，相比于以公平为基础的 PEN 算法②、GRF 算法③、SPG 和 EPG 算法④以及 GVAR 算法⑤，传统的平均融合策略反而具有更好的公平性。Stratigi 等⑥提出了一个公平的群组序列推荐模型，该模型根据群组内成员对迭代过程中群组推荐项目的满意度来确定该成员的评分在群组融合评分中的权重。

然而，以上聚合策略仅面向用户评分数据，缺乏对用户多个属性偏好的考虑。Zhu 等⑦提出了一种可以在稀疏数据中提取用户偏好的多属性群组推荐方法 PromoRec，从而提高推荐性能。张纯金等⑧提出了一种从群组和项目两个维度进行基于神经网络的多属性评分隐表征学习群组推荐算法，并在实验数据集中通过生成虚拟群组来验证该算法在推荐时具有较高的准确率和召回率。尽管以上研究均验证了基于多属性评分的推荐算法可

① SACHARIDIS D. Top-N group recommendations with fairness [C]//Proceedings of the 34th ACM/SIGAPP symposium on applied computing, 2019：1663-1670.

② JAMESON A, SMYTH B. Recommendation to Groups[J]. Springer-Verlag, 2007：596-627.

③ QI S, MAMOULIS N, PITOURA E, et al. Recommending packages with validity constraints to groups of users[J]. Knowledge and Information Systems, 2018, 54(2)：345-374.

④ SERBOS D, QI S, MAMOULIS N, et al. Fairness in package-to-group recommendations [C]//Proceedings of the 26th international conference on world wide web, 2017：371-379.

⑤ XIAO L, MIN Z, FENG Z, et al. Fairness-aware group recommendation with pareto-efficiency [C]//Proceedings of the eleventh ACM conference on recommender systems, 2017：107-115.

⑥ STRATIGI M, NUMMENMAA J, PITOURA E, et al. Fair sequential group recommendations [C]//Proceedings of the 35th annual ACM symposium on applied computing, 2020：1443-1452.

⑦ ZHU Q, ZHOU M, LIANG J, et al. Efficient promotion algorithm by exploring group preference in recommendation [C]//2016 IEEE International Conference on Web Services (ICWS). IEEE, 2016：268-275.

⑧ 张纯金，郭盛辉，纪淑娟，等. 基于多属性评分隐表征学习的群组推荐算法[J]. 数据分析与知识发现，2020，4(12)：120-135.

以较好地提高群组推荐性能，但由于多属性特征使群组偏好聚合的维度不可避免地膨胀，在进行群组推荐时仍存在着计算复杂度高的问题。

总的来说，由于不同的群组推荐系统面向的对象不同，群组规模大小不同，推荐的内容也不同，同种融合策略在不同系统中的表现也会有所不同。因此，面对不同的对象具体选择哪种偏好融合策略也是群组推荐领域的研究热点之一。①

③偏好融合方法

根据融合内容以及发生阶段的不同，偏好融合方法主要分为推荐结果融合和偏好模型融合。推荐结果融合方法首先对群组内所有成员进行个性化推荐，然后根据一定的偏好融合策略将群组内所有成员的个性化推荐列表融合成群组推荐列表。这种方法以个性化推荐为基础，提高了推荐结果的可解释性和覆盖率，但也在一定程度上忽略了群组用户之间的交互以及群组对群组中用户的偏好的影响②，使得推荐结果不够贴合群组的偏好。偏好模型融合方法则是先根据融合策略将群组内所有成员的偏好融合成群组偏好，然后再针对这个群组偏好进行推荐。这种方法通过挖掘群组成员的共同偏好来描述群组内大多数成员的需求，但受评分稀疏性影响较大，因此，对评分数量较少、最终融合贡献较少的群组成员进行推荐时，推荐效果较差。③ 然而，究竟哪一种方法的融合效果更好尚未有定论，在偏好融合方法的选择上要依据具体的研究领域和数据。④ 在对群组推荐的融合方法进行研究时发现，基于偏好模型融合的推荐比基于推荐结果融合的推荐效果更好；然而 Ortega 等⑤通过实验得出基于偏好模型融合的推荐与基于推荐结果融合的推荐效果差异不大的结论；Pessemier 等⑥的实验结果表

① BECKMANN C, GROSS T. AGReMo: Providing ad-hoc groups with on-demand recommendations on mobile devices[C]//Proceedings of the 29th annual european conference on cognitive ergonomics, 2011: 179-182.

② GORLA J, LATHIA N, ROBERTSON S, et al. Probabilistic group recommendation via information matching[C]//Proceedings of the 22nd international conference on World Wide Web. 2013: 495-504.

③ MENG X W, LIU S D, ZHANG Y J, et al. Research on social recommender systems[J]. Journal of Software, 2015, 26(6): 1356-1372.

④ NGUYEN T N, RICCI F. A chat-based group recommender system for tourism [M]// Information and communication technologies in tourism 2017. Springer, Cham, 2017: 17-30.

⑤ ORTEGA F, BOBADILLA J, HERNANDO A, et al. Incorporating group recommendations to recommender systems: Alternatives and performance[J]. Information Processing & Management, 2013, 49(4): 895-901.

⑥ PESSEMIER T D, DOOMS S, MARTENS L. Comparison of group recommendation algorithms [J]. Multimedia Tools & Applications, 2014, 72(3): 2497-2541.

明：这两种融合方法的推荐效果在一定程度上会受实现它们的推荐算法的影响；胡川等①通过结合两种融合方法的优点对偏好融合群组推荐方法进行了改进，并在 MovieLens 数据集上证实了该方法能有效提高群组推荐的准确率。

但以上这些改进方法的准确性在达到一定程度后就难以提升了，究其原因是用户评分的不确定性造成的，这种不确定性被称为自然噪音。②③自然噪音区别于攻击造成的噪音，是用户在评分过程中非故意为之而造成的噪音(如由于操作错误、评分的模糊性等)，而攻击造成的噪音则是为了误导而故意造成的噪音。因此，针对这种不确定性问题，Smarandache④首次提出了采用真实函数、犹豫函数以及谬误函数来处理不确定性问题的中智集(Neutrosophic Sets，简称 NS)，Wang 等⑤为使中智集能应用到实践中而定义了单值中智集(Single-Valued Neutrosophic Sets，简称 SVNS)。由于 SVNS 方法具有良好的处理不确定性问题的能力，越来越多的学者开始关注并研究 SVNS。⑥⑦ 时恩早⑧提出了一种基于单值中智熵的多属性决策最优化模型，用以解决数据产品服务商的选择问题；黄煜栋等⑨基于单值中智集构建了区块链选择模型；车守全等⑩提出一种基于单值中智集相似性以及熵度量的方法，用以识别轴承故障并对故障进行分类。然而，目前

① 胡川，孟祥武，张玉洁，等. 一种改进的偏好融合组推荐方法[J]. 软件学报，2018，29 (10)：3164-3183.

② O'MAHONY M P, HURLEY N J, SILVESTRE G C M. Detecting noise in recommender system databases[C]//Proceedings of the 11th international conference on Intelligent user interfaces，2006：109-115.

③ CAMPOS L M D, FERNÁNDEZ-LUNA J M, HUETE J F, et al. Managing uncertainty in group recommending processes[J]. User Modeling and User-Adapted Interaction，2009，19 (3)：207-242.

④ SMARANDACHE F. A unifying field in logics：Neutrosophic logic[J]. Multiple-Valued Logic，2002，8(3)：385-438.

⑤ WANG H, SMARANDACHE F, ZHANG Y, et al. Single valued neutrosophic sets [J]. Review of the Air Force Academy，2012，10.

⑥ BUSTINCE H, BARRENECHEA E, PAGOLA M, et al. A historical account of types of fuzzy sets and their relationships[J]. IEEE Transactions on Fuzzy Systems，2016，24(1)：179-194.

⑦ ABDEL-BASSET M, MOHAMED M, SMARANDACHE F, et al. Neutrosophic association rule mining algorithm for big data analysis[J]. Symmetry，2018，10(4)：106.

⑧ 时恩早. 基于单值中智模型的数据产品服务商选择[J]. 控制工程，2020，27(2)：391-395.

⑨ 黄煜栋，沈华峰. 基于单值中智决策方法的区块链选择模型[J]. 控制工程，2020，27 (7)：1199-1203.

⑩ 车守全，包从望，周大帅，等. 基于单值中智集相似性及熵度量的轴承故障诊断[J]. 组合机床与自动化加工技术，2020(12)：10-14.

未有将单值中智集等模糊集理论应用于群组推荐的相关研究。

④群组推荐技术

推荐技术于 1995 年首次被 Hill 等[①]提出，它根据用户的偏好、兴趣等历史信息生成用户模型，基于推荐算法与海量数据库资源中的信息进行匹配，从而为用户推荐可能感兴趣的资源。推荐算法的选择直接影响推荐效果，决定推荐性能。[②] 现有研究中常用的推荐算法主要分为四类：基于内容的推荐、基于关联规则的推荐、基于协同过滤的推荐以及混合推荐。

作为推荐领域中出现较早的推荐算法，基于内容的推荐通过发现用户偏好和项目属性，选择相似度更近的候选项目作为推荐内容，避免了项目的冷启动问题，但却存在着用户冷启动问题。此外，由于基于内容的推荐算法比较简单、易解释，因此，该算法对于推荐结果具有良好的可解释性，但同时也意味着该算法难以处理具有复杂特征的项目，无法挖掘用户的潜在偏好，存在着推荐内容新颖性较差的问题。基于关联规则的推荐是根据用户和项目数据集中频繁出现的模式来抽取关联规则，从而进行基于规则的推荐。该推荐算法虽然不需要推荐领域的相关知识，推荐覆盖率高，但在抽取规则时需要花费很多时间，导致资源的浪费；此外，项目名称的同义性问题也是该算法需要解决的问题。基于协同过滤的推荐作为目前推荐系统领域技术最成熟、应用最普遍的算法，按照计算对象的不同可被划分为两种类型：一种是基于用户的协同过滤推荐，该算法通过计算用户之间的相似度，将相似用户的偏好项目推荐给目标用户；另一种是基于项目的协同过滤推荐，该算法则是通过计算项目之间的相似度，将相似的项目推荐给目标用户。基于协同过滤的推荐算法通过挖掘用户与用户、用户与项目之间的关系，可以发现用户的潜在偏好，从而更准确地为用户推荐更新颖的项目，但该算法仍存在着可扩展性、冷启动以及数据稀疏性的问题。考虑到以上推荐算法各有利弊，许多研究通过组合多种算法，即混合推荐，来提升推荐性能。然而，由于各算法使用的数据源格式不同，方法之间权重的计算方式也不同，这些多源异构数据在融合时出现的多模态以及分布不均等问题仍是混合推荐算法在实际应用过程中尚未解决的

① HILL W, STEAD L, ROSENSTEIN M, et al. Recommending and evaluating choices in a virtual community of use [C]//Proceedings of the SIGCHI conference on Human factors in computing systems, 1995: 194-201.

② 赵丽嫚. 一种新型的协同过滤推荐算法[D]. 南京：南京邮电大学，2013.

问题。①

　　传统的个性化推荐中常用的基于协同过滤的矩阵分解算法是通过用户隐因子特征向量与项目隐因子特征向量的点积形式来表示高维度、高稀疏的原始评分矩阵，具有改善数据稀疏性问题的效果。凭借其良好的拓展性，矩阵分解方法也被广泛应用于学习资源个性化推荐系统中。然而，直到 2016 年，这一算法才被 Ortega 等②首次应用到群组推荐系统中。他们针对不同的群组规模测试了三种距离分解算法，并将测试结果与传统的 KNN 算法进行比较，实验结果表明：矩阵分解算法具有更好的推荐性能。刘荣荣③在进行群组推荐时将时间情境考虑在内，提出了一种基于模态符号数据的协同过滤群体推荐算法，该算法对较大群体用户推荐效果比较稳定，但在利用符号数据建模时仍存在信息片面使用甚至遗漏的问题。杨箫箫④提出了结合项目权重拟合时间效应的矩阵分解模型，在此基础上，设计并实现了电影群组推荐系统。夏立新等⑤根据移动环境下的时间和地点情境感知特点，结合协同推荐思想提出了一种融合情境信息的群组推荐模型，并在研究中通过实验验证了该模型相较于传统的群组推荐方法具有更高的推荐性能。

　　随着机器学习、深度学习的飞速发展，越来越多的学者基于深度网络模型对群组推荐展开研究。孙成成⑥以社交网络群体为研究对象，基于深度学习技术提出了一种群组推荐方法，解决了用户偏好随时间变化的问题，提高了群组推荐的精度和准确率。李诗文等⑦提出在注意力模型和多层感知机网络的基础上利用贝叶斯理论优化算法进行群组推荐。张纯金等⑧提出了一种利用神经网络学习群组中多属性评分隐表征的方法，并通过实验证明了该方法可以有效提高群组推荐性能，推荐效果堪比最新的个

①　黄立威，江碧涛，吕守业，等．基于深度学习的推荐系统研究综述[J]．计算机学报，2018，41(7)：1619-1647.

②　ORTEGA F，HERNANDO A，BOB AD ILLA J，et al. Recommending items to group of users using matrix factorization based collaborative filtering[J]. Information Sciences，2016：313-324.

③　刘荣荣．考虑时间情境的群体推荐算法研究[D]．天津：天津大学，2016.

④　杨箫箫．基于矩阵分解的群组推荐算法研究与应用[D]．沈阳：东北大学，2017.

⑤　夏立新，杨金庆，程秀峰．移动环境下融合情境信息的群组推荐模型研究——基于用户 APP 行为数据的实证分析[J]．情报学报，2018，37(4)：384-393.

⑥　孙成成．面向社交网络的群组发现和推荐研究[D]．南京：南京邮电大学，2019.

⑦　李诗文，潘善亮．基于注意力机制的神经网络贝叶斯群组推荐算法[J]．计算机应用与软件，2020，37(5)：287-292.

⑧　张纯金，郭盛辉，纪淑娟，等．基于多属性评分隐表征学习的群组推荐算法[J]．数据分析与知识发现，2020，4(12)：120-135.

性化推荐算法。杨丽等①提出将深度降噪自动编码器和张量分解引入群组推荐中，并通过实验证明了该方法可以更有效地对用户偏好进行初始化建模以及捕获用户、群组和项目之间的相关关系，从而提升群组推荐效果。徐海燕等②设计并实现了一款基于注意力机制的在线学习资源群组推荐系统，利用注意力机制模型融合群组用户的偏好，基于神经协同过滤（Neural Collaborative Filtering，简称 NCF）方法预测项目得分以及进行群组推荐，并通过实验验证了该系统良好的群组推荐性能。然而，以上基于深度学习的群组推荐研究仅考虑了用户的个人属性和对项目的评分信息，没有充分研究用户评论文本中隐含的偏好。

除上述有关群组发现、偏好融合以及群组推荐技术的研究之外，还有一些学者关注群组推荐领域中诸如可视化呈现③、隐私保护④⑤⑥以及推荐结果的多样性和新颖性⑦等问题。

（4）现有研究的不足之处

通过整理归纳国内外相关研究可以发现：现有的关于慕课评论情感分析、深度学习预训练技术以及群组推荐的研究已取得显著成果，但仍存在以下不足之处，有待在未来的研究中进一步改善和解决：

①对于慕课评论文本的情感分析，现有研究侧重于定性分析评论文本的情感倾向性和主题特征，但缺乏对情感分值的定量研究。此外，在文本分析方法上没有充分利用目前在自然语言处理领域发展迅猛的、对于文本挖掘有较高性能的预训练语言技术。

②在对慕课群组进行推荐时，现有研究使用的实验数据基本是慕课用

① 杨丽，王时绘，朱博. 基于 ranking 的深度张量分解群组推荐算法[J]. 计算机应用研究，2020，37(5)：1311-1316.
② 徐海燕. 基于群组推荐的在线学习系统研究与实现[D]. 济南：山东师范大学，2020.
③ CROSSEN A, BUDZIK J, HAMMOND K J. Flytrap：Intelligent group music recommendation [C]// Proceedings of the 7th international conference on Intelligent user interfaces, 2002：184-185.
④ MASTHOFF J, GATT A. In pursuit of satisfaction and the prevention of embarrassment：Affective state in group recommender systems[J]. User Modeling and User-Adapted Interaction，2006，16(3)：281-319.
⑤ SHANG S, HUI Y, HUI P, et al. Beyond personalization and anonymity：Towards a group-based recommender system[C]//Proceedings of the 29th Annual ACM Symposium on Applied Computing, 2014：266-273.
⑥ 陆金祥. 面向群组推荐的隐私保护方法研究[D]. 南京：南京邮电大学，2019.
⑦ 韩亚敏，柴争义，李亚伦，等. 长尾群组推荐的免疫多目标优化实现[J]. 西安电子科技大学学报，2018，45(3)：109-116.

户的个人属性信息和对课程的评分数据，对于慕课用户偏好的刻画和挖掘比较片面，没有考虑到将慕课评论文本情感分值融合到评分数据中。此外，在推荐方法上多使用传统的基于协同过滤的矩阵分解算法，对于真实情景中体量庞大的用户课程数据无法高效学习其特征信息，导致推荐性能受限。

3. 高校数据精简整合系统范式管理

3.1 高校数据精简范式的建立

下面介绍数据精简的基本概念、范式建立的过程、应用的场景、数据精简模型。

3.1.1 基本概念介绍

(1)范式

范式是符合某一种级别的关系模式的集合，"范式"指的是数据集成过程中对异构数据库中的冗余数据进行精简的处理流程、逻辑顺序和处理对象的关系集合。

(2)共享池

"共享池"指的是独立于高校各个部门的信息系统的一个保存"共享字段"和"键值"的数据库，同时它还保存校园不同管理系统中存放的文件的地址列表。共享池的意义是将高校异构数据库中的信息进行一致化、标准化。通过对各个异构库中的重复字段进行精简，减少数据冗余，减少差错数据，提高数据的稳健性。

(3)哈希算法

哈希(Hash)也称散列，它是一类数学函数，输入为任意长度的字符串，输出是固定长度的散列值。函数表达式为 $CA = h(content)$，CA 表示哈希值，它总是固定长度的，$content$ 为任意长度字符串，h 表示哈希函数。

哈希函数的特性是单向性、抗冲突性、映射分布均匀性、差分分布均匀性。

①单向性：哈希函数可以通过散列函数得到散列值，但为了构造一个输入值而设置一个散列值则不行。如果根据同一哈希函数输出的两个散列值不同，输入肯定不同。这个特性是由于散列函数具有确定性。

②抗冲突性：散列函数的输入和输出不是一一对应的，如果两个输出散列值相同有可能输入值不同，但这种概率很低，也就使哈希函数具有了抗冲突性。

③映射分布均匀性：哈希映射结果中数字"0"和"1"各有一半的概率出现，如果输入的一个位发生变化，那么输出结果中将会有一半以上的位发生变化，称为雪崩效应。

④差分分布均匀性：哈希映射输出中一个 bit 发生变化的结果可能是输入中一半以上的位发生变化导致的，所以函数值的较小变化能标识输入值信息量的巨大变化。常用的哈希函数有 MD5、SHA-1 等。[1]

（4）Rabin 指纹

Rabin 指纹具有弱哈希属性的特点，它常被用于数据去重中的变长分块，Rabin 指纹具有如下特性：

①Rabin 指纹值相同的时候内容不一定相同，Rabin 指纹值不同的时候内容一定不同。

②Rabin 指纹的哈希值的冲突较之 MD5 和 SHA-l 一类强指纹映射冲突尽可能的频繁，Rabin 指纹的频繁冲突特性用在数据去重的分块上可以避免文件块变得异常的大，进而能确定文件的块断点。

Rabin 指纹常用来进行文件的可变分块，使用这种哈希函数配合滑动窗口，对文件进行计算，当滑动窗口中数据的 Rabin 指纹等于一个预定义值的时候，就将此时该窗口所在的地方确定为一个块断点。[2]

（5）布隆过滤器

布隆过滤器，英文名为 Bloom Filter，它实际上是哈希函数的一个拓展，其本质为哈希函数。布隆过滤器是一个包含 m 位的位数组。在初始

① 强保华，陈凌，余建桥，等. 基于 BP 神经网络的属性匹配方法研究[J]. 计算机科学，2006，33(1)：249-251.
② 戴东波，汤春蕾，熊赟. 基于整体和局部相似性的序列聚类算法[J]. 软件学报，2010，21(4)：702-717.

化时，这 m 位位数组每一位都被置为 0。首先将一个集合中所有的元素逐个对 K 个哈希函数求映射，将这个集合中所有的点投射到{1…m}的阵列中。当一个新的元素被加入集合，要判断这个新元素是否属于原有的集合，就通过 K 个哈希函数将这个元素映射成一个位阵列（Bit Array）中的 K 个点，把它们置为 1。只要看看这些点是不是都是原集合投射阵列中为 1 的点，就大约知道原集合中有没有它了。如果这些点有任何一个 0，则被新元素一定不在原集合中；如果都是 1，则新元素很可能在集合中，这就是布隆过滤器的基本思想。

和哈希函数一样，布隆过滤器存在一定的误判率，可能会把不属于这个集合的元素误判为属于这个集合。因此，如果应用场景需要的是 0 错误率则不适合使用布隆过滤器。而应用布隆过滤器在低错误率的应用场景下进行去冗余，可以获得存储空间的极大节省，而仅产生极小的错误率。

如：$S = \{x_i\}$，$i \in [1, n]$，这样一个 n 个元素的集合，布隆过滤器使用 k 个相互独立的哈希函数计算 $h(x_i)$，它们分别将集合中的每个元素映射到一个 m 位的阵列的范围中。对任意一个元素 x_i，第 j 个哈希函数映射的位置 $h_j(xi_j)$ 就会被置为 1（$1 \leqslant i \leqslant k$），i 为某些固定值，而其余的位置则为 0。

如图 3-2 中的映射关系，有 $k = 3$ 个哈希函数将元素投射到{1…12}的阵列中，那么以 $x = \{x_1 、 x_2\}$ 两个元素构成的集合为例，对于 x_1 而言它经过 h_1、h_2、h_3 投射后为在 2、5、9 位上标记为 1，对于 x_2 而言，经过 h_1、h_2、h_3 投射后在 5、7、11 位上被标记为 1。所以，如果有新元素 y 使得 $h_1(y)$，$h_2(y)$，$h_2(y)$，投射在（2，5，9），（5，7，11）这些为 1 的位中的任意 3 位中，那么可以认为 $y \in \{x\}$。

举例说明：现在要判断 y_1，y_2 这个元素是否属于 X 集合，若同样将 y_1 经过这 3 个哈希函数映射，那么可以发现这样一个结果，如图 3-2 所示 $h_1(y_1)$、$h_2(y_1)$、$h_3(y_1)$ 经过投射后为在 2、4、8 位上，其中只有 2 为 1，而 4、8 位为 0，y_1 投射存在 0 位，所以 y_1 不等于 x_1，而 y_2 经过 h_1、h_2、h_3 投射后在 5、7、11 位上被标记为 1，那么 y_2 等于 x_2 可以被认为是大概率事件。

如果一个位置多次被置为 1，那么只有第一次会起作用，后面几次将没有任何效果，如在图 3-1 中，$k = 3$，且有两个哈希函数选中同一个位置，见图 3-2 左数第 5 位。

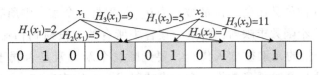

图 3-1　$h(x_1)$ 和 $h(x_2)$ 的映射结果（映射到的位置置1）

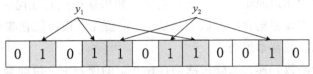

图 3-2　$h(y_1)$ 和 $h(y_2)$ 的映射结果（映射到的位置置1）

布隆过滤器通过哈希函数在位数组中的投射来表示一个集合，这样可以通过判断新元素在位数组中投射的位置来判断一个元素是否属于这个集合。布隆过滤器通过哈希函数映射的单向性实现了很高的空间利用效率。

3.1.2　数据精简范式建立的过程

数据精简项目生命周期的五个阶段分别是：业务理解、数据理解、数据准备、建立模型、评价。

（1）业务理解

业务理解指的是从业务角度理解数据精简的目的和需求。主要任务是把项目的目标和需求转化为一个数据精简问题的定义和实现这些目标的初步计划。这一阶段包含的一般性任务如下：

①确定业务对象。即系统的处理对象是什么，对于本项目而言，业务对象是高校信息管理系统中的脏数据，这些脏数据包括了数据库中属性级的不一致或不准确数据、不完整数据以及人为造成的错误数据，记录级的重复数据和存储系统中的脏数据，也就是不同部门存储系统间存在的重复文件和备份系统中存在的重复数据。

②评估环境。指的是对数据精简应用场景，包括软件和硬件两方面的资源、约束、假设和其他因素进行详细分析和评估，以便下一步确定项目计划。

③确定数据精简目标。对于本项目而言，数据精简的目标是对高校异构数据库中的重复记录进行去冗余，对高校异构系统中的存储子系统的冗余数据进行识别与去除，使得校园信息系统的运转效率提高，节约资源

占用。

（2）数据理解

数据理解是对数据精简所需数据的全面调查。它包括以下步骤：

①收集原始数据

对于本方案而言数据精简系统的处理对象根据其粒度区分可以分为两个方面，一是属性级的脏数据，即来自各个异构数据库中的字段和属性值，异构数据库根据其平台的不同可以分为 Oracle、SQL Server 等；二是来自存储系统的脏数据，这一部分又可细分为文件备份系统中无差异化保存产生的冗余数据和各个部门信息系统中存在的重复文件。

其他包括需要整合到共享池中的所有异构库的数据源格式、拥有者、存储方式、字节数、物理存储方式、隐私需求等。

②描述数据

调查各个异构数据库中的所有字段，包括数据类型、长度、是否为空、精度、小数位数、标准差。这些参数将作为字段自动匹配计算的指标。

③检验数据质量

这一步骤主要是检查数据是否满足数据精简的需求。如：数据中空值的多少，错误率的高低，过多空值和高错误率的数据不可用。[①]

（3）建立模型

确立精简系统的输入和输出，以及实现这些输入输出的模块和顺序。对于本系统而言，输入是数据库和存储系统中的脏数据，输出就是对脏数据进行处理后的干净数据。这些干净数据应具有如下特征：

①共享池中的记录应是完全没有重复的。

②共享池中的字段是完全无重复的。

③共享池的数据结构应该是标准化的，能够提供给校园网中的各个子系统作为共享资源，根据上述需求来建立精简系统模型。

（4）精简结果评价

①衡量重复记录清洗算法效率的度量标准

衡量重复记录检测算法效率的标准主要有：召回率（Recall），查全率

---

① 张永，迟忠先，闫德勤. 数据仓库 ETL 中相似重复记录的检测方法及应用[J]. 计算机应用，2006，26（4）：880-882.

也称召回率，误判率（False Positives Ratio）和（Precision Ratio）。下面分别来介绍这几个度量的标准：

A. 查全率

它定义为正确识别出的重复记录占数据集中实际重复记录的比例。其计算公式为：

$$召回率=\left(\frac{正确识别的重复记录数}{实际包含的重复记录数}\right)\times100\% \tag{3-1}$$

假设有 X_1，X_2，X_3，Y_1，Y_2，Y_3，Z_1 这 7 个实验记录，其中 $\{X_1$，X_2，$X_3\}$ 和（Y_1，Y_2，Y_3）分别是重复记录。通过一个数据去冗余算法识别出（X_1，X_2）和（Y_1，Y_2，Z_1）是重复记录，而 X_3 和 Y_3 没有被识别出来，而 Z_1 是误判的重复记录，则其查全率=4/6 * 100%≈66.7%。

B. 误判率

$$误判率=\left(\frac{被错误地识别为重复记录的数目}{被识别为重复记录的总数}\right)\times100\% \tag{3-2}$$

定义是被重复记录检测算法误识别为重复记录的数目占被算法识别为重复记录总数的比例。误判率越低表明算法结果的置信度就越高。

在上面的例子中，检测算法错误地把 Z1 识别为一条重复记录，则误判率=1/5×100%=20%。

C. 查准率

查准率是指算法判定为重复的记录是否真的是重复，有无误判错误。其计算公式为：

$$查准率=1-误判率 \tag{3-3}$$

一般而言，误判率的递增，查准率递减。

②衡量存储子系统冗余数据精简效率的评价标准

压缩比指的是经过去冗余处理后的数据所占空间与已有数据所占空间之比。

3.1.3　数据精简的对象

数据精简的对象是脏数据，数据精简的目的是使得脏数据得到清洗，使数据质量得到优化。脏数据就是不一致或不准确数据、不完整数据以及人为造成的错误数据以及冗余数据等。本书研究对象是数据库中的冗余数据精简和存储系统中的去冗余精简流程。数据库系统的脏数据，主要是重复记录，重复记录指的是那些客观上表示现实世界同一实体的数据。存储系统的脏数据是以重复数据的形式存在的，如各个部门存储系统中的相同文件，备份系统中由于无差别备份导致的重复数据。①

（1）数据库中的脏数据

根据数据源来区分，数据质量问题分为两大类：单数据源问题和多数据源问题，这两类问题又可以分别细分为模式层问题和实例层问题。

模式层的数据质量问题主要是由于结构设计不合理和缺乏属性间的约束造成的。实例层的数据质量问题主要是属性值的脏数据（包括空白值、不一致值等）和重复记录的脏数据这两种。② 如图3-3所示。

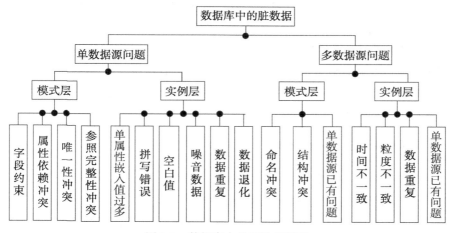

图3-3　数据库中的脏数据类型

单数据源情形中出现的问题在多数据源情况下会更加恶化。图中对多数据源的模式层问题不仅包含了单数据源问题还有多数据源特有的问题，如：命名冲突和结构重复。命名冲突主要是异名同义和同名异义。结构冲突主要是由在不同的数据源中对对象的表示方式不同引起的。如：关键字冲突、依赖冲突和类型冲突等。实例层上出现的问题主要有数据记录的错误和冗余、互相矛盾或者不一致的数据。

对于本方案而言，脏数据主要存在于实例层，其中既有多数据源又有单数据源的问题，多数据源的问题主要是在构建共享池的过程中各个部门

---

① 邱越峰，田增平. 一种高效的检测相似重复记录的方法［J］. 计算机学报，2001，24（1）：69-77.

② 苏新宁，杨建林，邓三鸿，等. 数据挖掘理论与技术［J］. 科学技术文献出版社，2003（6）：70.

数据源的数据重复问题，这部分数据由于有主键标识，所以也被称为含有主键的数据库精简问题。单数据源的问题是各个数据源内部的数据重复和空白值、不一致值等脏数据，这里的数据源既包括含有主键的数据库表，也包括不含有主键的数据库表。

实例层的数据精简方法概述如下：实例层上数据问题的情形主要有：空白值、拼写错误、缩写形式不同、自由格式的文本串、字段之间不相对应、词语的移位、相似重复记录、互相矛盾的记录和错误的引用。

对于空白值的情况，处理方法主要有：利用清洗工具通过一定的筛选规则来判断无效值。空白值或者可以从本数据源或其他数据源推导，或者可用平均值，中间值等统计量来替代，或者使用更为复杂的概率统计函数值来替代空白值，或者通过人工输入一个替代值。

对于数据不一致的情况，主要情形有数据形式、格式的不同或字段间不相对应以及系统硬件故障等原因产生的不一致数据。处理方法是在对不一致数据产生原因进行分析的基础上，应用多种函数来实现清洗。对于相似重复记录的情况，处理的主要方法是匹配与合并。①

(2) 存储系统中的脏数据

存储系统中的脏数据有两个方面：

①不同部门信息管理系统中的重复文件

共享池需要对原来属于各部门文件的资源进行集成，由于高校的各部门间的职责叠加，所以可能带来文件重复的问题，一份文件可能同时保存在 A 和 B 两个部门的服务器上，这样就带来资源占用，所以有必要对不同部门的信息存储系统中的重复文件进行排查，删除冗余的文件，只保留一个副本文件，共享池中的文件地址将唯一地指向这个副本文件。

②备份系统中的脏数据

高校信息管理系统都带有备份机制，传统的备份是无差别备份，无差别备份的意思就是每次备份都是全局备份，然后采用覆盖旧备份或者新建新备份，保留旧备份的形式保存，不论哪种形式都会带来时间和资源上的浪费。因而，需要进行差异备份，每次备份只追加新的数据，而不重新备份旧的数据，这样就节约了备份的时间和珍贵的储存资源。②

① 胡洪宁. 聚类算法的分析与研究[D]. 武汉：海军工程大学，2005.

② MCCALLUM A，NIGAM K AND UNGAR L. Efficient clustering of high-dimensional data sets with application to reference matching[C]//Proceedings of the Sixth International Conference on Knowledge Discovery and Data Mining，2000：169-178.

3.1.4　应用场景

如图 3-4 所示，是高校数据集成的整体结构框图，也是数据精简技术应用的具体场景。

根据总体框架，可得到如图 3-4 所示的集成总体流程。整个集成过程分为三个阶段：

阶段一：数据集成平台通过抽取、转换、载入过程把各个部处的数据库抽取到集成中心数据库，并经过精简、转换、去重保存在集成中心数据库中。各个业务系统根据业务需求，从集成中心数据库中提取所需的数据，经过平台清洗转换为自己需要的格式；各个部处的文件系统经过数据精简，去除彼此之间重复保存的文件，剔除掉重复，并将唯一文件的地址作为指针保存到共享库中，这个地址将作为其他应用的文件读写的依据，同时完成各个文件系统内部的备份数据精简；

阶段二：数据集成平台提供数据给共享池，校园网范围内的各个数据应用单位从共享池中获得共享数据并应用；

阶段三：数据仓库从数据集成平台中获取各部处系统中的数据，进行数据统计、数据分析、数据挖掘。①

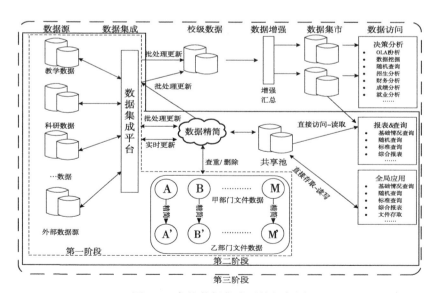

图 3-4　高校数据集成系统框架图

---

① ZHOU Z D, ZHOU J L. High availability replication strategy for deduplication storage system [J]. Advances in Information Sciences and Service Sciences, 2012, 4(8)：115-123.

3.1.5　数据精简模型

(1) 不含有唯一性字段的数据库精简范式

由于旧的数据库，或者从一些非数据库形式的数据文件（如 EXCEL）中导入的数据有可能存在无主键的情况，如：一些早期的员工、学生、校友数据库中可能存在一些数据只有姓名、住址、工作单位，而没有学号这类的主键，而数据库容许姓名、住址、工作单位重复（实际情况中这类重复很多），由此导致的重复记录，需要对这类重复记录进行精简。

不含有唯一性字段的数据库精简流程如图 3-5 所示：

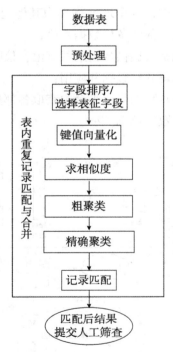

图 3-5　表内数据精简流程图

①预处理：包括了标准化和属性分离，标准化就是为了满足实例的匹配和合并的需要，首先把属性值转换成统一的格式。属性分离就是将自由格式中的包含很多信息的属性分离出来，细化成多个属性，才能支持后续重复记录的清洗。

A. 空白值的处理

在数据输入的时候，可能由于漏输入的原因导致有的字段属性值为空。这些空值必须被填充才参与后续的匹配度计算。所以可以采用最接近空白值的值来替代空白值。

B. 不一致值的处理

不一致值的处理可以运用变换函数、格式函数、汇总分解函数和标准库函数来实现一致化，用于解决数据在不同的应用和系统中在格式、数据类型、粒度和编码方式上的不同。①

②表内精简

这一步的目标是对表内存在的重复记录进行筛查，首先要选择判定重复的特征字段，然后用相似度算法，如 SNM、聚类算法查找重复记录，再将这些重复记录的匹配关系提交给人工筛查和剔除。

③结果处理

对表内精简程序找到的重复记录输出到一个新表中，再用人工对差异的键值进行筛查。

(2)含有唯一性字段的数据库精简范式

在高校中有相当一部分的数据是用学生学号、教工工号作为主键，这些主键可以标识唯一的实体，如教务处的学生信息表、人事处的工资表等。数据集成的工作主要是用这些表中的字段无重复地保存到共享池中，在用户提起查询请求的时候，根据字段项目，从共享池中提出相应的字段，形成视图提供给用户。

由于这些表的内部存在重复的可能性很小，主要的重复内容存在于不同表的字段，因此，精简工作主要是在异构库提取字段存入共享池时，要对不同异构库中的相同字段进行融合，融合的操作首先要对异构库中的字段进行匹配，找到相互匹配的两个字段后进行合并，合并主要是根据主键，如：学号来进行，需要考虑的问题是同一个学号下的两个重复字段如果出现不一致值的处理，采用的方案是将存在差异的两个字段值提交给人工进行审核。②

---

① 刘芳，何飞. 基于聚类分析技术的数据清洗研究[J]. 计算机工程与科学，2005，27(6)：70-77.
② SAM Y，SUNG Z L，PENG S. A fast filtering scheme for large database cleaning[C]//WONG K，LAM F，LAM N. Proceedings of the eleventh international conference on Information and knowledge management. Boston：ACM Press，2002：76-83.

（3）存储系统重复数据的精简范式

①不同部门的信息存储系统间重复文件的精简

A. 对各个库中的文件建立哈希值表。

B. 对哈希值进行比较。

C. 发现哈希值相同的文件在所在库内删除。

D. 根据精简结果更新共享池中的文件索引。

②备份数据的精简

传统的数据备份系统对数据进行全局保存时，会导致出现：

A. 首先对遗留数据用哈希算法按照文件结构形成哈希树。

B. 对更新数据用哈希算法对哈希树进行剪枝。

C. 按照剪枝结果分目录、数据块级别进行去重。

D. 更新数据索引。

3.2　不含有主键的数据库记录精简范式

不含有唯一性字段的数据表内记录，指的是数据表的记录不含有具有唯一性的主键，如 ID、学号等，由于不含有具有唯一性的主键，有可能在输入的过程中产生重复的记录，需要进行甄别处理。对这部分冗余数据的处理过程大致可以分为预处理、重复记录检测、重复记录删除三个步骤。本书对预处理的过程做了介绍，对重复记录删除所涉及的算法做了阐述。

3.2.1　不含有主键的数据库记录精简范式概述

不含有主键的数据库记录和含有主键的数据库精简的重要区别是由于没有唯一性的主键（如学号）作为记录的标识，或者从一些非数据库形式的数据文件（如 Excel）中导入的数据有可能存在无主键的情况，如一些早期的员工、学生、校友数据库中可能存在一些数据只有姓名、住址、工作单位，而没有学号，而数据库容许姓名、住址、工作单位重复（实际情况中这类重复很多），由此导致的重复记录。此外，由于输入错误或者采集信息时的数据不全面，某条记录中出现空值、差异值等，而被数据库系统识别为两条不同的记录，得以保存。需要对这两类重复记录进行甄别并进行清洗。

表 3-1 **校友信息记录表**

	姓名	性别	学院	工作单位	年龄	在校担任职务
正常数据	王小明	男	信息工程学院	地矿设计院	28	群众
异常数据 1	万小明	男	信工院	地矿设计院	28	群众
异常数据 2	王小明	M	信息工程学院	地矿设计院	28	群众
异常数据 3	王小明	男		地矿设计院	28	群众

如表 3-1 所示，第 1 行为正常数据，第 2、3、4 行为异常数据，三个数据表示同一实体记录，异常数据 1 的问题在于"姓名""学院"字段分别为错误值和缩写。上述情况是学校信息管理中常见的，处理方式是用相似度计算的方法将其与正常数据配对，好的相似度算法应该能使异常数据 1 和正常数据的相似度落于阈值内而使得这个错误得到纠正。

异常数据 2 的问题在于，在性别上用 M 表示男性，而与别的记录不一致，这种不一致数据常常是指由于不同的系统和应用所使用的数据在类型、格式、粒度和编码方式上的差异引起的。可以通过标准化字符集转换完成，将各个异构库中的属性值转换为标准的字符集，以便于后续的相似属性、相似字段的比较。

异常数据 3 的问题在于"学院"字段的属性值为空值，这就导致了在相似度检测的过程中匹配的异常，解决方式是用接近值取代空白值。

不含主键的数据库记录的精简范式，可以归纳为图 3-6 所示的步骤：

图 3-6 不含有主键的数据库记录精简流程图

3.2.2 特征字段的选择

进行记录匹配首先要选择特征字段，特征字段指的是某些字段属性值或属性值的组合的统计特性能够体现记录和记录之间不同的字段。相似度的计算是通过对特征字段的属性值运算来实现的。一个记录实体对应的特征字段可能有很多，必须有所选择之后才能进行记录的相似度比较。[1]

---

① Jonathan I. Maletic Andrian Marcus. Data Cleaning：Beyond Integrity Analysis［EB/OL］. http：//Sdml. info/papers/IQ2000. pdf，2000-06-23/2006-11-21.

　　所有选择的键值都必须遵循选出的键值能很好地区别已记录的原则，在通常情况下姓名是通用的键值，但由于同名同姓的情况众多，一旦发生重名，只使用姓名作为键值，记录就难以相互匹配。为了避免这种单一重复键值导致误判为复制记录的情况，一般将记录的多个字段的属性值联合起来作为键值。如：可以选择以姓名与其他属性值的合成成分作为键值。

　　接下来要考虑的是特征字段选择的依据：数据表中的字段数目众多，在计算相似度的时候不可能全部予以考虑，因此，要首先进行筛选，"重要"的字段应该被纳入进来，因为它们对整条记录的贡献率和影响较大，而"不重要"的字段应予以剔除，这么做的目的是减少运算量。在通常情况下，"重要"的字段的值域较大。举个反例，比如"性别"这个字段属性的值域只有男和女，值域范围很小，代表不同实体的记录可能在"性别"这个字段上的取值却相同，因此，它区别不同记录的性能不佳，而"姓名"这一字段则在不同实体间取相同值的概率要低得多，"学号"这一值，不同的实体间取相同值的概率则更低。对字段属性的值域进行统计，并从高到低排序，选择前 k 个字段组成属性集。后续的相似度计算就针对这 k 个字段集进行。①

3.2.3　预处理

　　数据预处理是数据精简的第一步，不论是传统的排序-删除的方法还是基于聚类的去重，对数据记录的处理首先要求数据记录和键值具有一致性、正确性、完整性。空缺值和不一致值会给相似度的计算带来误差，所以需要对数据进行预处理以去除/修正一些简单的数据错误，以消除这些异常数据对记录匹配结果带来的影响。

　　(1)不一致值的处理

　　不一致值是指不同系统和应用中的数据，在格式、数据类型、粒度和编码方式上也是不同的。解决的方法是针对不一致数据产生的原因运用不同的数学函数实现一致化。在不一致值中缩写是经常遇到的一种情况，本书主要对缩写的一致化进行研究。常见的中文缩写情况有两种：

　　①缩写是全称的首字和中间一些字的组合，比如"福州大学"简称"福大"。

---

① MANSKI C F. Partial identification with missing data, concepts and findings[J]. International Journal of Approximate Reasoning, 2005(39)：151-165.

②缩写是全称的首字和尾字，如"中华人民共和国"简称"中国"。

下面引入 PCM 对缩写-全称进行判定。

第一步：假设将欲进行比较的两个字段值 A 和 B 进行判定，若 A 中的字数|A|比 B 的字数|B|少。也就是默认 A 为缩写，B 为全称。

第二步：基本思想是：A_i 中的每个标记与 B_j 中的字逐个进行比较，如果碰到匹配的字符，那么该位 p 被标注，并该处的匹配分值为 1，接下来选择 A_i 的下一个字符与 B_j 中 p 位往右的下一个字符进行比对，一直到 A_i 中字符全部比对完成。如果 A_i 中两个连续的字在 B_j 中的匹配位置有间隔，那么引入罚分机制，第一次出现匹配间隔，每个间隔罚去 0.2 分，第二次出现，那么罚 0.4 分，以此类推，每一次间隔是前次的 2 倍。以表 3-2 为例进行说明：

表 3-2　　　　　　　　　　　　　**PCM 算法举例**

i	1		2		3	
A =	信		工		院	
j	1	2	3	4	5	6
B =	信	息	工	程	学	院
Score =	1	-0.2	1	-0.4	-0.4	1

上表中|A|=3，|B|=6

Score(A，B)=∑S(Ai，Bi)=1-0.2+1-0.4-0.4+1=2

Sin(A，B)=Score(A，B)/|A|=0.67

当取判定阈值 T=0.5 时，由于相似度 Sin(A，B)>T 所以认为 A，B 相同，对上一步大于相似度阈值的缩写判定为与全称相对应，在信息标准化字符集中将缩写和全称统一写为编码。

此外，对于非缩写性质的数据，为了便于后续的相似属性、相似字段的比较，也应根据标准化字符集进行转换。如有的异构数据库中的"男""女"用"M""F"表示，有的用"man""woman"表示，可以通过标准化信息标准将这些代码转换为"1""0"表示。这样做的好处是方便后续的字段相似度比较和记录相似度的比较。另外，如果万一后期各个异构数据库中对这些字段属性值有新的表达方式，也可以通过这个映射表变更映射关系，很容易地实现键值定义的转换。①

（2）空白值的处理

空白值的处理是用最接近空白值的值来替代，使用空白值的处理进行替代常用的算法有分类方法、统计方法以及聚类方法等，本书采用聚类方法进行清洗。

聚类就是把数据集分为多个类和簇，相同的实例聚集到同一个类中，最终形成的聚类内部成员具有较高的相似度，而聚类之间成员的差别较大。常用的聚类方法有 Canopy、DBSCAN、神经网络等。选择 Canopy 方法进行聚类处理空缺值，流程如图 3-7 所示：

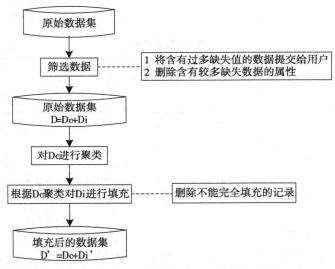

图 3-7　使用聚类算法处理空缺值流程图

具体策略是：

①将原始数据集分为完整数据集 Dc 和不完整数据集 Di。

②对完整数据集使用 Canopy 算法进行聚类，产生 K 个聚类。

③计算不完整数据集 Di 中每条记录和 Dc 中的 K 个聚类中心的相似度，将 Di 中的记录赋予距离该记录最近的那个重心所属的聚类，并且用该聚类的均值或出现频率最高的值来填充该记录的空白值。如果无法填充该记录则对此记录进行删除。

$$空白值 = \begin{cases} \dfrac{\sum\limits_{i=1}^{n} A_i}{n} & 空白值为数值型数据 \\ A_i & 空白 \end{cases} \tag{3-4}$$

对于数值型数据，空白值取距离最近的那个聚类的平均值，A_i 为该空白值最接近的聚类的所有成员，n 为该聚类的成员总数。当空白值为离散型数据时，空白值取最接近的聚类的出现频率最高的成员值。

④最终将经过填充后的 Di' 和完整数据集 Dc 整合为新的完整数据集。①

3.2.4　字段相似度的算法

由于数据库记录是由许多字段组成的，要进行记录匹配首先要进行字段匹配。字段匹配根据数据类型的不同有字符型字段匹配和数值型字段匹配两类，对于数值型字段，直接用字段值进行精确匹配就能判断两个键值是否相同。但对于字符型字段，情况则没那么简单，通常字符型字段对语言的类型比较敏感，英文和中文对字符型字段的重复判定算法也不相同。常用字段匹配算法的优缺点列举如表 3-3 所示：

表 3-3　　　　　　　　　　**常用字段匹配算法**

算法	优点	缺点
基本的字符匹配算法	算法很直观	只能处理前缀形缩写，也不能应用于有关字段排序的信息
递归的字符匹配算法	直观简单，对数据结构没有特殊要求，对字串顺序颠倒及缩写适应性好	时间复杂度较高，等于字串个数的平方次，与应用领域相关度高，对字串拼写错误敏感，匹配规则复杂，效率不高
Smith-Waterman算法	对应用领域不敏感，允许不匹配字符的缺失，可以处理字符串缩写，当字段有缺失的信息或微小的句法上的差异时，其执行的性能很好，对于字符串拼写错误也有一定的识别能力	不能处理子串顺序颠倒的情形

---

① HOUSIEN H I. 数据仓库中的数据清洗技术研究［D］. 长沙：中南大学，2013.

续表

算法	优点	缺点
基于编辑距离的字符匹配算法	可以检测出拼写错误、字段中单词的插入和删除错误	对字段中单词的位置交换，以及应用于长单词时匹配效果不佳
TF-IDF 算法	TF-IDF 算法简单易行，在实际应用中应用广泛，是当前字段相似度比较主流的算法，能处理缩写，对拼写错误识别度高，时间复杂度低	

常用的字段相似度算法有以下几类：

（1）基本的字段匹配算法

如果来自两个表的字段属性值 A 和 B 要参与比较，A 和 B 首先被标点符号分割成"原子字符串"，并剔除无意义的虚词（and，or，for，of，the，&，／）后，将在 B 中的原子字符串列表中搜索 A 中的原子字符串，并统计匹配的原子字符串的个数。[①]

$$两字段的匹配度 = \frac{两者匹配的原子字符串的数据}{两者原子字符串的平均数目} \tag{3-5}$$

如：来自两个表的字段属性值 A 和字段属性值 B 分别为

A = "Electronic Science & Technology College，Fuzhou University"

B = "Elect. Sci. & Tech. College，FZU"

在这个例子中，"&，of"这些无关介词被剔除后，将 A、B 中的原子字符串进行比较，发现 B 中的原子字符串与 A 匹配的有（Elect，Sci，Tech，college）。A 中的（Fuzhou，University）和 B 中的 FZU 无法找到对应，那么根据公式，A 与 B 的匹配度为

$$匹配度 = \frac{k}{(|A| + |B|)/2} = \frac{4}{(6 + 5)/2} = 0.722 \tag{3-6}$$

通过分析可以发现字段匹配算法的缺陷是，当缩写不是前缀形式时（如：FZU 和 Fuzhou University），算法不能识别，同时这种算法的分析比较没有考虑原子字符串的顺序问题，也就是说缩写和完整字符串顺序不对应的时候，算法仍认为这两者相同，可能带来误判。

[①] 唐懿芳，钟达夫，严小卫. 基于聚类模式的数据清洗技术［J］. 计算机应用，2004，24（5）：116-119.

（2）递归的字段匹配算法

这种算法的思路是将字符划分为不同粒度的字符子串，划分的依据是界定符，界定符可以是","&""。"等标点，也可以是空格，这些界定符按照其在语义中的使用习惯被划分为不同的等级，字段首先被高等级的界定符划分，形成"最上层的子串"，然后被次一级的界定符划分……这个过程一直进行直到子串不能再划分为止。划分结束后采用递归算法，逐级计算每一对子串的匹配值，如果两子串相同，或者一个为另一个的缩写，那么相似度判定为1.0，否则相似度为0.0。

相似度的计算公式为 $\mathrm{sim}(A, B) = \dfrac{1}{|A|} \sum\limits_{i=1}^{|A|} \max\limits_{j=1}^{|B|} \mathrm{sim}(A_i, B_j)$ （3-7）

A_i 和 B_j 指的是 A，B 的下一层子串，i 和 j 是子串的层级。匹配的规则包括以下几种：

①缩写是全称的前缀，如"Tech"之于"Technology"。

②缩写是前缀和后缀的组合如"Dept"之于"Department"。

③缩写是首字母的组合如 "CDM"——"Center for Discrete Mathematics"。

这种算法的优点是直观简单，对数据结构没有特殊要求，对字串顺序颠倒及缩写适应性好。缺点是对字串拼写错误容错性差，而且与应用领域相关，匹配规则复杂，效率较低。[①]

（3）Smith-Waterman 算法

这个算法最早被用于 DNA 序列的配对。该算法的数学定义如下：

定义 1：如果 M 是一个序列，$|M|$ 代表 M 序列的长度，即 M 中所含字符的个数，$M[i]$ 表示 M 序列的第 i 个字符。当满足如下条件时，M 和 N 相同：

$$|M| = |N|$$
$$M[i] = N[i] (0 < i <= |M|)$$

对于 M 和 N 两个序列，$M[i]$ 和 $N[j]$（$0 < i <= |M|$，$0 < j <= |N|$，$M[i] \in \Omega$ 且 $N[j] \in \Omega$），对字符集 Ω 中的任何元素和空符号，它们两两之间有一个记分值，用记分函数 $\sigma(x, y)$ 表示。序列 M 的前缀 $M[1]M[2]M[3]M[4]\cdots\cdots M[i-1]M[i]$ 和序列 N 的前缀 $N[1]N[2]\cdots\cdots N[j-1]N[j]$ 之间

① RIPON K S N, RAHMAN A, RAHAMAN G M A. A domain-independent data cleaning algorithm for detecting similar-duplicates [J]. Journal of Computers, 2010, 5 (12): 1800-1809.

的最优相似性比较的得分用 $F(i, j)$ 表示。

$$F = (i, j = \max \begin{cases} 0(i = 0 \text{ or } j = 0) \\ F(i-1, j-1) + \sigma(M[i], N[j]) \\ F(i-1, j) + \sigma(-, j) \\ F(i, j-1) + \sigma(i, -) \end{cases} \tag{3-8}$$

通过上面这个公式可以得到一个如表 3-4 所示的得分矩阵：

表 3-4   **Smith Waterman 得分矩阵**

S	T	1	2	……	$i-1$	i
1		$F(1, 1)$	$F(2, 1)$	……	……	……
2		$F(1, 2)$	$F(2, 2)$	……	……	……
……		……	……	……	……	……
$j-1$		……	……	……	$F(i-1, j-1)$	$F(i, j-1)$
j		……	……	……	$F(i-1, j)$	$F(i, j)$

这种算法的优势是通过在适当位置插入间隙，允许不匹配字符的缺失，并且对应用领域不敏感，当字符串含有缩写或字段有缺失或微小差异时，不对该算法的运行结果造成较大影响，对字符串拼写错误兼容性良好，但对字符子串顺序颠倒的情况不能处理。[1]

(4)编辑距离算法

编辑距离算法(Edit Distance Algorithm)，它用一个字符串变为另一个字符串要进行的编辑操作所包含的步骤数进行量化，这些操作包括插入、删除等，并作为计算相似度的指标。

定义 1：设 A 是字符的有限集合，A' 是 A 上所有串的集合，ε 表示空字符，$|\varepsilon| = 0$，$|x|$ 表示字符串 x 的长度。

那么，编辑操作的定义如下：当 $a, b \in A$

①替换：$a \rightarrow b$：如果 $a = b$，则 $a \rightarrow b$ 称为一致替换，否则为非一致替换。

---

[1] QING Z J, FANG Z Y, GANG L Z. Research of data cleaning algorithm in data warehouse[J]. Informationization, 2009(7): 4.

②删除：$a\text{->}\varepsilon$。

③插入：$\varepsilon\text{->}a$。

定义 2：代价函数 C：定义每一个编辑操作都用一个 $[0，1]$ 之间非负实数来代表，那么这些操作的代表数之和就是该操作的代价函数。公式为：

e_i 为一个编辑操作，定义一致替换的代价为 0

$$C(S) = \sum_{i=1}^{k} C(e_i) \tag{3-9}$$

定义 3：编辑操作的最小代价 $\text{ed}(x，y)$ 定义为将字符串 x 转换为字符串 y 所需要的编辑操作序列的最小代价，公式表示为：

$$\text{ed}(x，y) = \min\{C(S)\} \tag{3-10}$$

S 是把字符串 x 转换为字符串 y 的编辑操作序列。

基于编辑距离的字符匹配算法是一个递归公式，设对比的两个字符串为 $x=x_1，x_2，x_3，x_4\cdots\cdots x_n$；$y=y_1，y_2，y_3\cdots\cdots y_m$，它们的编辑距离是一个 $[(n+1)*(m+1)]$ 的编辑矩阵 $D(i，j)$，有

①$D(0，0)=0$； $\tag{3-11}$

②$D(0，j)=D(0，j-1)+C(\varepsilon\text{->}yj)\quad j=1\cdots. m$

$D(i，0)=D(i-1，0)+C(xi\text{->}\varepsilon) \tag{3-12}$

③

$$D(i，j) = \min\begin{cases} D(i-1，j-1) + C(xi -> yj) \\ D(i-1，j) + C(xi -> \varepsilon) \\ D(i-1，j) + C(\varepsilon -> yj) \end{cases} \quad (i=i\cdots n，j=1\cdots m)$$

$$\tag{3-13}$$

最后得出编辑距离 $\text{ed}(x，y)=D(n，m)$ 即为两字符串的相似度，n，m 为字符串 x，y 的长度，同时设定当 $x[i]=y[j]$ 时，一致替换的代价为 0，其余的编辑操作的代价为 1；而当 $x[i]\neq y[j]$ 时，所有编辑操作的代价为 1。

编辑距离公式为：

①$\text{ed}(0，0)=0$； $\tag{3-14}$

②$\text{ed}(i，0)=i$；$\text{ed}(0，j)=j$；$i=1\cdots n$；$j=1\cdots m$ $\tag{3-15}$

③ $\text{ed}(i,j) = \begin{cases} \text{ed}[i-1,j-1] & x[i]=y[j] \\ 1 + \min[\text{ed}[i-1,j-1],\text{ed}[i-1,j],\text{ed}[i,j-1]] & x[i]\neq y[j] \end{cases}$

$$(i=i\cdots n,j=1\cdots m) \tag{3-16}$$

如果 $\text{ed}(n，m)$ 小于等于所定义的误差水平 k 则表明两个字符串 x，y

匹配。

表 3-5 的例子中，对于 BAT 和 BAIT 而言，编辑距离 ed(3，4)= D(3，4)= 1，当误差水平 $k=2$ 时，可以认为二者匹配。

表 3-5 编辑距离算法举例

		B	A	I	T
	0	1	2	3	4
B	1	0	1	2	3
A	2	1	0	1	2
T	3	2	1	1	1

(5)基于倒排索引的 TF-IDF 算法

①文本的表示

数据表中的字段值是以文本的形式存在的，要对字段值进行比较，首先应该将文本转化为容易被算法处理的数学形式。

文本的自动聚类首先涉及的是将键值以特征项(如：词语)来表示字段信息，键值与键值之间的近似程度用这些特征项来评估。键值表示所采用的模型有许多，效果较好的有向量空间模型(Vector Space Model)。

在 VSM 模型中，每一个键值都被映射为多维向量空间中的一个点，表示形式用(T_1，V_1；T_2，V_2；…；T_m，V_m)来表示，T_i 为特征项，V_i 为 T_i 对应的权值，权值表示该特征项在该字段描述中的重要程度，通过 VSM 模型，可以将文本以向量空间的形式表示，从而键值与键值的匹配问题就转化为向量空间中向量的表示和匹配问题。

特征项的权重，可以采用 TF-IDF(Term Frequency-Inverse Document Frequency)算法。这个算法用词频 TF(Term Frequency)和词语倒排文档频率 IDF(Inverse Document Frequency)两个量化指标来计算特征项权重。设 R 为关系表，D 为 R 中某一字段中所有的特征项(词语)的集合，S 为某一键值，W 为这个键值 S 中的一个单词，那么根据 TF-IDF 算法，W 的权值为：

$$V'(w, s) = \log(\text{tfw} + 1) \times \log(i\text{dfw}) \tag{3-17}$$

tfw 为单词 W 在 S 中出现的次数，$i\text{dfw} = \dfrac{|D|}{|\text{nw}|}$，nw 为 w 在 D 中出现

的频率。|D|表示 S 中的特征项的个数。

$V'(w, s)$ 经过归一化得到

$$V(w, s) = \frac{V'(w, s)}{\|V(s)\|_2} \qquad (3\text{-}18)$$

$V(w, s)$ 即为单词 W 的权值。

可以发现，$V(w, s)$ 随着 tfw 的增大而增大，随 nw 的增大而减小。这个算法基于这样一个思想：一个特征项（词语）在键值中出现的次数越多，那么它区分键值的能力就越强；另一方面，它在某一字段中特征项集合中出现的频度越高，表示它的分布就越广，那么它区分该键值的能力就弱。①

②使用倒排索引法进行键值特征项提取

在 VSM 模型中，每一个键值都被映射为多维向量空间中的一个点，表示形式为 $(T_1, V_1; T_2, V_2; \cdots; T_m, V_m)$，也就是 m 维，每一个维度用一个特征词来表征。如表 1-6 所示的正排索引，按照键值标识进行排序。如：$T_{1\text{-}1} \sim T_{m\text{-}1}$ 是包含在为 Key-1 $\sim$ Key-m 中的同一个特征词，$V_{1\text{-}1} \sim V_{m\text{-}1}$ 是为相对应的权值。②

表 3-6 正排索引

键值标识	词与 v(i)
Key-1	$T_{1\text{-}1}$, $V_{1\text{-}1}$; $T_{1\text{-}2}$, $V_{1\text{-}2}$; $\cdots$; $T_{1\text{-}n}$, $V_{1\text{-}n}$
Key-2	$T_{2\text{-}1}$, $V_{2\text{-}1}$; $T_{2\text{-}2}$, $V_{2\text{-}2}$; $\cdots$; $T_{2\text{-}n}$, $V_{2\text{-}n}$
…	…
Key-m	$T_{m\text{-}1}$, $V_{m\text{-}1}$; $T_{m\text{-}2}$, $V_{m\text{-}2}$; $\cdots$; $T_{m\text{-}n}$, $V_{m\text{-}n}$

传统是用分词法来确定每一个维度的特征词，但是对于数据库字段而言，出现的词数是有限的，因此，可以用少数的词来代表字段。下面介绍通过倒排索引的方法提取少数特征词：

通过表 3-6 正排索引中的特征词的权值进行倒排，可以获得按照特征词权值排序的有关键值和对应权值向量表，如：表 3-7 所示。在表 3-7 中，第一列 $T_{\text{-}1} \cdots T_{\text{-}m}$ 就是按照权值由高到低排列的特征词，Key1-1 $\sim$ Keym-

① 庞剑锋，卜东波，白硕. 基于向量空间模型的文本自动分类系统的研究与实现[J]. 计算机应用研究，2001，18(9)：23-26.

② 杨建武，陈晓鸥. 基于倒排索引的文本相似搜索[J]. 计算机工程，2005，31(5)：1-3.

1是包含有 $T_{-1} \sim T_{-m}$ 这些特征词的同一个键值 Key-1，$V_{1-1} \sim V_{m-1}$ 是这些键值的对应权值。根据这些特征词来实现对键值的聚类。这种抽取少数特征词的方法是"倒排索引法"。[1][2]

表 3-7　　　　　　　　　　　　　　　倒排索引

特征词	键值与 v(i)
T-1	Key1-1，V_{1-1}；Key1-2，V_{1-2}；…；Key1-n，V_{1-n}
T-2	Key2-1，V_{2-1}；T_{2-2}，V_{2-2}；…；T_{2-n}，V_{2-n}
…	…
T-m	Keym-1，V_{m-1}；Keym-2，V_{m-2}；…；Keym-n，V_{m-n}

为了达到快速运算的目的，在用倒排索引法获得特征词的时候还要用公式(3-15)计算出单位化的文本向量。

③键值相似度的计算

在获得特征项权重之后就可以用特征项的权重向量来求得所要匹配的两个键值之间的相似度。[3]

$$SimilarField(key_i, \ key_j) = (\vec{v}_m \cdot \vec{v}_n) = \sum_i (v_m(i) \cdot v_n(i)) \quad (3-19)$$

V_m 和 V_n 分别为键值 key_i 和 key_j 中的特征项的权值。

3.2.5　重复记录检测

字段属性值组成记录，在前述字段属性值的相似度比较运算的基础上可以进行重复记录的检测。

(1)常规的重复记录检测的算法

常规的重复记录检测算法也就是非聚类算法，都是基于"排序-匹配"算法的，都需要对字段中的数据进行权重的选择和排序，在通过字段权值排

① 黄运高，王妍，邱武松，等. 基于 K-means 和 TF-IDF 的中文药名聚类分析[J]. 计算机应用，2014(1)：173-174，210.
② NEMANI R R，KONDA R. A framework for data quality in data warehousing [C]. 3rd International United Information Systems Conference（UNISCON 2009）Sydney，Australia，2009.
③ 俞荣华，田增平，周傲英. 一种检测多语言文本相似重复记录的综合方法[J]. 计算机科学，2002，29(1)：118-121.

序确定 k 个参与相似度对比的字段后，用"众数排序法"对属性值进行划分，即按照某个属性值取值个数的从大到小排序，划分出 m 个属性值区间，使每个区间中的等于某个值的属性值个数尽可能地多，然后在每个区间中对条目进行比较，这么做的目的是每次都在一个较小区间内进行比较，可以节约内存占用和寻址时间。这个步骤可以通过一个函数来完成，当排序足够"好"时，这个函数将给出 TRUE 的函数值，算法流程如图 3-8 所示：

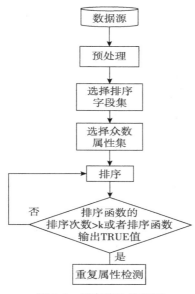

图 3-8　排序算法流程图

首先用字段匹配算法要计算字段的相似度，再根据各个字段的权重，进行加权平均，计算记录的相似度，如果两个记录之间计算出的相似度大于相似度阈值，则认为两条记录是互为重复记录，如果相似度低于相似阈值就认为不重复。

记录相似度（Record Similarity）的定义：设某关系表中的字段用 Field $[i]$ 表示，$i \in [0 \cdots n]$，字段对应的权重用 Weight $[i]$ 表示，$i \in [0 \cdots n]$。给定两条记录 $R1$ 和 $R2$，根据 $R1$、$R2$ 记录的相同字段属性值计算所得的字段相似度 SimilarField$(R1, R2)[i]$，$i \in [0 \cdots n]$。由前面的相似度算法得出，则 $R1$ 和 $R2$ 的记录相似度如下：①

---

① 黄运高，王妍，邱武松，等. 基于 K-means 和 TF-IDF 的中文药名聚类分析[J]. 计算机应用，2014(1)：173-174，210.

$$Similar\ Record(R1,\ R2) = \frac{\sum_{i=1}^{n} SimilarField_{(R1,\ R2)}[i] * Weight[i]}{\sum_{i=1}^{n} Weight[i]}$$

$$(3-20)$$

目前流行的几种常用算法如下：

①基本近邻排序算法 SNM

采用的比较普遍的方法是 SNM（BasicSorted-Neighborhood Method，基本近邻排序算法）算法的步骤如下：

A. 抽取排序关键字：抽取记录中属性值的一个子集序列或子串作为排序关键字，根据这个子串计算出的键值来表征每个记录。

B. 排序：根据 A 计算出的键值对整个数据记录集进行排序。排序的结果是使可能的重复记录尽量地相邻，从而将每次记录匹配的范围限制在较小的范围内。

C. 合并：一个固定大小的窗口（如设置为 M 条记录宽度）在排序后的数据集上滑动，在窗口范围内的数据集逐个依次相互比较。每条新进入窗口的记录都要与先前进入窗口的 M-l 条记录进行比较，来检测重复记录，完成一次检测后，窗口中最后一条记录的下一条记录移入窗口，最先进入窗口内的记录滑出窗口，窗口中新的 M 条记录作为下一轮比较对象，直到窗口包含到记录集的最后一条记录，见图 3-9。

图 3-9　SNM 算法的窗口

SNM 算法是一种基于滑动窗口的重复记录检测算法，用一个大小固定的滑动窗口在整体记录中移动，窗口每次只移动一条记录，如果有 N 条记录，窗口的大小为 M 条记录，那么窗口移动的次数就为 M * N，滑动窗口的方法虽然效率高，速度快但是也具有如下缺陷：

A. 过于依赖排序关键字。选择排序关键字决定了相似记录匹配的精度与效率。但是，关键词的选择原则因领域的不同而不同，并没有统一的标准。如果选取不合适的关键字，就会造成实际的近似记录排序后的位置距离较远，导致这些近似记录不能落入同一窗口中，后果是可能有大量的重复记录不能被检测出来。

B. 难以确定滑动窗口的大小 M。M 较小时可能由于相似记录没有落入窗口导致漏过相似记录；M 较大时需进行的记录比较次数多，造成运算复杂度增加；如果所有记录中各个重复记录聚类中记录数差别大，则 M 选取任何一个定值都会产生遗漏相似记录的情况。[①]

②多趟近邻排序算法 MPN

由于 SNM 算法存在依赖排序关键字和难以确定滑动窗口大小的问题，Hernandez 等人提出了 MPN(Multi-Pass Sorted Neighborhood，多趟近邻排序)算法的改进，MPN 算法，顾名思义就是多次执行的 SNM 算法，但 MPN 算法和 SNM 的不同之处在于，每次用滑动窗口在记录中滑动的过程都事先用不同的排序关键字进行记录排序，并且 MPN 的滑动窗口也控制在较小的长度。为解决记录遗漏的问题，MPN 算法引入了传递闭包来进行相似记录的拓展，传递闭包，就是根据相似性传递原理，如果在一个滑动窗口中 A 和 B 互为相似记录，在另一个滑动窗口中 B 与 C 也互为相似记录，那么 A 与 C 也是一对相似记录。

MPN 算法在一定程度上解决了 SNM 算法在相似记录匹配中的遗漏问题，获得较完全的重复记录集。[②]

③优先级队列算法

Monge 等人提出的优先级队列算法采用基于并查集的数据结构，将各个记录根据相似性程度归入具有不同优先权的队列，减少了记录比较的次数，提高了匹配的效率，也是很有影响的算法。

A. 并查集结构

并查集(Union-Find sets)能实现不相交集合的快速合并，判断元素所在集合的操作，它可以分为 Union 操作和 Find 操作两个部分：

- Union 操作：目的是合并两个不相交的集合，如果 r_2 是一个子集合，r_1 是一个集合，r_2 与 r_1 不相交，那么将 r_2 与 r_1 合并，并返回生成新的集合。

- Find 操作：用函数 Find(x)查找元素 x 所在的集合，并返回集合名字。

① 施聪莺，徐朝军，杨晓江. TFIDF 算法研究综述[J]. 计算机应用，2009，29(B06)：167-170.

② 唐玲玲，刘思帆. 基于语义的相似性重复记录检测[J]. 中国电子商务，2010(2)：57-58.

在优先级队列算法中，用并查集来存储重复记录聚类，重复记录聚类在并查集中以集合的形式存在。

B. 优先级队列

优先级队列是由队列元素构成，并且每一种队列元素都具有不同优先权并且长度固定的队列。队列中的元素代表集合的概念，每一个元素就是某一类重复记录的聚类。一个重复聚类通常用若干条记录来代表其在优先级队列中的特征。

C. 优先级队列算法

首先根据排序关键字对数据集按照优先级由高到低的排列，在检测重复记录时将重复记录根据排序结果按照由高到低的顺序逐一与数据集中的元素进行比较。如果在优先级队列的某个聚类中发现该记录，则将该聚类的优先权设为最高，并将当前记录的下一条记录作为比较对象。

如果优先级队列的任何一个聚类中都没有该记录，那么该记录将逐个与其他优先权较低的聚类的特征记录进行比较。为了减少比较量，优先级队列引入了高限阈值和低限阈值。设当前记录为 Ri，优先级队列中参与比较的记录是 Rj，如果 Ri 与 Rj 的相似度高于某一特定匹配阈值则判定 Ri 与 Rj 互为重复记录，则通过(1)中介绍的 Union 操作合并 Ri 与 Rj 所在的聚类；进而，若 Ri 与 Rj 这对相似记录的相似度低于某个高限阈值(该值大于匹配阈值，但小于 1)，则将 Ri 作为合并后的聚类的特征记录放入优先级队列，作为该聚类的代表。如果 Ri 和 Rj 的记录比较结果值低于某个低限阈值(该值小于匹配阈值大于 0)，则认为 Ri 与 Rj 差异巨大，Ri 无须再和该聚类中的其他记录进行比较。随后 Ri 将和下一个优先级的聚类的代表记录进行比较。如果扫描整个优先级队列之后，发现 Ri 不属于其中任何一个聚类，则说明 Ri 本身就是一个独立的聚类，那么将 Ri 加入优先级队列，并且具有最高优先权，并且 Ri 是该聚类的第一个特征记录。如果此时优先级队列的元素的个数已经超过了预先设定的大小，则删除优先权最低的那一项……如此循环查找，直至结束。最终得到的优先级序列即为输入数据集中的重复记录聚类的集合。

综上所述，以重复记录聚类为元素的带有特征记录的优先级队列算法结合适当的高、低限阈值设置，减少了大量不必要的记录比较。该算法对数据规模的敏感性小，能良好应用于不论大小规模的数据集。[1]

---

[1]　叶鸥，张璟，李军怀. 中文地名数据清洗中的重复字段匹配[J]. 应用科学学报，2013，31(2)：212-220.

（2）基于聚类的重复记录检测

通过研究以上常用记录检测方法可以发现，这些方法在重复记录检测前都需要对所有记录集进行排序，排序需要占用 CPU 的计算资源和系统缓存，对于大数据量的应用场景，容易发生内存不足的情况，这时候需要对排序数据进行分段处理，分段会大大降低排序的效率。再加上排序算法对错误敏感，可能使得相似记录在物理排序上距离较远，这就直接导致滑动检测窗口在某一时刻总不能包含所有的重复记录。而聚类算法不需要对记录进行预排序所以避免了常用检测重复记录算法的问题，所以本方案引入聚类算法进行重复记录检测。

本方案采用两步聚类的方式。

第一阶段选择计算资源占用较低的基于倒排索引的 TF-IDF 算法计算对象相似性，将相似的对象放在一个子集"Canopy"中，如图 3-5 所示，通过一系列计算得到若干相互交叠或独立的子集，使得所有的对象都属于其中一个或多个子集。这一步称为粗聚类，如图 3-10 所示。

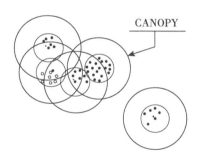

图 3-10　粗聚类示意图

第二阶段采用 DBSCAN 算法对第一步粗聚类形成的"簇"内的重复数据进行进一步聚类。DBSCAN 是以判断元素分布的密度是否近似来判断分布聚类的算法，它根据集合中元素密度来作为聚类依据，这里的元素密度用编辑距离来进行衡量，如果半径为 ξ 的邻域内有大于等于某个数目的元素，那么认为该区域密度可以被划分为同一聚类。DBSCAN 算法具有一定的抗噪声干扰特性，可以在存在噪声干扰的数据库中完成聚类工作。

DBSCAN 与常规聚类算法（比如 K-means）不同，不需要事先指定 k 值（即 clustering 的个数），因此在不知道实际聚类个数的情况下也能完成分类，实用性很高。虽然精度较低，但其在速度上有很大优势。

第三阶段根据前两步聚类的结果，对检测出的重复记录做合并/删除复制记录的操作。

这个框架主要的步骤如图 3-11 所示：

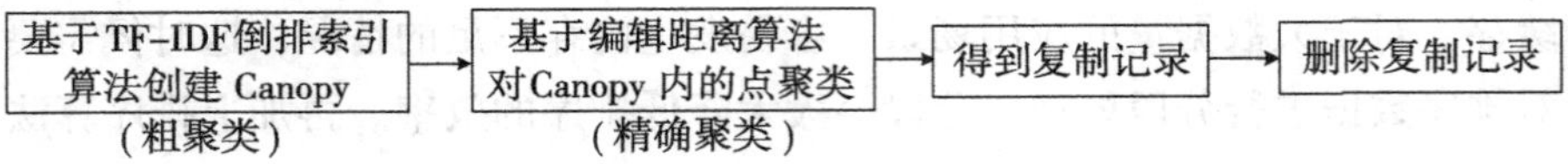

图 3-11　基于聚类算法的相似记录检测步骤

第一步：通过粗聚类建立"簇"

算法 1：Made(CanopySet)

输入：数据库记录集 K，距离阈值 T1，T2(T1=>T2)//定义两个距离阈值，其中 T1=>T2

输出：创建的 CanopySet i

方法：(1)备选中心点集 CentralSet=K

(2)i=0

(3)while CentralSet!={}　//当 CentralSet 中心集合不为空集的时候

①从备选中心点集随机选取一点 d

② CanopySeti(d)={(d, d')：d'∈K∧sim(d, d')=>T1}//构造一个 canopySet，里面包含 d 和 d'，其中 d' 满足 d' 为备选中心点集中元素，且 d 和 d' 的相似度大于 T1

③ i=i+1

④CentralSet=CentralSet-{d' | sim(d, d')<=T2}　//从中心点集中减去 d'，d' 满足与 d 的相似度小于 T2 阈值

(4)return CanopySeti(d)

以上是建立若干个 Canopy 聚类的过程，sim 是用倒排索引 TF-IDF 算法求得的各个记录之间的相似度，在这里整个记录被看作一个文本。

第二步 Canopy 内聚类

算法 2：Cluster(Canopyi)

输入：Canopyi，k //输入为 canopyi 中的点，和 k，k 为相似度阈值

输出：OutCluster //聚类集合

方法：OutCluster={}//初始化 OutCluster

InnerCluster={gi | gi=Recordi}//初始化，选择 gi 为第 i 个记录作为一类

> S＝{dij | dij＝dist(gi, gj)}}　//计算类与类之间的距离，dist 函数使用编辑
> 距离算法
> MinDist＝Min{S}　//定义 MinDist 为类与类之间编辑距离最小值
> While{|G|>1 and MinDist<＝k}　//当 Innercluster 中的类大于 1 个，且类与
> 类编辑距离小于 k
> {标记满足当前类间最小距离的两个类(gi, gj)输出给 OutCluster，并从 InnerCluster
> 中剔除掉当前已经建立匹配关系的 gjMinDist＝Min{S}//重新计算类间相似度 S}
> Return OutCluster//返回合并过后的 InnerCluster 聚类集合

以上是对 Canopy 内进行聚类的过程，dist 是用编辑距离算法求得的各个记录之间的相似度。

3.2.6　重复记录处理

找到匹配对之后的操作有两种情况，如果特征字段完全相同，并被判定为属于同一实体的数据，它们的其他字段也是相同的，那么保留一个，删掉另一个即可；若是特征字段为"相似"而不是相同，或者特征字段相同，但其他字段有差异，那么将就是将这些同属同一实体的数据记录存入新表，并提交给人工筛查。

本部分内容是不含有主键的数据库记录的精简范式。分别介绍了特征字段的选择；预处理；概述了各种记录相似度算法和相似记录检测算法。在本方案中，应用基于倒排索引的 TF-IDF 算法和编辑距离算法，配合聚类算法完成了不含有主键的数据库记录的精简范式的搭建。

3.3　含有主键的数据库记录精简范式

含有主键的数据表精简主要指的是表间精简。在做完数据抽取转换后，大部分的数据是可以转换到共享池中的，但是会存在一部分的数据需要汇入共享池中的同一张表中，比如学生基本信息表，里面的数据可能是非单一来源，而且各来源都有共同的主键(如学号)，这就需要多表的数据精简整合。它就是把表与表之间相同的字段作合并，合并之前首先要将不同表的相似字段进行匹配，并保存到共享池中，这里采用的匹配技术是SOM-BP。在这个融合的过程中还要考虑相同字段间属性值的差异性，如果发现有的字段中某一实体存在的属性值与另一个字段的该实体属性值不

一致，那么则要提交给人工进行筛查。

使用 SOM-BP 网络进行重复数据字段匹配的流程，其结果是使得异构数据库间的同义字段建立匹配对。这些匹配对经过剔除-保留操作后将作为保留到共享池中的字段。

3.3.1　含有主键的数据表精简过程概述

这一过程的目标是找到含有主键的数据表中的相同字段进行合并，并在合并的过程中对属于同一实体的属性值进行筛查以排除空值、纠正差异值。可以分为注入流程和精简流程两个步骤：

(1)注入流程

注入流程是将异构库中的字段值导入共享池对应字段的过程，共享池中已经预设了一系列的模拟值，这些模拟值的类型与实际值相同，数据特征也与实际值相近，可以利用这些数据的统计特性辨识其与异构库中字段的对应关系，将异构库中的属性值对应导入。

①从共享池中抽取属性的特征向量，包括数据模式和数据内容统计信息。

特征向量就是如属性的：数据类型、长度、是否为空、精度、小数位数、标准差这些值。

②将特征向量归一化。

③建立 SOM 网络模型，将共享池中属性特征向量进行分类，分为 M 类。

④建立 BP 属性匹配模型，用共享池模拟数据对 SOM 分类后的每一类别(共 M 个类别)进行训练直至收敛，保存权值和阈值，建立 M 个 BP 网络模型。

⑤异构库数据表通过①②③步骤完成输入向量分类，分为 M 类，将分 M 类后的数据对应 M 个 BP 网络进行模拟，完成匹配。

⑥最终通过 BP 网络得到的共享池字段和异构库字段的匹配关系。

⑦将异构库的各字段属性值导入共享池的相应字段，来自不同异构库的数据归类于不同的表。

(2)精简流程

经过注入流程，异构数据表 A 和异构数据表 B 转化为共享池的格式分别保存为共享池中的数据表 A' 和数据表 B'，这个过程中，原数据表中的各个字段仍然得到完整的保留。接下来对 A'和 B'中相同字段进行融合：融合的过程中根据主键值逐个比对，如果该字段两个值都完全相同，那么舍弃其中一个，保留另一个；如果不完全相同，那么将含有差异数据的这两个字段保存到新表中，进行人工筛查，摒除错误数据，最后生成新的字段。最后所有的字段被保存到共享池中，并可根据用户请求提取，形成视图输出，注入和精简流程如图 3-12 所示：

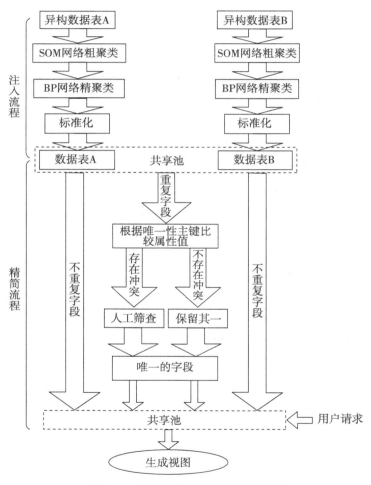

图 3-12　含有主键的数据表精简流程

3.3.2　注入流程

注入流程是将异构库的数据表导入共享池的过程。由于共享池中已经预留有一些设定的字段，这些字段下面有一些模拟数据，数据的统计特性与实际数据相互符合，这样就可以通过神经网络算法完成数据源字段与共享池字段的匹配。这个过程分为两步：SOM 神经网络字段分类和 BP 神经网络字段匹配。SOM 分类实际上可以看作一个粗聚类的过程，将字段按照字段属性值的类别进行分类，为基于 BP 神经网络的字段匹配做好准备。基于 BP 神经网络的字段匹配是一种精细聚类，它输出的结果是异构数据库字段和共享池中的表的字段的一一对应关系。

（1）使用 SOM 网络进行字段类型的匹配

①SOM 的原理概述

由于在不相同的数据类型的属性中进行相似属性的识别和匹配是没有意义的，所以需要引入 SOM 算法对属性按照数据类型进行预分类，再用 BP 网络在同类型数据间进行匹配，将数据主要分为数值型、字符串型和稀有型这三种类型。SOM 全称是 Self-Organizing Neural Networks，中文名是自组织神经网络，在这里用来对字段进行预处理，划分字段所属数据的类型。这样做的目的是：

- 避免不同的数据类型对属性之间造成干扰；
- 降低了训练数据的规模，降低了神经网络的复杂结构，提高匹配的准确性。

SOM 网络的原理是竞争学习（competitive learning），当某一向量输入 SOM 网络后，按照某种规则让输出节点开始竞争，当某一节点获胜后，通过调整获胜节点对应的权重，从而使得权重向量尽可能地接近输入向量的概率分布，调整的目的是抑制其他节点而增强获胜节点，使得某一类相似的输入向量能获得固定模式的输出响应。当有足够多的神经元节点时，任何一组输入向量总能使某一节点的输出为 1，而其他节点的输出为 0。凭借这个特性，SOM 网络适合作为模式分类器。当输入一个模式时，输出层代表该模式的特定神经元会产生最大的响应，从而将模式归类。如果网络输入模式不属于网络训练时经历过的任何模式时，SOM 网络只能将它归为最接近的分类。①

如图 3-2 所示，将 N 维特征向量用 SOM 模型通过 SOM 网络分为 M 组，输出端为每个类别的权重，归为一组的模式和数据内容相似。

---

① 徐艳玲. 在数据库中一种基于 QPSO 与 BP 神经网络的重复记录检测算法［J］. 网络安全技术与应用，2014（11）：67-68.

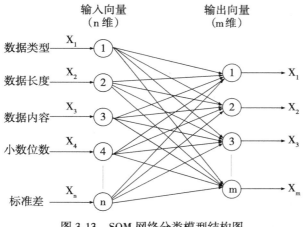

图 3-13　SOM 网络分类模型结构图

A. SOM 的聚类依据

SOM 的聚类依据一般采用"欧氏最小距离法"，由于 SOM 网络的输入为向量的形式，一般可根据两个向量间的欧氏距离来判断两个向量间的差距，作为聚类依据：

设有两个 n 维向量 $X=\{X_1, X_2, \cdots, X_n\}$；$Y=\{Y_1, Y_2, \cdots, Y_n\}$

欧氏距离：

$$\| X - Y \| = \sqrt{\sum (X_i - Y_i)^2} \tag{3-21}$$

B. SOM 的输出

SOM 的运行分为训练和模拟两个阶段，训练结束后，SOM 神经网络的权值被确定，这时候就可以输入模拟向量，神经网络会按照训练的模式对模拟向量进行聚类。如果发现模拟向量不属于训练中见过的任何模式的时候，SOM 神经网络会将它归为最接近的分类。

C. 具体算法

这里采用的是欧氏距离法为依据计算向量间距离，SOM 网络建模的具体步骤如下：

a. 初始化：确定学习速率的初始值 $\eta(0)$（$0<\eta(0)<1$），建立获胜领域初始值 $N_j(0)$，确定学习次数 T，对输出层各个权向量赋予随机数并进行归一化处理，归一化的权向量为 $W^j(j=1, 2, \cdots, m)$，m 表示输出为 m 维。

b. 进行训练：用训练集对 SOM 神经网络进行训练，训练集需要预先进行归一化处理，得到输入向量 X^p，$p \in \{1, 2, \cdots, n\}$。

c. 寻找获胜节点：使用欧式距离法计算 X^p 与全部输出节点的权向量 W^j 的距离 d_j，并在 d_j 中求得最小距离的节点作为获胜节点 j^*。

$$d_{j^*} = \sum_{j \in (1, 2, \cdots, m)} \min\{d_j\}, \text{ 其中 } d_j = \sum_{i=1}^{n} (x_i^k - w_{ij})^2 \qquad (3\text{-}22)$$

d. 定义优胜邻域 $N_{j^*}(t)$：以 j^* 为中心确定 t 时刻的权值调整域，调整域随着训练次数逐渐收缩。

e. 调整权值：对优胜邻域 $N_{j^*}(t)$ 内的所有节点按照公式（3-23）调整权值：

$$w_{ij}(t+1) = w_{ij}(t) + \eta(t, N)\left[x_i^p - w_{ij}(t)\right] \qquad (3\text{-}23)$$

公式中 $i = 1, 2, \cdots, n$，$j \in N_{j^*}(t)$ 对于 $\eta(t, N)$ 式，$\eta(t, N)$ 是训练时间 t 和邻域内第 j 个神经元与获胜神经元 j^* 之间的拓扑距离 N 与训练次数 t 的函数，该函数随着 t 的增加而减少，且满足

$$\eta(t, N) = \eta(t)e^{-N} \qquad (3\text{-}24)$$

f. 结束检查：以学习率衰减为 0 或某个预定数作为条件，不满足条件则返回步骤 2[33]。

②基于 SOM 网络的字段自动分类实现

假设各个异构数据库已经完成共享池的注入流程，就可以进入精简流程，以下为精简流程中的 SOM 聚类运作过程：范例说明的是基于 SOM 网络将学工处系统的 Birthday、Score、Address、ID、STU 字段区分为 Numbric、Varchar、Data 类型，使用的训练集为图书管理系统字段：SG、TZ、SJBYSJ、ZHPC、XJZT、JLRU。

A. 数据的数值化与归一化

用 SOM 神经网络进行分类，首先必须满足输入元数据用数值的形式表示，这样神经网络才能运算处理，同时必须满足数值在[0，1]区间内，这个过程可以通过转化函数实现，数值化和归一化也提高了神经网络运行的速度和效率。对应不同的数据类型，归一化的方法也不同，具体可分为下面几类：

第一，对于 T/F 等具有布尔逻辑特点的信息用 1/0 的数值来表示，这类信息由于本身就落在区间[0，1]之间所以不用进行归一化。

第二，对于取值确定的非数值型类别信息，首先要进行数值化，再归一化到[0，1]区间，采用规范化公式（1-25）。①

$$f(x) = 2 \times \left(\frac{1}{1 + K^{-x}} - 0.5 \right) \qquad (3\text{-}25)$$

其中 $k = 1.01$，x 为要进行归一化的值。

第三，对各数据类型的子类型如数值型中的 Int，Decimal，Bit，Char，Money，Datetime 分别用整数 20、30、40、100、150、400 表示数据类型，以表明 Int，Decimal，Bit 几种数据类型比较接近，而 Char，Money，Datetime 几种数据类型之间差别较大，这种数值化表示与数据类型分类思想是一致的，详细分类信息如下：

（a）Int（20，包含 bigint，int，smallint，tinyint）

（b）Decimal（30，包含 decimal，numeric，float，real）

（c）Bit（40）

（d）Char（100，包含 char，varchar，nchar，nvarchar，text，ntext）

（e）Money（150，包含 money，smallmoney）

（f）Datetime（400，包含 datetime，smalldatetime，timestamp）

数值型、字符型、稀有型三大类包含的内容如下：数值型包括①②③字符串型包括④稀有型包括⑤⑥数据类型用数值表示后，再用公式（1-26）归一化到[0，1]区间。

第四，对于其他连续性取值仍采用公式（3-25）进行归一化。

第五，对于某些等距数据，如成绩的 A、B、C、D 或者好、中、差等，这些数据之间的差别是相同的，因而也被称为等距量表，它的转换方式是 $f(n) = n/N$，n 数据在等距量表中所处的顺序位置，N 为所有等距量的个数。最后得出的是（0，1）区间内的等距量，如 A，B，C，D 被转化为（0.25，0.5，0.75，1）。

B. 训练

采用表 3-8 中的数据源对 Numric、Varchar、Date 三种类型的属性进行训练，这里所取的属性向量：数据类型、数据长度、数据内容，经过归一化后如下表所示，将这组数据输入 Matlab 的 nntool 工具，选择神经网络类型为 Self-Organizing Neural Networks，当输入类型为 Numbric 时，输出为（0，1，0）；输入为 Varchar 时，输出为（1，0，0）；输入为 Date 时，输出为（0，0，1），对表中的输出向量进行 1000 次训练。

表 3-8   **SOM 网络的训练集**

字段	类型	输入向量	SOM 输出向量
SG	Numric	（0.3400，0.4510，0.0133）	（0，1，0）
TZ	Numric	（0.3400，0.4510，0.0167）	（0，1，0）

续表

字段	类型	输入向量	SOM 输出向量
SJBYSJ	Varchar(8)	(0.7200, 0.0431, 0.0326)	(1, 0, 0)
ZHPC	Varchar(20)	(0.7200, 0.0924, 0.0391)	(1, 0, 0)
XJZT	Varchar(6)	(0.7200, 0.0389, 0.0237)	(1, 0, 0)
JLRQ	Date	(0.1300, 0.0510, 1)	(0, 0, 1)

C. 模拟

模拟过程是利用训练后的 SOM 网络对数据进行分类，表 1-9 数据采用学工处系统的数据字段进行模拟：

表 3-9 　　　　　　　　　　　**SOM 网络的输入集**

含义	字段	类型	输入向量	SOM 输出向量
生日	Birthday	Date	(0.1300, 0.0510, 1)	(0, 0, 1)
入学成绩	Score	Numric	(0.3400, 0.4510, 0.0167)	(0, 1, 0)
住址	Address	Varchar(100)	(0.7200, 0.1380, 0.0538)	(1, 0, 0)
学号	ID	Varchar(20)	(0.7200, 0.0924, 0.0493)	(1, 0, 0)
学生类型	STU	Varchar(20)	(0.7200, 0.0924, 0.0135)	(1, 0, 0)

在图 3-14 的三维坐标系对表 3-9 的坐标在(数据类型、数据长度、数据内容)三维坐标中描点可以看到 Birthday、Score、Address、ID、STU 各字段呈现不同的聚类的特征，SOM 网络的输出很好地体现这些聚类的集中性，从而将这些数据分为了 Numbric、Varchar、Date 三种类型。

SOM 网络的工作是完成了字段的大致分类，从而将这些字段与共享库中模拟字段类型对应，这样就减轻了后续字段匹配工作的负担。

(2)使用 BP 神经网络实现字段的匹配

①BP 神经网络的基本概念

通过建立神经网络模型，对经过分类的数据类型进行学习，进而形成学习规则用于语义相似度的判定。

BP(Back Propagation)神经网络，在 1986 年由 Rumelhart 等人提出，它是一类多层前馈网络，是按误差逆传播算法进行自我学习的网络，它至

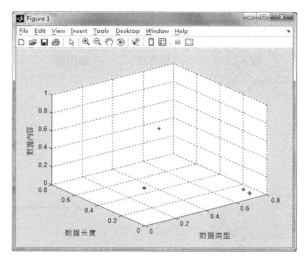

图 3-14　三维坐标系中的各个字段的聚类

今仍是应用最为广泛、影响最为深远的神经网络模型，被广泛应用于自动控制领域。所谓误差逆传播算法的学习过程可以分为正向传播和误差的反向传播两个阶段。来自外界的输入信息通过输入层各神经元接收后传递给隐含层各神经元；隐含层是内部信息处理层，负责信息变换，可以为单层也可以为多层结构，多层结构隐含层比单层结构隐含层信息变换能力强；隐含层传递到输出层各神经元的信息，经进一步处理后，由输出层向外界输出信息处理结果，至此一次学习的正向传播处理过程结束。如果实际输出与期望输出存在误差时，进入误差的反向传播阶段。误差通过输出层，按误差梯度下降的方式修正各层权值，向隐含层、输入层逐层反传。信息正向传播和误差反向传播过程循环反复，将网络输出的误差降低到可接受的范围内，或者循环次数达到预先设定数值则停下，各层的权值被固定下来，BP 神经网络的学习过程至此结束。

在 BP 学习过程结束后，就能建立 BP 网络的模型，理论上固定模式的输入在经过这个网络后将获得固定的输出，根据这个特性，可以通过对任意的输入模式进行检验，通过判断输出与训练过程中的输出是否一致来判定输入是否相同或者相似。

如图 3-15 所示，BP 网络为典型的单隐层前馈网络的拓扑结构，最左侧为输入层，中间为隐含层，右侧为输出层。它的特点是：全连接仅存在于各层神经元与相邻层神经元之间，同层内神经元之间无连接，隔层神经元之间无反馈连接，构成具有层次结构的前馈型神经网络系统。[①]

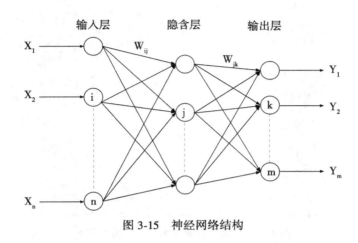

图 3-15　神经网络结构

②BP 神经网络在异构数据库字段匹配中的实例应用

A. 训练

经过 SOM 网络的分类后，字段数据被按类聚集，BP 网络的工作就是在各个类中寻找相同字段。下面以学工处管理系统的 Varchar 类型的字段与教务处、共享池中的 Varchar 类型字段的匹配过程为例进行说明。表 3-10 为训练集，来自学工处管理系统的 Varchar 字段。表中的所有字段都是经过 SOM 网络筛选过后为 Varchar 类型的，输入向量为归一化输入向量，在本书中所取的指标为（数据类型、数据类型长度、精度、是否可以为空值、小数位数、最大值、最小值、差异系数、平均值、标准差）共十个。输出向量的维数与字段数相同，这里取 8 个字段，设定这 8 个字段的输出向量如表 3 所示。所以输入为一个 10×8 的矩阵（表示有 10 个输入，8 组数据），输出为一个 8×8 的矩阵（表示有 8 个输出，8 组数据）。将输入向量和输出向量导入 MATLAB 的 NNTOOL 神经网络工具中，采用快速训练函数 trainrp，阈值和初始连接权随机生成，激活函数采用 tansig，输出层采用 logsig，进行训练直至收敛。

表 3-10 训练集（来自共享池）

含义	字段	输入向量	神经网络的输出向量
学号	XH	(0. 4500, 0. 0498, 0, 0, 0, 0. 0268, 0. 0443, 0. 0383,0. 0015,0. 0088)	(1,0,0,0,0,0,0,0)
姓名	XM	(0. 4600, 0. 9900, 0, 0, 0, 0. 0199, 0. 0488, 0. 0354,0. 0011,0. 0089)	(0,1,0,0,0,0,0,0)
姓名拼音	XMPY	(0. 3500, 0. 1909, 1, 0, 0, 0. 0392, 0. 1490, 0. 0981,0. 0032,0. 0213)	(0,0,1,0,0,0,0,0)
曾用名	CYM	(0. 4500, 0. 0893, 1, 0, 0, 0. 0123, 0. 0545, 0. 0394,0. 0301,0. 0134)	(0,0,0,1,0,0,0,0)
英文名	YWM	(0. 638, 0. 0234, 0, 0, 0, 1, 0. 0738, 0. 193, 0. 988,0. 0034)	(0,0,0,0,1,0,0,0)
奖学金情况	JXJ	(0. 875,0. 0251,1,0,0,0. 0549,0. 668,0. 498, 0. 0419,0. 0296)	(0,0,0,0,0,1,0,0)
学生类型	STU	(0. 3400, 0. 75, 0, 0, 0, 0. 0361, 0. 0375, 0. 0370,0. 0042,0. 0013)	(0,0,0,0,0,0,1,0)
家庭住址	ADD	(0. 4430, 0. 0892, 0, 0, 0, 0. 0993, 0. 0525, 0. 0470,0. 0030,0. 0020)	(0,0,0,0,0,0,0,1)

B. 进行模拟

这一步是将欲与表 3-11 字段进行匹配的异构数据库的归一化向量导入上一步训练好的神经网络中，通过输出向量判断来自两个异构数据库的各个字段间是否具有相似性。同样，这里选择教务处和后勤管理处两个部处的管理系统中的字段经过 SOM 网络聚类，并挑选出 Varchar 类型作为输入。

以表 3-11 的字段 ID 为例，从它的归一化输入向量可以发现该字段与学工处表的 XH 字段高度相似，将字段 ID 的输入向量导入训练好的神经网络，其输出向量为(0. 0947, 0, 0, 0, 0, 0, 0, 0)与(1, 0, 0, 0, 0, 0, 0, 0)在阈值范围内近似，所以认为 ID 和 XH 这两个字段为相似字段。同理可以对其他的字段进行相应的对应归类。

表 3-11　　**模拟集(来自教务处管理系统和后勤管理处管理系统)**

含义	字段	输入向量	数据来源
学号	ID	(0.4600, 0.0497, 0, 0, 0, 0.0198, 0.0398, 0.0285, 0.0010, 0.0059)	教务处管理系统
姓名	NAME	(0.4600, 0.745, 0, 0, 0, 0.0178, 0.0492, 0.0326, 0.009, 0.0076)	
姓名拼音	NMPY	(0.3500, 0.1876, 1, 0, 0, 0.0392, 0.1490, 0.0981, 0.0027, 0.0198)	
家庭住址	ADDRESS	(0.4500, 0.0887, 0, 0, 0, 0.0723, 0.0529, 0.0494, 0.0030, 0.0013)	
学生类型(全日制/非全日制)	TYPE	(0.4500, 0.76, 0, 0, 0, 0.0510, 0.0659, 0.0578, 0.0010, 0.0019)	
奖罚情况	PUNISH	(0.875, 0.0278, 1, 0, 0, 0.0549, 0.668, 0.498, 0.0063, 0.0259)	后勤管理处管理系统
就读方式	JIZOU	(0.3400, 0.75, 0, 0, 0, 0.0468, 0.0876, 0.0570, 0.0012, 0.0198)	
学校住址	DOM	(0.4500, 0.0893, 1, 0, 0, 0.0393, 0.0259, 0.344, 0.301, 0.0026, 0.0254)	

C. 匹配结果

如表 3-12 所示,将样本数据库属性和目标数据库属性进行 3 次匹配,对匹配的结果取交集,如果 3 次匹配都一致,那么认为样本数据库和目标数据库的匹配成功,保留匹配对,否则认为匹配不成功。

表 3-12　　　　　　　　　　**字段匹配及其结果**

	样本数据库字段	字 段							
		XH	XM	XMPY	CYM	YWM	JXJ	STU	ADD
目标数据库字段	第一次匹配	ID	NAME	NMPY	NULL	NULL	NULL	NULL	ADDRESS
	第二次匹配	ID	NAME	NMPY	NULL	NULL	PUNISH	NULL	ADDRESS
	第三次匹配	ID	NAME	NMPY	NULL	NULL	PUNISH	NULL	ADDRESS
	匹配结果	ID	NAME	NMPY	NULL	NULL	NULL	NULL	ADDRESS

非空的结果为最终得到的匹配对，建立匹配关系的源数据表字段得以输入对应的共享池数据表字段中。来自不同的表的数据在共享池中仍然归为不同的表。

3.3.3　精简流程

要对共享池中表与表之间的字段根据主键进行逐条比较，如果发现主键值对应不上的记录，那么将这些记录剔出存入新的表；如果发现两个字段一致则做合并；如果不一致，那么两个字段均保留在共享池各自的表中，然后再提交给人工做筛查，发现字段值不一致的原因，纠错后合并，将纠错后的数据合成新字段，最终将共享池中的各个表合并，形成最终的结果。如表 3-10、表 3-11、表 3-12 所示，共享池 A 表的 ADD 来自学工处，共享池 B 表中的 ADDRESS 来自教务处，这两个字段由于数值存在差异而被保留，在人工筛查后形成共享池新表中的字段 ADD 并与其他无问题的字段做合并。整体流程如图 3-16 所示。

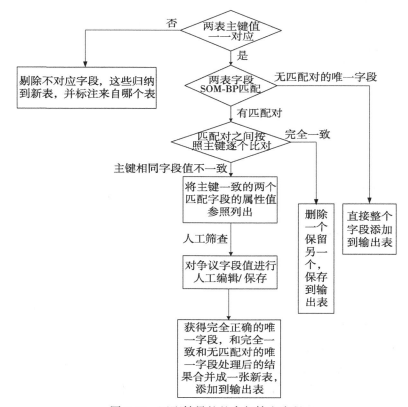

图 3-16　匹配结果的整合与筛查流程

3.3.4　处理结果展示

表 3-13 显示了含有主键的数据库表内记录精简流程的数据表数据结构的变化过程。学工处 A 表、教务处 B 表、后勤管理处 C 表在经过 SOM-BP 网络注入共享池后变为共享池中的 A'表、B'表、C'表，接下来剔除掉数据完全一致的字段，如 B 表中的 ID、NAME、NMPY 因为与 A 表的 XH、XM、XMPY 重复，被剔除；唯一字段得到保留，如 B 表的 TYPE 字段；而存在差异数据的字段，如 A'表的 ADD 和 B'表中的 ADDRESS 字段则经过筛查后形成新的字段 DZ 与其他字段一起保存到共享池的最终结果中。

表 3-13　　　　　　　　　　　匹配字段的数据结构

学工处 A 表	教务处 B 表	后勤管理处 C 表		共享池 A'表	共享池 B'表	共享池 C'表	处理方式	共享池最终
XH	ID			XH	ID			XH
XM	NAME			XM	NAME		完全一致保留其一	XM
XMPY	NMPY	PY		XMPY	NMPY	PY		XMPY
ADD	ADDRESS			ADD	ADDRESS		筛查	DZ
CYM			SOM-BP 注入	CYM				CYM
YWM				YWM				YWM
STU				STU				STU
JXJ				JXJ			唯一字段直接输出	JXJ
	TYPE				TYPE			TYPE
		PUNISH				PUNISH		JC
		JIZOU				JIZOU		JIZOU
		DOM				DOM		SS

这一部分介绍了使用 SOM-BP 网络进行基于共享池的数据表精简的流程，这个流程可以分为注入和精简两个流程。接下来介绍了数据归一化、SOM 网络原理、基于 SOM 网络的字段自动分类的实现。在 SOM 分类完成后，使用 BP 网络进行字段匹配，介绍了 BP 神经网络的基本概念、BP 神经网络在异构数据库字段匹配中的实例应用。SOM-BP 网络处理的结果是使得异构数据库间的同义字段建立匹配对，这些匹配对经过剔除—保留操

作后将作为保留到共享池中的字段。

3.4　存储子系统的冗余数据精简

3.4.1　概述

存储子系统的冗余数据可以分为各个部处信息系统间的文件级冗余数据和数据备份系统中的冗余数据两大部分，信息系统间的文件级冗余数据是指现有的各个部处的信息系统中的重复文件，数据备份系统中的冗余数据是数据进行无差异保存时而产生的新数据和旧数据的重叠部分。毫无疑问，遗留数据和数据备份所造成的存储系统的空间增长问题已经成为高校信息系统运转的沉重负担。针对这些重复数据的删除技术已经成为一个热门的课题，对重复数据的精简不仅可以节约储存空间，从而降低数据储存的成本，也可以减少网络需要传输的数据量，节约带宽，同时物理储存空间和网络带宽的节约又会带来能耗的降低。

文件级的精简使用的技术，如完全文件检测（Whole File Detection，WFD）技术主要通过哈希算法进行相同数据检测，数据块级别的精简主要通过固定分块（Fixed Sized Partition，FSP）检测技术、可变分块（Content Defined Chunking，CDC）检测技术、滑动块（SlidingBlock）技术进行重复数据的查找与删除。

3.4.2　信息系统间的文件精简

（1）模型框架

异构数据精简指的是对各个异构系统中的相同文件进行精简。由于共享池的设计思想是将各个系统中的数据库和文件地址都保存到一个公共的存储空间中，所有部门的数据交换都通过这个共享池进行。所以，在建立共享池的过程中，首先要对各个部门系统中的相同文件进行识别以保证保存到共享池中的文件是独一无二的。

文件相似性的匹配可以通过哈希值的比较进行，如果两个文件的 Hash 值相同，那么这两个文件有很大的概率为相同文件，如果两个文件的 Hash 值不同，那么这两个文件必然不是相同文件。通过哈希值的这个特性，可以甄别出相同的文件并剔除，最后保留到共享池中唯一的文件地址①，模型框架如图 3-17 所示。

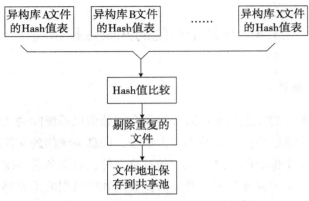

图 3-17　信息系统间的文件精简框架

（2）完全文件检测算法原理

如图 3-18 所示，完全文件检测算法原理是以文件为粒度查找重复数据的方法。检测原理是根据哈希函数的特性，如果输出的哈希值相同，那么输入有很大概率相同。首先对整个文件进行哈希值计算，然后将该值与已存储的哈希值进行比较，如果检测到相同的值，则说明两个文件为相同的文件，可以对重复的副本进行剔除。②

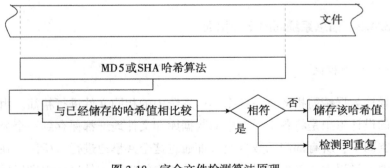

图 3-18　完全文件检测算法原理

---

① 刘雪琼，武刚，邓厚平 . Web 信息整合中的数据去重方法［J］. 计算机应用，2013，33（9）：2493-2496.

② 文双全 . 一种基于云存储的同步网络存储系统的设计与实现［D］. 济南：山东大学，2010.

3.4.3　针对数据备份的数据精简

（1）模型框架

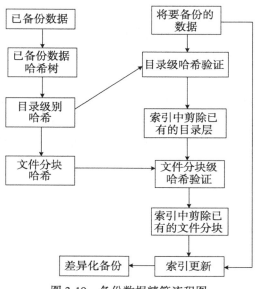

图 3-19　备份数据精简流程图

①已备份数据预处理

首先对已有的遗留数据生成哈希树索引，包括了目录级和文件分块级的哈希。

②备份数据预处理

当系统收到用户发出备份请求后，对备份数据的目录进行分析生成哈希树，包括目录级和文件分块级的哈希。

③目录级哈希树剪枝

备份数据生成的哈希树节点 ID 映射到布隆过滤器中与原有数据的哈希树节点进行比较判重，根据判重结果进行哈希树剪枝，将新数据与已有数据中重复的文件夹、子文件夹、文件类型树节点进行剪枝，对旧数据哈希树索引中未出现的树节点进行反馈。

④文件分块查重

使用 Rabin 指纹算法对经过目录级剪枝的哈希树中的文件进行分块处理，并计算各个块的 SHA-1 哈希值，并映射到布隆过滤器中，对旧数据和备份数据的文件分块在布隆过滤器中的阵列分布进行比较来获得重复文件分块信息，搜索并剔除掉哈希树中重复的文件分块。

⑤更新块索引

在完成数据备份后，对旧的哈希树和数据块索引进行更新，准备下一次的备份。

⑥差异化备份

根据剪枝后的哈希树进行有选择的数据备份。①

（2）基于 CDC 算法的数据去重原理

这是一种数据块级别的精简技术，是一种基于内容分块（Cotent Defined Chunking，CDC）的算法，它可以对于文件内部数据重复的数据进行检测，CDC 算法是一种可变分块策略，它利用 Rabin 指纹将文件分割成不等大小的分块。与固定分块策略不同的是，CDC 算法是一种基于文件内容的分块算法，如图 3-20 所示，其过程有两步：

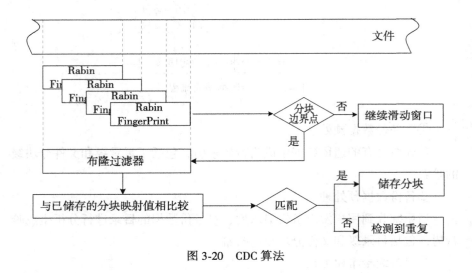

图 3-20　CDC 算法

第一步是按二进制的方式读取文件，将其按照 Char 型的字节保存，这样做的目的是方便滑动窗口按照字节读取文件内容，一般读取的窗口设置大小为 48 字节。

第二步是对文件进行分块，因为 Rabin 指纹的弱哈希特性，所以很适

---

① FORMAN G, ESHGHI K, CHIOCCHETTI S. Finding similar files in large document repositories [C]//Proceedings of the eleventh ACM SIGKDD international conference on knowledge discovery in data mining. ACM, 2005：394-400.

合用作变长分块的算法。首先从文件的开始位置计算滑动窗口中的文件内容的指纹(对模数 M 取模),与设定的 13bit 字符串(基数 B)比较,如果这 48 字节的字符串的指纹(模值)与 13bit 的初值设定值(基数 B)相等,那么将这 48 字节作为一个数据块的边界并存入一个 Chunk 对象中,并加入链表。否则 48 字节的滑动窗口将继续往前移动一个字节,继续计算指纹并比对,这个划分过程直到落入滑动窗口中的字符串小于 48 字节,那么这最后的字符串被划分为最后一个数据块,整个分块过程到此结束。

为了避免发生窗口滑动了整个文件却没有发现边界点,导致整个文件被划分为数据块以及滑动窗口每滑动 1 个字节都发现边界点的这两种极端情况的出现,本系统设定每个分块的最大值为 24k 字节,最小分块为 2k 字节。

第三步是数据去重,如果采用传统的数据库+索引的方式对链表进行查找去重,数据库的查询工作将给服务器带来沉重负担。所以这里引入布隆过滤器(Bloom Filter)进行去重。如前所述,布隆过滤器具有把任意长度的字符串通过 K 个哈希函数投射到 m 位阵列上的特点,这个特点带来的是计算量的大大减少。如果检测到相同的指纹值,说明两个数据块重复。则删除该阵列其所代表的数据块,否则存储新的数据块。①

(3)使用哈希树进行备份数据去冗余

通过前面对哈希函数的定义可以知道,哈希函数是将任意长度数据映射为固定长度的输出的函数。通过它的这个特性,可以用哈希值来标识唯一的输入。

磁盘文件总是按照一定的逻辑顺序进行存放,通常是"父目录-子目录-文件"的树型结构。每一级的目录/文件都可以计算出其哈希值,并将这些哈希值对应磁盘文件的树形结构组织进行排列。

以包含了 3 级子目录的目录 D 来说,它的哈希函数满足以下关系:

$hD = h(hD1 + hD2 + \cdots hDm + hF1 + hF2 + \cdots hFn)$ 即 D 目录的哈希值为 D1、D2、D3 $\cdots$ Dm 这些子目录和 F1 $\cdots$ Fn 这些文件的哈希值的和。其中 D1、D2、D3 $\cdots$ Dm 为 D 的子目录,F1 $\cdots$ Fn 为这些子目录中的文件。

备份去冗余操作中,如果需要判断一个需要备份目录或文件在磁盘中是否已经存在,可以通过在已经建立的已有数据的哈希树中进行历遍查找

① 刘厚贵,邢晶,霍志刚,等. 一种支持海量数据备份的可扩展分布式重复数据删除系统[J]. 计算机研究与发展,2013,50(S2):64-70.

有无满足这个需要备份对象的哈希值。如果发现哈希树的某个分支对象已经存在了，则对该分支进行剪枝，不需要保存。

使用哈希树的方式的好处是，逐级比较可以减少计算量，如：对新的需要备份的文件 D1'查找重复冗余，如果发现 hD1＝hD1'，这就说明数据目录 D1 和 D1'完全一致，那么就不需要继续保存 D1'以及它下级的子目录/文件。可以通过对已有哈希树进行"剪枝"，剪去 D1 的分支，告知备份程序不要对原有的 D1 分支下的数据进行更新。倘若 hD1≠hD1'，表明 D1 和 D1'不是完全相同的数据，接下来则需要比较 hD5 与 hD5'是否相同，以及 hD6 与 hD6'是否相同……以此类推。[①] 图 3-21 和图 3-22 显示了文件结构和哈希树的对应关系。

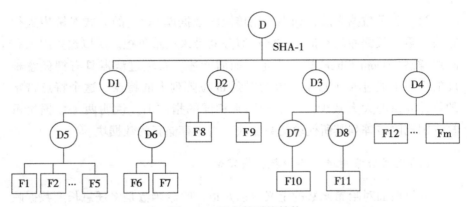

图 3-21　原文件系统结构

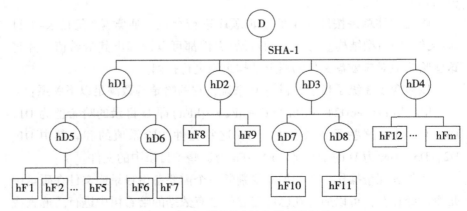

图 3-22　哈希树形式的文件系统结构

---

① 赵志刚. 异构数据汇交及挖掘共享平台的研究[J]. 黑龙江科技信息，2014(17)：160.

本部分从以下几个方面介绍了高校信息管理系统中的存储子系统的冗余数据精简：

在哈希、Rabin 指纹、布隆过滤器算法的基础上搭建了高校信息系统间的文件精简和针对数据备份的数据精简的模型框架。介绍了信息系统间的文件精简所使用的完全文件检测算法原理，针对数据备份的数据精简所使用的 CDC 去重原理和哈希树剪枝过程。

3.5　实验与结果分析

所有的程序均用 C++语言编写，并在 CPU 为 INTEL Core i5，主频为 2.5GHz，内存为 8GB 的机器上运行，所用的操作系统为 Windows 7，数据结构采用链表存储复制记录，数据表存放于 MySQL 中。

由于数据库精简分为无主键和有主键两个模块，存储子系统的冗余数据精简分信息系统间的文件精简、针对数据备份的数据精简，因此，实验分四部分进行。

3.5.1　数据库精简

（1）无主键数据的实验结果

对于无主键数据，实验数据源是毕业生数据库，这部分数据以 EXCEL 格式保存，数据量为 2000 条，其中有 300 条重复。数据表包括的字段为姓名、学院、学历、专业、性别、就业状况、工作单位、毕业中学。选择姓名、学院、学历、专业、性别作为特征字段进行去重检测。

由于 TF-IDF 算法简单高效，是当前字段去重的主流算法，因此，相似度算法选择 TF-IDF，对 SNM、MPN、优先队列算法、Canopy 算法的查全率和查准率进行比较。查全率表示检出的匹配字段占所有符合匹配条件的字段的比率，查准率表示检出的实际上匹配的字段占所有检出结果的比率。

本书实验最终通过 P-R 曲线，即查准率-查全率曲线，来评价检索性能。P-R 曲线通过控制查全率的取值，获得相对应的查准率的大小。曲线位置越高，就表示在查全率相同的情况下，检索结果的查准率越高，整体的检索性能也就越好。实验中取查全率为 0.2、0.4、0.6、0.8 下的四种不同算法对数据集进行 20 次实验后的平均值作为准确率数据。四种检测算法的查准率和查全率数据见表 3-14。

表 3-14　　　　　　　　四种检测算法的查准率和查全率数据

检测方法 查全率	查　准　率			
	SNM	MPN	优先队列算法	Canopy
0.2	0.913	0.944	0.976	0.989
0.4	0.897	0.925	0.937	0.953
0.6	0.875	0.904	0.923	0.937
0.8	0.862	0.871	0.922	0.924

　　如图 3-23 的 P-R 曲线所示，本书采用的基于 Canopy 聚类的相似记录检测算法的 PR 曲线优于 MPN、SNM、优先队列算法。

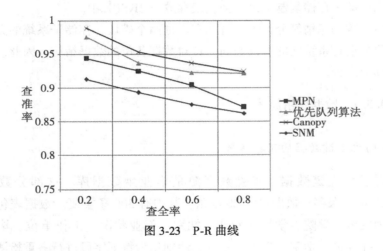

图 3-23　P-R 曲线

(2) 无主键数据精简的程序界面

　　如图 3-24 所示，首先选择字段和特征字段以及特征字段的权值，这里如果字段前的复选框被选中，那么后面显示的表中将显示该字段键值，否则不显示；如果字段前有[0，1]之间的数值被选中，那么该字段将被选择作为特征字段，前面的数值作为相似度运算时的权值。

　　如图 3-25 所示，程序呈现根据前一步字段选择中的字段及其键值。

　　如图 3-26 所示这个界面展现的是相似度算法判定为相似记录的集合，相似记录彼此相邻，可以在这里作删除或者保留的操作。

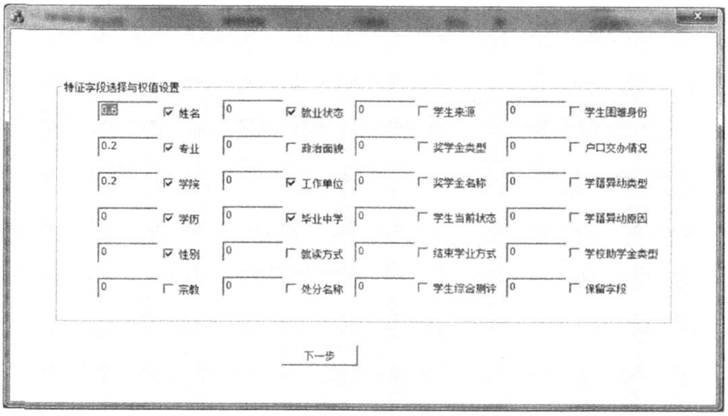

图 3-24　特征字段选择与权值设置界面

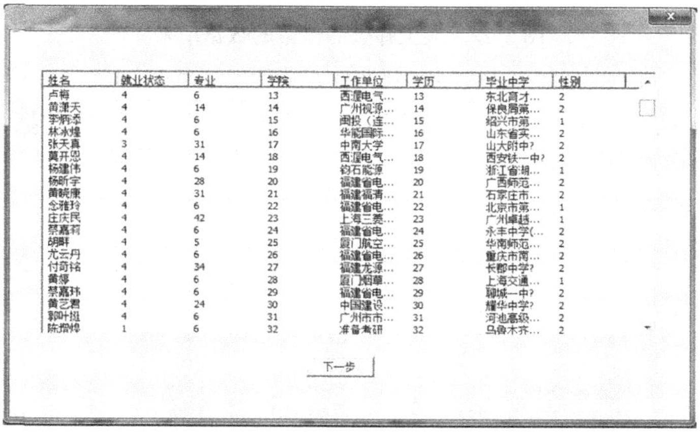

图 3-25　根据字段选择呈现的数据

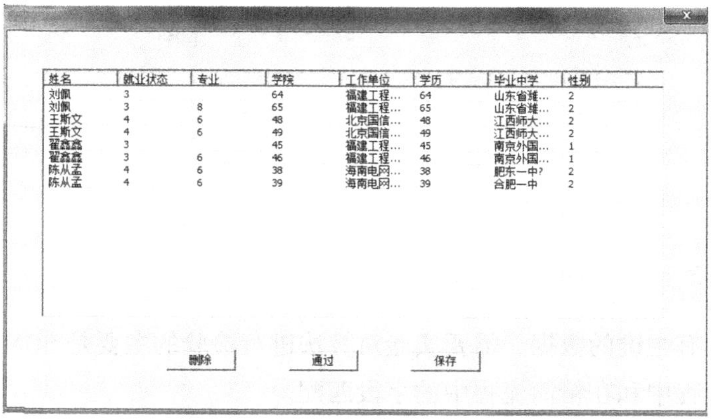

图 3-26　根据相似度计算获得的相似记录

如图 3-27 所示这个界面展现的是人工筛查后保留的数据结果。

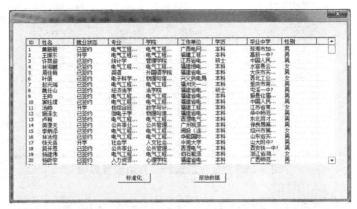

图 3-27　人工筛查后保留的数据结果

如图 3-28 所示，保留后的结果可以选择以标准化后的数据形式或者原始数据的形式呈现。

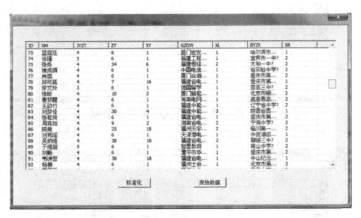

图 3-28　标准化后的数据呈现

(3) 有主键数据的实验结果

对于有主键的数据，需要实验对算法进行检验的主要是 SOM-BP 网络在注入流程中和在精简流程中的字段匹配。

注入流程采用的实验素材为教务处和学生处的各 5000 条记录，教务处数据表中 40 个字段，学生处数据表中的 52 个字段。考查的指标就是

SOM-BP 在注入流程中与共享池中含有模拟值的字段的匹配正确率。

从表 3-15 的实验结果可以看出对着 92 个字段，SOM-BP 都能以 100% 的正确率完成与共享池字段的匹配。

表 3-15　　　　　　　　有主键数据的注入流程实验结果

	学生处	教务处
正确率	100%	100%

精简流程采用的是注入流程后在教务处和学生处转移到共享池中的两个新表作为数据源。检验指标为这两个表中的重新字段匹配的查全率和查准率，算法理想的结果应是查全率和查准率都为 1。

如表 3-16 所示，查全率表示检出的匹配字段占所有符合匹配条件的字段的比率，查准率表示检出的实际上匹配的字段占所有检出结果的比率，这两个比率都为 1，表示算法的输出结果理想。

表 3-16　　　　　　　　有主键数据的精简流程实验结果

精简方法	查全率	查准率
SOM-BP	1	1

（4）有主键数据的程序界面

如图 3-29 所示，表 A 和表 B 分别是载入并显示两个异构库中的数据表，并显示在界面中。

图 3-29　表 A 和表 B 载入程序后显示界面

如图 3-30 所示，这个界面显示的是所有的"争议数据"，也就是两个表中的同一个实体记录，有的属性值不一致的，那么在相应位置用"AA：BB"这样的形式来显示两个争议值，供工作人员参考并修改。修改后可以保存，也可以预览最后的结果，至于各自有唯一字段的，那么就直接添加到最后的新表中，如果是两个表中有完全重复的字段属性，那么保留一个到新表中对应的新的字段属性中，这些都是默认的，不需要在界面上显示。

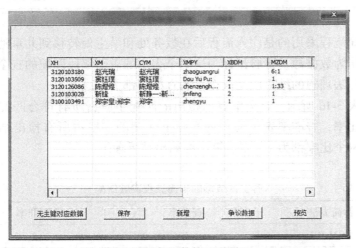

图 3-30　争议数据显示界面

如图 3-31 所示，"无主键对应数据"也就是两个表中，如果有一个表

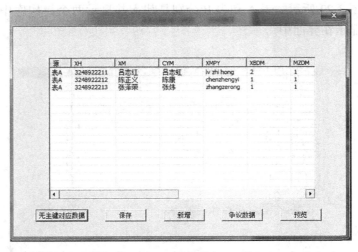

图 3-31　无主键对应数据显示界面

中有另一个表中没有的主键值，如图中来自表 A 的 324892211 ~ 3248922213 这 3 个学号的记录是表 B 中没有的，那么这两个字段就没办法比较了。处理方法是把这些无主键对应数据另外提取出来，供工作人员甄别，然后新增到最后的结果，如果不新增到最后的结果，那么这个记录就被剔除了。图中的界面显示可以看到有显示"源"，源就是来自哪个表的无主键数据。

3.5.2　存储子系统的数据精简

（1）信息系统间的文件精简实验

实验在教务处、学生处、后勤处三个系统中进行，在三个系统中分别设定 100 个重复文件，对文件精简系统的重复文件检出率进行检测，检出率为 100%。

（2）针对数据备份的数据精简实验

系统测试过程中，为了保证数据的通用性，实验使用 Linux，Ubuntu，Hadhoop 等几个软件的源代码作为备份数据进行实验，以系统的备份压缩性能作为指标进行测试。在对 MySQL src 5.6.12、Apache Http Server src 2.4.13、Hadoop 2.2.0 src 实验数据，对 MySQL src 5.6.20、Apache Http Server src 2.4.17、Hadoop src 2.5.0 作为新增版本进行一次备份实验。

实验结果见表 3-17，从数据中可以看出本系统达到较高的压缩率，有良好的去冗余效果。

表 3-17　　　　　**针对数据备份的数据精简实验结果**

软件名	代码大小	实际备份大小	备份百分比	压缩比
MySQL src 5.6.20	36.78	4.67	12.7%	1：8
Apache Http Server src 2.4.17	32.92	3.51	10.6%	1：9
Hadhoop src 2.5.0	95.24	14.69	15.4%	1：8

3.5.3　与已有方案的比较与总结

在系统选型的过程中，第三方公司曾经提出一个较为简易的方案。该方案的字段匹配使用人工匹配完成各个信息系统数据库字段的映射，一旦字段确定，该系统将从唯一的数据源中抽取字段对应的数据。该系统不提供存储系统的去冗余。比较于某系统集成商提供的数据集成—精简方案，本方案有如表1-18所示优点：

表3-18 **本方案与系统集成商方案的比较**

功能	本方案	系统集成商方案
数据集成中字段匹配	SOM-BP网络自动匹配，速度快，减轻人员负担	手动匹配，效率低，工作量大
含有主键的数据库精简	最终合成的表格是多来源	最终合成的表格是唯一权威来源，这样可能会遗漏一些字段 不提供人工筛查纠错
不含有主键的数据库精简	在检测到可疑的近似重复数据后，对这些近似数据进行罗列后提交给人工审核编辑。避免了算法对语义的判断错误造成的误删除，提高了去冗余的准确性	不提供人工筛查纠错
集成异构数据库间去冗余	有	无
集成备份数据去冗余	有	无

本部分对数据库和存储子系统的精简系统进行了测试，并提供了实验结果和软件界面，其中数据库子系统提供了无主键和有主键两个模块，存储子系统的冗余数据精简分信息系统间的文件精简、针对数据备份的数据精简两个模块。最后，总结了本系统与系统集成商方案的功能的优势。

4. 高校碎片化信息整合构建

随着高校信息化意识的逐步增强，各高校信息化建设水平都取得了很大程度的提升，建成了如人事管理系统、教务管理系统、学工管理系统、科研管理系统、财务管理系统等，为高校的各项业务提供了很大的支持。但随着网络技术的日新月异，大数据时代开始到来，而大数据时代的一个显著特征就是碎片化，也就是说，除了存储在各业务系统中的结构化数据外，伴随高校师生的行为活动，还产生了海量的非结构化数据。因此，有效利用这些海量碎片化信息为高校的人才培养、科学研究、校园活动、绩效评估等提供有效的支持，对当前高校信息化建设来说显得尤为重要。对高校海量碎片化信息进行有效整合并加以利用，不仅能实现多源异构数据的共享，还能充分挖掘其背后的价值，实现知识集成及创新，从而为用户管理决策提供支持与帮助。

为了解决高校海量数据无法得到有效利用的缺陷，本书首先从高校用户需求出发，分析了知识碎片的概念及高校碎片化信息整合思想，整理了高校碎片化信息整合思路及流程，在此基础上构建了高校碎片化信息整合框架，并详细阐述了高校碎片化信息整合的关键技术。同时，本书指出高校碎片化信息整合的关键在于对高校碎片化信息整合特征进行有效选择。其次，通过比较各类数据挖掘及机器学习算法的优劣，选择将训练样本训练速度快、分类精度高、抗噪能力强的随机森林算法运用到整合特征选择过程中。通过对随机森林的概念及算法步骤的分析，构建了基于随机森林的整合特征选择模型，并定义了特征选择模型的评价指标用以衡量模型的精度。最后，通过贫困生认定这一案例对随机森林算法在高校碎片化信息整合特征选择中的准确性和有效性进行验证。

研究结果表明高校碎片化信息整合不仅具有很好的扩展性，还充分考虑到用户的自主性，为用户提供了个性化的决策支持。高校碎片化信息整合的核心在于最优整合特征集合的选择。随机森林良好的泛化性和鲁棒性、对噪声不敏感、能处理连续属性的特点，很适合用来建立高校信息整合特征选择模型。本书利用随机森林算法构建了高校碎片化信息整合的特征选择模型，并通过高校贫困生认定这一实验对模型进行验证。实验结果表明随机森林算法在高校信息整合特征的选择上表现出较高的准确性和有效性，这也为高校信息整合提供了一种新的思路。

4.1　高校碎片化信息整合概述

4.1.1　碎片化信息整合概述

(1)碎片化信息的内涵

碎片化(Fragmentation)原本的意思是将一个完整的事物分解成很多碎片的过程。"碎片化"这个词最早出现在传播学领域中，用来表示语言或文本传播过程中的一种状态。随着各类学科研究的深入，"碎片化"一词也开始从传播学领域逐渐融入并运用于社会科学的其他领域当中。社会科学研究中的"碎片化"指的是一个系统或生态中，由于主体之间相互独立、各自为政，导致整个系统或生态沟通不畅、信息无法共享、管理决策混乱，最终造成系统或生态管理效率低下、无法达成既定目标的一种状态。本书借用"碎片化"这一概念来形象描述在当前高校信息化建设过程中，由于大数据技术发展所带来的高校海量数据的碎片化状态。具体表现为高校数据海量增长与行政部门各自为政，数据无法得到有效共享和利用的矛盾，从而导致高校信息管理决策的低效。

对于当前高校信息化建设过程中的碎片化问题，可以通过对高校海量数据进行有效整合的方式解决，因此，提出了碎片化信息整合思想，对于碎片化整合，一些学者也做了一些有益的探索。南京农业大学的李贝恒等提出了一种"基于碎片化服务的高校信息化架构"，其核心思想在于定义一种"碎片化服务"，即高校信息化管理中的一个不可再分的业务应用，这种"碎片化服务"具有完整的业务逻辑，并能指导和解决相应问题。"碎片化服务"虽然具有相互独立的业务流程，但对于复杂问题，又可以通过整合这些"碎片化服务"来实现。① 从某种程度上说，这种"碎片化服务"

① 李恒贝，等.基于碎片化服务的高校信息化架构及实践[J].中国教育信息化，2016(19)：11-13.

确实能解决高校管理决策中的一些实际问题，但其缺陷也显而易见，即这些"碎片化服务"需要独立开发设计，并没有形成一个统一的模式或规范，因此，导致管理系统的可拓展性差、自主性低。

知识碎片是学校信息化服务中最小颗粒度的知识片段，并称这种整合为"碎片化信息整合"。碎片化信息整合，顾名思义，就是将高校的信息按照知识碎片的形式加以整合的过程。由于高校的各种数据信息内容丰富、数量庞大、种类繁杂，并且高校信息系统本身就是一个不断发展、变化和扩充的复杂系统。因此，在高校碎片化信息整合的过程中，整合体系灵活性、互操作性和可扩展性就显得非常重要。碎片化信息整合是针对高校信息资源整合困境提出的一种新的整合思路，是有效提升高校管理决策效率和高校竞争力的重要手段。

知识碎片的设计是保证高校碎片化信息整合成功的重要因素，因而，高校碎片化信息整合体系中的知识碎片具有以下特点：

①以需求为导向。知识碎片的设计，首先要满足高校信息整合系统中的用户需求。不同用户对于知识碎片的需求描述不同，因此，知识碎片要以需求为导向，并尽可能满足不同用户的需求。

②具有可扩展性。知识碎片的主要作用在于弥补高校整合系统自主性低、可扩展性差的缺陷，通过尽可能地对标准方案、元素或修饰词及扩展方式的重用，以及建立映射、转换机制等方式来实现高校碎片化信息整合系统的可扩展性和互操作性。

③具有简单性与适用性。简单性主要体现在高校碎片化信息整合过程中，知识碎片采用精简的核心元素集，以便加快实现进度，有利于高校各子系统之间互操作的实现；适用性则主要体现在整合后的信息或知识必须完全实现高校碎片化信息整合的系统需求。

④遵循统一标准。知识碎片需要格式化的数据架构和数据模型，为数据存储提供统一的规则。通过知识碎片的规范化描述，高校信息系统中的所有信息都能与之关联，便于系统提供更精确快速的索引。同时，通过知识碎片的标准化，可以实现系统之间的信息共享及交互。

（2）碎片化信息整合目标

碎片化信息整合主要是通过主动发现和显性揭示各类数据信息之间的关联关系，利用关联技术建立一个个具有可扩展性和互操作性的知识碎片，从而构建一个可以根据用户需求对知识碎片加以整合的大数据知识体系。因此，高校碎片化信息整合的最终目标，也就是实现高校多源异构数据的知识组织与融合，并通过运用随机森林等机器学习算法构建一个以高校用户的需求决策为导向的高校碎片化信息整合体系。

具体来说，本书将在关联数据环境下，提出碎片化整合思想，利用关联数据将异构数据源进行碎片化整合，当用户提出需求时，只需分解其需求，通过整合特征选择模型得到与需求高度相关的最优整合特征集合，然后，根据整合特征集合从知识碎片共享池中抽取相应的知识碎片，并将整合结果以可视化分析的形式予以展现。高校碎片化信息整合体系不仅具有很好的扩展性，还充分考虑到用户的自主性，为用户提供了个性化的决策支持。

(3) 碎片化信息整合原则

高校碎片化信息整合的目的主要是为了解决高校信息化建设过程中信息利用率低、缺少个性化决策支持、整合系统可扩展性低等缺陷，为高校信息使用者提供更便捷的服务，为高校管理者提供更有效的决策依据。因此，在高校碎片化信息整合过程中，必须从高校实际出发，并依照一定的整合原则，最终设计出一套科学完整的整合体系。确立高校碎片化信息整合的基本原则，对各层面信息整合活动具有普遍指导意义，可避免资源整合过程中随意盲目等不良现象的出现。在高校碎片化信息整合实践中，坚持基本原则，才能有效地发挥碎片化信息整合的功能，实现高校信息的有效共享。高校碎片化信息整合过程中应参考以下四个原则：

①科学性原则

在高校碎片化信息整合过程中要始终秉持科学性原则，碎片化信息整合的对象、内容和方法等都要经过科学论证，充分考虑数据信息类型及其自身的结构等特征，选择正确、合适的整合方法和步骤，对各类数据信息科学地展开组织、整合与有效利用，从而为用户提供准确、有用、符合切实需求的决策支持。与此同时，高校碎片化信息整合过程当中，必须要根据高校的现实情况，充分了解高校现有的搭建环境、技术水平等各方面的条件，以科学客观的态度对待高校碎片化信息。通过运用科学的手段，发现不同类型数据的内在联系，从而将高校信息系统中的异构数据源整合为一个有机的整体。

②整体性原则

高校碎片化信息整合必须系统、全面、持续地从各种来源和渠道，广泛采集和长时间积累各种数据信息，及时对各数据库信息进行搜集、补充以及更新，维护信息碎片共享池的完整和动态更新。此外，还需从整体出发，以整体的观念去认识研究和开展碎片化信息整合，追求信息整合的最优效能。在碎片化信息整合的过程中，坚持从信息整合的各个方面、各种联系上进行分析研究；信息整合的对象包括各部门不同类型、载体、来源的数据，将其集成于一个有机整体中，充分实现信息整合的最大功效。

③标准化原则

标准化直接影响到碎片化信息整合体系的建设质量和服务效果。遵循统一的规范和标准，才能实现用户与系统、系统与系统之间的有效对接和数据交互，实现知识碎片的规范描述、有序管理、无障碍交换和充分共享。标准化原则要求在高校碎片化信息整合过程中采用标准的技术和评价手段，规范地对信息资源进行采集、加工、聚合、整理、保存与管理，最终形成规范化的信息整合体系，以防止再次出现数据格式不统一的问题，为高校碎片化信息的交流利用提供保障。

④个性化原则

高校碎片化信息整合，要密切结合高校信息化建设和高校管理决策的需要，将碎片化信息整合成为充分发挥高校管理职能的重要基础支撑。因此，高校碎片化信息整合需要充分遵循个性化原则。个性化原则即要求高校的碎片化信息整合要从用户实际需求出发，以用户需求为导向，对用户提出的需求进行充分分解，并以此为依据，选择合适的数据及方法对满足需求的知识碎片进行有效整合。个性化原则可使用户方便准确地从高校碎片化信息整合体系中获取需要的信息和决策依据，也是碎片化信息整合体系具有现实意义的体现。

4.1.2　高校碎片化信息整合思路

本书从用户实际需求出发，基于关联数据对高校信息进行"碎片化整合"，通过匹配用户需求，实现信息的高效利用。高校碎片化信息整合研究主要分为四个过程：数据获取与表示、碎片化处理、按需整合、知识发现。高校碎片化信息整合思路见图4-1。

图4-1　高校碎片化信息整合思路

（1）数据获取与表示

高校碎片化信息整合过程中的数据获取与表示主要包括对异构数据库中的异构数据进行获取和知识表示，并在此基础上集成知识库。

异构数据获取是信息整合的前提，实际是对多源异构数据的采集、分类和筛选的过程。高校数据根据数据源格式的不同可以将数据分为结构化数据和非结构化数据。高校结构化数据通常存储在各业务信息系统中，如人事管理系统、教务管理系统、学工管理系统、科研管理系统、财务管理系统等，采用业务系统各自规定的数据表的格式进行存储，其特点是数据结构、数据表与数据项命名规则没有统一规范，不同系统之间的数据可能存在语义冲突；高校非结构化数据是由于大量信息技术的引进，使得用户在参与和使用的过程中产生了大量离散存储的数据，这类非结构化数据具有空间性、时间性、细化性特点。正是因为高校中存在大量结构化和非结构化的数据，才使得不同类型数据的获取和统一表示变得尤为重要。对于不同类型的数据，其数据获取方式也不同。就结构化数据来说，其在数据库中按数据类型和规则进行存储，因此，在获取结构化数据时，只需将其从数据库中以一定的规模复制出来即可。而非结构化数据相对结构化数据来说，没有规定的数据结构，也无法用数据库的二维逻辑表来表示。因此，非结构化数据的数据获取规则就相对复杂得多，通常可利用大数据技术，通过网络爬虫、搜索引擎等方式进行抽取。无论是结构化数据还是非结构化数据，在数据获取过程中都应注意获取信息的有效性，即获取的数据必须是有价值的。因此，在数据获取之前需要通过技术等手段对多源异构数据进行一些预处理，提前去除系统中错误的、冗余的数据，从而确保后续碎片化整合的准确性和有效性。

知识表示是在数据获取的基础上，通过使用统一的数据结构和描述规则，将获取的多源异构数据以知识的形式表示出来的过程。知识表示的方式可以分为事实陈述和过程描述。事实陈述主要用陈述的方式表示事实型内容，最终以数据的格式呈现。过程描述主要以描述的方式表示过程型内容，即通过描述内容结构和规则来解释某一具体程序。无论是事实陈述还是过程描述，其本质都是将获取的数据经过一系列标准化处理之后，使之成为统一格式的知识，并存储在知识库中，以备后续碎片化加工使用。对于高校信息管理中的结构化数据，系统首先会配置好映射规则文件，整合系统将根据该映射规则将结构化数据转化为关联数据的形式，并存入知识库中。对于非结构化数据，系统根据其数据模式使用本体知识库将其转化成关联数据的形式，最终也将其存入知识库中。

在数据获取和知识表示过程中，最为复杂的问题就是处理数据源与知识库之间的映射关系。所谓映射关系，即数据源与知识库之间的关联关系，这种关联关系使得数据源中的数据与知识库中的知识在语义内容上保持一致。对于数据获取和表示中映射关系的处理，需要从两个部分进行考虑。首先，从数据的角度来说，映射关系需要对数据进行相应的定义和描述，具体应包括数据名称、数据类型、字段长度、数据取值范围等。其次，从语义的角度，需要对数据源及知识库中的语义进行分辨，通过匹配等值语义等方式，建立二者之间的映射关系。但是，在语义处理这一过程中有些问题值得注意，即数据源与知识库中的数据时常会存在语义冲突，这就要求碎片化信息整合体系能更加智能地对语义进行辨别。

（2）碎片化处理

高校碎片化信息整合过程中的碎片化处理主要是对知识库中的数据及相关关系按碎片化处理规则进行抽取，形成知识碎片，并对碎片的有效性进行检测。

由于高校信息具有海量和多源异构的特点，所以，高校碎片化信息整合必须围绕着这两个重要特征进行。数据获取和知识表示解决了高校大数据多源异构的问题，使得海量数据以关联映射的方式存储在知识库中。但是对于海量的、相互交叉的、复杂的知识，如何能成为高校信息整合和利用素材，就是碎片化处理这部分需要解决的核心问题。

碎片化处理主要是将知识库中的知识对象和关联关系通过一定的碎片化处理规则或算法进行比较、筛选和合并等统一碎片化处理，从而产生知识碎片的过程。在这一过程中首先需要形成统一处理规则，即利用知识组织理论，将知识库中的知识对象和关联关系转化为统一的表示形式，建立标准的知识碎片表示模型，并形成知识碎片共享池。其次，碎片化处理需要对知识碎片进行有效性检测，即利用语义熵对知识碎片的有效性进行测度，从而避免产生过多冗余的知识碎片。

碎片化处理的对象是经过统一数据获取和知识表示的知识库中的知识，其目的是对知识对象和关联关系进行规范化处理，通过推理、集成、转化等步骤，形成知识碎片。在碎片化处理过程中需要解决的两个主要问题分别是对处理方法的选择和对知识碎片的管理。碎片化处理方法的选择将直接影响高校碎片化信息的效果。对于碎片化处理规则可通过算法实现，常见的碎片化处理算法有 Bayes 方法、D-S 证据理论、模糊集理论等。而对知识碎片的有效管理也是提高知识碎片利用率和整合效果的重要影响因素，可通过建立知识碎片共享池实现。对于知识碎片的检测，通常可采用关联技术来规范化地组织管理知识碎片共享池中的知识碎片，通过关联强度和语义分析来判断知识碎片的有效性，从而去粗取精，保证知识碎片共享池的价值和可靠性，为后续的按需整合提供完备的资料支持。

(3) 按需整合

高校碎片化信息整合过程中的按需整合主要包括分析用户需求，并根据整合特征选择模型确定满足需求的整合特征集合，依据整合特征对知识碎片进行抽取和整合。

不同用户具有不同需求，而分解用户需求则需要对用户通过交互界面输入的需求关键词进行语义分析与扩展，并转化成系统能够识别的语义结构，为系统下一步整合特征的选择提供语义基础。特征选择是机器学习的一个重要组成部分，描述为从特征空间中选出特征子集的过程。在现实生活中，特征空间往往非常庞大，这就需要通过筛选的方式，得到一组数量精简，但又具有很强解释性的特征子集。

由于实际应用过程中，高校的数据特征种类繁多，每个系统都有自己的统计数据，这些数据可能大多数对于当前需求是无关的，而有些数据看似与需求无关，但是可能存在某种隐含的关联性。同理，有些数据可能从经验来看与需求相关度较大，但是实际结果却证明与需求不相关。除此之外，整合特征之间也可能存在相互依赖的关系。整合特征选择的目的就在于选出相关度高、表达能力强的整合特征，剔除与需求不相关的特征、容易造成过拟合的特征以及冗余特征，从而减少特征维数，提高整合效率。

整合特征选择的一般过程如图 4-2 所示，首先根据特征选择算法从特征空间中选出某些特征构成特征子集，然后对选出的特征子集进行评价，并将结果与停止准则进行对比，如果评价结果更优则停止迭代，否则继续迭代寻找下一组子集。

(4) 知识发现

高校碎片化信息整合过程中的知识发现主要包括整合结果可视化解析以及分析报告的生成。

可视化是一种通过表格、图形或图像的形式来揭示复杂信息之间关系的一种技术，其目的是希望借助大数据分析的方法来对信息进行更清晰的解读，使用户能够很快理解信息所传递和表达的内涵。整合结果可视化解

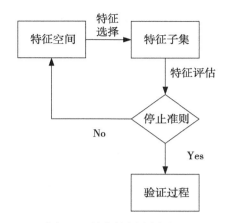

图 4-2　整合特征选择过程

析即从知识碎片共享池中提取知识碎片，借助多维分析模块的分析结果，帮助管理和决策人员发现高校管理决策过程中隐藏的、未知的、可用于指导行动的信息。整合结果可视化解析的目的是为了便于用户更好地使用该整合体系，真正做到以用户需求为核心。

　　整合结果可视化解析通常需要利用数据分析方法和数据挖掘模型对整合信息进行自动分析和挖掘。多维数据分析可以使用户多角度、多层面地对知识碎片进行交互式存取，从而匹配用户更深层次的决策需要。如从学年、学期、季、月等时间维度进行趋势分析，从校、院、专业、班级等空间维度进行结构比例分析，对于某些指标可以采取平均值分析法，分析其相对平均值的离散程度等。数据挖掘则是采用数学与计算机科学领域的方法，从海量数据中挖掘出与决策相关的潜在关系和趋势等，并根据这些隐藏的知识建立相应的决策支持模型，为高校信息化建设的各业务提供预测性决策支持的方法。

　　在可视化结果展示界面，用户点击图表或信息模块，都可以链接到相应的源数据，同时，用户还可根据需要自主选择导出的内容，一键生成分析报告。

4.1.3　高校碎片化信息整合框架及流程

（1）高校碎片化信息整合框架

　　高校碎片化信息整合的目的是希望整合平台能提供全方位的知识及分析报表供用户进行管理决策，在这一过程中必然需要各系统业务人员、管理人员及开发人员的支持，因此，对于高校碎片化信息整合模型的设计需要从不同层次出发，逐层确定整合过程中的技术要点。高校碎片化信息整合框架可以分为数据层、整合层、应用层和展现层，具体整合框架设计见图 4-3。

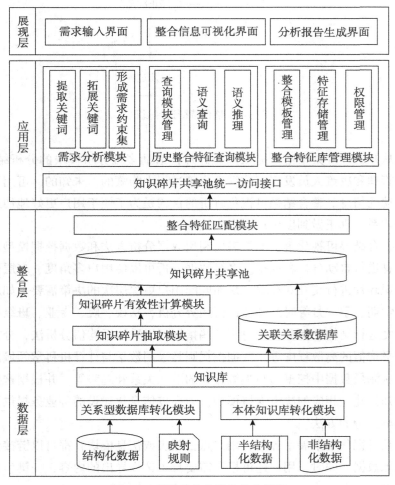

图 4-3   高校碎片化信息整合框架

①数据层

数据层是高校信息碎片整合的基础，主要包括异构数据源、数据库转化模块及知识库三大部分。数据层的主要任务是通过不同转换方式消除分布、异构数据的语法和语义分歧，对结构化、半结构化和非结构化的数据进行结构层次的整合，转化成统一的数据结构，并存储在知识库中。在数据层，所有数据以一种统一的关联数据形式被组织起来，为信息整合奠定基础。

②整合层

整合层是高校碎片化信息整合的核心，主要包括知识碎片及关联关系的抽取、知识碎片有效性的计算，及集成知识碎片共享池。整合层的主要任务是根据知识碎片的种类、应用等分类规则，通过知识碎片抽取、知识碎片关联关系抽取等技术生成知识碎片，通过计算知识碎片语义离散度来确定知识碎片的真实性，计算知识碎片之间的相似度来去除重复知识碎片。最终将有效知识碎片集中存储在知识碎片共享池中，为应用服务提供全面可靠的内容支持。

③应用层

应用层主要包括需求分解模块、历史整合特征查询模块、整合特征库管理模块。应用层的主要任务是对用户需求进行分解，提取关键词，并对其进行语义扩展，形成需求约束集，并通过特征选择模型得到整合特征集合，根据整合特征通过知识碎片共享池的统一访问接口对知识碎片加以整合，为用户提供个性化的决策支持。

④展现层

展现层位于系统框架的最顶层，该层将为应用层提供友好的图形界面以便于用户进行交互，包括用户需求输入界面、整合信息可视化界面和分析报告生成界面。展现层的主要任务是通过数据分析技术和数据挖掘模型，对整合的信息资源进行充分挖掘、解释和展示，形成可理解的图表模块，用户可以选择性地拖拽以删除或排序，并生成分析报告。

(2)高校碎片化信息整合流程

基于以上对高校碎片化信息整合思路和整合框架的分析，可以描画出高校碎片化信息整合流程，如图 4-4 所示，该流程分两大部分，分别为信息整合过程和用户访问过程。

①信息整合过程

高校异构数据包括很多，如人事管理系统、教务管理系统、学工管理系统、科研管理系统、财务管理系统、资产管理系统等。除此之外，随着数字校园的建设与发展，校园中的用户随时随地都在产生大量的数据，如一卡通系统等，大量的结构化和非结构化的数据都是高校决策支持的依据，整合的前提需要对这些数据进行获取，并进行知识表示，实现多源异构资源的统一存储。

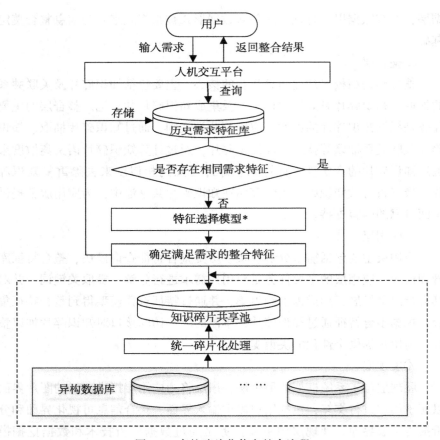

图 4-4　高校碎片化信息整合流程

　　对于知识库中的知识需要统一进行处理成一种元数据格式，也就是本书所说的"知识碎片"。基于统一碎片化标准规范，通过知识碎片及其关系的抽取，并对抽取的知识碎片进行有效性检测，判断知识碎片的真实性，消除重复知识碎片，最终存储在知识碎片共享池中，实现资源的碎片化整合。

　　②用户访问过程

　　高校大多信息没有得到有效的利用，如果将这些信息有效地结合起来，深入挖掘其背后的内涵，可以为高校很多决策提供有效的支持，例如贫困生评定，除了可以查询该生的基本信息(学籍、生源地、高考成绩、家庭条件)、学业信息(平时成绩、参与学术活动、获奖情况)等，还可以根据该生平时刷卡记录、日常行为等信息来判定其是否符合贫困生评定标准。

　　当用户访问系统时，主要根据用户提出的需求，查询历史需求特征库，判断是否存在相同需求的特征集合，若存在，则根据历史特征需求集合向知识碎片共享池中提取相应特征的"知识碎片"，若不存在，则需要利用基于随机森林的特征选择模型提取满足需求的特征集合，再根据特征集合提取相应的"知识碎片"，最终将符合需求特征的"知识碎片"加以整合，以可视化的形式反馈给用户。

因此，对于高校碎片化信息整合系统而言，其核心在于高校信息整合特征的选择过程，选择的特征准确性和有效性越高，则整合结果越具有可信度和说服力。而随机森林作为一种集成学习算法，具有预测准确率高、抗噪能力强、可并行处理等优点，而且其选择过程的随机性使其不容易出现过拟合现象。因此，随机森林算法可满足高校碎片化信息整合的需要。

4.1.4 高校碎片化信息整合的关键技术

(1) 碎片化整合的关联技术

高校碎片化信息整合的关键技术之一就是关联技术，其在碎片化信息整合的知识表示和碎片化处理中扮演着极其重要的作用。在对高校信息系统中结构化和非结构化数据进行知识表示时，需要根据预先配置好的映射规则文件将关系型数据库转化为关联数据的形式，或根据其数据模式使用本体知识库将其转化成关联数据的形式，最终将知识对象存储在知识库中。而在碎片化处理过程中，对于知识碎片的检测也采用关联技术来实现，通过计算知识碎片之间的关联强度来判断知识碎片是否存在冗余。

数据库中的数据不是相互独立的，往往存在着多种复杂的联系，关联技术的作用就是用来发现这些联系。关联数据的主要特点是以机器可读的形式，实现异构数据源之间数据的开放与共享，这就要求不同的数据源之间以某种标准的数据格式进行存储与交互。RDF(Resource Description Framework，资源描述框架)是构建关联数据通用标准。因此，在将数据转化为关联数据之前，要先对数据进行 RDF 结构化处理。

高校碎片化信息整合的关联技术需要考虑两个方面。首先，需要确定最小支持度和最小置信度参数。最小支持度和最小置信度的数值与关联规则分析的结果密切相关。如当最小支持度和最小置信度的数值设置得过小时，通过关联规则分析的结果就不具备普遍意义；当最小支持度和最小置信度的数值设置得过大时，则得到的结果没有太大的价值。因此，对于最小支持度和最小置信度的选择尤为关键。通常在选择最小支持度和最小置信度参数会采用多次设置取最优的方法。其次，关联规则算法的运算。关联规则算法分为两步,一是找出所有满足支持度阈值的项的组合,称之为项大集,不满足支持度阈值的项的集合,称之为项小集;二是发现强关联规则,将项大集集合表示为 $L = \{L_1, L_2, \cdots, L_k\}$, L_k 表示包含 k 个项的项大集的全部构成的集合,所有的关联规则都由这些项大集产生。[①]

对于高校碎片化信息整合,首先需要解决的是统一碎片化处理和碎片化整合规则确定这两大问题。系统通过关系型数据库和本体知识库将异构数据源中的数据转化成关联数据的形式,形成知识碎片 F_i,其中每个知识碎片包括属性 P_i 和属性值 V_i,即 $F_i = \{P_i, V_i\}$,在碎片化整合过程中除了抽取知识碎片,还要抽取知识碎片间的关联关系 $R_{ij}(F_i, F_j)$,其中 $0 < R_{ij} < 1$(若 $R_{ij} \to 1$,则表示 F_i 与 F_j 高度相关,若 $R_{ij} \to 0$,则表示 F_i 与 F_j 高度不相关)。

当用户提出需求时,系统对需求进行语义分析和推理,得到需求约束集 $\{K_1, K_2, \cdots, K_n\}$,分别对 n 个模块进行碎片化抽取,每个模块可设置一个关联度阈值 λ,系统通过知识碎片共享池的统一访问接口抽取满足 $\lambda < R < 1$ 的所有集合,即

$$S_1 = (F_{11}, F_{12}, \cdots, F_{1n}) = \{(P_{11}, V_{11}), (P_{12}, V_{12}), \cdots, (P_{1n}, V_{1n})\},$$
$$S_2 = (F_{21}, F_{22}, \cdots, F_{2n}) = \{(P_{21}, V_{21}), (P_{22}, V_{22}), \cdots, (P_{2n}, V_{2n})\},$$
$$\cdots$$
$$S_m = (F_{m1}, F_{m2}, \cdots, F_{mn}) = \{(P_{m1}, V_{m1}), (P_{m2}, V_{m2}), \cdots, (P_{mn}, V_{mn})\}。$$

同时,用户可以不断调整每个模块的关联度阈值,直到得到满足需求的所有知识碎片集合。

(2)碎片化整合的建模技术

高校碎片化信息整合的另一个关键技术就是建模技术,碎片化信息整合研究的核心内容在于特征选择模型的构建。只有构建出高准确性和有效性的特征选择模型,整合特征才对管理决策有参考价值,才能进行碎片化整合,从而得到满足用户需求的整合结果。

高校碎片化信息整合采用的建模技术大多为数据挖掘算法。高校信息的数据挖掘即从高校海量的数据库中,通过统计、预测等技术分析寻找隐含的有价值的知识,并根据高校管理决策中的需求问题建立相应模型的过程。

碎片化信息整合中的建模过程由数据准备、数据挖掘、结果表达与解释三个阶段组成,如图4-5所示。数据准备阶段首先根据整合需求对数据

---

① 徐国庆. 数据挖掘技术在教育行业 CRM 中的应用研究[D]. 济南:山东师范大学,2013.

进行选择，并简单预处理；数据挖掘即确定数据挖掘模型、决定数据挖掘算法；结果表达与解释即对构建的模型进行评估，最终获取有用知识。利用数据挖掘算法建模的过程是一个循环往复的操作。如用户在利用数据挖掘算法建模过程中发现选择的数据样本不可靠，或者评价结果无法达到预期时，用户就需要重新完成某几个或全部过程。

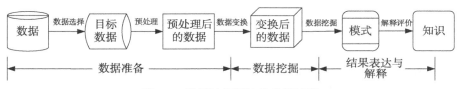

图 4-5 数据挖掘算法的建模过程

从数据挖掘算法的建模过程来看，数据挖掘算法的有效性是影响建模质量的重要影响因素。数据挖掘是从机器学习发展而来的，因此，机器学习算法、人工智能领域的常规技术，如聚类、决策树、统计等方法经过改进，大多可以应用于数据挖掘算法的建模过程中。人工神经网络、粗糙集理论、关联规则、遗传算法、决策树、随机森林算法等都是数据挖掘的常用方法。[①]

各类数据挖掘算法对于解决分类预测问题都有一定的优势和缺点。对于某一领域问题，每一种算法都有一定的适用性，也存在一定的限制。为了寻找合适的分类算法，需要对上述各类算法本身进行评估。在数据挖掘领域对分类算法主要参考以下评估标准：①准确率，指算法对样本数据集进行正确预测或分类的准确程度。②算法效率，指算法在执行过程中所花费的时间和空间成本。③抗噪性，指算法在有噪声数据或缺失数据的情况下正确预测的能力。④扩展性，指算法在面对不同规模的数据时都能有效处理的能力。

根据这些评估标准，对上述各种算法进行比较，如表 4-1 所示。

表 4-1   **各类数据挖掘分类算法的比较**

分类算法	准确率	算法效率	抗噪性	扩展性
决策树算法	较高	一般	较低	较强

① 张文超．基于数据挖掘的高校学科建设决策支持系统研究与实现[D]．北京：北京工业大学，2013．

续表

分类算法	准确率	算法效率	抗噪性	扩展性
贝叶斯分类算法	较高	较低	较强	不强
关联规则算法	一般	较低	一般	不强
神经网络学习算法	较高	较低	较强	一般
支持向量机算法	较高	较低	较强	不强
随机森林算法	较高	较高	较强	较强

通过对上述算法的比较分析发现，各算法的准确率都是相对比较高的。就算法效率来看，大部分算法不是很高，随机森林算法比其他类的算法在运算效率上更具优势。在算法的抗噪性上，除了决策树算法和关联规则算法较低以外，其他算法都能较好地克服噪声和离群数据。对于算法的可扩展性，决策树算法和随机森林算法相对其他算法而言具有较强的可扩展性。综上所述，就算法本身而言，随机森林算法学习能力强、分类精度高、算法的可扩展性好，对训练分类模型来说具有比较高的准确率。

除了对算法性能的评估以外，还应充分了解建模过程中所涉及的研究领域和数据特征。哪种算法更适用本领域问题数据的特征，能更好地解决领域问题，哪种算法就更适用于本领域的建模。本书主要是针对高校碎片化信息整合问题，数据的主要特征就是属性相关性不大，数据中连续和离散属性值兼有，但是连续属性值很容易实现离散化，研究问题对算法的速率要求不大，但是对准确率要求较高，最重要的是要求分类规则具有一定可解释性和可理解性。因此，决策树和随机森林算法都比较适合本课题的研究。

综合算法本身性能和算法的适用性，可以看到随机森林算法学习能力强，易于分类；对训练样本具有高度的概括性，可以有效地识别样本的类别；训练形成的规则易理解；可以清晰地显示哪些属性比较重要；算法计算量相对其他分类算法来说不是很大；分类准确率高等特点。因此，本书研究选取随机森林算法构造高校碎片化信息整合特征选择模型。

4.2　基于随机森林的整合特征选择模型

通过应用随机森林算法对高校知识碎片进行处理和分析，挖掘其背后的价值并灵活运用于高校的管理与决策支持。

传统的数据分析模型都会要求样本满足一定的假设或条件，只有满足了分析前提的情况下，模型的分析结果才不会出现偏差。然而，实际上现有的数据具有多样性和复杂性，很难用清晰、明确的数学函数来表征变量之间的关系，因此，需要用到数据挖掘中的机器学习方法。机器学习是一种从样本的特征出发构建模型的方法，它不需要先验假定，同时还能细致地处理海量数据，由于这些优势使得其广泛运用于各领域的数据处理分析中。随机森林算法就是机器学习方法的一种，大量文献表明，随机森林在没有增加计算量的前提下提高了预测精确度，并且在数据存在缺失或者非平衡的情况下能够进行较准确的计算。随机森林算法由于具有高效而准确的优点从而在机器学习方法中脱颖而出，因而也被认为是当前较好的算法之一。

4.2.1 整合特征选择模型的理论基础

下面将讨论随机森林算法在高校碎片化信息整合中的应用，而随机森林就是由一棵棵决策树构造而成。因此，首先介绍一下随机森林的基础理论及其关键技术。

(1)决策树理论

决策树是一种由节点和有向边构成的树状结构。在对决策树进行训练时，会根据某一属性对每个非叶子节点进行分裂，直到每个叶子节点上的样本均处于单一的类别或者每个属性都被选择过为止。① 决策树的构造过程不需要任何专业领域知识的指导，也不需要专业人士提供参数设置，只需要根据样本数据的特点进行模式的挖掘和发现，所以决策树属于一种探索式的知识发现算法。作为一种单一分类模型，决策树结构简单、易于实现，且可通过静态测试对模型进行评估。但在运用过程中也存在一些难以克服的缺点。

在训练决策树的时候由于噪声数据、离群点等使得生成的决策树庞大而复杂，为了克服这个缺点，通常还需要进行剪枝处理，以限制决策树的规模，提高分类的准确率。同时由于多树分枝反映的是样本集中的异常数据，这种纷繁复杂的决策树得到的决策往往是不准确的。同时，决策树在学习过程中可能会因为过于适应噪声而导致过拟合现象。而过拟合现象对

---

① 梁世磊. 基于 Hadoop 平台的随机森林算法研究及图像分类系统实现[D]. 厦门：厦门大学，2014.

于决策树和其他很多学习算法来说都是一个难以克服的问题。

(2)集成学习理论

虽然可以通过剪枝的方式减少决策树的过拟合问题，但是达到的效果还是不够在实际中应用。为了解决这一问题，集成方法出现了，集成方法属于一种复合类模型，是由多个弱分类器组合而成。它们是机器学习中最强大的一类技术，性能常常优于其他方法。集成方法中较常见的有Bagging方法，同时Bagging是随机森林算法中的重要技术。

Bagging(Bootstrap Aggregating)方法是一种简单又极为有效的模型集成方法，它依据原始数据集的不同随机样本子集来构造多个不同的模型。按照有放回均匀随机抽样所获得的样本集被称为Bootstrap样本集。由于是经有放回随机抽样获得的，Bootstrap样本集中通常会含有一些重复样本，因而即便Bootstrap样本集的容量与原始数据集相同，仍然可能会遗漏掉一些原始数据。然而，这正是所期望的，因为Bootstrap样本集之间的差异可以为集成模型中的各模型带来多样性。Bagging方法是在每个Bootstrap样本集上进行分类。每一个样本不会被选择的概率 $P = (1 - 1/n)^n$，当 $n \rightarrow \infty$ 时，概率趋近于 $\dfrac{1}{e} \approx 0.368$，也就是说，在对样本进行抽样时，有36.8%的数据不会被抽中，而这部分的数据可以用来测试模型的准确度。Bagging方法需要进行多轮训练，由于每次都是随机可重复抽样，所以每轮抽到的样本和前一次有重复的和不重复的。训练之后会得到多个不同的预测模型，然后在实际预测的时候，就采用简单地求平均值或带加权的投票方式来整合这些模型的预测结果。

因此，随机森林算法在组合分类器Bagging的基础上进行改进，使其不但能通过Bagging算法获得更精确的分类结果，而且不会出现过拟合现象。

4.2.2　随机森林算法概述

随机森林(Random Forest，RF)是Breiman于2001年提出的一个具有良好分类性能的机器学习算法。它由若干棵决策树组合而成，其基本思想是通过Bagging方法有放回地随机抽取不同的训练样本集，并对每个抽样样本构建相应的决策树，从而形成随机森林模型。[①] 随机森林算法的分类

---

① 周志华. 机器学习[M]. 北京：清华大学出版社，2016.

正确率很高，可以并行运用，并且适用于大数据中存在大量未知特征的数据量，因而在很多领域中有广泛运用。其算法结构如图 4-6 所示。

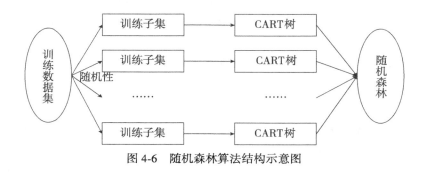

图 4-6　随机森林算法结构示意图

（1）随机森林的定义

随机森林由一组决策树分类器 $\{h(x, \theta_k), k = 1, 2, \cdots, n\}$ 组成，其中每个决策树分类器中的 θ_k 是独立同分布的随机变量，用来控制每一个决策树分类器的增长，变量 n 代表决策树分类器的数量，变量 x 代表输入的训练集样本数。[①] 每当输入一个新的样本时，随机森林中的每棵决策树分别进行判断，最后对分类结果进行投票，出现次数最多的类别就是预测结果。

给定相应的分类器 $h_1(x)$，$h_2(x)$，$\cdots$，$h_k(x)$ 构成，X、Y 为两个随机向量，其中 X 为样本向量，Y 为正确分类向量。

定义 1. 边界函数（margin function），描述了对一个待分类随机向量 X、Y 分类正确的平均得票数与分类不正确的平均得票数的差，其公式定义如下：

$$mg(X, Y) = \mathrm{av}_k I(h_k(X) = Y) - \max_{j \neq Y} \mathrm{av}_k I(h_k(X) = j) \qquad (4\text{-}1)$$

其中，$I(.)$ 为指示函数，$\mathrm{av}_k(.)$ 表示平均值，j 为不正确的分类向量。

边界函数表示当 X 被正确分类为 Y 时，X 的正确分类得票数超过错误分类的最大得票数的程度，因此，边界函数值越大，说明分类正确的可能性越大，置信度越高。

定义 2. 泛化误差（generalization error），描述学习机器模型在从样品数据中学习之后，离被学习机器模型之间的差距，其公式定义如下：

① LIU Y C, CHEN M L. Random forest method and application in stream big data systems[J]. Journal of Northwestern Poly-technical University, 2015, 33(6): 1055-1061.

$$PE = P_{X,\,Y}(mg(X,\ Y)\ <\ 0) \tag{4-2}$$

根据边界函数的定义，边界函数的值越大则分类正确的可能性越大，所以当 $mg(X,\ Y)\ <\ 0$ 时，表示随机森林将某个测试样本分类错误，即泛化误差实际上是求将测试样本集错误分类的概率。泛化误差越小表示学习能力越强，则机器性能更好。

定义 3. 强度（strength），随机森林边界函数的数学期望，其公式定义如下：

$$s = E_{X,\,Y}mg(X,\ Y) \tag{4-3}$$

随机森林中全体的决策树分类能力的好坏，反映到每棵决策树的强度越大，则随机森林的分类能力越强。

定义 4. 相关度（correlation），描述随机森林中决策树之间的相关性评价，即随机森林边界函数的方差与随机森林标准差的比值，其公式定义如下：

$$\bar{\rho} = \frac{\mathrm{var}(mg)}{(E_\theta sd(\theta))^2} \tag{4-4}$$

其中，θ 为随机变量。随机森林的相关性越高，则分类效果越差。

(2)随机森林的算法步骤

在随机森林中，每个决策树的生长都遵循自上而下的递归分裂原则，将训练集按节点分裂情况依次划分。换句话说，决策树的根节点包含所有训练样本，每个节点都将按照纯度最小的原则进行分裂，分裂后的子节点将包含训练样本的一个子集。当满足分裂停止条件后，决策树将不再生长，即随机森林构建完成。其具体算法步骤如下：

①设初始训练样本数为 N，利用 Bagging 方法有放回地随机抽取 k 个样本子集，并根据这些子集构建决策树，同时，每次没有被抽到的训练样本便形成了 k 个袋外数据。

②设样本的特征总数为 M，并在每个决策树的每一节点处随机抽取 m 个特征子集，按照节点不纯度最小的原则，从这 m 个特征子集中选择一个最优特征对节点进行分裂生长。

③按照相同的节点分裂规则，不对决策树做任何剪枝操作，使每个决策树都能得到最大程度的生长，直到每个叶子节点的不纯度达到最小为止。

④对生成的多个决策树进行加总形成随机森林，并利用随机森林对未知样本进行预测，最终通过投票或取平均的方式确定随机森林的预测

结果。

(3)随机森林的随机性分析

随机森林算法的核心就是在训练过程中引入了随机性的思想。随机性的引入，可以降低各个决策树之间的相关度，从而提高随机森林的泛化性能，避免模型出现过拟合的现象。随机森林的随机性主要体现在两个方面：

①随机的训练样本子集

随机森林采用 bagging 方法对训练样本进行有放回的抽样，得到随机的训练样本子集。这些训练样本子集不是初始训练样本的简单复制，而是通过样本子集自身的重构达到随机差异的目的。由于样本子集是随机抽取的，所以每个训练样本子集之间会存在一些差异，从而使产生的随机森林也具有一定的差异。换句话说，随机森林的差异性实际上是由随机森林中决策树生长过程中的随机性造成的。

随机森林使用 bagging 方法有两个原因①。一方面可以提高随机森林算法的精度。由于在训练集上采用放回的随机抽样，使得平均 37% 的样本不会出现在训练样本子集中，这样做可以避免样本子集中出现异常值，从而提高算法的抗噪性。另一方面，还可以采用这些没有被抽取的样本数据集来估计森林中决策树的泛化误差（PE）以及强度（s）和相关度（$\bar{\rho}$），使算法准确率可以得到量化估计。因此，与直接在初始训练样本集上直接构建决策树相比，使用 bagging 方法抽取的训练样本子集训练能够得到分类精度更高、泛化误差更小的分类模型。

②随机的特征子空间

随机森林算法为每一个训练样本子集分别建立一棵决策树，生成 k 棵决策树从而形成随机森林，每棵决策树任其生长，不需要剪枝处理。其中涉及的一个重要过程就是随机特征子空间的选取，这个过程增加了随机森林构的随机性。

在每个决策树的生长过程中要进行节点的特征选择。节点特征选择不是选择训练样本的所有 M 个特征参与节点分裂，而是从所有特征中随机抽取 m 个特征，比较这 m 个特征上分裂规则最优的特征对节点进行分裂。由于抽取的 m 个特征具有随机性，从而使得每个决策树都区别于其他决

---

① YAO D J, YANG J, ZHANG X J. Feature selection algorithm based on random forest[J]. Journal of Jilin University (Engineering and Technology Edition), 2014, 44(1): 137-141.

策树。特征子空间的随机性可以为随机森林提高分类准确率，降低随机森林中决策树之间的相关性。

综上所述，随机森林的随机性体现在生成决策树的训练样本子集是随机的，决策树中节点分裂时选择的特征子空间也是随机的。由于随机森林具有这两种随机性，使得其在分类预测时不会产生过拟合的现象。但是这两种随机性也使得算法的分类精度在同样的参数下表现出一定的波动性，然而这种波动由于算法的收敛性使得分类精度仅在很小的范围内变动。正是由于这种微小波动的存在，使得在进行随机森林实证分析时，每次观察的结果存在一定的差异，为了解决这个问题，在实验的过程，均要在相同的参数下重复随机森林算法的执行次数，然后取分类精度的平均值进行观察①。在本书的后续研究中，为了解决随机森林的内在随机性现象，在分析随机森林算法分类精度时，均采用重复多次实验，取多次实验的算法分类精度的均值进行比较。

(4)随机森林的优势

在经过前期文献调查之后，最终选择将随机森林算法用于高校碎片化信息整合过程的特征选择中，是因为随机森林同其他同类算法相比，具有很多的优点，更适用于本书中数据分析挖掘的需要。其优势如下所示：

①随着两个随机性的引入，使得模型随着规模的增加不会出现过拟合现象；

②具有良好的抗噪声能力，并且对于一定量的数据丢失有很好的容忍力；

③能够处理高维数据，对数据集的适应能力强，能处理连续型数据和离散型数据；

④参数少而简单，算法容易实现；

⑤决策树间可以并行化处理，算法效率较高；

⑥可以有效解决样本中的分类不平衡问题；

⑦针对特征可以对其重要性进行评估，从而进行特征选择。

随机森林算法具有分类精度高、训练速度快、抗噪性良好、可并行化处理等优势，不仅能有效克服过拟合问题，还能够评价特征重要程度。因此，随机森林算法适用于高校碎片化信息整合过程中的特征选择。

---

① ARCHER K J, KIMES R V. Empirical characterization of random forest variable importance measures[J]. Computational Statistics & Data Analysis, 2008, 52(4): 2249-2260.

4.2.3　基于随机森林的碎片化信息整合特征选择模型构建

基于随机森林的高校碎片化信息整合特征选择模型如图 4-7 所示，主要由三个模块构成，分别为特征提取模块、训练模块和测试模块。

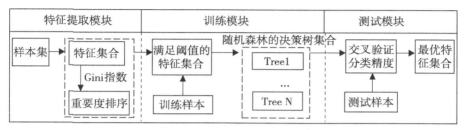

图 4-7　基于随机森林的整合特征选择模型

（1）特征提取模块

特征提取模块的主要目的是提取样本集中有代表性的特征向量的集合，形成优化的特征集合。由于随机森林算法选择的特征是完全随机的，即每个特征被选中的概率完全相等，故认为每个特征对于目标需求的重要性相同。但在高校碎片化信息整合过程中发现大量的特征增加了模型的复杂度，并且对整合结果无明显影响，也就是说，实际上每个特征对于不同整合需求的重要度是不同的，对节点分裂影响也不同。因此，需要在保证整合结果准确率的基础上，通过特征重要度计算，筛选出重要度较高的特征从而进行整合。

随机森林能够在对数据进行有效分析的同时，还能够给出变量重要性评分（Variable Importance Measures，VIM）。随机森林的特征重要性评分统计量计算有两种方式，分别为根据 Gini 指数和袋外数据（OOB）错误率[①]，本书根据 Gini 指数计算特征重要度。设一组随机变量 x_1，x_2，…，x_M，则变量 x_j 的得分统计量用 $VIM_j^{(Gini)}$ 表示，其含义为第 j 个变量在随机森林的所有决策树中节点分裂不纯度的平均改变量。$VIM_j^{(Gini)}$ 的计算过程如下：

①节点 m 的 Gini 指数为：

$$GI_m = \sum_{k=1}^{K} P_{mk}(1 - P_{mk}) \qquad (4-5)$$

---

① 曹正凤. 随机森林算法优化研究[D]. 北京：首都经济贸易大学，2014.

其中 K 为样本集的类别数，P_{mk} 为节点 m 样本属于第 K 类的概率估计值。

②变量 x_j 在节点 m 的重要度为：

$$\mathrm{VIM}_{jm}^{(\mathrm{Gini})} = GI_m - GI_l = GI_r \qquad (4\text{-}6)$$

其中 GI_l、GI_r 分别表示由节点 m 分裂的两个新节点的 Gini 指数。

③如果变量 x_j 在第 i 棵树中出现 M 次，则变量 x_j 在第 i 棵树的重要性为：

$$\mathrm{VIM}_{ij}^{(\mathrm{Gini})} = \sum_{m=1}^{M} \mathrm{VIM}_{jm}^{(\mathrm{Gini})} \qquad (4\text{-}7)$$

④变量 x_j 在随机森林中的 Gini 重要度为：

$$\mathrm{VIM}_{j}^{(\mathrm{Gini})} = \frac{1}{n} \sum_{i=1}^{n} \mathrm{VIM}_{ij}^{(\mathrm{Gini})} \qquad (4\text{-}8)$$

其中 n 为随机森林中决策树的数量，由于大量特征向量不仅对整合结果没有影响，还提高了模型的复杂度，因此，在对特征变量进行重要度排序后，还需要设定一个阈值 λ，将排序结果与所选阈值进行比较，选取前 λ 个特征向量构成初步优化的特征集合进行训练。

（2）训练及测试模块

训练模块主要将特征提取模块生成的优化特征集合输入训练模块，抽样一部分数据作为待训练样本，剩下的作为测试样本。在训练样本上进行随机森林分类模型的创建，最终形成随机森林的决策树集合。

测试模块则将测试样本输入训练后的决策树集，得出该特征集合的分类结果，并通过计算评价指标评价分类结果的精度，以此来确定特征选择的优劣。最终根据评价指标的最优结果确定整合特征的个数，并形成最优特征集合。

在实际模型构建过程中，通常将数据集划分为训练集和测试集，其中训练集占总数据的 90%，用来设计和构造随机森林算法，其余 10% 作为测试集，用来检测算法的性能。

利用 Python 对高校碎片化信息整合过程中的特征选择模型进行构建，部分代码及注释如下：

\#定义训练集和测试集，随机选取 10% 的样本作为测试集

x_train,x_test,y_train,y_test = cross_validation. train_test_split(x,y,test_size = 0. 1,random_state = 0）

\#利用训练集数据拟合未调参模型，树的数量选择 100

```
rf = RandomForestClassifier(n_estimators = 100)
rf.fit(x_train,y_train)
#对特征变量的重要性排序
a = list(zip(map(lambda x_train：round(x_train,8),rf.feature_
importances_),names))
sorted(a,reverse = True)
#利用测试集，测试模型的准确率
rf.score(x_test,y_test)
#计算模型的 AUC 值
y_predprob = rf.predict_proba(x_test)[:,1]
print("AUC Score(Train)：%f" % metrics.roc_auc_score(y_test,y_
predprob))
    ……
#循环遍历
for leaf_size in sample_leaf_options：
    for n_estimators_size in n_estimators_options：
    RF = RandomForestClassifier(min_samples_leaf = leaf_size,n_
estimators = n_estimators_size,random_state = 50)
        RF.fit(x_train,y_train)
        predict = RF.predict(x_test)
        #用一个三元组,分别记录当前的 min_samples_leaf,n_
estimators,和在测试数据集上的精度
        results.append((leaf_size,n_estimators_size,(y_test = =
predict).mean()))
        #真实结果和预测结果进行比较,计算准确率
        print((y_test = = predict).mean())
#打印精度最大的那一个三元组
print(max(results,key = lambda x：x[2]))
#重新测算准确率和 AUC,确保达到最优
RF = RandomForestClassifier(min_samples_leaf = 1,n_estimators = 200,
random_state = 50)
RF.fit(x_train,y_train)
y_predprob = RF.predict_proba(x_train)[:,1]
print("AUC Score(Train)：%f" % metrics.roc_auc_score(y_train,y_
```

predprob))

  RF. score(x_test,y_test)

4.2.4 整合特征选择模型评价指标

  对于模型选择出的特征集合，需要定义一组评价指标来验证分类结果的有效性。本书除了利用传统的模型评价指标外，针对现实样本的不平衡分类特征，提出了一些改进的评价指标。

  (1)传统评价指标

  关于分类预测问题常用的评价指标有查全率、查准率和分类精度等。针对本书的整合特征选择模型，同样定义这样一组评价指标。

  假设 TP(True Positive)代表实际为正类且被确认为正类的个数，FP(False Positive)代表实际为负类却被确认为正类的个数，FN(False Negative)代表实际为正类却被确认为负类的个数，TN(True Negative)代表实际为负类且被确认为负类的个数。N=TP+FP+FN+TN 表示样本总量。

  定义 5. 分类精度(Accuracy)，记为 Acc，表示所有样本被正确分类的比例，其计算公式为：

$$Acc = \frac{TP+TN}{TP+TN+FP} \tag{4-9}$$

  该指标用来衡量样本总量整体的分类精度，Acc 值越高则算法的分类效果越好。

  定义 6. 召回率(Recall)，即查全率，记为 Rec，表示正样本被正确分类占正样本的比例，其计算公式为：

$$Rec = \frac{TP}{TP+FN} \tag{4-10}$$

  定义 7. 精确率(Precision)，即查准率，记为 Pre，表示正样本被正确分类占被分类为正样本的比例，其计算公式为：

$$Pre = \frac{TP}{TP+FP} \tag{4-11}$$

  (2)改进评价指标

  实际生活中，大部分的样本数据是不平衡的，如果单独使用这些传统评价指标，那模型的真正性能会值得怀疑。如假设一个样本有 999 个正类，而只有 1 个负类时，如果模型简单地将所有数据都归属正类，则其准确度可以达到99.9%。在实际问题中，单独使用这些指标不能有代表性地反映不平衡数据分类的性能。当不分给任何样本到正类时可以使模型准确率接近完美，同样地，如果分配所有样本到正类中时可以使模型的召回率接近完美。因此，本书在传统评价指标的基础上，引入了可以评价不平衡数据的指标：F 值和 AUC。

定义 8. F 值(F-Value)，是评价不平衡数据集的有效综合性能指标，取决于召回率和准确率。其计算公式如下：

$$F = \frac{(1 + \beta^2)\text{Rec} \cdot \text{Pre}}{\beta^2 \cdot (\text{Rec} + \text{Pre})}, \ \beta \in (0, \ 1] \tag{4-12}$$

其中 β 表示召回率和准确率的重要性，$\beta>1$ 表示召回率更重要，相反表示准确率更重要。根据实际情况取值，一般取 $\beta = 1$，表示召回率和准确率重要性相同。

$$F = \frac{2\text{Rec} \cdot \text{Pre}}{\text{Rec} + \text{Pre}} = \frac{2\text{TP}}{2\text{TP} + \text{FN} + \text{FP}} \tag{4-13}$$

只有当两者都高时，F 值数值才越大，意味着分类器效果越好。

定义 9. 受试者特征曲线(Receive Operating Characteristic，ROC)，是用来描述正确分类和错误分类之间的特征，每一个分类的性能用曲线上的点表示，是评价模型性能的方法。

定义 10. AUC(area under roc curve，AUC)，即曲线下 ROC 图的面积，是标志分类器好坏的一个量化标准[①]。其计算公式如下：

$$\text{AUC} = \frac{\sum \text{rank} - \dfrac{M(M + 1)}{2}}{MN} \tag{4-14}$$

其中，M 为正类样本的数量；N 为负类样本的数量。AUC 值一般在0.5 到 1 之间，越高的 AUC 值分类器的性能越好，如果 AUC 为 0.5 就相当于完全随机分类。

4.3　实验与结果分析

一个好的整合特征选择模型，不仅要具有良好的算法性能，还应具有较好的算法效率。也就是说，优秀的整合特征选择模型需要在不增加计算

---

① JANITZA S, STROBL C, BOULESTEIX A L. An AUC-based permutation variable importance measure for random forests[J]. BMC Bioinformatics, 2013, 14(3): 433-440.

量和算法空间的基础上，尽可能地提高算法准确率。根据以上要求，本书以高校贫困生认定这一实验为例，验证基于随机森林的高校碎片化信息整合过程中整合特征选择模型的准确性及有效性。

4.3.1　实验背景与数据准备

（1）实验背景

随着高校资助项目的不断增多，社会对高校管理工作要求也越来越高，这使得高校对贫困生认定过程的公平公正性越发重视。中国高校贫困生认定过程存在很多困难，如无法判断在众多学生贫困指标中，哪些指标能反映学生贫困程度，不能控制人为主观因素的影响，以及无法平衡贫困生认定过程的公开性和学生隐私的保密性等问题。目前对于高校管理者来说，如何客观真实地界定贫困情况，如何合理、公平、公正地分配资助资金是高校资助管理工作中亟待解决的问题。[①]

为此，本书提出将基于随机森林的整合特征选择模型应用到贫困生认定这一决策需求中，利用整合特征选择模型，得到最能反映本校贫困生标准的特征，通过对最优整合特征的碎片化整合，从而解决当前贫困生认定的决策难题。

（2）数据来源及说明

在使用基于随机森林的特征整合模型对贫困生数据进行挖掘前，首先要进行数据准备工作，即对高校信息进行碎片化整合。整合的目的是从不同的数据源中提取数据，解决原始数据库中数据的不完整、错误和不一致等问题，通过转换得到符合要求的数据，最终按照规范、统一的标准整合到数据共享池中。

本次实验使用某校某一年级 430 名学生数据，包括学生基本信息表、学生成绩表、学生家庭情况表、学生消费情况表、学生贷款情况表、学生勤工助学表、学生困难认定申请表等信息。

①学生基本信息表

学生基本信息表用于存储不同学生的基本信息，是贫困生认定的基础信息，字段主要包括学号、姓名、学院、专业、年级、班级、性别、出生

---

①　董丽娟．基于关联规则的决策树改进算法在贫困生认定中的应用[D]．河南：郑州大学，2016.

年月、民族、身份证、政治面貌、生源地、录取成绩等。

②学生成绩表

学生成绩表用于记录学生入学后的课程成绩，用于判断学生是否刻苦学习，有无补考等情况，主要包括学号、姓名、课程名、学期、分数、学分、是否重修、是否补考、业成绩排名等字段。

③学生家庭情况表

学生家庭情况表主要用于记录学生家庭健康及收入情况，也是判断学生是否为贫困生的重要依据，主要包括学号、姓名、是否低保户、家庭月收入、父母健康情况、家庭人口总数、在上学人数、有无危重病人、是否来自贫困地区、是否遭遇重大灾害、是否农村户口等字段。

④学生消费情况表

学生消费情况表用于记录学生的消费情况，一般都是由校内一卡通系统记录，能体现出学生的消费水平，从一定程度上印证学生的经济情况。消费记录一般包括了卡号、学号、姓名、消费金额、消费时间、消费地点、消费类型等。

⑤学生贷款情况表

学生贷款情况表用于记录学生在上学期间助学贷款情况，可作为贫困生认定问题的辅助参考，主要包括学号、姓名、学院、专业、贷款金额、贷款期限等字段。

⑥学生勤工助学表

学生勤工助学表用于记录学生在校期间参与的助学工作及受助金额，主要包括学号、姓名、助学种类、助学名称、平均月助学金额等字段。

⑦学生困难认定申请表

学生困难认定申请表主要记录学生申请贫困生认定的信息，有无申请是认定其是否为贫困生的必要条件，主要包括学号、姓名、申请理由等字段。

4.3.2 贫困生认定的整合特征选择

将数据集中正确判断学生为贫困生的样本数量记为 TP，正确判断学生不是贫困生的样本数量为 TN，学生本身为贫困生但判断不是贫困生的样本数量记为 FP，学生本身不是贫困生但判断是贫困生的样本数量记为 FN。

使用随机森林模型构建 200 棵决策树进行贫困生认定的特征选择，选择相关特征并根据 Gini 指数进行重要度计算，取阈值 $\lambda = 27$，按重要度排序取前 27 个特征形成特征集合，其特征描述及重要度如表 4-2 所示。

表 4-2 贫困生评定特征重要度排序

特征序号	特征	特征描述	重要度
1	family_income	家庭月收入	0.100508208
2	isDisabled	是否为孤残	0.085436022
3	isHeavySick	有无重危病人	0.060030328
4	loan_amount	贷款金额	0.052865240
5	isLowIncome	是否为低保户	0.050087178
6	month_consum	平均月消费金额	0.049822850
7	isPoorPlace	是否来自贫困地区	0.048373698
8	isMakeUp	是否补考	0.047692990
9	haveDearConsume	有无奢侈消费	0.046351205
10	haveBigDisaster	是否遭遇重大灾害	0.045713575
11	family_number	家庭人口总数	0.042301798
12	numberInSchool	家庭在上学人数	0.040309680
13	IsApplyPoorStudent	是否申请贫困生	0.039964175
14	isWorking	是否勤工助学	0.028399360
15	monthWorkingIncome	月助学金额	0.028119883
16	major_ranking	专业成绩排名	0.027383955
17	health_condition	健康状况	0.027096875
18	isSingleParent	是否单亲	0.026132603
19	isMartyrChild	是否烈士子女	0.024649305
20	healthcondition_parents	父母健康状况	0.023207850
21	loan_timeLimit	贷款期限	0.021443785
22	course_credit	学分	0.020467083
23	class_job	担任职务	0.017513298
24	birthplace	生源地	0.017214473
25	working_class	助学种类	0.010616818
26	isfromCountry	是否农村户口	0.010608908
27	isActive	是否参与活动	0.007688847

4.3.3 算法模型的比较与分析

由于本书主要是针对高校碎片化信息整合问题，高校数据的主要特征就是不仅有连续型数据还有离散型数据，但连续型数据很容易实现离散化，且整合特征选择模型对算法的准确率要求较高，需要模型具有解释性和可理解性。因此，决策树算法和随机森林算法都适合作为本书的主要工具。但由于决策树算法容易通过剪枝造成过拟合问题，所以，通过综合考虑后，本书选择随机森林算法来构建碎片化信息整合过程中的特征选择模型。

为了验证随机森林算法比决策树算法具有更高的准确性和泛化性能，本书将随机森林算法与单一决策树方法进行比较，对这两种方法分别进行十折交叉验证实验。测试时一般会将数据集分为训练集和测试集，十折交叉验证就是将数据集划分为 10 个子集，每个子集大小相等且相互独立。在实验过程中，每次使用其中的 9 个子集作为训练集对模型进行训练，剩下的一个作为测试集对模型进行测试，以这种形式重复 10 次，并保证每次使用的训练集不同。最后将 10 次实验得到的结果的均值作为算法的准确值。

（1）实验结果

本次实验使用 python 语言分别编写决策树中的 ID3 算法和随机森林算法，并运用到贫困生认定的整合特征选择中。两种算法对贫困生认定数据分类的试验结果如表 4-3 所示。

表 4-3 的实验结果是由决策树和随机森林算法构造的分类模型和贫困生认定数据集上经过十折交叉验证得到的各项评价指标值，包括两种算法在每一折上的准确率（Acc）、召回率（Rec）、精确率（Pre）、F 值以及各指标在十折上的均值和标准差。图 4-8、图 4-9、图 4-10、图 4-11 分别从准确率、召回率、精确率和 F 值的角度展示两种算法的差异。

表 4-3　　　　　　　　　　两种算法的评价指标比较

折数	决策树				随机森林			
	准确率（Acc）	召回率（Rec）	精确率（Pre）	F 值	准确率（Acc）	召回率（Rec）	精确率（Pre）	F 值
1	0.782	0.665	0.479	0.557	0.884	0.859	0.779	0.817
2	0.631	0.430	0.625	0.509	0.810	0.810	0.905	0.855
3	0.685	0.712	0.367	0.484	0.896	0.962	0.812	0.881
4	0.704	0.693	0.390	0.499	0.869	0.915	0.843	0.878
5	0.640	0.672	0.439	0.531	0.837	0.898	0.866	0.882
6	0.789	0.610	0.538	0.572	0.890	0.864	0.880	0.872

续表

折数	决策树				随机森林			
	准确率 （Acc）	召回率 （Rec）	精确率 （Pre）	F 值	准确率 （Acc）	召回率 （Rec）	精确率 （Pre）	F 值
7	0.811	0.521	0.656	0.581	0.865	0.846	0.906	0.875
8	0.830	0.694	0.508	0.587	0.902	0.994	0.822	0.900
9	0.778	0.498	0.694	0.580	0.889	0.889	0.924	0.906
10	0.769	0.659	0.606	0.631	0.887	0.972	0.906	0.938
均值	0.742	0.615	0.530	0.570	0.873	0.901	0.864	0.880
标准差	0.071	0.098	0.113	0.046	0.029	0.060	0.049	0.032

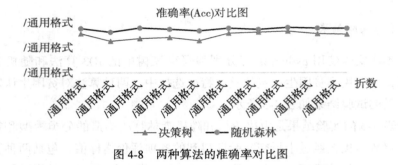

图 4-8　两种算法的准确率对比图

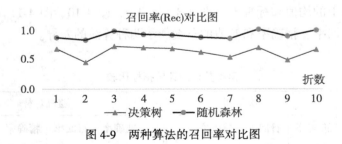

图 4-9　两种算法的召回率对比图

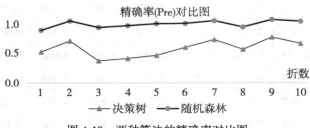

图 4-10　两种算法的精确率对比图

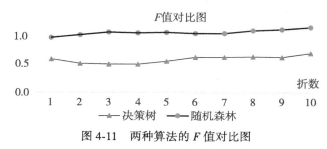

图 4-11　两种算法的 *F* 值对比图

（2）实验结果分析

对以上实验结果分析如下：

①从整体上看，随机森林不管是从精确率（Pre）、召回率（Rec），还是从准确率（Acc）即分类精度、F 值上都整体优于决策树。如表 4-3 所示，随机森林在准确率（Acc）、召回率（Rec）、精确率（Pre）、F 值在十折上的均值分别为 0.873、0.901、0.864、0.880，也均高于决策树的均值 0.742、0.615、0.530、0.570，且差距明显。而对于标准差来说，随机森林在各指标上分别为 0.029、0.060、0.049、0.032，均低于决策树的标准差 0.071、0.098、0.113、0.046，说明随机森林独立于样本的泛化性能优于决策树。

②从每一折的波动情况来看，随机森林算法比决策树算法更稳定。如图 4-9、图 4-10 所示，决策树在精确率（Pre）和召回率（Rec）上的波动较随机森林更大，这是由于每一折实验样本正负比例不均衡造成的。精确率（Pre）和召回率（Rec）通常相互制约，即精确率（Pre）越高，则召回率（Rec）越低；反之，召回率（Rec）越高，则精确率（Pre）越低。准确率（Acc）即分类精度，F 值是用来衡量精确率（Pre）和召回率（Rec）的均衡值。两种算法在准确率（Acc）和 F 值上表现如图 4-8、图 4-11 所示，二者具有相同的变化趋势，且波动幅度均较小，这说明在不同数据样本集中，决策树和随机森林都具有稳定的分类精度和准确性，但在每一折上，随机森林算法均优于决策树。

通过以上分析可知，随机森林算法不仅具有很高的预测准确性和分类有效性，而且在稳定性和泛化性能方面也优于决策树，可以为高校碎片化信息整合的特征选择模型提供有效支持。

4.3.4　不同特征数量下的比较与分析

大量文献表明，特征数量并非越多越好。特征数量过多不仅对整合结果没有影响，而且还提高了模型的复杂度，这一点将在以下实验中得到验证。整合特征选择模型的目的在于通过样本数据的学习，找到满足用户需求的整合特征的最优集合，从而使得整合结果更加可靠。因此，需要通过对不同特征数量下的模型精度进行比较，并找到最优的整合特征集合。

(1)实验结果

实验分别选取 3、6、9、12、15、18、21、24、27 个特征向量进行训练，并计算指标评估结果如表 4-4 所示。

表 4-4　　　　　　　　　　不同特征数量的评估指标

特征个数	准确率(Acc)	召回率(Rec)	精确率(Pre)	F 值	AUC
3	0.800	0.833	0.938	0.882	0.680
6	0.835	0.985	0.844	0.909	0.662
9	0.848	0.985	0.855	0.915	0.746
12	0.869	0.988	0.874	0.928	0.752
15	0.846	0.977	0.875	0.923	0.750
18	0.850	0.970	0.865	0.914	0.678
21	0.840	0.976	0.851	0.909	0.697
24	0.870	0.974	0.844	0.904	0.681
27	0.825	0.941	0.865	0.901	0.665

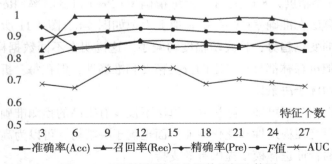

图 4-12　不同特征数量的评估指标比较图

（2）实验结果分析

根据上述实验结果可以得出以下结论：

①特征数量并非越多越好。无论是传统评价指标还是改进评价指标，其在特征数量过少和过多时都有较大的波动幅度。当特征向量个数小于 9 个时，精确率 Acc、召回率 Rec、准确率 Pre 及 AUC 都有较大幅度的变化，大于 9 个特征向量后，各指标开始趋于稳定，特征向量大于 15 个时，AUC 开始降低。通过比较图中各评估指标在引入特征数量不同时的表现可知，并不是引入的特征向量越多，模型的拟合效果和预测结果就更好，因此，有必要对整合特征进行优化选择。

②对于本次实验来说，特征数量为 12 个时，模型的评价结果最优。其中 AUC 高达 75.2%，F 值为 90.4%，Acc、Pre 都在 80%以上，Rec 高达 95%。最优特征集合评价指标如表 4-5 所示。

表 4-5　　　　　　　　　　　　　**最优特征集合的评价指标**

准确率（Acc）	召回率（Rec）	精确率（Pre）	F 值	AUC
0.835	0.985	0.844	0.904	0.752

因此，对于高校贫困生认定的决策问题，可根据家庭月收入、是否为孤残、有无重危病人、贷款金额、是否为低保户、平均月消费金额、是否来自贫困地区、是否补考、有无奢侈消费、是否遭遇重大灾害、家庭人口总数、家庭在上学人数等 12 个特征进行碎片化信息整合，其准确率、召回率、精确率以及 AUC 都表现优异，说明该特征集合能够很好地对高校贫困生认定工作提供参考依据。

5. 高校课程评价对象与评价词抽取

5.1 评价对象和评价词基本概况

5.1.1 研究背景与研究意义

(1)研究背景

近年来,课程形式正在经历着重大变革。2012 年伊始,大规模开放网络课程(Massive Open Online Courses,简称 MOOC)开始在世界范围内兴起。混合式教学可用于在线与传统课堂教学相混合的有利方案,则是将传统课堂教学和 MOOC(大规模在线教学)在线视频的融合,MOOC 课程数量在逐年增加,MOOC 学习人数也随之日益增多。MOOC 平台学习者用户注册数量由 2017 年的 7800 万人增长至 2018 年的 1.01 亿人,增长率达29.5%。① 与此同时,中国 MOOC 的发展也驶入了快车道,并且取得了突破性的进展。根据中国教育部的调查数据可知,中国建成的慕课平台有十多个;仅 2018 年,中国上线的 MOOC 数量就已经达到了 5000 门,社会学习者以及高校学生中学习 MOOC 的人数就超过了 7000 万人次,大学生中获得慕课学分的人次超过了 1100 万,中国高校推出的 MOOC 数量、推出MOOC 的学校数量以及选修 MOOC 的人数均在世界范围内处于领先位置。②

随着 MOOC 的发展,MOOC 课程数量不断增加,MOOC 课程内容开始

---

① DHAWAL S. By the numbers:MOOCs in 2018[EB/OL]. (2018-12-11)[2019-05-03]. https://www.classcentral.com/report/mooc-stats-2018/.

② 新华网.慕课——中国高等教育实现"变轨超车"的关键一招[EB/OL]. (2018-04-16)[2019-06-12].

趋向同质化。在生活节奏快速变化的当下，学习的成本在不断增加。学习一门课程不仅意味着精力的付出，还有时间的付出，甚至是金钱的付出。特别是付费课程的出现，学习哪一门 MOOC 课程的抉择问题便越发重要了。如何选择合适的 MOOC 课程来学习这一决策问题的意义也就日益凸显。为了向学习者提供决策支持，帮助学习者了解课程并筛选对自己有价值的课程，众多 MOOC 平台相继为学习者提供了课程评论功能。① 这些 MOOC 平台中具有代表性的有：CourseBuffet（https：//www. coursebuffet. com/）、Knollop（http：//www. knollop. com/）、CourseTalk（https：//www. coursetalk. com/）、中国大学 MOOC 平台（https：//www. icourse163. org/）、网易云课程堂（https：//study. 163. com/）。学习者可以在这些 MOOC 平台上发表对 MOOC 平台、课程内容、授课教师等课程相关内容的观点。这些蕴含观点信息的课程评论文本具有丰富的对学习者、教学者和 MOOC 平台管理者而言重要的情报。这些情报既可以为学习者选择所要学习的课程提供决策参考，又可以为授课教师提升教学水平提供反馈（通过与学生之间的互动），还可以为 MOOC 平台管理者优化学习体验提供建议。但是，随着 MOOC 课程评论数量越来越多，MOOC 学习者、MOOC 授课教师、MOOC 平台管理者要想从 MOOC 课程评论文本中获取有价值的信息将会耗费大量的时间和精力。例如，截至 2019 年 1 月，中国大学 MOOC 平台上的《程序设计入门——C 语言》（https：//www. icourse163. org/course/ZJU-199001）就积累了 13430 条课程评论。另外，这些课程评论文本中还包括大量的无价值信息，如：课程广告、灌水帖、不相关的内容等课程评论内容。这无疑又额外增加了 MOOC 学习者、MOOC 授课教师和 MOOC 平台管理者从课程评论文本中获取有价值信息的难度。因此，如何自动获取课程评论文本中有价值的信息就成了非常重要的研究问题。

随着 MOOC 课程评论的日益积累，仅依靠人工阅读这些 MOOC 课程评论，来提取有价值的信息，已经变得越来越难了。情感分析技术是一项可以自动从课程评论中挖掘有价值信息的技术。情感分析分为文档级情感分析、句子级情感分析和属性级情感分析。② 文档级情感分析和句子级情感分析虽然可以获取文档和句子的整体情感倾向，但难以获取关于某一评价对象的情感倾向，而评价对象的情感倾向更具有价值。属性级情感分析

① 王萍. 大规模在线开放课程的新发展与应用：从 cMOOC 到 xMOOC［J］. 现代远程教育研究，2013（3）：13-19.

② BING L. Sentiment analysis：Mining opinions，sentiments，and emotions［M］. Cambridge：Cambridge University Press，2015.

任务包括观点持有者抽取、评价对象抽取、评价词抽取、情感倾向。在课程评论中,观点持有者主要是发表课程评论的学习者,情感倾向可以通过评价对象和评价词来识别。因此,MOOC 课程评论情感分析的一个重要任务就是从 MOOC 课程评论文本中抽取评价词和评价对象。属性级情感分析的任务是从用户生产的内容中抽取评价对象、情感表达、评价对象类别、情感极性等重要信息。[1][2] Hu 和 Liu、Popescu 和 Etzioni、Zhuang 等人分别对这一任务进行了研究[3]。在属性级情感分析中,一个目标是从用户生成内容(User Generated Content,简称 UGC)中抽取出表现用户观点的评价对象和评价词。如:在课程评论中,"老师非常幽默,内容简单易懂",评价对象是"老师",评价词为"幽默"。而评价对象和评价词的抽取是属性级情感分析的重要内容。因为,不少研究者发现,评价对象和评价词抽取对于情感分析的上层任务(情感摘要、情感检索以及情感对话系统等任务)有更直接的帮助。目前,尽管有一些关于课程评论情感分析的研究工作,但主要集中于课程评论的评价对象挖掘以及情感分类,[4][5][6] 而鲜见有关于 MOOC 课程评论的情感标签抽取方面的研究。

综上所述,本书以 MOOC 课程评论为对象,主要研究如何利用自然语言处理、机器学习等领域的技术解决从 MOOC 课程评论中抽取出评价对象和评价词的问题。

(2)研究意义

从研究背景部分的内容可知,随着 MOOC 的飞速发展,MOOC 平台上发布的课程评论数量将会越来越多,MOOC 课程评论评价对象和评价词抽取的意义也将日益凸显。总的来说,MOOC 课程评论评价对象和评价词抽取不仅具有理论意义,还具有实践意义。具体来说,MOOC 课程评论评价对象和评价词抽取的研究意义体现在如下几个方面:

---

① BO P,LEE L L. Opinion mining and sentiment analysis[J]. Computational Linguistics,2009,35(2):311-312.

② BING L. Sentiment analysis and opinion mining[J]. Synthesis Lectures on Human Language Technologies,2012,5(1):1-167.

③ GUANG Q,BING L,BU J J,et al. Opinion word expansion and target extraction through double propagation[J]. Computational Linguistics,2011,37(1):9-27.

④ 刘三女牙,彭晛,刘智,等. 面向 MOOC 课程评论的学习者话题挖掘研究[J]. 电化教育研究,2017,38(10):30-36.

⑤ 贺杰. 在线教育课程评论文本情感倾向性研究[D]. 南昌:江西财经大学,2017.

⑥ SUHATA R,PARTEEK K. A sentiment analysis system to improve teaching and learning[J]. Computer,2017,50(5):36-43.

①理论意义

在理论意义方面，MOOC 课程评论是学习者在学习某一门 MOOC 课程时的内心感受，其不仅承载着学习者在学习过程中的感受、态度以及情感，还包含了很多难以直接获取到的内心活动，这些丰富的信息可以用于分析学习者的学习行为与学习效果。评价对象和评价词就是 MOOC 课程评论中承载这些信息的核心元素，因此，对 MOOC 课程评论的评价对象和评价词抽取研究可以为研究学习者的学习行为和学习效果提供一条新路径。另外，文本情感分析与教育的研究有融合发展的趋势，推进 MOOC 课程评论的评价对象与评价词抽取研究也可以为推进文本情感分析在教育领域的研究提供借鉴。

②实践意义

在实践意义方面，MOOC 课程评论的评价对象和评价词抽取是一种重要的信息抽取手段，可以为 MOOC 学习者、MOOC 教师和 MOOC 平台管理者直观呈现从纷繁复杂的课程评论中抽取有价值的观点情报，具体来说包括如下三个方面：

A. 帮助 MOOC 学习者提升选课质量

从 MOOC 学习者的角度来看，通过对 MOOC 学习者在 MOOC 平台上发表的评论进行情感分析，可以获取 MOOC 学习者持正面情感倾向的人数，MOOC 学习者持负面情感倾向的人数。从这些数据，可以更直观地了解到某一门 MOOC 课程的课程质量以及在 MOOC 学习者们心中受到欢迎的程度。这种对 MOOC 课程的课程质量进行评价的方式实现了 MOOC 课程的评价主体从专业 MOOC 评价人员向一般学习者的转变。这些 MOOC 课程评论情感信息对学习者选择所要学习的课程有参考价值。一方面，这些 MOOC 课程评论情感信息有助于学习者对候选的 MOOC 课程进行综合分析；另一方面，这些 MOOC 课程评论情感信息可以提升学习者对课程所涉及的领域、课程的制作水准、教学者的授课方式等方面的了解，从而选择符合自己兴趣的课程。

B. 帮助教学者提升教学质量

从 MOOC 教学者的角度来看，通过对 MOOC 学习者在 MOOC 平台上发表的评论进行情感分析，MOOC 教学者可以更好地了解学习者对学习资源、教师以及课程内容的情感倾向以及关注点。这可以帮助 MOOC 教学者加深对课程教学的认识，从而对课程的质量进行改进。另外，通过对 MOOC 学习者在 MOOC 平台上发表的评论进行情感分析，可以用于了解不同 MOOC 学习者学习行为的变化轨迹。如果知道了 MOOC 学习者的这些学习行为，MOOC 教学者就可以依据 MOOC 学习者的个体特征设计个性化的学习方案，从而提升整体的 MOOC 教学质量。

C. 帮助 MOOC 平台管理者优化平台管理

从 MOOC 平台管理者的角度来看，MOOC 平台是学习者和教学者合作完成学习活动的系统。MOOC 课程评论涉及的内容非常之多，涵盖课程的方方面面，例如：授课方式、课后习题、课件制作、课程视频录制等内容。因此，通过对 MOOC 课程评论中评价对象和评价词的挖掘，MOOC 平台管理者可以获取学习者在 MOOC 平台上学习体验的反馈，用于指导或者辅助开发个性化的课程推荐系统、课程内容检索系统以及舆情分析系统，从而帮助 MOOC 管理者提升 MOOC 平台上的学习体验，进而构筑自身在行业中的优势。

5.2　MOOC 课程评论采集及预处理

5.2.1　MOOC 课程评论采集

（1）MOOC 课程评论采集平台

MOOC 课程评论语料资源的构建是实施 MOOC 课程评论评价对象和评价词抽取的基础。从第一章对 MOOC 课程评论情感分析研究现状的分析可知，研究界还没有可供 MOOC 课程评论评价对象和评价词抽取实验的课程评论语料资源。为了进行 MOOC 课程评论评价对象和评价词抽取研究，本书首要的研究工作是构建一个可以用于 MOOC 课程评论评价对象和评价词抽取实验的 MOOC 课程评论语料。本书以中国大学 MOOC 在线课程学习平台（以下简称"中国大学 MOOC 平台"）课程评价区的课程评论为 MOOC 课程评论评价对象和评价词抽取的课程评论语料资源的原始语料。本书之所以将中国大学 MOOC 平台课程评价区的课程评论文本作为构建 MOOC 课程评论评价对象和评价词抽取的语料供研究使用，有以下几点原因：

首先，中国大学 MOOC 平台是网易和高等教育出版社合作推出，国内已有 700 多家高等教育机构参与其中，已经成长为中国 MOOC 平台中的典型代表。中国大学 MOOC 平台是中国课程质量最高、参与建设高校数量最多、选课人数最多和开课数量最多的 MOOC 平台。中国大学

MOOC从成立至今已经拥有了1300万的注册用户和超过6000门课程，累计选课人次超过5500万。

其次，中国大学MOOC也是线上学习者最受关注的MOOC平台之一。根据2018年的百度指数数据显示，以"中国大学MOOC"作为关键词的整体日均搜索指数为2597，而国内其他主要MOOC平台如"爱课程""学堂在线""智慧树在线教育平台"和"优课联盟"的日均搜索指数为2328、1667、1163、259，均低于中国大学MOOC，并且中国大学MOOC的搜索指数均逐年稳定提升，具体情况如图6-1所示。

再次，中国大学MOOC还是课程质量最高的中国慕课平台，在2018年教育部推出的首批490门国家精品在线开放课程中，中国大学MOOC入选了322门，超过其余11个慕课平台入选课程数总和，占比66%。中国大学MOOC平台有594门课程入选了2019年教育部推出的801门国家精品在线开放课程，其国家精品在线课程的总数超过其他入选课程数量排名在前14的慕课平台总和，其入选国家精品在线课程的总数还呈现上升的趋势。

最后，中国大学MOOC平台的课程评价功能较为完善，庞大的视频课程积累了丰富的课程评论数据。仅以课程评价区的课程评论为例，根据本书的统计，截至2019年6月1日，中国大学MOOC平台上有教育教学、计算机、外语、心理学等类别课程共2665门，这些课程的课程评价区共积累了364064条课程评论，每门课的课程评价区则平均积累了137条课程评论。

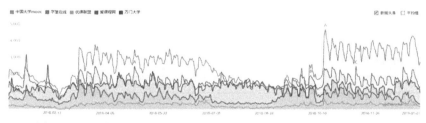

图5-1　2018年中国大学MOOC与其他国内慕课平台的百度指数情况

目前，MOOC平台已经开始从用户获取期向用户沉淀期转变。MOOC平台为更好地沉淀用户，纷纷为学习者提供交互功能。MOOC平台提供的交互功能一般以课程评价区和课程讨论区的形式呈现。以中国大学MOOC平台为例，课程评价区如图5-2所示，课程讨论区如图5-3所示。随着大量学习者的涌入，MOOC平台的课程评价区和课程讨论区积累了大量的课程评论，但这两个功能模块积累的课程评论在内容方面有较大差异，课程评价区的课程评论一般是关于学习者学习一门课的感受，而课程讨论区课程评论一般是关于学习者在学习课程中的问题。课程评价区的课程评论文本中蕴含有丰富的情感信息，而课程讨论区则多是课程中遇到的课程问题的讨论，情感信息较少。评论发表的时间、评论发表者都是确定的，课程评论区的课程评论文本是学习者情感的主要承载体。因此，本书的主要研究对象是 MOOC 平台上的课程评价区的课程评论文本。

图 5-2　中国大学 MOOC 课程评价

图 5-3　中国大学 MOOC 平台讨论区

为了分析中国大学 MOOC 平台课程评价区课程评论信息的特点，本书通过对中国大学 MOOC 平台中同济大学开设的"高等数学（一）"这一课程的课程评价区课程评论文本的分析，发现课程评论文本具有以下几点特征：

①针对性

从课程评价区的课程评论文本所承载的内容来看，课程评价区的课程评论文本具有针对性，主要是描述学习者对课程所涵盖知识量的评价，描述学习者对课程趣味性的体会，评价老师在授课中的参与度，对课程设计的建议，以及学习者学习之后的收获和感想或者在学习过程中发生的故事。通过对评论信息的观察，具体分为如下几类：A. 针对平台的评论，主要包括对平台功能、课程 App、课程网页版的评价以及对课程视频播放形式的评价。B. 针对老师的评价，主要包括对老师衣着、外貌、上课方式、语音语调语速等的评价。C. 针对课程内容的评价，包括课程结构、课程安排、知识点覆盖、难易程度等的评价。D. 针对教学模式的评价，包括课程 PPT、视频、拍摄手法、镜头切换等的评价。

②稀疏性

从课程评价区的课程评论文本的长度来看，课程评价区的课程评论文本具有稀疏性，大多短小精悍，且大多是主观句，一条课程评论所包含的评价对象较少。此外，课程评论数量也与课程热门程度有关，热门课程的评价数目往往上千条，而冷门的课程却无人问津，这也造成课程评论在整体分布上的不均衡。

③海量性

从课程评价区的课程评论文本的更新速度来看，课程评价区的课程评论文本具有实时性。随着时间的推移，上这个课程的人越来越多，课程评论的更新速度更快，因而课程评论具有海量性。如：截至 2019 年 1 月，中国大学 MOOC 平台上的《程序设计入门——C 语言》就积累了 13430 条课程评论。

④不规范性

从课程评价区的课程评论文本的正式程度来看，课程评价区的课程评论文本具有不规范性。由于学习者在网络上发表看法相对容易，所以发表观点的语言比较随意，没有按严格的语法规范来，因而会出现符号、表情、火星文来表达自己的情感的情况，甚至有学习者在评论区打广告，发布一些与课程评价无关的内容，因而这些课程评论文本中充满了噪音。

（2）MOOC 课程评论采集内容

中国大学 MOOC 平台的课程评价区的课程评论信息由评论者昵称、课程评分、评论内容、评论发表时间、班次以及评论点赞数这几个部分构成。这几个课程评价区课程评论信息构件的网页分布如图 5-4 所示。

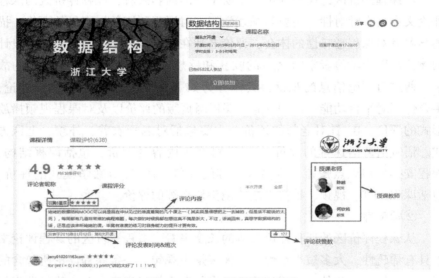

图 5-4　MOOC 课程评论页面

这几个课程评论信息构件的具体属性情况如表 5-1 所示。表 5-1 中重要的属性如下：

表 5-1　　　　　　　　　课程评论者评论相关属性

属性	字段类型	字段描述
CourseName	String	课程名称
Teacher	String	授课教师
UserName	String	评论者昵称
Points	Int	课程评分
Comments	String	评论内容
Voteup	Int	评论获赞数
CreateTime	String	评论发表时间
CourseTimes	String	班次

①评论者昵称。评论者昵称是参与课程并进行课程评论的用户的名称，用以区别其他的学习者。

②课程评分。课程评分满分五分，是评论者对课程的直观量化评价。

③评论内容。评论内容是评论者在课程学习中以及学习后的感悟与评价，通常范围很广，涉及课程的方方面面，如：老师讲解、课程结构、课后习题以及资源共享等。其作为学习者的情感情概况的重要数据，用来描述学习者评论内容的情感极性分布、关键词分布等，以及从中抽取出情感标签。

④评论获赞数。评论获赞数表示该评论者对课程评论内容的点赞次数，该指标用于描述文本评价内容的认可程度。

下面主要从中国大学 MOOC 平台课程评价区采集课程名称、授课教师、评价者昵称、课程评分、评论内容、评论获赞数、评论发表时间以及开课班次等课程评论相关信息来构建 MOOC 课程评论数据集。

（3）MOOC 课程评论采集过程

中国大学 MOOC 平台上课程评价区的相关课程评论信息都是实时呈现的，即动态加载的，并以文本形式保存的。因此，要采集这些课程评论，需要通过编写特定的网络爬虫来实现相关课程评论内容的采集工作。

中国大学 MOOC 平台课程评价区的课程评论信息的采集流程，如图5-5 所示。首先，从中国大学 MOOC 平台获取所有课程的 URL。其次，进入每一门 MOOC 课程的主页。再次，进入课程的课程评价区。最后，采集课程评价区的所有课程评论。具体来说，本书主要利用 Python 来编写爬虫程序来采集中国大学 MOOC 平台课程评价区的课程评论信息，也就是编写 python 网络爬虫脚本，使用 Selenium 自动化测序工具调用WebDriver 来实现模拟登录中国大学 MOOC 平台，获取需要的课程评论数据并保存至本地数据库。

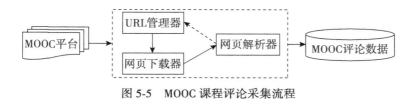

图 5-5　MOOC 课程评论采集流程

由图 5-5 所示的 MOOC 课程评论采集流程可知，本书主要采取深度优先策略的采集策略来对中国大学 MOOC 平台的课程评论进行采集，即通过定位到中国大学 MOOC 平台的课程分类网址（如计算机类课程网址：https：//www. icourse163. org/category/computer），再对该页面的源码进行爬取获取到具体课程的网址。该爬取流程最重要的步骤是通过 Selenium 调用 WebDriver 启动本地浏览器，以实现对人工操作的模拟。由于该课程平台数据为动态加载，因此，需要模拟人为的点击操作，来获取实时返回的动态数据，再通过 BeautifulSoup 来获取定位节点数据。需要爬取的部分数据在源码结构中的位置如图 5-6 所示。

图 5-6　部分属性在源码中的定位

　　如图 5-6 所示，评论者昵称"SunHanxi"、评论内容"考研成功～～～姥姥真棒～～～"等均为本书后续进行 MOOC 课程评论评价对象和评价词抽取实验所需要的语料来源。因此，在爬虫程序解析到该页面源码后，需要通过 python 调用 BeautifulSoup 库以实现对相应字符串的定位与匹配，从而进一步爬取出这些需要的课程评论的相关数据，并将这些数据存储到本地数据库之中。

　　上述代码为该爬虫程序定位课程页面界面内评论相关内容的关键代码，分别从页面中解析提取出评论的课程名称、授课教师、评价者昵称、课程评分、评论内容、评论获赞数、评论发表时间以及开课班次这些属性，之后将爬取后的数据存储到本地的 MySQL 数据库之中。爬取后存储的数据如图 5-7 所示。

course_name	teacher	author_name	comments	voteup	points	created_ti	course_times
大学计算机CAP	吴宁 教授	小小侦探	老师都照看PPT念的	3	1	发表于20:	第2次开课
大学计算机CAP	吴宁 教授	冰是睡着的水001	不错的，可以系统学习计算机的专业基础	2	5	发表于20:	第2次开课
大学计算机CAP	吴宁 教授	王甜甜lstudy	对于计算机初学者，有一个感觉的认知。课程制作精良	1	5	发表于20:	第2次开课
大学计算机CAP	吴宁 教授	Aria525	老师讲的很好，非常通俗易懂，我这种非常小白都能听	1	5	发表于20:	第2次开课
大学计算机CAP	吴宁 教授	mooc153287654361	非常的好，语言表达清晰。	1	5	发表于20:	第2次开课
大学计算机CAP	吴宁 教授	昵称大抢手了	幽默风趣，很形象！	1	5	发表于20:	第2次开课
大学计算机CAP	吴宁 教授	Angelinapu	可能是没什么基础，感觉不是很通俗，大概我太笨了，	1	4	发表于20:	第2次开课
大学计算机CAP	吴宁 教授	tt1233213882163cor	大概简单了解了计算机基础概念	1	5	发表于20:	第2次开课
大学计算机CAP	吴宁 教授	hfut2016211460	老师讲的非常棒，推荐大家学习	1	5	发表于20:	第2次开课
大学计算机CAP	吴宁 教授	电信1804201847673	全面深刻，先修课的极好	1	5	发表于20:	第2次开课
大学计算机CAP	吴宁 教授	Michael~ Huang	讲解清晰，对基础知识都有了解到	1	5	发表于20:	第2次开课
大学计算机CAP	吴宁 教授	潜心静思	老师讲课很有启发性，整体性也很好，能让我整体上认	1	5	发表于20:	第2次开课
大学计算机CAP	吴宁 教授	hndx2017	哈哈哈哈哈哈哈或或	1	5	发表于20:	第1次开课
大学计算机CAP	吴宁 教授	mooc501121153487	挺好的，只是有些专业概念比较难搞清楚	0	5	发表于20:	第3次开课

图 5-7　爬取数据实例

5.2.2　MOOC 课程评论预处理

（1）MOOC 课程评论清洗

MOOC 课程评论的预处理工作是后续 MOOC 课程评论评价对象和评价词抽取的基础，直接决定了评价对象和评价词抽取的效果。MOOC 课程评论清洗主要是把 MOOC 课程评论中的一些无关内容剔除掉，是 MOOC 课程评论评价对象和评价词抽取的基础性工作，良好的文本清洗可以使得文本挖掘效果得到较大提升。通过爬虫程序从中国大学 MOOC 平台上获取的课程评论相关数据具有较多冗杂信息，其中包括大量的 HTML 标签、符号表情、没有意义的数字以及英文等，这些都需要在进行后续 MOOC 课程评论评价对象和评价词抽取的实验前进行剔除和清洗。

从中国大学 MOOC 平台上采集的课程评论中会有很多 HTML 标签，这些标签会影响实验，需要清洗掉。在本书中，这些 HTML 标签可以利用 Python 的正则表达式进行处理，还可以利用 Beautiful Soup 库进行处理。除 HTML 标签外，语料中还有部分表情符号（如 Σ(°д°∣∣∣)、(＊∕ω＼＊)等）回答和无意义的数字英文字符标点回答（如"666""dwdefee""！@ #￥%……"等）这些数据会影响依存句法分析的效果，从而影响到 MOOC 课程评论情感标签抽取的效果。

HTML 标签清理及无效评论提出示例如下：

①示例一（去除 HTML 标签）：去除 HTML 标签前为"老师讲课非常细致，解决了自己看书过程中遇到的各种疑问"，去除 HTML 标签后为"老师讲课非常细致，解决了自己看书过程中遇到的各种疑问"。

②示例二（去除无效评论）：去除无效评论前为"老师讲得棒棒哒(＊^▽^＊)~"，去除无效评论后为"老师讲得棒棒哒"。

③示例三（去除无效评论）：去除无效评论前为"感谢老师，这个课程太有趣啦 2333333"，去除无效评论后为"感谢老师，这个课程太有趣啦"。

④示例四（去除无效评论）：去除无效评论前为"sdafadafasd"，去除无效评论后为"NULL"。

（2）MOOC 课程评论标注

由于主要研究基于监督学习的 MOOC 课程评论评价对象和评价词抽取方法。因此，训练提出的 MOOC 课程评论评价对象和评价词抽取方法，需要对于 MOOC 课程评论语料进行标注。为了有效开展 MOOC 课程评论语料标注，本书在相关研究成果的基础上，提出了一套 MOOC 课程评论语料标注方法。MOOC 课程评论语料标注过程如下：首先将待标注的 MOOC 课程评论分派给两名参与标注活动的人员，让他们分别对 MOOC 课程评论进行标注。然后再由第三名参与标注活动的人员详细比对前两名标注人员对 MOOC 课程评论的标注结果，如果前两位标注人员标注的 MOOC 课程评论结果一致，则将标注的 MOOC 课程评论保存至最终的 MOOC 课程评论语料中，而如果前两名标注人员对同一 MOOC 课程评论的标注结果不相同，则将由第三名标注人员重新对 MOOC 课程评论进行标注，并经由三位标注人员分析讨论后，再将标注的 MOOC 课程评论保存至最终的 MOOC 课程评论语料中。为了减少 MOOC 课程评论标注过程中可能出现的误差，在开始 MOOC 课程评论标注任务时，会对三名参与标注活动的人员进行一定培训，两位标注人员在标注前 50 条数据后，对标注的结果进行集中分析讨论，提炼出 MOOC 课程评论标注原则，然后再对余下的 MOOC 课程评论进行标注。

在统一三个 MOOC 课程评论标注员的标注意见的基础上，总结了对 MOOC 课程评论语料进行标注的几条原则：

①标注 MOOC 课程评论的倾向性(褒义标注 1，贬义标注–1，既有褒义又有贬义标注 0)。

②标注 MOOC 课程评论中的三元组<评价对象，评价短语，评价极性>。其中，评价对象是指学习者在 MOOC 评论中表达情感倾向的对象；评价词是指学习者用来表达某种情感倾向的承载体。在对 MOOC 课程评论进行标注时，对于 MOOC 课程评论中需要加以标注的评价对象和评价词采用"最大化"原则，其目的在于减少标注过程中可能会出现的偏差。与此同时，对于评价极性的标注，只对评价对象的褒义和贬义倾向进行标注。具体来说，就是将正面情感倾向标注为 1，负面情感倾向标注为–1，而不对喜、怒、哀、乐等这些情绪进行标注。此外，还需要注意的是，如果一个具有倾向性的 MOOC 评论具有多个三元组，那么则需要标注出这条 MOOC 课程评论中所有的三元组。

为有效指导标注，总结了标注 MOOC 课程评论的过程中会遇到的典型情况：

①无效句的处理

无效句是指内容不完善、语义错乱或者无法人工理解的句子。针对这类句子的标注，直接标注为"NULL"。例如，"废话少说，放码过来!"可以标注为"<NULL，NULL，NULL>"。

②转折句的处理

对于具有转折连接词(如"但是""然而""却""虽然……但是……")的转折句，只有在转折连接词连接的前后两部分同时出现的褒义和贬义评价的情况时，才将这条 MOOC 评论标注为"有褒有贬"。例如，"课程很不错，但是有的时候课件加载不出来"可以标注为"<课程，不错，1>、<课件，无法加载，-1>"。

③评价对象省略情况

从前文所述可知，MOOC 课程评论文本具有不规范的特征，这导致部分课程评论文本中会出现缺少评价对象的现象。在一些 MOOC 课程评论中，依据语境不仅可以推断出评价词所修饰的评价对象，还可以确定该句的评价极性。例如，"非常好，思路清晰，通俗易懂"可以标注为"<NULL，好，1>、<NULL，思路清晰，1>、<课程，通俗易懂，1>"。

这里主要研究了 MOOC 课程评论采集和 MOOC 课程评论预处理这两个部分的内容：

①在 MOOC 课程评论采集部分，本书主要研究了相关的 MOOC 平台以及所要采集的中国大学 MOOC 平台、选择这个 MOOC 平台的原因，中国大学 MOOC 平台课程评价区的介绍、这些 MOOC 课程评论文本的特征，中国大学 MOOC 平台的课程评论的采集策略和过程。在这一部分提出了一个 MOOC 课程评论采集流程。

②在 MOOC 课程评论预处理部分，主要研究了 MOOC 课程评论清洗以及构建可供评价对象和评价词抽取的 MOOC 课程评论语料的过程。在 MOOC 课程评论清洗部分，主要研究了提升 MOOC 课程评论语料质量的方法；在 MOOC 课程评论语料标注部分，主要研究了 MOOC 课程评论语料标注的方法。这些操作是后续 MOOC 课程评论评价对象和评价词抽取及测实验开展的基础。在这部分总结了一套 MOOC 课程评论预处理的方案。

5.3　MOOC 课程评论的评价对象与评价词抽取模型

5.3.1　MOOC 课程评论评价对象和评价词抽取任务

从前面主要研究内容部分可知，解决了 MOOC 课程评论评价对象和评价词抽取问题。MOOC 课程评论的结构形式对于解决 MOOC 课程评论评价对象和评价词抽取问题来说就非常重要。因此，形式化的定义 MOOC 课程评论评价对象和评价词是开展 MOOC 课程评论评价对象和评价词抽取任务的首要步骤，而这要求对观点信息的结构要有一个清晰的认识。在提出 MOOC 课程评论评价对象和评价词抽取模型之前的首要任务是对 MOOC 课程评论的结构进行探讨。具体来说，首先从观点信息的结构入手，提炼出观点信息的结构，然后在结合 MOOC 课程评论的特征对 MOOC 课程评论的结构进行剖析。

现在已经有一些阐述观点信息结构的研究成果，其中具有代表性的观点结构有两种，分别是 Kim 和 Hovy 的四元组结构和刘兵的五元组结构。Kim 和 Hovy 在回顾前人研究的基础上，从实际操作的角度出发，提出观点是一个由观点持有者、主题、陈述以及情感四个元素构成的四元组，并且这四个元素有着内在的联系，即观点持有者对某主题进行了陈述，表达了某种情感。① 刘兵在对大量观点挖掘与分析需求进行梳理的基础上，进一步总结了观点的结构，他提出观点是一个由观点评价的目标实体、观点评价的实体属性、观点中包含的情感、观点持有者、观点发表的时间五个元素构成的五元组，其内在关系就是观点持有者在某个时间针对目标实体或者目标实体的属性表达了某种情感倾向。②

从对中国大学 MOOC 平台课程评价区课程评论信息的分析可知，对于 MOOC 课程评论来说，根据刘兵的观点结构，观点持有者就是学习者，观点发表的时间就是学习者 MOOC 平台上提交课程评价的时间；观点评价的目标实体和观点评价的实体属性就是学习者的观点评价对象，具体来说，包括 MOOC 平台、MOOC 课程内容、授课老师、教学方式等；观点中包含的情感就是学习者在 MOOC 课程评论中承载所表露的感受、态度、评价或者情绪的词语或短语（为下文叙述方便，统一称为评价词）。从对 MOOC 平台课程评价区的分析可知，在 MOOC 平台上，学习者和观点发表的时间是显式出现的。因此，对于 MOOC 课程评论来说，MOOC 课程评论的评价对象和 MOOC 课程评论中所包含的情感就是 MOOC 课程评论中需要获取的核心元素。这也就是说，从 MOOC 课程评论抽取出 MOOC 课程评论的评价对象和 MOOC 课程评论中所包含的情感就可以知道

① KIM S M, HOVY E. Determining the sentiment of opinions [C]. Proceedings of the 20th international conference on Computational Linguistics, Geneva, Switzerland. Stroudsburg, PA, USA: Association for Computational Linguistics, 2004: 1367-1373.

② BING L. Sentiment analysis: Mining opinions, sentiments, and emotions [M]. Cambridge: Cambridge University Press, 2015.

MOOC 课程评论中的核心观点信息。因此，MOOC 课程评论情感分析的核心任务之一，就是从 MOOC 课程评论中抽取评价对象和评价词。

　　MOOC 课程评论评价对象和评价词抽取任务就是从 MOOC 课程评论中自动化识别 MOOC 课程评论的评价对象和评价词。通过对评价对象和评价词抽取研究现状的分析可知，可以将评价对象和评价词抽取任务看作一个序列标注任务。所谓的序列标注问题，就是如何对一个输入的观测序列预测出一个输出的状态序列。具体来说，序列标注就是为输入序列的每一个元素打上标签集合中的某一个标签。对于 MOOC 课程评论评价对象和评价词抽取任务来说，也就是在 MOOC 课程评论中标注出评价对象和评价词的标签。因此，可以将 MOOC 课程评论评价对象和评价词抽取任务看作一个序列标注问题。

　　为了方便对 MOOC 课程评论评价对象和评价词抽取模型进行表述，将 MOOC 课程评论评价对象和评价词抽取任务形式化地描述为：假设 MOOC 课程的课程评论集为 $S = \{s_1, \cdots, s_N\}$，N 为该课程评论集中的句子数。对于课程评论集 S 中的任意一个句子 $s_i \in S$，存在若干个评价对象（这门课程的某个方面）集合 $A_i = \{a_{i1}, \cdots, s_{il}\}$，$a_{ij} \in A_i$ 可以是单个词，也可以是短语；存在若干个评价词（学习者的情感）集合 $O_i = \{o_{i1}, \cdots, o_{il}\}$，$o_{ir} \in O_i$ 可以是单个词，也可以是短语。本任务是学习一个分类器从 MOOC 课程评论句 $s_i \in S$ 中抽取方面词集合 A_i 和观点词集合 O_i。这个任务可以用 BIO2 表示方法来形式化地描述这个序列标注问题。具体来说，就是 s_i 由一组词 $s_i = \{w_{i1}, \cdots, w_{in_i}\}$ 组成的序列构成。每一个词 $w_{ip} \in s_i$ 被标注成如下五种类别中的一种：B-ASP，I-ASP，B-SEN，I-SEN 和 O。这五种类别的具体含义如表 5-2 所示。

表 5-2　　　　　　　　　　　　　　五种标注类别

标注符号	说明
B-ASP	评价对象开始
I-ASP	评价对象的中间
B-SEN	评价词开始
I-SEN	评价词的中间
O	其他

　　假设 $L = \{$B-ASP，I-ASP，B-SEN，I-SEN，$O\}$。MOOC 课程评论的

训练集为 $S' = \{s'_1, \cdots, s''_N\}$，$N'$ 是测试集中 MOOC 课程评论的数量。对于测试集中的每句课程评论 $s'_i \in S'$，本书的主要目标是预测每个词 w'_{iq} 的标签 $y'_{iq} \in L$。例如，"老师真的是很幽默"，可以在这条 MOOC 课程评论中将评价对象和评价词打上如图 3-1 所示的标签。

B-ASP	O	O	B-SEN
老师	真的	很	幽默

图 5-8　MOOC 课程评论标注示例

5.3.2　MOOC 课程评论评价对象和评价词抽取框架

通过上文中对 MOOC 课程评论评价对象和评价词抽取任务部分的分析可知，本书可以将 MOOC 课程评论的评价对象和评价词抽取任务看作一个序列标注任务。在此基础上，本书提出将 BiLSTM-CRF 模型应用于 MOOC 课程评论的评价对象和评价词抽取任务。在这个基础上，本书提炼出了一个基于 BiLSTM-CRF 的 MOOC 课程评论评价对象和评价词抽取框架，如图 5-9 所示。由图 5-9 可知，基于 BiLSTM-CRF 的 MOOC 课程评论评价对象和评价词抽取框架共由四个模块组成：输入层、嵌入层、BiLSTM 层、CRF 层。先将每一条需要进行评价对象和评价词抽取的 MOOC 课程评论表示成字向量，然后将字向量输入 BiLSTM 进行评价对象和评价词抽取，然后利用 CRF 将 BiLSTM 的输出转换成最优的标记序列。具体如下：

①输入层（Input Layer）。输入层主要是将一条 MOOC 课程评论输入模

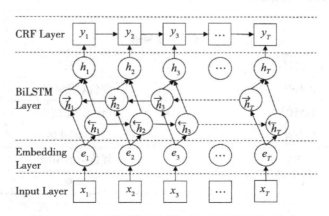

图 5-9　MOOC 课程评论评价对象和评价词抽取框架

型中；

②嵌入层（Embedding Layer）。嵌入层主要是将输入的 MOOC 课程评论中的每一个词映射成一个低维的向量；

③双向长短期记忆层（BiLSTM Layer）。双向长短期记忆层主要是利用 BiLSTM 从嵌入层输入的低维向量中提取评价对象和评价词的特征信息；

④条件随机场层（CRF Layer）。条件随机场层主要是利用 CRF 对输入的评价对象和评价词的特征信息进行处理，从而标注出 MOOC 课程评论中评价对象和评价词。

（1）输入层

从图 5-9 所示的 MOOC 课程评论评价对象和评价词抽取框架可知，输入层是本书所提出的基于 BiLSTM 的 MOOC 课程评论评价对象和评价词抽取模型的入口。输入层将 MOOC 课程评论逐一输入 BiLSTM 模型之中，对 MOOC 课程评论的特征进行初步的提取。输入层是模型后续部分的基础。假设一条 MOOC 课程评论 $S = \{x_1, x_2, \cdots, x_T\}$ 由 T 个词组成。MOOC 课程评论 S 就是一条输入层的语料。

（2）嵌入层

从图 5-9 可知，词嵌入层是将输入的 MOOC 课程评论表示成稠密的词向量。词向量可以揭示词与词之间的语义关系。MOOC 课程评论的评价对象和评价词抽取任务首先要做的就是将 MOOC 课程评论文本转换成 BiLSTM 可以处理的表示形式。在本书中，利用 word2vec 将 MOOC 课程评论文本中的每一个字转换成一个稠密的字向量。在处理每一条 MOOC 课程评论时，在预训练过程中生成的词表中查找其词向量。Word2vec 从大规模无监督文本中学习词向量，从而刻画单词之间的语义关系。

假设一条 MOOC 课程评论 $S = \{x_1, x_2 \cdots, x_T\}$ 由 T 个词组成。从词嵌入矩阵 $W^{d|V|}$ 查找 MOOC 课程评论 S 中的每个词 x_i 对应的词向量 e_i。在词嵌入矩阵 $W^{d|V|}$ 中，d 是指词嵌入矩阵的维度，$|V|$ 为预先训练好的词表的长度。具体来说，e_i 可以表示为：

$$e_i = W^{d|V|} v_i \tag{5-1}$$

在公式（5-1）中，v_i 为一个长度为 $|V|$，x_i 在词表对应位置为 1，其余位置为 0 的向量。

（3）BiLSTM 层

BiLSTM 层的核心是长短期记忆（Long Short-Term Memory，简称

LSTM）网络。① 具体来说，BiLSTM 是由前向长短期记忆网络和后向长短期记忆网络构成。长短期记忆网络是一种循环神经网络，其核心是 LSTM 单元。LSTM 单元的结构如图 5-10 所示。图 5-10 中，⊕指的是拼接运算符，⊕表示向量和，⊗表示向量元素相乘。由图 5-10 所示的 LSTM 单元结构可知，LSTM 单元结构由 t 时刻的输入 X_t，细胞状态 C_t，临时细胞状态 $\widetilde{C}_t$，隐层状态 h_t，遗忘门 f_t，记忆门 i_t，输出门 o_t 构成。LSTM 模型的思想是通过 LSTM 单元来控制是否改变状态，使得 LSTM 模型可以具有长期记忆功能，从而使得 LSTM 可以捕获输入序列中的长距离依赖信息。具体来说，LSTM 模型对输入的处理过程可以描述为，通过对细胞状态中的信息进行遗忘操作以及新的信息进行记忆，这样使得在后面计算过程中还可以用到的信息能传递，而对不相关的信息进行过滤。LSTM 模型在每一个时间步都会隐层状态 h_t 进行输入操作。LSTM 模型的遗忘、输出以及记忆操作是由通过上一个时间步的隐层状态 h_{t-1} 和当前时间步输入 X_t 计算出来的遗忘门 f_t、输出门 o_t 和记忆门 i_t 共同来进行控制。

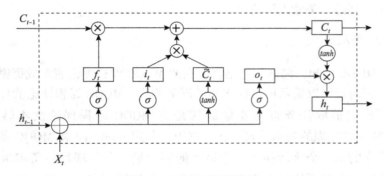

图 5-10　LSTM 单元结构

在 LSTM 模型中，所涉及的具体计算过程如下：

①遗忘门 f_t 的计算

在 LSTM 单元中，遗忘门主要是对需要遗忘的信息进行选择。由图 5-10所示 LSTM 单元结构可知，遗忘门的输入是前一时刻的隐层状态 h_{t-1} 以及当前时刻的输入状态 X_t，而输出的是遗忘门的值 f_t。遗忘门输出值 f_t 的公式如下：

① IAN J G, YOSHUA B, AARON C C. Deep learning[M]. Cambridge：MIT Press, 2016.

$$f_t = \delta(W_{xf}x_t + W_{hf}h_{t-1} + W_{cf}c_{t-1} + b_f) \tag{5-2}$$

在公式(5-2)中，X_t 指的是公式(5-1)所示的词向量 e_i，δ 指的是 sigmoid 函数，W_{xf}、W_{hf}、W_{cf} 则是权重矩阵。

②记忆门 i_t 的计算

记忆门主要是对需要记忆的信息进行选择操作。由图 5-10 所示 LSTM 单元结构可知，当前时间步的输入状态 X_t 和前一时间步的隐层状态 h_{t-1} 的连接运算结果就是记忆门的输入，而记忆门的输出值是 i_t 和临时细胞状态 $\widetilde{C}_t$。记忆门的输出值 i_t 的计算公式如下：

$$i_t = \delta(W_{xi}x_t + W_{hi}h_{t-1} + W_{ci}c_{t-1} + b_i) \tag{5-3}$$

在公式(5-3)中，δ 是 sigmoid 函数。临时细胞状态 $\widetilde{C}_t$ 的计算公式如下：

$$\widetilde{C}_t = \tanh(W_{xc}x_t + W_{hc}h_{t-1} + b_c) \tag{5-4}$$

在公式(5-4)中，tanh 是指 hyperbolic tangent 函数。

③细胞状态 C_t 的计算

由图 5-10 所示的 LSTM 单元结构可知，细胞状态指的是 t 时刻的细胞状态 C_t 的输入是记忆门的值 i_t，遗忘门的值 f_t，临时细胞状态 $\widetilde{C}_t$，$t-1$ 时刻的细胞状态 C_{t-1}，而输出则是 C_t。由公式(5-2)、公式(5-3)、公式(5-4)以及图 5-10 可知，C_t 的计算公式为：

$$C_t = f_t * c_{t-1} + i_t * \widetilde{C}_t \tag{5-5}$$

④输出门和当前时刻隐层状态的计算

由图 5-10 所示的 LSTM 单元结构可知，在输出门和当前时刻隐层状态的计算过程中，输入是当前时间步的输入 X_t、前一时间步的隐层状态 h_{t-1} 和当前时间步的细胞状态 C_t，出则是隐层状态 h_t 和输出门计算得到的值 o_t。由图 5-10 可知，输出门的值 o_t 和隐层状态 h_t 的计算公式如下：

$$o_t = \delta(W_{xo}x_t + W_{ho}h_{t-1} + W_{co}c_{t-1} + b_o) \tag{5-6}$$

$$h_t = o_t * \tanh(c_t) \tag{5-7}$$

在公式(5-6)中，δ 是 sigmoid 函数，W_{xo}、W_{ho}、W_{co} 是权重矩阵，b_o 则是偏置。在公式(5-7)中，$*$ 是乘积，$tanh$ 是指 hyperbolic tangent 函数。

BiLSTM 的结构如图 5-11 所示。由图 5-11 可知，BiLSTM 由前向的 LSTM 与后向的 LSTM 构成。BiLSTM 可以捕获过去的信息(通过前向过程提取)和未来的信息(通过后向过程提取)，通过连接前馈 LSTM 的隐状态 $\overrightarrow{h_t}$ 和反馈 LSTM 的隐状态 $\overleftarrow{h_t}$。因此，BiLSTM 的隐状态可以表示为：

$$h_t = \overrightarrow{h_t} \oplus \overleftarrow{h_t} \tag{5-8}$$

在公式(5-8)中，$\oplus$ 表示的是连接运算。

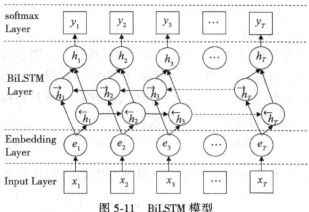

图 5-11   BiLSTM 模型

(4)CRF 层

由图 5-11 所示的 BiLSTM 模型可知，在 BiLSTM 模型中，softmax 层的输入是相互独立的。正因为如此，BiLSTM 模型尽管能够捕获观测序列的上下文信息，但是不能利用输出标签之间前后的相互依赖关系。这会导致状态序列 B-ASP 与 B-ASP 连续出现的错误，而 CRF 模型中包含了特征之间的转移概率，这样可以使得输出的标签之间存在顺序关系。

在序列标注任务中，一个重要的问题是考虑相邻标注之间的前后依赖关系。如：B(Begin)标签不会跟在 I(Inside)标签之后。Lafferty 提出可以采用条件随机场标注整个句子。条件随机场利用转移矩阵 $A_{p,q}$ 来度量从 p 到 q 的转移概率。由此可知，BiLSTM-CRF 模型充分利用了 BiLSTM 模型和 CRF 模型的优势，形成了互补。

由公式(5-8)计算得到的 h_t 就是 CRF 层的输入。如果用 $x = (x_1, x_2, \cdots, x_n)$ 来表示输入序列，输出序列 y 可以定义为：

$$s(X, Y) = \sum_{t=1}^{n+1} (A_{y_{t-1}, y_t} + P_{t, y_t}) \tag{5-9}$$

在公式(5-9)中，P_{t, y_t} 可以度量 x_t 标注为 y_t 的得分，P_{t, y_t} 的数值取决于使用场景。

MOOC 课程评论中评价对象和评价词的标注序列 Y 的概率可以表示为：

$$p(Y \mid X) = \frac{\prod\limits_{t=1}^{n} e^{s(X,\ Y)}}{\sum\limits_{\widetilde{Y} \in Y_x} e^{s(X,\ \widetilde{Y})}} \tag{5-10}$$

在公式(5-10)中，$\widetilde{Y}$ 是输入观测序列 X 所有可能的状态序列。

可以利用得分最大的状态序列 Y^* 作为标注的结果。

$$Y^* = \frac{\operatorname{argmax} s(X,\ \widetilde{Y})}{\widetilde{Y} \in Y_x} \tag{5-11}$$

可以利用维特比方法来求最优路径 Y^*。

5.3.3　MOOC 课程评论评价对象和评价词抽取模型参数估计

在训练过程中，MOOC 课程评论评价对象和评价词抽取模型的参数可以利用最大化状态序列的对数概率来估计：

$$\log(p(Y \mid X)) = s(X,\ Y) - \log \sum_{\widetilde{Y} \in Y_x} e^{s(X,\ \widetilde{Y})} \tag{5-12}$$

通过对公式(5-12)进行变换处理，可以得到标注路径的对数条件概率：

$$\log p(t \mid c,\ \theta) = s(c,\ t,\ \theta) - \log \sum_{\forall t} e^{s(c,\ t,\ \theta)} \tag{5-13}$$

在 MOOC 课程评论数据集上利用最大似然估计法，使用 Adam 方法优化 MOOC 课程评论评价对象和评价词抽取模型的参数。若用 θ 表示所有的参数，那么可以得到 θ 如下：

$$\theta = \sum_{(c,\ t) \in M} \log p(t \mid c,\ \theta) \tag{5-14}$$

其中，c 是每一条 MOOC 课程评论，t 是给每一条 MOOC 课程评论的标注序列，θ 则是抽取模型的相关参数。在 BiLSTM 中，利用基于时间的反向传播算法进行梯度计算，从而来对参数进行推断。

以下主要研究了 MOOC 课程评论评价对象和评价词抽取模型的相关内容。首先从 MOOC 课程评论文本的特点出发，形式化定义了 MOOC 课程评论评价对象和评价词抽取任务。其次，根据这些任务要求，提出了 MOOC 课程评论评价对象和评价词抽取的模型，并对模型的各个部分进行了详细描述。最后，研究了 MOOC 课程评论评价对象和评价词抽取的训练方法。

5.4 实验与结果分析

5.4.1 实验设置

(1)实验数据

根据前面所论述的 MOOC 课程评论情感分析研究现状可知，在 MOOC 课程评论领域还没有可以用于 MOOC 课程评论评价对象和评价词抽取的公开的标准 MOOC 课程评论数据集。因此，为评估提出的 MOOC 课程评论评价对象和评价词抽取模型的性能，需要构建一个标准的 MOOC 课程评论数据集。基于此，按照第二节所提出的 MOOC 课程评论采集及预处理方法，从中国大学 MOOC 平台的课程评价区采集了课程评论，并对这些课程评论进行了清洗，然后对这些课程评论进行人工标注，从而构建了一个可以用于本实验的 MOOC 课程评论数据集。首先，选择了北京大学曹健老师团队在 2018 年月 12 日在中国大学 MOOC 平台上发布的"人工智能实践：Tensorflow 笔记"(https：//www.icourse163.org/course/PKU-1002536002？tid=1002700003)的课程评价区的课程评论信息作为构建语料的对象。之所以选择这门课程评价区的评论文本作为构建语料的对象，是因为这些表明这门课程是一门具有代表性的 MOOC 课程。截至 2019 年 1 月 1 日，共有 11 万人次参加了本课程的学习。为提升实验数据的标注质量，按照第二节的要求，找到了三名在中国大学 MOOC 平台有选修"人工智能实践：Tensorflow 笔记"这门课程的经历的同学来帮助标注语料。从这门课程的课程评价区共采集到了 2000 多条课程评价信息，经过人工标注最终得到 1351 条具有明确情感倾向性的课程评论。经过人工标注的课程评论如表 5-3 所示。

为了训练与测试本书提出的 MOOC 课程评论评价对象和评价词抽取模型，本书首先将经过人工标注的"人工智能实践：Tensorflow 笔记"课程评价区的课程评论数据集按照 8:2 的比例随机分成训练集和测试集(如表 5-4 所示)。其中，训练集主要用于训练 MOOC 课程评论评价对象和评价词抽取模型，测试集则是用于评估最终的模型的性能，该操作是利用 scikit-learn(https：//scikit-learn.org)的 sklearn.model_selection.train_test_split 来实现的。然后，再利用 Python 程序将标注好训练集和测试集的

MOOC 评论数据按照 BIO2 标注方案转换成序列标注数据，使其成为提出的 MOOC 课程评论评价对象和评价词抽取模型可以直接利用的实验数据。

表 5-3　　　　　　　　　　　**课程评论示例**

序号	课程评论	评价对象	评价词
1	北大老师好厉害啊，讲解细致，长得帅，声音也好听~	老师；讲解；声音；NULL	厉害；细致；听；长得帅
2	收获很多，内容很精练，很喜欢助教整理出的笔记	收获；内容	很多；精练
3	曹老师的课程通俗易懂，助教整理的笔记和指导视频非常细心到位。让我想在未来研究方向借助人工智能技术与文化艺术融合的创新模式给予了很大的帮助。希望有更多的相关课程可以给我们想与 AI 技术共同合作的领域给予更多的支持，让我们迸发出更多有意思的想法，创造出更与众不同的产品。同时也希望自己考上贵校的研究生可以去课堂听老师的课程	课程；笔记；指导视频	通俗易懂；细心到位
4	体验不错，老师讲课很生动！感谢曹老师的讲解	体验；讲课	不错；生动
5	助教的笔记真的很棒啊	笔记	棒

表 5-4　　　　　　　　**课程评论数据集基本统计数据**

	训练集	测试集
条数	1083	271
短句数	2150	347

（2）实验环境

　　由于所提出的课程评论评价对象和评价词抽取模型涉及的参数较多，而且模型复杂程度较高，为评估本书所提出的基于 BiLSTM-CRF 的 MOOC 课程评论评价对象和评价词抽取方法的有效性和优越性以及提升实验效率，选择在图形处理器（Graphics Processing Unit，简称 GPU）服务器上开展实验，GPU 服务器的具体参数如表 5-5 所示。以 Python 语言为编写模型的实验语言，利用 tensorflow 库来作为构建 LSTM、BiLSTM 以及 BiLSTM-CRF 的深度学习框架，而在构建单纯的 CRF 抽取模型时，则利用 CRF++（https：//github. com/taku910/crfpp）作为基于 CRF 的 MOOC 课程评论评价对象和评价词抽取中的 CRF 工具。

表 5-5　　　　　　　　　　　　　　　　**实验设备参数**

名称	参数
类型	GTX 1080 Ti
核数	12 核
显存	64G
内存	256GB
SSD	2TB
网速	D100/U30
深度学习框架	tensorflow 1. 13. 1
Python 环境	Python 3. 6
词向量	genism

（3）实验评测指标

评估本书所提出的方法的性能需要有一个标准。为了评测本书所提出的基于 MOOC 课程评论评价对象和评价词抽取方法的性能，本书选择采用准确率（Precison，简称 P）、召回率（Recall，简称 R）以及 F1 值（F-Score，简称 F1）这三个指标作为评测指标。准确率，又称查准率。召回率，又称查全率。具体来说，准确率所要表达的含义可以理解为正确抽取的项占实际正确的项的比例；召回率所要表达的含义则是从 MOOC 课程评论中正确抽取的评价对象和评价词占 MOOC 课程评论中标注了的评价对象和评价词的比例。召回率的数值越高表示本书所提出模型的性能表现越好。但是召回率和准确率这两个指标在某种程度上是互相矛盾的，即当召回率或者准确率达到某个临界值时，一个指标越高，另一个指标则会越低。如：在极端情况下，评测的模型可能只会抽取出来一个正确的项，那么这时评测模型的准确率数值可以算出是 100%，但是这时评测模型在召回率方面的数值则非常低。因此，在实验中要想有效评测模型的性能，不能仅仅利用单一的准确率或者单一的召回率来对模型性能进行评测，而是需要对召回率和准确率这两个指标进行全面的考虑。F1 是召回率和准确率的调和平均值，可以反映一个模型的综合性能。

为了更好地描述这几个评测指标，本书选择利用混淆矩阵（见表 5-6）来对这几个评测指标进行描述。混淆矩阵是由真正例（True Positive，简称 TP）、假反例（False Negative，简称 FN）、真反例（True Negative，简称 TN）和假正例（False Positive，简称 FP）这四个元素构成。其中，真正例 TP 指的是原本是正类的项被抽取为正类，假反例 FN 指的是原本是正类的项被抽取为负类，真反例 TN 指的是原本是负类的项被抽取为负类，假正例 FP 指的是原本是负类的项被判断为正类。

根据上文所述，准确率 P 的计算公式为：

$$P = \frac{TP}{TP + FP} \tag{5-15}$$

根据上文所述，召回率 R 的计算公式为：

$$R = \frac{TP}{TP + FN} \tag{5-16}$$

$F1$ 的计算公式为：

$$F1 = \frac{2TP}{2TP + FP + FN} \tag{5-17}$$

表 5-6   混 淆 矩 阵

混淆矩阵		真实值	
		Positive	Negative
预测值	True	TP	TN
	False	FP	FN

本书采用精准匹配模式，即预测出的评价对象或评价词与人工标注的评价对象或评价词完全匹配才算正确的抽取。例如，"课程体验不错"，要准确抽取出"课程体验"才算正确抽取了评价对象，仅抽取"体验"则算错误抽取。

5.4.2 实验过程

根据在第三节提出的 MOOC 课程评论评价对象和评价词模型的具体要求，将评估实验的过程分为了三个步骤：

第一步，MOOC 课程评论词向量预训练。以第二章所述的 MOOC 课程评论采集方法从中国大学 MOOC 平台采集了以四十多万条课程评论文本作为训练字向量的对象，利用 Python 自然语言处理库 gensim（https：//radimrehurek. com/gensim/）中的函数 gensim. models. Word2Vec 来对课程评论语料进行训练，获取课程评论词向量。在课程评论词向量的训练过程中，主要是利用到了 Skip-gram 这一方法，训练过程中的词向量维度设为300 维，最终得到了 30000 个词向量。

第二步，MOOC 课程评论评价对象和评价词抽取模型训练。超参数的设置对于 BiLSTM-CRF 的训练非常重要，经过多次调参，最后确定了如表5-7 所示的超参数。利用查找层，查找每一条输入的 MOOC 评论文本对应的词向量。为了防止模型在训练过程因为学习能力过强出现过拟合的现象，本书利用随机失活方法（dropout）对 BiLSTM 中的神经单元进行丢弃。dropout 是通过遍历神经网络每一层的节点，然后通过对该层的神经网络设置一个节点保留概率，即该层有的节点会按一定概率保留，节点保留概率的取值范围在 0 到 1 之间。在实验过程中，随机失活主要是通过对神经网络中某一层节点的保留概率进行设置，这样可以使得神经网络不至于去偏向于某一个节点（因为该节点有可能被删除），从而防止该层中出现节点的权重过大的现象。这类似于 L2 正则化的操作，都是来缓解神经网络出现过拟合的现象。本实验将 dropout（随机失活）设置为 0.5。其余超参数中，批次大小是指每一轮训练输入模型中的数据量。隐层单元数表示的是用于记忆和存储过去状态的节点个数。学习率表示优化算法的学习速度。训练轮数顾名思义就是训练过程中数据将被训练多少轮。

表 5-7 **BiLSTM-CRF 的超参数**

名称	参数
词向量维度（embedding size）	300
隐层单元数（hidden size）	300
训练轮数（epoch）	40
批次大小（batch size）	64
随机失活（dropout）	0.5
学习率（learning rate）	0.01

第三步，测试 BiLSTM-CRF 模型。在实验过程中，使用提出的 BiLSTM-CRF 方法，选取 MOOC 课程评论的评价对象和评价词抽取的实验结果。在每轮训练结束之后得到在测试集上的 F1 值，每当得到的 F1 值达到最大值时存储训练的模型。在全部训练结束之后，得到在验证集上 F1 值达到最好的模型。

5.4.3　实验结果及分析

(1)基线方法

为了将所提出的方法与现有的基线方法作比较，还设置了几组对比实验，即分别将上面提出的方法与基于 CRF 的评价对象和评价词抽取方法、基于 LSTM 的评价对象和评价词抽取方法、基于 BiLSTM 的评价对象和评价词抽取方法作比较。为方便描述，将基于 CRF 的评价对象和评价词抽取方法、基于 LSTM 的评价对象和评价词抽取方法、基于 BiLSTM 的评价对象和评价词抽取方法、基于 BiLSTM-CRF 的评价对象和评价词抽取方法分别记为 CRF、LSTM、BiLSTM 和 BiLSTM-CRF。

①CRF

这种方法主要利用线性条件随机场以及句法特征抽取评价对象和评价词。在这种方法中，本书利用 jieba(https://github.com/fxsjy/jieba)分词器对课程评论进行分词，利用哈尔滨工业大学的语言工具平台(Language Technology Platform，简称 LTP)进行依存句法分析。在实验中，将 CRF 模型的迭代次数设置为满足收敛条件即可。其中，CRF-I 为融合了依存句法分析结果的抽取方法，而 CRF-II 融合了词性标注结果的抽取方法。

②LSTM

这种方法利用 LSTM 在第一届中文倾向性分析评测(Chinese Opinion Analysis Evaluation，简称 COAE)的 dataset2 上获取评论文本中评价对象和评价词长距离上下信息，取得了不错的抽取效果。LSTM-CRF 则是在 LSTM 模型的基础上将 LSTM 模型输出层的 softmax 换成 CRF。

③BiLSTM

在 BiLSTM 方法中，主要是将提出的 BiLSTM-CRF 中的 CRF 层换成 softmax，其目的在于研究 CRF 是否可以解决标签之间的顺序问题，从而影响从 MOOC 课程评论中抽取评价对象和评价词的效果。BiLSTM 的参数与 BiLSTM-CRF 中 BiLSTM 的参数设置一样。

（2）实验结果

按照表 5-7 所示的参数设置，将上面提出的 BiLSTM-CRF 方法应用到中国大学 MOOC 平台上课程评价区的课程评论语料上，所得的实验结果如表 5-8 所示。从表 5-8 所示的实验结果可知，提出的 MOOC 课程评论评价对象和评价词抽取方法的准确率为 82.62%，召回率为 84.10%，F1 值为 83.35%。

从表 5-8 中的实验结果可知，本书提出的 BiLSTM-CRF 方法在评价对象和评价词抽取方面的 F1 分别比 CRF 方法、LSTM 方法以及 BiLSTM 方法的 F1 提高了 13.19%、5.61% 和 1.06%。由此可知，提出的 BiLSTM-CRF 方法确实优于 CRF 方法、LSTM 方法以及 BiLSTM 方法。

表 5-8　　　　　　　　　　　　　实 验 结 果

方法	P	R	F1
CRF	63.51%	78.35%	70.16%
LSTM	73.15%	82.93%	77.74%
LSTM-CRF	74.15%	84.06%	78.79%
BiLSTM	81.19%	83.41%	82.29%
BiLSTM-CRF	82.62%	84.10%	83.35%

通过对预测结果的分析可以看出，BiLSTM 之所以优于其他方法，是因为 BiLSTM-CRF 方法不仅可以获取评价对象和评价词长距离的上下文信息，也可以获取评价对象和评价词在句子中前面和后面的上下文信息，还可以获取评论整体的信息。由于 MOOC 课程评论文本的不规范性，导致依存句法分析的结果不太准确，引入误差，而 CRF 减少词性分析的结果反而提升了抽取准确率和召回率。BiLSTM 的结果比 LSTM 要好，而比 LSTM-CRF 的结果要差，表明 BiLSTM 和 CRF 均可以提升评价对象和评价词的抽取效果。

为了对提出的基于 BiLSTM-CRF 的 MOOC 课程评论评价对象和评价词抽取效果做进一步改进，那么对实验中抽取错误的评价对象或评价词的分析显得非常重要了。为此，对测试集中的所有 MOOC 课程评论进行了人工检查。通过对抽取结果中评价对象和评价词分析，发现出现抽取错误的主要原因如下：

①边界错误。由于学习者在进行课程评价的时候遣词造句不尽相同，使得本书所提出的方法在抽取过程中，会出现抽取边界错误的现象。例如，"课很好""课程很好"和"这课很好"，会出现只抽取"课"和"好"。

②新词错误。通过对错误抽取文本的分析，可以看到有一些新词会难以被识别。如"课程很6"，"6"为新词，使用频率较低，难以识别。

这里主要研究了 MOOC 课程评论评价对象和评价词抽取模型的性能评估实验的相关内容，具体包括了实验设置、过程以及结果。在实验设置部分，主要研究了实验数据、环境以及评测指标相关的内容。实验数据主要是实验数据构建和划分方法。实验系统环境主要是实验的软硬件环境。实验效果评测指标主要是介绍以准确率、召回率以及 F1 值为主的评测指标。在实验过程部分，主要研究了实验过程中用到的词向量训练方法以及模型参数的设置。在实验结果和分析部分，主要研究了基于 CRF、LSTM 和 BiLSTM 的 MOOC 课程评论评价对象和评价词抽取模型，在中国大学 MOOC 平台上课程评价内容上的应用效果，与几种在此基础上改进的抽取方法的比较情况，以及对该方法在真实数据集上错误抽取情况的分析。

6. 高校大数据的资源推荐方法

6.1 高校在线学习资源推荐概况

研究背景与意义

(1)研究背景

近年来，网络化、信息化、数字化发展日新月异，科技革命、产业革命的浪潮正在重构人们的生活、学习和思维方式，形势变化也对人们的各方面能力素养提出了新的要求，为了进一步提高全民的综合能力素养，构建服务全民学习的教育体系是关键一环。而全民终生学习的时代里，在线课程学习的崛起是大势所趋。随着大数据与人工智能等技术与在线教育领域的深度融合，"互联网＋教育"成为一片热土。其中，诸如中国大学MOOC、网易云课堂、Coursera、EdX 等为代表的大规模开放式在线课程（Massive Open Online Course，简称 MOOC），简称"慕课"，由于其将教、学、考、管流程一体化，颠覆传统班级化课程模式的特点，以及进一步推动优质教育资源广泛共享、平等协作、适时学习、碎片化学习等优点[1]，在众多的"互联网+教育"模式中脱颖而出，成为其主要的表现形式。慕课的出现，使得在线学习资源以一种具体的集成模式呈现给大众，进一步促进了教育资源从封闭到开放，教育机构从单一到多元，学习模式从被动到主动，教学形式从灌输到互动的转变[2]。随着慕课学习资源与日俱增，新

---

[1] 陈一明．"互联网+"时代课程教学环境与教学模式研究[J]．西南师范大学学报（自然科学版），2016，41（3）：228-232.

[2] 张岩．"互联网+教育"理念及模式探析[J]．中国高教研究，2016（2）：70-73.

的问题也呈现在人们面前：同质类课程增多，课程之间由于教师水平、开课时间、开课机制等因素，造成课程资源质量良莠不齐，这使得学习者虽能够通过检索找到所需要的学习资源，但由于其自身认知能力和知识结构的差异，难以准确识别学习资源的内容质量，因而无法在短时间内匹配到自身感兴趣的学习资源，导致时间的浪费，最终出现课程资源丰富但选择困难的"信息迷航""信息过载"问题①。因此，如何帮助学习者快速、精准地匹配到适合自身的学习资源，如何提高学习资源的针对性、个性化、智能化已经成为当前构建在线学习资源推荐系统亟待解决的问题。

推荐系统(Recommender System，简称 RS)作为缓解"信息过载"的有效手段，其主要的任务就是联系用户和物品，通过基于用户的特征、偏好以及历史记录来构建个性化模型，再通过一系列计算将符合用户需求的物品推荐给用户。目前，推荐系统在电子商务(如亚马逊、eBay、淘宝、京东)、音乐(Spotify、网易云音乐)、视频(YouTube、Netflix、优酷、爱奇艺)、社交(Facebook、知乎、微博)等诸多领域进行应用且取得显著效果，受到广泛关注，成为各类互联网平台提供的主流信息服务方式。高校大数据的许多数据资源的推荐原理与慕课资源推荐原理一样，以下将重点介绍高校在线学习资源推荐。

当下，各慕课平台为了提升用户黏度，急需通过推荐系统向学习者提供针对性、个性化、优质的学习资源推荐服务，使得学习者能够持续地在固定平台上进行学习，以提高学习者对平台的依赖性。另一方面，学习者也需要通过推荐系统向自身提供具有实质参考意义的学习资源推荐结果，使得自身能够继续学习到契合的优质学习资源，同时能够保证学习的连贯性。由于上述两个原因的驱使，在线学习资源推荐的研究也一直是推荐系统研究的热点领域。其中，协同过滤推荐方法是传统的应用方法。但在大数据背景下，用户量、学习资源数据量呈爆炸式增长，该推荐方法在面对如此庞大的数据量时其局限性也显现出来：

①数据稀疏度巨大

基于协同过滤的在线学习资源推荐方法其思路是利用学习者对学习资源的评分数据来构建学习者-学习资源交互矩阵来进行推荐，但现实情况中，学习者也仅可能对自己参与过的课程进行评分，与更多的课程并没有

① RODRIGUEZ M G, GUMMADI K, SCHOELKOPF B. Quantifying information overload in social media and its impact on social contagions [C]//Eytan Adar. The eighth international AAAI conference on weblogs and social media. Ann Arbor, Michigan, USA: AAAI Press, 2014.

交互信息。另外，也并不是所有的学习者都会对自己参与过的学习资源进行评分，这导致整体的评分信息非常残缺，整个评分矩阵稀疏度巨大，使得计算学习者之间的关系变得十分困难。

②冷启动问题严重

在线学习资源推荐需要根据学习者的历史行为来预测其未来的行为，因此，大量的学习者行为数据是推荐实施的先决条件。但当一位新注册用户到来时，或者平台上线一项新的学习资源时，由于在系统内并没有与之相关的历史交互数据，因而无法为其进行个性化推荐，这就是冷启动问题。由于交互数据的缺乏，而协同过滤推荐的基础数据就是学习者对学习资源的评分数据，这使得对新注册学习者进行相似度计算，进一步进行学习资源推荐变得非常棘手。

③实验数据单一

目前的在线学习资源推荐方法中，所采用的训练和测试数据往往是学习者对学习资源的评分数据，该数据通常通过打分的形式来表达学习者对学习资源的偏好程度，并未考虑使用其他相关的信息，因而这样的数据并不能完全反映出学习者真实的主观偏好，使得对最后的推荐结果产生局限性。

④预测准确性下降

协同过滤中的矩阵分解方法假设学习者和学习资源可以使用低维空间中的隐因子表示，通过将高维度的学习者-学习资源矩阵分解为两个低维矩阵并使用点积来度量相似性完成预测，但由于其固有的点积运算模式过于单一，使得在处理庞大评分矩阵时会造成预测结果存在一定的误差，对推荐效果产生限制，且矩阵分解仅能学习到浅层的特征信息，无法有效处理学习者高维度、非线性数据。另外，在面对大规模的隐因子时会出现过拟合现象，这严重限制了模型的灵活性和能力，导致最终的预测准确性下降。

深度学习特别适用于大规模数据处理的任务，因此，本书研究将深度学习算法引入在线学习资源推荐方法中，利用深度学习技术在特征提取、多源异构数据统一等方面的高效性，解决现有在线学习资源推荐方法暴露出来的问题，进一步提升在线学习资源推荐方法的性能。

（2）研究意义

①理论意义

现有的在线学习资源推荐方法大多是基于协同过滤方法来构建，在

"信息爆炸"的当下，现有方法暴露出的数据稀疏性、冷启动、实验数据单一、预测准确性下降问题，利用深度学习具有的非线性变换、表征学习等特点能够得到有效的改善，为深度学习在教育领域，特别是学习资源推荐方面的研究与应用提供借鉴，促进了深度学习技术的理论研究。

②实践意义

随着在线学习资源的与日俱增，同质化课程的现象逐渐显现，如何向慕课学习者推荐其感兴趣的、个性化、有针对性的学习资源已经成为慕课平台亟须解决的问题，更能为慕课学习者、课程资源、慕课平台提供积极的现实意义：A. 实现对慕课学习者课程的个性化推荐服务。推荐系统通过学习者的相关信息，向他推荐感兴趣的课程以及成体系的课程，使其学习行为更具连贯性。B. 实现课程资源的优化以及流动。推荐系统能够很好地将同类课程推荐出去，使得学习路径上的"冷门"课程也能够被学习者接受，有效缓解课程资源的浪费。C. 实现慕课平台用户黏度的提高。高效精确的推荐服务能够帮助慕课平台的用户忠诚度得以保持，促进平台的良性发展。

6.2　基于深度距离分解的在线学习资源推荐方法

6.2.1　矩阵分解与距离分解

(1) 矩阵分解及其局限性

在协同过滤推荐算法中，矩阵分解方法 (Matrix Factorization，简称 MF)，由于其良好的拓展性，在学习资源个性化推荐实例中得到了广泛的应用。矩阵分解假设用户和项目可以用基于低维空间中的隐因子来表示，通常将高维高稀疏的用户-项目矩阵分解为两个低维的用户和项目矩阵来分别表示用户和项目的隐因子特征向量，并使用点积运算方法结合起来，很好地缓解了数据稀疏性问题。如：一个包含 3 位用户和 4 个项目的 3 * 4 的交互评分矩阵 R 可以分解为一个 3 * 3 的用户隐因子特征矩阵 P 与一个 3 * 4 的项目隐因子特征矩阵 Q 的点积运算，其矩阵分解整体的流程如图 6-1 所示。

设用户 u 和项目 i 的隐因子特征向量分别为 p_u、q_i，且 $p_u \in P$，$q_i \in Q$，矩阵分解方法的思路是通过不断迭代计算 p_u 和 q_i 的点积运算值，使

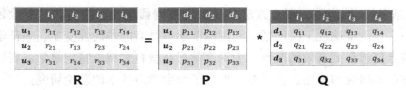

图 6-1　矩阵分解流程图

得结果越来越接近原始的评分，计算出的矩阵结果和原始评分矩阵间的差值不断缩小，进而得到最优结果，以此预测原始矩阵中某一未知交互项的评分数据或者是否可能存在潜在的交互情况，从而实现填充稀疏矩阵的目的，矩阵分解的一般公式如下：

$$R_{ui} = p_u^T q_i = \sum_{k=1}^{K} p_{uk} q_{ik} \tag{6-1}$$

其中，k 表示隐因子的维度。R_{ui} 表示用户和项目的关联性，在推荐系统中通常表示某一用户对某一项目的评分、偏好程度或是否存在交互行为。

但由于上述的矩阵分解的点积方法单一且固定，限制了矩阵分解的性能和解释性。[①] 具体来讲，矩阵分解的点积方法仅关注向量空间内两向量的大小与所成角度，在某种程度上，只适用于衡量两个向量是否相似，而不是它们在大小和角度上的距离。

为了进一步解释矩阵分解所使用的点积运算方法所暴露出来的局限性，这里假设有这样一个案例环境：当前一共有四位用户 $u_1 \sim u_4$，五个物品 $i_1 \sim i_5$，所构建的用户-项目交互矩阵如表 6-1 所示。

表 6-1　　　　　　　　　　用户-项目交互矩阵

项目-用户	i_1	i_2	i_3	i_4	i_5
u_1	1	1	1	0	1
u_2	0	1	1	0	0
u_3	0	1	1	1	0
u_4	1	0	1	1	1

---

① HE X, LIAO L, ZHANG H, et al. Neural collaborative filtering[C]//Proceedings of the 26th international conference on world wide web. Perth, Australia: IW3C2, 2017: 173-182.

其中，表内数值 1 表示该用户对该项目有交互行为，但不一定代表用户对该项的具体偏好程度，0 表示包括不存在历史交互在内的其他情况，但并不一定代表用户对项目的偏好程度。这里使用推荐系统中常用的计算有限样本集间相似度的 Jaccard 系数来计算用户间的相似度，Jaccard 系数的一般公式如下所示。

$$J(A, B) = \frac{|A \cap B|}{|A \cup B|} = \frac{|A \cap B|}{|A| + |B| - |A \cap B|} \tag{6-2}$$

其中 A，B 分别表示样本集，由上述公式可知，Jaccard 系数通过计算样本交集个数和样本并集个数的比值，来度量相似度，且交集越大进而 Jaccard 系数值越大，则相似度程度越高。

基于 Jaccard 系数计算本例用户之间的相似度，并使用 w 来表示，则前三名用户 $u_1 \sim u_3$ 的相似度为 $w_{23} > w_{12} > w_{13}$，且用户对应的隐因子特征向量 $p_1 \sim p_3$ 在向量空间中的几何关系如图 6-2 所示。假设此时引入另一位用户 u_4，且存在 $w_{41} > w_{43} > w_{42}$ 的条件，这表明 u_1 与 u_4 最接近，但这种情况下无法在向量空间中找到满足条件的 p_4 的位置。如果按照相似度计算结果将 u_4 放在靠近 u_1 的位置，那么就会出现两种不同的情况，并且任意一种选择都会导致之前的 $w_{43} > w_{42}$ 的条件无法得到满足，这与上述相似度结果不一致。[①]

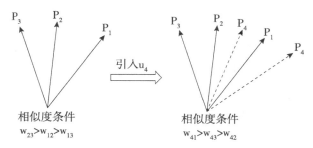

图 6-2　隐因子特征向量在向量空间内的几何位置关系

上述举例证明了矩阵分解的点积运算方法在低维向量空间中存在的限制，虽然可以通过增加更多隐因子维度 k 的方式解决，但也会造成模型计算复杂度的提升，并伴随过拟合现象的出现。相反，如果将用户看作同一空间内的点而不是向量并使用点之间的距离来度量用户间的接近程度时，则能够很好地在几何空间中构造出同时满足 $D_{23} < D_{12} < D_{13}$ 与 $D_{41} < D_{43}$

---

① 李佳. 基于意见挖掘与深度学习的推荐算法研究[D]. 长春：吉林大学，2018.

$< D_{42}$（即满足三角不等式：两边之和大于或等于第三边）条件的 u_4 的位置（如图 6-3 所示）。

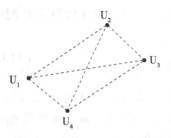

图 6-3　用户基于点间距离的几何位置关系

（2）FML 距离分解

针对所提到的矩阵分解所使用点积方法的限制，另一种可行的方法是基于几何位置和距离的 FML 距离分解方法（Factorized Metric Learning，简称 FML）。FML 距离分解与矩阵分解最大的不同在于其将用户和项目看作低维坐标系中的点，而不是映射在空间中的向量，并且通过欧氏距离来表示点与点之间的关系，在欧几里得空间 R^k 内，欧氏距离的一般公式如下：

$$D(u,\ i) = \|u - i\|_2 = \Big(\sum_{i=1}^{k} |u_i - i_i|^2 \Big)^{\frac{1}{2}} \qquad (6\text{-}3)$$

传统的矩阵分解通过分解表示相似性的用户-项目矩阵来学习用户和项目的隐因子特征，但由于距离和相似度是两个完全对立的概念，不能直接使用用户-项目交互矩阵来学习用户和项目的几何位置。因此，需要首先将原来的用户-项目交互矩阵 R 转换为距离矩阵 Y，定义的转换原则如下：①

$$Distance(u,\ i) = Max\ Similarity - Similarity(u,\ i) \qquad (6\text{-}4)$$

在公式（6-4）中，依照相似度越大则距离越靠近的原则，相似度最高则表明在距离上的值为 0。利用这样的转换原则，可以将原有的用户-项目交互矩阵 R 在仅需根据反馈范围内最大相似度的前提下，在保持其分布特征的同时将相似度问题转换为距离问题。

设 k 表示欧几里得空间 R^k 的维度，为了确定用户和项目在空间内的

① ZHANG S, YAO L, WU B, et al. Unraveling metric vector spaces with factorization for recommendation[J]. IEEE Transactions on Industrial Informatics, 2019(1): 1.

位置，对于每一个用户、项目都有一个空间向量满足 P_u，$Q_i \in R^k$，然后利用公式(6-3)求解出用户与项目间的距离表示：

$$D(u, i) = \|P_u - Q_i\|_2^2 \qquad (6-5)$$

由于在真实的推荐应用中，存在数据稀疏性问题，造成由交互矩阵转换来的距离矩阵也仅仅有少量的实例是已填充的，因此，FML 距离分解的主要目标与矩阵分解类似，还是通过将给定的距离矩阵进行分解来度量用户和项目之间的位置距离，即将原有的用户-项目稀疏矩阵分解为两个及以上的交互的矩阵的计算来实现未知项的填充，以此实现预测推荐。但 FML 距离分解相较于矩阵分解，所分解出的矩阵在公式上有完全不同的解释(通过给定的距离矩阵来学习用户和项目在欧几里得空间内坐标系中的位置，而不是向量空间内的向量)。这里以五级评分矩阵为例展示如何将评分交互矩阵转换为距离矩阵，并将距离矩阵分解为用户和项目在欧几里得空间坐标系内的位置表示的 FML 距离分解流程，如图 6-4 所示。

图 6-4　距离分解流程

6.2.2　基于深度距离分解的推荐方法

通过前面对深度学习特点的介绍，可知将深度学习中的神经网络模型应用到传统的在线学习资源推荐中，具有诸多优势：其一，利用神经网络模型代替矩阵分解中的点积方法，使得模型的数据交互方式由线性转换为非线性，从而捕获更多深层次的非线性特征，用以增强模型性能。其二，利用自编码机或卷积网络等神经网络模型能够从多源异构数据(如文本、图像、音视频等)中学习到更多的特征表示融合至推荐中。其三，利用循环神经网络或注意力机制等深度学习神经网络模型使得构建用户行为的序列模式成为可能，更好地利用时间序列来提升推荐的效果。

(1)基本模型

在深度学习神经网络模型第一个优势的基础上，考虑到现有的在线学习资源推荐方法中矩阵分解点积方法的局限性，将距离分解方法应用到推荐系统中，并参考 Zhang 等提出的神经网络推荐模型（NeuRec）[1]，实现 FML 距离分解与多层感知机的结合，从而在解决矩阵分解限制的基础上，更能利用非线性的神经网络模型捕获更深层次的特征表示，构建了基于深度距离分解的在线学习资源推荐方法。具体构建的模型框架如图 6-5 所示。

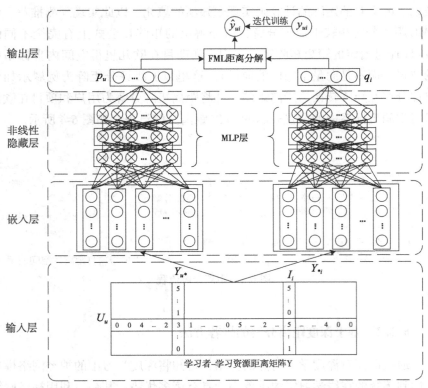

图 6-5　基于深度距离分解的在线学习资源推荐方法模型框架

该模型由输入层、嵌入层、非线性隐藏层以及输出层构成。其中：

①输入层。输入层中数据为学习者-学习资源距离矩阵 Y 数据，学习者-学习资源距离矩阵 Y 由学习者-学习资源评分交互矩阵 R 转换而得。

②嵌入层。主要将由输入层获得的每一位学习者和每一项学习资源的

① ZHANG S, YAO L, SUN A, et al. NeuRec：On nonlinear transformation for personalized ranking[J/OL]. arXiv preprint arXiv：1805. 03002, 2018[2020-01-10]. https：//arxiv. org/abs/1805. 03002.

交互行映射到为空间特征向量。

③非线性隐藏层。通过隐藏层的多层感知机神经网络模型（MLP），学习到更深层次的特征向量表示。

④输出层。输出层首先接收 MLP 所输出的学习者以及学习资源的密集特征向量表示，并输入 FML 距离分解模块，以此解决矩阵分解点积方法的局限，并得到最终输出，通过不断地迭代训练优化输出。

（2）输入层以及嵌入层

输入层是本书构建的基于深度距离分解的在线学习资源推荐模型的入口，是模型后续部分的基础。输入层内的数据为经过转换而构建的学习者-学习资源距离矩阵，具体的学习者-学习资源评分交互矩阵转换为学习者-学习资源距离矩阵的方法，根据公式（6-6）进行定义：

$$Y(u, i) = R^{\max} - R_{ui} \tag{6-6}$$

其中，$R^{\max}$ 为评分最大值，R_{ui} 为具体的学习者对学习资源的评分，在一个常见的五级评分制（1-5）的学习者-学习资源评分矩阵中，$R^{\max} = 5$。

通过上述公式，完成学习者-学习资源距离矩阵的构建，在此基础上将距离矩阵按照矩阵分解的思路，分解为学习者特征矩阵和学习资源特征矩阵，然后分别传入嵌入层。

输入层之上为本模型框架的嵌入层，其输入为上一层输入层的输出，通过这一传递过程，经输入层内获得的稀疏的学习者和学习资源交互数据映射为更加密集的隐因子特征向量。

（3）非线性隐藏层

构建的基于深度距离分解的在线学习资源推荐方法的非线性隐藏层主要为多层深度神经网络所构成的多层感知机，每一层神经网络的结构都可以挖掘学习者与学习资源交互的深层次隐因子特征信息，通过这样的层层学习，获得最终的学习者以及学习资源的密集空间特征向量表示。针对学习者以及学习资源的 MLP 的公式表示如下：

$$\phi_U^{\text{MLP}} = f_L(W_L(\cdots f_1(p_u^{\text{MLP}} W_1 + b_1) \cdots) + b_L)$$
$$\phi_I^{\text{MLP}} = f_L(W_L(\cdots f_1(q_i^{\text{MLP}} W_1 + b_1) \cdots) + b_L) \tag{6-7}$$

其中，p_u^{MLP} 为输入至左侧 MLP 层的学习者的密集隐因子空间向量表示，q_i^{MLP} 为输入至右侧 MLP 层的学习资源的密集隐因子空间向量表示。W_* 为每一神经网络层的权重系数，b_* 为每一神经网络层的偏置系数，本书构建的神经网络层各层权值均通过反向传播来训练。$f(\cdot)$ 为每一神经网络层的非线性激活函数，本书这里使用 ReLu 函数作为 MLP 每层的激活函数。

(4)输出层

构建的基于深度距离分解的在线学习资源推荐方法的输出层，其以非线性隐藏层内输出的学习者密集特征向量表示 p_u 以及学习资源密集特征向量表示 q_i 作为该层的输入，并在 FML 距离分解模块中进行计算获得最终的预测值 $\hat{y}_{ui}$，以此避免使用矩阵分解点积计算方式带来的限制。具体的基于欧几里得距离的计算方法参考公式(6-5)。输出层核心的 FML 矩阵分解模块相关内容如下：

①损失函数

距离分解方法与传统的矩阵分解方法十分相似，唯一的区别在于利用欧氏距离替代了点积的方法。区别于 Top K 推荐，评分预测需要通过生成学习者对未知学习资源的具体评分数据而不是推荐列表，因此，传统矩阵分解中使用的成对损失函数(Pairwise Loss)并不适用，而选择逐点损失函数(Pointwise Loss)进行代替：

$$\text{Loss}(P, Q) = \sum_{(u,\ i \in K)} (Y_{ui} - \|P_u - Q_i\|_2^2)^2 \tag{6-8}$$

②偏置融入

所述的基本模型仅考虑了客观呈现的学习者-学习资源交互的情况，但在实际的在线学习资源推荐应用中，学习者和学习资源的个性化程度也是需要考虑的点(如在真实案例中，某些学习者会因为慕课课程是某个名校或某个名师开设的而给予很好的评分，而某学习者也会倾向于对所有慕课课程默认满分的情况)。因此，参考已有的融入偏置的矩阵分解推荐方法①，在距离分解推荐中也同样引入针对全局的 (b_g)、学习者的 (b_u) 以及学习资源 (b_i) 的偏置(全局偏置 b_g 一般取训练数据的均值，后续通过超参数 τ 来调节)：

$$\hat{Y} = \|P_u - Q_i\|_2^2 + \text{bias}(b_g,\ b_u,\ b_i) \tag{6-9}$$

③置信机制

多数的评分预测方法都忽略了评分数据的噪声情况，并假设所有的评

① 余以胜，韦锐，刘鑫艳. 可解释的实时图书信息推荐模型研究[J]. 情报学报，2019，38(2)：209-216.

分都是基本事实，但其实可能存在评分数据不真实的情况。例如：学习者在不同时间内对再次学习同一慕课课程时可能会打出不同的评分。同时，学习者在评分过程中可能也会受到各种因素的干扰，导致出现评分偏离真实偏好的情况。在某些极端情况下，可能某些中间段的评分比极端评分（评分段内的最高分或最低分）更加可信，需要对每个评分等级考虑不同的置信权重：

$$\text{Loss}(P,\ Q) = \sum_{(u,\ i\in K)} c_{ui}(Y_{ui} - \hat{Y}) \tag{6-10}$$

$$c_{ui} = 1 + \alpha \cdot g\left(R_{ui} - \frac{R^{max}}{2}\right) \tag{6-11}$$

其中，引入的置信值 c_{ui}，公式(6-11)为其计算方法，α 为调整置信程度的超参数，$g(*)$ 采用平方函数。

（5）防止过拟合策略——Dropout

类似于深度神经网络中引入 Dropout 方法，通过在模型训练阶段随机丢弃部分神经元来避免神经元之间的共适应性，以此防止模型过拟合的策略，FML 距离分解通过在距离分解过程中随即删除某些距离计算的维度，以此来避免距离计算维度间的共适性造成的过拟合现象。在公式(6-5)的基础上，FML 距离分解的 Dropout 策略如下：

$$\|P_u - Q_i\|_2^2 = |P_{u1} - Q_{i1}|^2 + |P_{u2} - Q_{i2}|^2 + \underbrace{|P_{u3} - Q_{i3}|^2}_{\text{drop}} + \cdots +$$
$$\underbrace{|P_{uj} - Q_{ij}|^2}_{\text{drop}} + \cdots + |P_{uk} - Q_{ik}|^2 \tag{6-12}$$

在最后的预测阶段，由于这里计算出来的数值是基于距离矩阵得出的计算结果，为了获取到最终的评分预测结果，还需要将距离分解分值转换为评分分值，参考公式(6-6)，则定义的预测评分数据转换原则如下：

$$\hat{R}_{ui} = R^{max} - \hat{Y}_{ui} \tag{6-13}$$

则在常见的(1-5)分段评分规则中，$R^{max} = 5$，当距离分解计算值 $\hat{Y}_{ui}$ 为 2 时，那么预测的评分数据 $\hat{R}_{ui}$ 就为 3。

本节主要研究了基于深度距离分解的在线学习资源推荐方法的相关内容。首先，介绍了当前主流的在线学习资源推荐方法中矩阵分解方法的流程以及其所存在的局限性。然后，在矩阵分解点积方法局限性的基础上，提出使用 FML 距离分解方法替代矩阵分解的点积运算。最后，基于深度学习神经网络，通过多层感知机结合 FML 距离分解来构建了基于深度距离分解的在线学习资源推荐方法，并对所提出模型方法的各个部分进行了详细描述。

6.3　融合评论情感分值的评分改进策略

6.3.1　评分数据与评论文本数据

(1)评分数据单一性问题

在传统的在线学习资源推荐方法中，所采用的评分数据为学习者对某一学习资源的打分数据。传统的在线学习资源推荐方法仅采用学习者-学习资源的评分数据，并未充分考虑利用学习者-学习资源评论文本数据。并且常见的打分体系一般为五级评分制，一方面，存在着无法正确确定中段评分的具体学习者偏好的问题，如：五级评分制中的 3 分，在很多二分类任务中无法给出准确的分类结果，这使得评分数据过于单一且不能完全代表用户的真实态度，导致最终的推荐效果出现偏差。另一方面，评分数据将学习者对学习资源的偏好程度限制在固定的取值范围内，且这样的数据往往为整型数据，使得学习者无法利用更加精确的浮点数据来度量学习者对学习资源的主观偏好，因此，评分数据不能够完全表达出学习者对学习资源的真实偏好程度。

(2)评论文本数据

在真实的在线学习资源平台的评价体系中，学习者对在线学习资源的评价往往是由评分与评论文本一同构成。相对于在传统的在线学习资源推荐中时常使用的学习者对学习资源的评分数据，学习者对在线学习资源的评论文本中蕴含了丰富的学习者对该在线学习资源课程质量、难易程度、教师风格等各方面的充满情感的评价信息，使得这样的评论文本相对于评分数据能够加深入地刻画学习者的主观偏好。

基于此，本节主要就"如何将评论文本的情感分析结果用于改进原始评分数据?"这一问题开展研究，以期融合后的情感-评分能够更好地代表学习者对在线学习资源的主观偏好程度，同时融合后的数据在推荐效果上能有所提升。首先，提出基于 BERT 模型来计算慕课评论文本的情感分值，然后，提出具体的情感分值与原始评分数值的融合策略。下面就本节方法的具体细节展开说明。

6.3.2　基于 BERT 模型的慕课评论文本情感分值计算方法

双向转换编码表示模型（Bidirectional Encoder Representation from Transformers，简称 BERT）是 2019 年 Google 公司发布的全新的深度学习自然语言处理模型，该模型一经提出，就在各类不同的自然语言处理（Natural Language Processing，简称 NLP）测试特别是文本分类、文本翻译、实体识别、情感分析等任务中创下了最佳的成绩，是 NLP 领域内近年来最重要的进展之一，为 NLP 带来了里程碑式的改变。

BERT 模型是一个基于双向 Transformer 模型的大规模预训练语言模型，通过无监督学习的方式对大量未标记的文本数据进行预训练，以此学习一种语言的表示形式。该模型将 Transformer 模型作为主要特征抽取器，包含前馈层、自注意力机制层，是一种集成多类神经网络网络结构的深度学习模型。该模型最大特征在于为不同的 NLP 任务提供了统一的模型架构。BERT 模型对文本的处理主要涉及预训练（pre-training）与微调（fine-tuning）两个步骤。在预训练步骤中，BERT 模型通过对大量的未标记文本数据进行训练，以此学习到对这些文本的表示。而在微调步骤中，通过使用预训练阶段得到的参数初始化模型，在此基础上接收对下游任务输入的标记后的数据进行训练，在迭代训练中根据具体的 NLP 任务的要求对模型参数进行微调，以此在节省大量计算资源的前提下得到最佳的训练、预测效果。[①]

采取迁移学习（Transfer Learning，简称 TL）的思想，利用在庞大数据集上预训练完成的 BERT 模型作为基础模型，围绕在线学习资源评论情感分值计算这一特定任务，对 BERT 进行微调操作，从而构建了基于 BERT 模型的慕课评论文本情感分值计算方法，方法的模型架构如图 6-6 所示。该方法主要由输入层、BERT 层、输出层三部分构成，针对 BERT 的微调策略主要集中在输出层。

（1）输入层

输入层的主要任务是将原始评论文本构造成为 BERT 模型的输入以及向量嵌入表示形式。为了应对不同 NLP 任务的需要，BERT 模型提出了一种新的文本数据输入输出表示，使得无论是单句还是句对都能在一个文本

---

① VASWANI A，SHAZEER N，PARMAR N，et al. Attention is all you need[C]//Advances in neural information processing systems. Long Beach，CA，USA：NIPS，2017：5998-6008.

序列中明确表示。模型首先基于 WordPiece① 生成的词典对文本数据进行
分词操作生成序列，接着在文本序列的头部添加一个独特的序列标记
[CLS]表示序列开始，同时在文本句末添加另一个独特序列标记[SEP]
以此来表示句子结束，然后基于文本在词典内的索引以及文本在序列内
的位置进行序列嵌入操作。这里以一条在线学习资源真实评论语料（语
料内容："很棒，老师讲得深入浅出"）为例展示 BERT 模型的输入表示
构造过程，设所有的嵌入流程内容统一由 E 表示，则上述的输入数据嵌
入表示构造过程如图 6-7 所示。其中，输入嵌入流程由标记嵌入（Token
Embeddings）、分割嵌入（Segment Embeddings）以及位置嵌入（Position
Embeddings）构成，标记嵌入的索引为句中字词经过分词操作后词典内的
对应索引。分割嵌入用于区分输入语料是否为句对，这里定义的评论文本

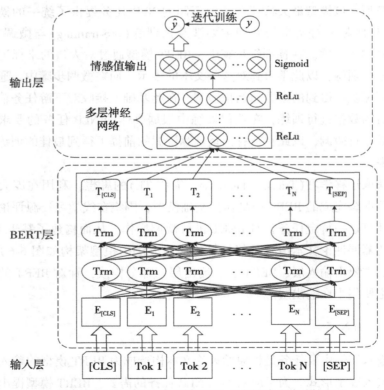

图 6-6　基于 BERT 模型的慕课评论文本情感分值计算方法

① WU Y, SCHUSTER M, CHEN Z, et al. Google's neural machine translation system：Bridging
the gap between human and machine translation[J/OL]. arXiv preprint arXiv：1609.08144,
2016[2020-01-10]. https：//arxiv.org/abs/1609.08144.

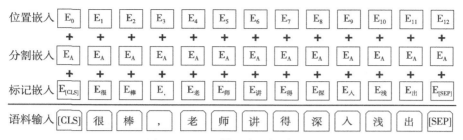

图 6-7　BERT 输入表示构建过程

情感分析任务，默认输入语料均为单句，以此计算整体情感，因此，分割嵌入这里统一标识为 E_A。 位置嵌入则由字词在文本序列中的位置信息所构成。

（2）BERT 层

该层主体为预训练完成的 BERT 模型。BERT 模型基于 Transformer 模型中的编码模块来进行文本特征的抽取与编码，不同于单向模型，BERT模型采用双向的 Transformer 训练，对输入的文本嵌入序列中的每个特征表示采取从前到后和从后到前两个方向的学习，使得 BERT 模型能够对文本根据上下文实现对词更加深入的学习，进而输出最终的特征学习结果。BERT 模型如图 6-8 所示，图中 Trm 为 Transformer 模型的简称。

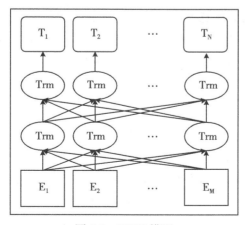

图 6-8　BERT 模型

BERT 模型的核心为 Transformer 内的编码模块，其构成如图 6-9 所示。

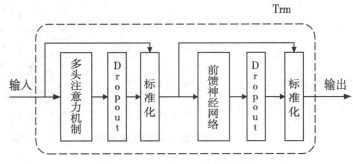

图 6-9   Transformer 的编码模块

　　图中展示了 Transformer 编码模块的运行流程,将输入的文本嵌入特征通过一系列的多头注意力学习、前馈神经网络学习以及 Dropout 和归一化操作得到最终的输出。Transformer 编码的主体部分由多头注意力机制(Multi-Head Self-Attention Mechanism,简称 MHSAM)模块以及前馈神经网络(Feed-Forward Network,简称 FFN)模块组成:

　　①多头注意力机制。注意力机制(Attention Mechanism,简称 AM)借鉴了人类的观察行为总会集中于事物某些突出点上这一思维方式,从而在深度学习中也通过对各类具有代表性的特征进行学习即通过对输入的特征赋予不同权重的方式进行学习从而完成对某一目标的特征构建。注意力机制的一般流程可以简单描述为通过将目标内某一 query 和一系列的<key,value>键值对映射为注意力数值向量输出的操作。当前,注意力机制已成为各类序列建模任务的标准流程,其能够在不考虑序列内各表征距离影响的情况下,学习到表征对之间的依赖关系。注意力机制的一般公式如下所示:

$$\text{Attention}(Q,\ K,\ V) = \text{softmax}\left(\frac{QK^T}{\sqrt{d_k}}\right)V,$$

$$\text{queries} \in Q;\ \text{keys} \in K;\ \text{values} \in V \qquad (6\text{-}13)$$

　　式中 d_k 代表 keys 的维度,$(Q,\ K,\ V)$ 分别表示 queries,keys,values 的矩阵。而多头注意力机制的特点在于将维度为 d_{model} 的 $(Q,\ K,\ V)$ 根据维度分割为 h 次来进行公式(6-1)所示的注意力计算,且在最后连接每一头的输出并通过线性映射的方式将维度调整为在原始 $(Q,\ K,\ V)$ 矩阵上进行一次注意力计算相同的维度,多头注意力机制的公式如下所示:

$$\text{MultiHead}(Q,\ K,\ V) = \text{Concat}(\text{head}_1,\ \cdots,\ \text{head}_h)W^O,$$

$$\text{head}_i = \text{Attention}(QW_i^Q,\ KW_i^K,\ VW_i^V) \tag{6-14}$$

式中 $W_i^Q \in R^{d_{model} \times d_k}$，$W_i^K \in R^{d_{model} \times d_k}$，$W_i^V \in R^{d_{model} \times d_v}$，$W^O \in R^{hd_v \times d_{model}}$。

②前馈神经网络。Transformer 编码模块除了引入多头注意力机制外，模型中还添加了一个全连接的前馈神经网络模块，来增强模型的学习能力，该模块由两层两次线性变换构成，并使用 ReLu 函数作为第一层的激活函数：

$$\text{FFN}(x) = \max(0,\ xW_1 + b_1)W_2 + b_2 \tag{6-15}$$

（3）输出层

构建的基于 BERT 模型的慕课评论文本情感分值计算方法输出层的主要任务是通过对 BERT 模型进行微调，围绕慕课评论文本情感分值计算这一主题，对 BERT 模型的下游任务进行重新构建，在情感分类任务的基础上通过神经网络层来进一步计算情感分值：

①添加多层神经网络层。将 BERT 模型的输出结果输入新的神经网络层结构进行学习，输出层是由多层前馈神经网络构成的多层感知机，各层均使用 ReLu 函数作为激活函数，其间为了解决利用海量数据训练好的 BERT 模型参数过多而在较小数据上出现过拟合现象，在神经网络中同样也引入 Dropout 层来控制神经网络层中激活的神经元数量，以此应对神经元之间的共适应性问题：

$$\phi^{\text{MLP}}(x) = f_L(W_L(\cdots f_1(xW_1 + b_1)\cdots) + b_L) \tag{6-16}$$

②使用 Sigmoid 函数计算情感分值。在模型的最后，为了计算具体的情感分值，将 NLP 情感分类方法中常用的基于 Softmax 函数的计算方法替换为利用 Sigmoid 函数来计算具体数据，使得最后获得的情感分值被映射到 $[0,\ 1]$ 区间内：

$$\hat{y} = \text{Sigmoid}(x) = \frac{1}{1 + e^{-x}} \tag{6-17}$$

③损失函数。在对模型的迭代训练中，为了不断优化最终计算结果的准确性，这里基于二元交叉熵来定义本书的损失函数：

$$\text{Loss}(\hat{y},\ y) = -\sum_{i}^{N} y^i \log \hat{y}^i + (1 - y^i)\log(1 - \hat{y}^i) \tag{6-18}$$

其中，在线学习资源评论数据集上利用极大似然估计方法，并在训练中利用 Adam 方法作为优化器在训练中不断优化基于 BERT 模型的慕课评论文本情感分值计算方法模型的参数。

6.3.3 评分改进策略

针对在线学习资源评分数据的改进策略，首先通过基于 BERT 模型的慕课评论文本情感分值计算方法计算得出每条评论文本的情感分值，判断其所包含的正负情感倾向，在此基础上将情感分值与原始评分数据进行融合，使得新构建的情感-评分数值能够更好地表示学习者对某一学习资源的偏好情况。因此，原始评分数据的改进策略主要包括评论文本情感倾向判定、评论文本情感偏差处理以及融合情感分值与评分数值三个部分：

（1）评论文本情感倾向判定

通过上述构建的基于 BERT 模型的慕课评论文本情感分值计算方法，可以将在线学习资源评论文本中包含的学习者的主观情绪化信息进行情感分值的计算。接下来还需要根据计算的情感数值来具体划分评论文本的情感归属，设经过计算得出的学习者对某一在线学习资源的评论文本的整体情感为 S_{ui}，$S_{ui} \in [0, 1]$，则定义 $[0, 1]$ 区间的中间值 0.5 为情感分类标准，若评论文本情感值 S_{ui} 得分小于等于 0.5 则判定为消极情感倾向（NEG），反之则为积极情感倾向（POS）：

$$S_{ui} = \begin{cases} NEG, & S_{ui} \leqslant 0.5 \\ POS, & S_{ui} > 0.5 \end{cases} \tag{6-19}$$

（2）评论文本情感偏差处理

考虑到评论文本情感分类方法仍然可能存在情感分类预测出现偏差的情况，例如：当评论文本没有出现明显的情感词的时候（如：一条在线学习资源评论真实语料"老师感觉是念稿"），一些模型可能会出现情感倾向预测错误的情况，为了解决错误的情感分析数值对后续学习者原始评分数值融合所造成的主观偏差问题，这里引入吴晓亮[①]在其文章中提出的评论情感误差偏离值定义来对情感值进行修正：

$$S = \begin{cases} \text{Deviation}, & \text{if } \|R_{ui} - S_{ui}\| > 0.2 \\ \text{Non - Deviation}, & \text{if } \|R_{ui} - S_{ui}\| \leqslant 0.2 \end{cases} \tag{6-20}$$

其中，R_{ui} 为归一化到 $[0, 1]$ 区间后的学习者对某一在线学习资源的原始评分数值，$\|R_{ui} - S_{ui}\|$ 表示学习者原始评分数值与评论文本情感分值

---

① 吴晓亮. 基于文本情感分析与矩阵分解的混合推荐算法研究[D]. 南昌：南昌大学，2019.

的绝对误差，当误差值大于 0.2 则表明评论文本情感分值存在偏差，那么在后续的融合计算步骤将不考虑该情感值，除此之外，情感分值才会在后续的与原始评分数值的融合计算中启用，以此来有效降低评论文本情感分值与原始评分数值偏差较大问题。

（3）融合情感分值与评分数值

定义的计算后的情感分值与原始评分数值的融合策略如下：

$$T_{ui} = \begin{cases} \beta S_{ui} + (1 - \beta)R_{ui}, & \text{if } S = \text{Non} - \text{Deviation} \\ R_{ui}, & \text{if } S = \text{Deviation} \end{cases} \quad (6\text{-}21)$$

其中，T_{ui} 为融合后的情感–评分数值，α 为用于控制评论文本情感分值与原始评分数值融合比例的权重系数，且 $\beta \in [0, 1]$，β 越大则说明 T_{ui} 更趋向于评论文本情感值，反之则说明 T_{ui} 更趋向于原始评分数值。当且仅当 S 不存在情感偏差时，T_{ui} 才采取融合策略，否则采用原始评分数值。

针对学习者对在线学习资源的原始评分数值单一且存在偏差这一问题，提出充分利用评论文本的丰富情感来改进原始的评分数值，基于这一想法，提出了基于 BERT 模型的慕课评论文本情感分值计算方法，在 BERT 预训练网络的基础上，根据具体的慕课评论文本情感数值计算任务，对 BERT 模型进行微调操作，使得能够计算出评论文本的情感分值，并在接下来进行融合评论情感分值与原始评分数值的任务。本书对评论文本情感分值计算以及原始评分数值改进方法的各个步骤都有详细的说明，在各部分的设计过程中，均引入了近年来最新的解决方法，为解决同类型问题提出参考与借鉴。

6.4　实验与结果分析

下面就所采取的评论文本情感分值计算方法以及深度距离分解推荐方法的相关内容进行实验与结果分析，围绕"基于深度距离分解的在线学习资源推荐方法效果如何？""基于 BERT 模型的慕课评论文本情感分值计算方法性能如何？"以及"改进后的情感-评分数值在推荐效果上较原始评分数值是否有提升？"这三个问题进行具体的实验以及结果分析，涉及数据的采集与预处理、方法性能评估以及参数优化操作，实验流程如图 6-10 所示。

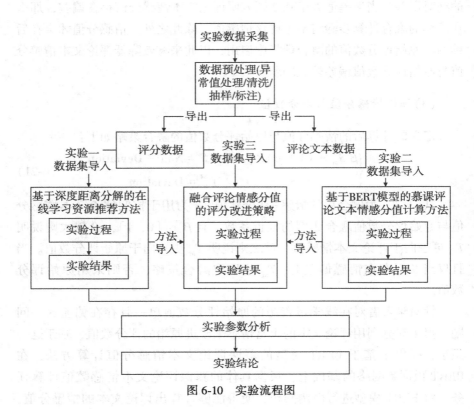

图 6-10　实验流程图

下面就具体内容展开详细说明。

6.4.1　实验准备

（1）数据采集与预处理

①数据采集

为了验证本书所采取的方法在在线学习资源推荐中的有效性，这里选择"中国大学 MOOC"平台作为本书实验数据的来源，通过编写 Python 脚本进行具体的数据采集操作，采集策略采取深度优先原则，利用 Python 的自动化测试框架 Selenium 调用本地浏览器实现对人工点击操作的模拟，以此获得网页上的结构化数据，并将采集的相关数据存储到本地数据库中。所需采集的中国大学 MOOC 平台课程相关数据在页面上的分布如图 6-11 所示。

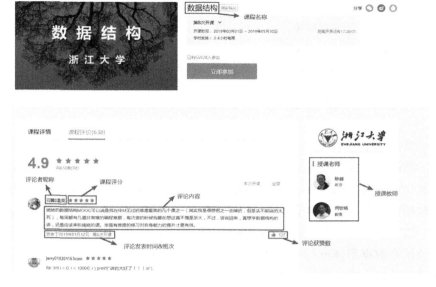

图 6-11　相关采集数据的页面分布

　　图中展示了采集任务能够从在线学习资源课程页面上获取到的相关信息，包括课程的名称、授课教师、评论者昵称、评论者打分数、评论文本内容、评论发表时间、以及评论的获赞数。除此之外，还采集了课程的URL以及评论者在中国大学MOOC平台的具体"UserID"以此保证数据的独立性。最终从中国大学MOOC平台上采集到自2018年1月11日至2019年6月21日一共409879条数据，涵盖中国大学MOOC平台15项课程大类的2725门课程以及315834位学习者，主要包含以下数据字段：

表 6-2　　　　　　　　　　　　　　**采集到的数据字段**

字段名称	字段描述	原始数据
category	课程类别	computer
course_name	课程名称	计算机硬件技术基础
teacher	授课教师	柳秀梅副教授 徐彬副教授 张昱讲师
url	课程地址	https://www.icourse163.org/course/NEU-1002125002
userid	学习者 ID	黑喵儿
comments	评论内容	讲解思路清晰
created_time	评论发表时间	发表于 2018 年 09 月 24 日

续表

字段名称	字段描述	原始数据
course_times	课程班次	第 3 次开课
voteup	评论获赞数	1
rating	评分	5.0

②数据清洗

数据清洗指对数据进行重新审查和校验的过程，其目的在于删除重复信息、纠正存在的错误，使得数据清洗后保持一致性。本书数据的清洗工作包括对整体异常值空值以及具体课程地址和评论文本这两个字段的清洗，首先，针对采集到的数据中的异常值和空值，采取的措施是将异常值空值所在数据整体进行剔除处理。然后，针对课程地址的清洗，其目的是从课程地址数据中获取到课程的唯一 ID(如表 7-2 内展示数据"url"字段内的"NEU-1002125002"即为一门课程的唯一课程 ID)，这里通过字符串的截取来获取具体的课程 ID。

针对评论文本的清洗是本书数据清洗的主要工作任务，其目的是把评论文本中的一些无关内容剔除掉。通过采集程序获取到的原始评论文本数据包含了大量的 HTML 标签、表情符号、纯数字以及无意义的英文字符甚至空值等，这些都是需要清洗的目标。因此本书针对评论文本初步的清洗策略如下，且原始文本以及清洗后的效果如表 6-3 所示。

A. 去除标点符号。针对表中序列 1 为代表的数据，清洗后的文本为"我觉得还行"。

B. 去除无意义的数字、字母字符。针对序列 2 和序列 3 所代表的数据，直接将该数据剔除。

C. 去除 HTML 标签。针对序列 4 所代表的数据，清洗后的数据为"怎么说呢，老师还是讲得很好的，就是我个人感觉太难"。

D. 去除符号表情。针对序列 5 所代表的数据，剔除后的数据为"棒！！！"。

这些清洗策略执行 3 轮，以此确保数据清洗程度的完全性。

表 6-3　　　　原始评论文本中待清洗的代表数据以及清洗结果

序号	原始评论文本	清洗后的文本
1	我觉得还行----------. , .	我觉得还行

序号	原始评论文本	清洗后的文本
2	Bucu，fei hanghao	DELETE
3	111111	DELETE
4	\<span\>怎么说呢，老师还是讲得很好的，就是我个人感觉太难\</span\>	怎么说呢老师还是讲得很好的就是我个人感觉太难
5	٩(๑ ˙∪ ˙๑)ﻭ✓(❀° ▽°)ノ(ノ ‾ ▽ ‾)棒！！！	棒
6	NULL	DELETE

③数据标注

虽然本书的基于 BERT 模型的慕课评论文本情感分值计算方法是在利用预训练好的 BERT 模型上进行情感分值计算任务，但在微调环节仍然需要使用到已标注完成的情感标签作为分类依据，以此验证模型的性能以及适配性。基于此，本书按照情感二分类原则，根据评论文本，将其标注为积极情感或消极情感，其中积极情感标注为 1，消极情感标注为 0。为了保证标注结果的准确性，本次标注任务采取多人多轮人工标注的方法，使得在标注期间能够对某些与在线学习资源相关内容无意义的评价也能予以人工剔除。

至此，针对实验数据初步的准备工作完毕，后续还会根据具体实验数据的要求进行进一步的数据处理工作。

（2）实验环境

本方法均使用 Python 语言进行编码实现，其中，深度学习模型部分基于深度学习框架 Tensorflow 的 2.1.0 版本和 Keras 的 2.2.5 版本来实现，数据的预处理模块使用到 numpy、pandas、scklearn 以及 scipy 内的方法实现，考虑到本方法涉及的参数较多，模型复杂而本地的计算性能有限，这里采用谷歌公司提供的在线科学计算平台 Google Colab 的 GPU 环境（GPU 型号为 Tesla P4）作为实验环境。

（3）实验评测指标

①深度距离分解推荐方法实验评测指标

为了验证本书基于深度距离分解的在线学习资源推荐方法以及改进原始评分数据构建新的情感-评分数据对比实验的具体性能效果，这里采取在推荐系统评分预测任务中常用的平均绝对误差（Mean Absolute Error，简称 MAE）和均方根误差（Root Mean Square Error，简称 RMSE）作为评测指标，经过推荐方法最终计算得到的 MAE 和 RMSE 值越小，则说明预测值与真实值越接近，进而说明推荐方法的预测结果越准确，反之则说明算法计算的预测值与真实值存在较大偏差，MAE 和 RMSE 公式定义如下：

$$MAE = \frac{1}{N} \sum_{i=1}^{N} |(y_i - \hat{y}_i)| \tag{6-22}$$

$$RMSE = \sqrt{\frac{1}{N} \sum_{i=1}^{N} (y_i - \hat{y}_i)^2} \tag{6-23}$$

其中，y_i 表示真实的评分值，$\hat{y}_i$ 表示预测的评分值，N 为测试样本数量。

②评论文本情感分值计算方法实验评测指标

为了验证本书基于 BERT 模型的慕课评论文本情感分值计算方法的性能效果，这里采取在情感分类问题中常用的准确率（Accuracy）、查准率（Precision）和召回率（Recall）作为评测指标，其中，准确率表示得到正确分类的样本与所有样本的比率，查准率表示被正确分类的正向样本数与所有被分类到正向的样本的比率，召回率表示被正确分类的正向样本与所有正向样本的比率，这三个评测指标数值越高，则表示模型的分类性能越准确。定义的公式如下：

$$Accuracy = \frac{TP+TN}{TP+FP+TN+FN} \tag{6-24}$$

$$Precision = \frac{TP}{TP+FP} \tag{6-25}$$

$$Recall = \frac{TP}{TP+FN} \tag{6-26}$$

式中，TP（True Positive）表示得到正确分类的正向样本的数量，FP（False Positive）表示被错误分类到正向的负向样本的数量，FN（False Negative）表示被错误分类到负向的正向样本的数量。

6.4.2　实验过程与结果

(1)基于深度距离分解的在线学习资源推荐方法效果评估

①数据准备

这里基于深度距离分解的在线学习资源推荐方法在实验环节仅使用到采集数据中的"userid""courseid"以及"rating"字段的相关数据作为实验数

据，以此构建学习者-学习资源交互评分矩阵。由于原始数据集过大，考虑到实验条件的计算性能有限，本实验对原数据进行了相应的预处理工作：①仅从原数据集中抽取有 5 次评价行为及以上的学习者，以及被评价次数不少于 100 次的在线学习课程。②对按条件抽取的实验数据进行重构索引的工作，使得"userid"以及"courseid"为连续索引。

通过以上步骤，最终从原数据中抽取出 3942 位学习者对 762 项在线学习课程总计 25287 条评分数据作为本次实验的样本数据，数据稀疏度为 99.2%。样本数据与原数据集各评分的分布情况如图 6-12 所示。

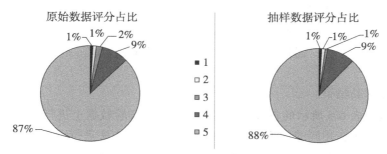

图 6-12　原数据与抽样数据评分分布对比

由图 6-12 可知，样本数据的评分分布与原数据基本一致，证明抽样效果较好，因此在该数据上进行实验。对样本数据按照 8：2 的比例将样本数据随抽样机划分为训练集和测试集。

②参数设置

基于深度距离分解的在线学习资源推荐方法的超参数如表 6-4 所示。

表 6-4　　基于深度距离分解的在线学习资源推荐方法超参数设置

名称	描述	参数
k	隐因子维度	40
α	置信系数	0.1
τ	偏置调节参数	0.8
batch size	批次大小	256
epoch	训练轮次	100
dropout	屏蔽神经元数	0.3
learning rate	学习率	0.05

③基线方法

为验证本书基于深度距离分解的在线学习资源推荐方法的有效性，这里选择现有的在线学习资源推荐中常见的推荐方法作为基线方法，与本书的方法进行比较：

SlopOne：一种简洁高效的基于评分数据的在线协同过滤推荐方法。区别于基于用户和基于项目的协同过滤方法，该方法用简单的线性模型来预测用户对项目的评分情况。①

NMF：非负矩阵分解（Non-negative Matrix Factorization，简称 NMF），是一种常见的矩阵分解方法，将评分矩阵中约束为仅含有正值并在此基础上提取权重和特征。②

SVD：奇异值分解（Single Value Decomposition，简称 SVD）是一种常见的矩阵分解方法，通过矩阵分解的方法对评分交互矩阵进行填充并迭代求解。③

④实验结果

基于表 6-4 所示的参数设置将本书方法在实验数据上进行了训练以及测试，同时在相同的训练集上和测试集上对基线方法进行训练与测试，且所有的方法都通过多次实验取评测指标 RMSE 和 MAE 的平均值作为最终的评估结果。表 6-5 和图 6-13 列出了 SlopOne、NMF、SVD 以及本书基于深度距离分解的在线学习资源推荐方法（Deep-FML）在中国大学 MOOC 评论文本抽样数据多次实验后的评估结果。

表 6-5　　　　　　　模型在实验数据上的评估结果（一）

模型	均方根误差	平均绝对误差
SlopOne	0.2854	0.2185
NMF	0.2876	0.2237
SVD	0.2633	0.2038
Deep-FML	**0.2434**	**0.1903**

① LEMIRE D，MACLACHLAN A. Slope one predictors for online rating-based collaborative filtering[C]//Proceedings of the 2005 SIAM international conference on data mining. Society for Industrial and Applied Mathematics，2005：471-475.

② LEE D D，SEUNG H S. Algorithms for non-negative matrix factorization[C]//Advances in neural information processing systems. Vancouver，British Columbia，Canada：NIPS，2001：556-562.

③ KOREN Y，BELL R，VOLINSKY C. Matrix factorization techniques for recommender systems [J]. Computer，2009，42(8)：30-37.

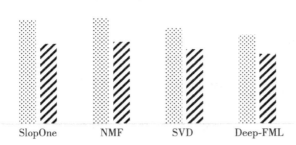

图 6-13　模型在实验数据上的评估结果（一）

由上表和图可知，在相同的实验环境下，基于深度距离分解的在线学习资源推荐方法在多次实验后，均方根误差为 0.505，平均绝对误差为 0.237，相较于本书所采用的基线方法，在这两项评测指标上均有下降趋势。其中，在均方根误差指标上，该方法相较于 SlopOne、NMF 以及 SVD 相对减少 0.0622、0.0644 和 0.0401，在平均绝对误差指标上，相较于 SlopOne、NMF 以及 SVD 相对减少 0.0282、0.0334 和 0.0135，由此可见，该方法在平均绝对误差上的表现最优。

由评估结果可知，本书基于深度距离分解的在线学习资源推荐方法在评分预测推荐任务上相较于传统的在线学习资源推荐方法有好效果，从而验证了本书方法的有用性。

（2）基于 BERT 模型的慕课评论文本情感分值计算方法效果评估

①数据准备

使用 Python 编写采集脚本一共从中国大学 MOOC 平台采集到 40 万条左右的相关数据，考虑本实验的目的是验证本书基于 BERT 模型的慕课评论文本情感分值计算方法的性能效果，同时结合实验环境计算性能的要求，因此，实验数据仅使用了经过人工标注完成的 10000 条学习者对学习资源的评论数据，其中积极情感与消极情感数据数量相同，各 5000 条。经过标注的学习者-学习资源评论数据如下表 6-6 所示，表中情感标签内数值由 0 和 1 构成，分别代表消极情感与积极情感。

表 6-6　　　　　　　　　　　　学习者-学习资源评论示例

序号	课程 ID	评 论 文 本	情感标签
1	RUC-1001965017	人大的老师知识渊博，见识广泛，为祖国的数据库发展做出了巨大贡献，以前不知道，真是孤陋寡闻了	1
2	WZU-1205796834	感觉理论性很强，也易于听懂，很适合初学者应用	1
3	ECNU-1003428005	实践比较少，理论不太能和实践贴近，需要优化	0
4	PKU-1001663016	为什么我感觉总是东扯一点西扯一点	0
5	NEU-1205915818	可以说是很烂了，内容有些肤浅，老师给人的感觉也很不谦虚，拉一下低分防止大家浪费时间	0
6	NEU-1205915818	可以说是很烂了，内容有些肤浅，老师给人的感觉也很不谦虚，拉一下低分防止大家浪费时间	0

②评论文本分词与序列化

在构建文本序列之前，首先需要对文本进行分词操作，由于 BERT 模型提出了一种新的文本嵌入方法，因此，针对 BERT 预训练模型的实验数据按照模型本身所采用的基于"WordPiece"的方法进行分词，并使用预训练模型自带的词典进行后续序列化操作，在处理中文字符时，以字为粒度进行分割。但对于本书的基线方法，针对实验数据使用 Python 的分词库"jieba"进行分词，并使用预训练的中文词向量包"Chinese-word-vectors"进行序列化。①

在文本构建好索引序列后，需要对序列数据进行标准化处理。通过设定一个最大序列长度，使得序列根据自身长度与最大长度的差距，而相应进行填充和剪枝的操作，使得所有的序列长度相同，一般情况下设定最大序列长度为文本序列中最长序列的长度。由于在线学习资源评论文本具有简洁、短小的特点，评论文本字数过多的情况很少见，且大部分的评论文

① LI S, ZHAO Z, HU R, et al. Analogical reasoning on Chinese morphological and semantic relations[J/OL]. arXiv preprint arXiv：1805.06504, 2018[2020-01-10]. https：//arxiv.org/abs/1805.06504.

本长度都会集中分布在某一范围内，因此，为了节省计算资源，这里通过定义最大序列长度为所有序列长度的平均值加上两倍所有序列长度标准差之和，使得在能够最大程度覆盖数据样本的基础上，实现对计算性能的提升。

③参数设置

BERT 预训练模型采用谷歌公司官方发布的中文预训练模型"BERT-Base，Chinese"（https：//github.com/google-research/bert），该预训练模型包含 12 项 Transformer 网络层、768 项隐藏层以及 12 项多头注意力机制层，是一个复杂的神经网络模型。

另外，在 BERT 模型的基础上针对情感分值计算任务通过搭建多层神经网络来实现微调操作，在训练中，整体模型使用二元交叉熵作为损失函数，使用 Adam 方法进行优化，并引入 Dropout 机制来防止过拟合。模型定义的超参数如表 6-7 所示：

表 6-7　基于 BERT 模型的慕课评论文本情感分值计算方法超参数设置

名称	描述	参数
embedding size	词向量嵌入维度	100
epochs	训练轮次	50
batch size	批次大小	64
dropout	屏蔽神经元数	0.4
learning rate	学习率	1e-5

最后搭建好方法的神经网络模型如图 6-14 所示。

```
Layer (type)                    Output Shape              Param #
================================================================
input_ids (InputLayer)          [(None, 100)]             0
----------------------------------------------------------------
bert (BertModelLayer)           (None, 100, 768)          101675520
----------------------------------------------------------------
lambda_15 (Lambda)              (None, 768)               0
----------------------------------------------------------------
dropout_28 (Dropout)            (None, 768)               0
----------------------------------------------------------------
dense_30 (Dense)                (None, 768)               590592
----------------------------------------------------------------
dropout_29 (Dropout)            (None, 768)               0
----------------------------------------------------------------
dense_31 (Dense)                (None, 1)                 769
================================================================
Total params: 102,266,881
Trainable params: 102,266,881
Non-trainable params: 0
```

图 6-14　本书模型的神经网络结构

由图 6-14 可知，在模型搭建中，添加两层 Dropout 以防止神经元之间的共适应性造成过拟合现象，模型中包含 102，266，881 个可训练参数，是一个相对复杂的神经网络模型。

④实验数据集划分

在调整好参数之后，对本书与处理完成的数据进行实验集与测试集的划分，本书按照 8∶2 的比例将实验数据随机抽样划分为训练集与测试集，且按照二分类任务的数据格式要求，两项数据集中均包含文本数据和标签数据。

最后，在数据加载完成后，对本书模型进行训练以及评估操作，并将最后的评估结果与本实验所参考的基线方法进行对比。

下面介绍本实验所参考的基线方法。

⑤基线方法

为了验证本书基于 BERT 模型的慕课评论文本情感分值计算方法的有效性，在实验阶段引入文本情感分类任务中经常用到的长短记忆网络模型（Long Short-Term Memory，简称 LSTM）、门控循环单元模型（Gated Recurrent Unit，简称 GRU）以及双向长短记忆网络模型（Bidirectional Long Short-Term Memory，简称 BiLSTM）作为基线方法与本方法进行对比，三项基线方法同样也是基于 Tensorflow2.0 以及 Keras 编码搭建，基线方法的文本序列化操作均采用"jieba"进行分词，且使用预训练的中文词向量包 "Chinese-word-vectors"进行序列化，后续的训练参数如学习率、训练批次、训练轮数与本书方法一致。

⑥实验结果

基于表 6-7 所示的参数设置将本书方法在实验数据上进行了训练以及测试，同时在相同的训练集上和测试集上对基线方法进行训练与测试，且所有的方法都通过多次实验取评测指标准确率、查准率和召回率的平均值作为最终的评估结果。表 6-8 和图 6-15 列出了 LSTM、GRU、BiLSTM 以及本书基于 BERT 模型方法在中国大学 MOOC 评论文本抽样数据多次实验后的评估结果。

表 6-8　　　　　　　模型在实验数据上的评估结果（二）

模型	准确率	查准率	召回率
LSTM	0.917	0.925	0.914
GRU	0.913	0.928	0.897

模型	准确率	查准率	召回率
BiLSTM	0.938	0.945	0.928
BERT	0.961	0.954	0.967

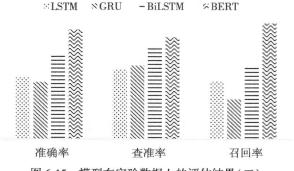

图 6-15　模型在实验数据上的评估结果(二)

由上表和图可知，在相同的实验环境下，基于 BERT 模型的慕课评论文本情感分值计算方法在多次实验后的准确率为 0.961，查准率为 0.954，召回率为 0.967，相较于本书所采用的基线方法，在三项指标上均有明显提升。其中，在准确率上，相较于 LSTM、GRU 以及 BiLSTM 分别提升了 4.4%、4.8%和 2.3%，在查准率上相较于 LSTM、GRU 以及 BiLSTM 分别提升了 2.9%、2.6%和 0.9%，而在召回率上，相较于 LSTM、GRU 以及 BiLSTM 分别提升了 5.3%、7%和 3.9%，由此可见，本书方法在召回率上的表现最优。

由评估结果可知，基于 BERT 模型的慕课评论文本情感分值计算方法在评论文本情感分类任务上相较于常规的情感分类方法有更好的效果，因此，本书基于 BERT 模型来计算慕课评论文本的情感分值是可行的，且求得的评论文本情感分值也具有比较好的情感代表性，为后面构建情感-评分数据，改进原始评分奠定了基础。

（3）融合评论情感分值的评分改进策略效果评估

①构建情感-评分数值

为了验证本书提出的基于评论文本情感分值构建情感-评分数据以期改进原始评分数据策略的可实施性，本节给出一个方法实例来说明该策略的实施步骤。

首先，针对上节实验二中采用的实验数据所对应评论文本，利用实验一的方法计算出情感分值，并按照情感分值进行分类。

然后，从该数据集中随机抽取出 5 条数据来构建学习者-学习资源交互评分矩阵，其评分模型为常见的五级评分制（评分范围 0~5），评分数值越高则代表该学习者对某一课程的偏好程度越高，这里还需要将传统的五级评分制数据归一化到 [0，1] 的区间，同时从数据集中抽取出对应学习者对学习资源的评论文本以及经过计算后的情感分值和分类情况，情感分值越高则表示评论文本所表达的情感越倾向于积极情感。学习者-学习资源交互评分矩阵和对应评论文本计算及情感值计算结果如表 6-9、表6-10所示。

表 6-9   **学习者-学习资源交互评分矩阵（原始-归一化）**

	I1	I2	I3	I4
U1	4(0.8)	0	0	0
U2	0	4(0.8)	0	0
U3	5(1.0)	0	0	0
U4	0	0	1(0.2)	0
U5	0	0	0	5(1.0)

表 6-10   **学习者-学习资源评论文本**

学习者	学习资源	评论文本	情感分值	分类标签
U1	I1	老师讲解清晰，通俗易懂，是一门很好的入门课	1.0	POS
U2	I2	部分课程偏难	0.24	NEG
U3	I1	目前见过的质量最高的 Python 教学视频	0.97	POS
U4	I3	课堂上直接听不懂，老师讲得太烂了	0.03	NEG
U5	I4	非常麻烦。非常难…	0	NEG

其中，U 表示学习者编号，I 表示学习资源编号，表 6-9 中分值"0"表示该学习者对该学习资源并没有评价行为产生。表 6-10 中的情感分类标签基于计算得出的情感分值进行分类，分类结果中"POS"表示积极情感，"NEG"表示消极情感。

　　最后，融合计算出来的情感分值和原始评分数来改原始评分数据，在判断情感分值是否有误差偏离情况的基础上构建据具体的情感-评分数据，其中调节情感分值和原始评分所占比重的参数 β 取值为0.3：

表 6-11　　　　　　　　　　**情感-评分数据构建**

学习者	学习资源	评分数值	情感分值	是否存在误差	情感-评分值
U1	I1	1.00	0.80	F	0.86
U2	I2	0.80	0.24	T	0.80
U3	I1	1.00	0.97	F	0.99
U4	I3	0.20	0.03	F	0.15
U5	I4	1.00	0.00	T	1.00

　　其中，"F"表示情感分值与原始评分之间不存在误差，"T"表示情感分值与原始评分之间存在误差，当存在误差时，则最终计算后的情感-评分值等于原始评分结果。按照上述流程将实验数据的原始评分数据和情感分值进行融合，最终构建新的情感-评分数据。

　　②实验结果

　　为了验证和对比本书使用的原始评分改进策略的有效性，将构建完成的情感-评分数据和原始评分数据分别在实验二的基线方法和本书的基于深度距离分解的在线学习资源推荐方法上进行测试，实验的相关设置延续实验二的内容，最终，经过多轮测试取评测指标均方根误差和平均绝对误差的平均值的结果如下：

表 6-12　　　　　　　**数据集在各模型上的评估结果**

	模型评测指标	SlopOne	NMF	SVD	Deep-FML
原始评分数据	均方根误差	0.2854	0.2876	0.2633	0.2434
	平均绝对误差	0.2186	0.2237	0.2038	0.1903
情感-评分数据	模型评测指标	SlopOne	NMF	SVD	Deep-FML
	均方根误差	0.2602	0.2575	0.2316	0.2232
	平均绝对误差	0.2037	0.2022	0.1997	0.1804

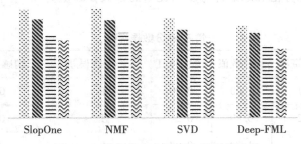

图 6-16   数据集在各模型上的评估结果

由表 6-12 和图 6-16 可知，基于情感分值和原始评分构建的情感-评分数据在基线方法和本书方法上相关的评测指标均有提升，证明了本书基于评论文本情感分值改进原始评分策略的有用性，相对于单一的评分数据更能代表学习者对学习资源的主观偏好，从而能够有效提升在线学习资源推荐的效果。

6.4.3   实验参数分析

(1)基于深度距离分解的在线学习资源推荐方法参数分析

下面对实验基于深度距离分解的在线学习资源推荐方法涉及的部分超参数的优化过程进行分析：

①隐因子维度 k

深度距离分解中的隐因子维度 k 是提取学习者-学习资源距离矩阵中学习者隐因子特征向量和学习资源隐因子特征向量的重要参数，对最终的推荐方法的效果有直接影响。本节在保持模型其他实验参数值不变的情况下，通过设定不同 k 值来计算得出评测指标数值，以此分析 k 值对推荐质量的影响。（见图 6-17）

由图 6-17 可知，对参数 k 的分析区间为 $[10, 100]$，在 $[10, 40]$ 区间内，随着 k 值的增加，均方根误差和平均绝对误差有明显的下降，且在 $k=40$ 时，得到最佳的评测结果，证明适当增加隐因子维度能够提升推荐的效果。但在 $[40, 100]$ 区间时，随着 k 值的增加，虽然有局部的下降，但总体呈上升趋势，证明 k 值如果过大，模型的性能下降，因此 $k=40$ 为最优效果。

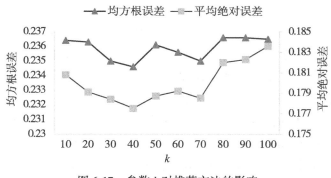

图 6-17　参数 k 对推荐方法的影响

②置信系数 α

为了减小噪声数据对推荐结果的影响，本书的推荐方法中引入了置信机制，通过置信系数 α 来实现对评分数据的置信等级调节。为了分析置信系数 α 对最终推荐质量的影响，在保持其他模型其他实验参数数值不变的情况下，通过设定不同的 α 值分析该参数对推荐结果的影响：

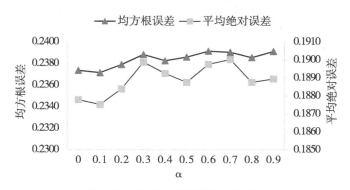

图 6-18　参数 α 对推荐方法的影响

由图 6-18 可知，对参数 α 的分析区间为 [0，0.9]，当 α=0 时，表示未采用置信机制，随着参数 α 数值的增加，均方根误差和平均绝对误差结果曲线虽存在局部震荡，但总体上呈逐渐上升态势。这表明随着 α 系数的变大，会使得模型的推荐性能降低，证明 α 参数会对模型的最终结果造成影响，但当 α=0.1 时，模型在均方根误差和平均绝对误差上取得最佳表现结果，说明根据实际实验数据设定 α 参数，能够有效提升推荐性能和模型的鲁棒性。

③Dropout 比率

为了应对推荐方法在训练过程中出现的过拟合问题，同样引入了类似于神经网络 Dropout 的机制，通过在训练中随机丢弃部分距离计算结果以此来防止距离维度间的共似性问题。为了分析 Dropout 比例对推荐结果的影响，本节在保持模型其他实验参数数值不变的情况下，通过设定不同Dropout 比例，以此分析该参数对推荐结果的影响。

由图 6-18 可知，对参数 Dropout 的分析区间为[0，0.9]，当Dropout＝0时，表示未采取 Dropout，随着参数 Dropout 数值的增加，均方根误差和平均绝对误差结果曲线随存在局部震荡，但总体上呈逐渐上升态势，表明随着丢失神经元和距离维度系数比例增加，使得无法学习到充足的特征表示导致最终模型的推荐性能降低。但当 Dropout 在[0.1，0.3]区间时，模型在均方根误差和平均绝对误差的数值呈下降趋势，说明适当的 Dropout 比例能够有效防止过拟合问题，提升方法的泛化能力，并且当 Dropout＝0.3时，模型的效果达到最优。

(2)基于 BERT 模型的慕课评论文本情感分值计算方法参数分析

由于方法的 BERT 模型使用的是开源的预训练模型，对模型并没有进行修改，因此，在实验分析环节仅对微调部分涉及的参数进行分析，下面就可能会影响实验结果的因素进行讨论：

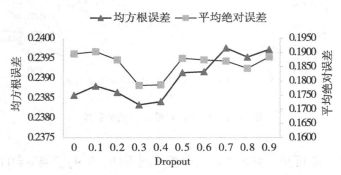

图 6-19　Dropout 比例对推荐方法的影响

①文本序列预处理对实验结果的影响

在实验的数据预处理阶段，需要对评论文本序列进行索引化的操作，即根据文本字符在字典内的索引结果对序列内的文本进行逐个的索引化操作，通常为了统一所有评论文本序列的索引长度，一般会选择最长的文本

序列作为序列表标准长度，其余文本序列通过数值填充的方式使得其长度
达到标准长度。

谷歌研究人员考虑到 BERT 模型的复杂度，给出了句子级评论文本的
序列标准长度为 128。而在本实验中，为了更好地利用计算资源，这里定
义了序列标准长度为所有文本序列长度的平均值加上两倍所有序列长度标
准差之和。本实验数据的文本序列平均长度为 34.41，因此通过上述的标
准序列长度计算规则，本书最后计算得到的标准序列长度为 100，该数值
对样本数据的覆盖率达 95.38%。因此，这里主要讨论本书定义的标准序
列长度与谷歌官方建议的标准序列长度相比是否会对最终的实验结果造成
较大影响。（见图 6-20）

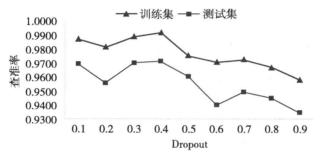

图 6-20　标准序列长度对实验结果的影响

由图 6-20 可知，本定义的标准序列长度 100 相对于 BERT 模型官方
定义的序列长度 128 在实验数据的训练集和测试集上相应的评测指标均有
提升，证明根据实际数据特征来定义序列长度的模式是可行的，且能够有
效降低词嵌入向量的维度，从而节省计算资源。

②屏蔽神经元比例对实验结果的影响

Dropout 机制通过屏蔽神经网络中的部分神经单元来应对训练过程中
出现的过拟合问题，以此提高模型的泛化能力，在本实验环节对 Dropout
屏蔽神经单元比例的参数优化分析如图 6-21 所示。

由图 6-20 可知，对 Dropout 比例的讨论在 [0.1，0.9] 区间内，当
Dropout=0.1 时，表示神经网络内有 10% 的神经单元未被激活。随着屏蔽
比例的上升，算法在训练集与测试集上的查准率整体呈下降趋势，但在
[0.2，04] 区间，有局部的上升，且在 0.4 时得到最佳的查准率，说明随
着屏蔽比例的增加，能够有效缓解训练过程中的过拟合现象，且在 0.4 时
模型得到最佳的泛化能力。但 0.4 之后的区间查准率又大幅度下降，证明

过高的屏蔽比例造成神经单元过少，无法学习到更多的特征表示，从而影响了模型的预测精度。

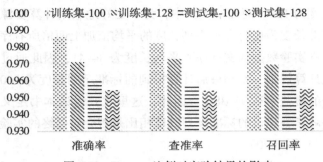

图 6-21   Dropout 比例对实验结果的影响

(3)融合评论情感分值的评分改进策略参数分析

下面就实验中会对最终评估结果产生影响的相关因素进行分析和讨论。

①对调整情感分值和评论分值融合比例的参数 β 的讨论

在构建情感-评分数据的过程中，参数 β 是调整情感分值和评分数值融合比例的参数，当 β 的数值增大，则说明融合后的情感-评分数据中评论文本情感分值占据更大比重，在融合实验中，β 取值为 0.3。下面就不同 β 取值对最终推荐结果的影响展开分析(见表 6-13、图 6-22)：

表 6-13   不同融合比例 β 对实验结果的影响

β 比例	均方根误差	平均绝对误差
0.1	0.2352	0.1858
0.2	0.2314	0.1825
0.3	0.2232	0.1810
0.4	0.2340	0.1844
0.5	0.2492	0.1937
0.6	0.2516	0.1944
0.7	0.2543	0.1960
0.8	0.2589	0.2019
0.9	0.2670	0.2053

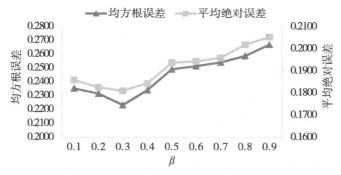

图 6-22　不同融合比例 β 对实验结果的影响

对不同融合比例 β 对实验结果影响的分析所采用的模型为基于深度距离分解的在线学习资源推荐方法，由表 6-13、图 6-22 可知，不同的融合比例会对最终的推荐结果产生影响，其中，当 β 在 $[0.1，0.3]$ 区间时，随着融合比例的增加，均方根误差和平均绝对误差逐渐下降，证明模型的推荐性能逐渐提升，且当 $\beta=0.3$ 时，模型达到最优效果。之后随着 β 的增加，均方根误差和平均绝对误差曲线逐步上升，说明模型的推荐性能逐渐损失。由此证明，适当的分配情感分值权重，能够有效提升模型的推荐性能，但需要根据实际实验数据来进一步调整，而在采用的真实在线学习资源实验数据集上，当 $\beta=0.3$ 时，对原始评分数据的改进效果最优。

②对存在情感偏离误差数据的分析

在构建情感-评分数据的过程中，存在情感偏离的数据会对最终的推荐结果产生影响，因此，对这些存在偏离误差的数据的分析显得尤为重要。本书通过对这类数据进行人工检查，发现转换的误差率（即出现情感偏离误差的数站数据集的比例）为 16.11%，通过分析，这些数据存在误差的主要原因如下：

A. 分类错误。在分类过程中，如果评论文本语句不包含任何情感词的时候，可能会出现情感标签分类错误的现象。例如：一条语料为"这个针对有基础的同学讲的"，计算出的情感分值 0.95，再结合其给出的评分 3 分，导致最后仍然选择评分数据作为融合数据。此外，评论中的新词也会对情感的分类造成偏差，如："老师讲课很流弊"这类语句，"流弊"作为新词，出现的词频很低，在一些长度较短的评论文本中，这样的句子很难计算出准确的情感分值导致分类错误。

B. 数据主观错误。在实验数据中，也会存在部分数据的评分数据和评论文本主观情感错误的情况，如：一条实验数据其评论文本为"有助于我们更好地使用 Word、Excel、PPT"。计算得出的情感分值为 0.88，属于积极的情感表达，但评分数据却为 2 分，造成最后的情感偏移。

6.4.4 实验结论

利用深度学习方法对现有的在线学习资源推荐方法所存在的问题进行了解决，通过上述两节的实验过程和结果以及实验参数的分析讨论，得出以下结论：

（1）距离分解与深度神经网络结合能有效改善在线学习资源推荐方法的性能。通过实验一的实验结果，展示出距离分解方法能够改进矩阵分解点积运算的局限性，且与深度神经网络结合构建基于深度距离分解的在线学习资源推荐方法能够使得模型具有更强的学习能力，从而提升了推荐方法的性能。

（2）评论文本能够有效提升在线学习资源推荐方法的质量。通过实验二和实验三的实验结果，展示出在线学习资源评论文本中蕴含了丰富的学习者主观偏好。通过基于 BERT 模型的慕课评论文本情感分值计算方法得到的情感分值，按照本书提出的评分数据改进策略实施，能够有效改善原始评分数据的单一性问题，情感分值与评分数据相辅相成，共同提升了最终的推荐质量。

（3）实验参数的选择需要具体问题具体分析。通过实验参数分析部分的实验结果，展示出对最终实验结果会产生影响的参数的数值并不是数值越大实验效果越优，参数的选择需要具体问题具体分析，需要通过实验加以佐证。

这里主要研究了基于深度距离分解的在线学习资源推荐方法、基于 BERT 模型的慕课评论文本情感分值计算方法以及改进的情感-评分分值与原始评分推荐效果对比的性能评估实验的相关内容。具体包括实验准备部分、实验过程部分。在实验准备部分，主要研究了所需的在线学习资源相关数据的采集、清洗以及预处理的操作，同时还对本书实验的软硬件环境和不同实验内容采取的实验评测指标进行叙述。在实验过程与结果部分，围绕前文提出的三个问题展开实验分析，首先，针对基于深度距离分解的在线学习资源推荐方法展开研究论证，对参数设置、基线方法性能对比进行了相关内容的研究，以此来说明本书推荐方法的性能效果。其次，通过实验研究论证本书的基于 BERT 模型的慕课评论文本情感分值计算方法，从实验数据构建到参数配置再到与基线方法的性能对比，以此来说明本方法在真实的在线学习资源数据集上的性能效果。然后，就本书改进原始评分数据的策略开展研究，主要研究了利用情感分值融合原始评分数据来构建新的情感-评分数据，接着将新的情感-评分数据与原始评分数据分别在基线方法与本书深度距离分解方法上进行实验，通过具体的评测指标数据分析来论证改进评分数据的策略。最后，对三个实验中涉及的对最终实验会产生影响的相关参数进行分析讨论，得出最后的实验结论。

7. 高校大数据的图卷积神经网络
慕课推荐方法

7.1　基于图卷积神经网络的慕课推荐

7.1.1　LightGCN 模型概述

已有的协同过滤推荐方法侧重于根据用户对物品的评分历史提取隐因子，较少关注如何从用户之间与物品之间的联系取得协同结构信息，由于物品资源的数量繁多，多数用户的评分记录仅覆盖少量物品，传统协同过滤推荐方法面临数据稀疏的问题。

图神经网络以图领域的角度对数据特征进行提取，近年来被引入推荐系统领域并迅速成为研究热点。图数据结构是指由有穷顶点与顶点之间的边共同组成的数据组织形式，通常表示为 $G = (V, E)$，其中 V 是顶点的集合，E 是边的集合。图神经网络是受图嵌入思想启发而产生的神经网络，通过图结构对数据进行提取和表示，凭借图独特的数据组织形式，具有良好的反映实体及之间的联系的能力。[1][2] 推荐系统领域的实体主要是用户与物品，实体间的关系包括用户之间、物品之间以及用户与物品之间的关系。图神经网络推荐方法因而成为近期研究的新方向。

根据图结构中元素集合数量的不同，图神经网络推荐方法可分为无向单元图推荐、无向二部图推荐、无向三部图推荐。图神经网络利用图结构的高阶连通性来提取用户与项目的交互历史中包含的潜在偏好信息，以二

---

① 吴国栋，查志康，涂立静，等. 图神经网络推荐研究进展[J]. 智能系统学报，2020，15（1）：14-24.

② ASIF N A., SARKER Y., CHAKRABORTTY R K., et al. Graph neural network：A comprehensive review on non-euclidean space[J]. IEEE Access，2021(9)：60588-60606.

部图推荐为例，如图所示，用户与项目在图中二分为两个不相交的集合，图中的边是指用户与项目之间曾有过交互的历史，例如：边(u_1, i_1)是指用户u_1与项目i_1曾有交互历史(点击、浏览或收藏等行为)。高阶连通性是指图中某一节点到达另一节点的长度大于1的路径，用户-项目二部图中的高阶连通性包含丰富的语义信息，可用于协同过滤推荐方法。①② 例如路径$u_1—i_2—u_2$包含u_1和u_2之间行为的相似性，用户u_1和用户u_2都曾对i_2有过评分行为；在此基础上，更长的路径$u_1—i_2—u_2—i_4$(见图7-1中加粗线条部分)表明u_1可能对i_4感兴趣，因为与u_1相似的用户u_2曾与i_4发生交互。

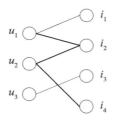

图7-1 用户-物品二部图

Wang 等③在前人的图卷积神经网络成果基础上，结合协同过滤与图卷积神经网络方法，提出图神经协同过滤方法(Neural Graph Collaborative Filtering，简称 NGCF)，NGCF 提出嵌入卷积层的设计，嵌入卷积层的工作主要包括三个步骤：邻域聚合、特征转换和非线性激活。邻域聚合是指卷积层聚合用户(或物品)节点的邻域节点向量表示，并以连续的多个卷积层进行多次聚合，借助二部图的高阶连通性提取实体节点间的关系，捕获其中的协同结构。特征转换和非线性激活是邻域聚合过程中对目标节点和邻域节点向量表示的复合计算过程。He 等④在 NGCF 的基础上，又提

①　HAMILTON W, YING Z, LESKOVEC J. Inductive representation learning on large graphs[J]. Advances in Neural Information Processing Systems, 2017, 30.

②　XU K, LI C, TIAN Y, et al. Representation learning on graphs with jumping knowledge networks[C]//International Conference on Machine Learning, 2018: 5453-5462.

③　WANG X, HE X, WANG M, et al. Neural graph collaborative filtering[C]//Proceedings of the 42nd international ACM SIGIR conference on research and development in information retrieval, 2019: 165-174.

④　HE X, DENG K, WANG X, et al. Lightgcn: Simplifying and powering graph convolution network for recommendation[C]//Proceedings of the 43rd International ACM SIGIR conference on research and development in information retrieval, 2020: 639-648.

出训练效率更快、效果更好的轻量图卷积神经网络（Light Graph Convolution Network，简称 LightGCN）。LightGCN 指出，不同于图卷积神经网络在设计之初是针对节点分类任务，该场景下节点具有丰富的属性项，而在协同过滤任务中每个节点仅有一项属性，即 ID 值，该 ID 除作为标识符外没有具体的语义。经数学建模和消融实验实证，He 认为 NGCF 的卷积层中特征转换和非线性激活对提取交互历史中的协同信号没有作用，反而会增加模型训练的难度，大幅减缓 NGCF 的训练速度。因此，LightGCN 在图卷积层去除 NGCF 中的特征转换和非线性激活过程，并减去图节点卷积自连接，仅保留邻域聚合模块，获得比 NGCF 更快的训练速度以及更好的性能表现。

LightGCN 模型的嵌入层将用户的历史数据转换为用户-物品二部图，在图卷积层对节点进行连续三次邻域聚合，提取用户和物品的交互特征，在预测层对不同卷积层生成的向量进行组合，组合的形式为加权求和，权重系数 α 控制第 k 层的向量在最终特征向量的占比，采用内积函数对用户和物品节点的最终特征进行计算，其结果作为用户对物品的预测评分，以此产生推荐列表。其中预测层采用加权求和的方式进行向量组合，是考虑到随卷积层数的增加，若仅使用最后一层则会获得过度平滑的向量，可能造成过拟合现象，而不同层生成的向量捕获不同阶连通性的语义，组合后的向量有更全面的语义。

7.1.2　基于 LightGCN 的慕课推荐方法

在图卷积神经网络捕捉图结构中实体间关系这一优势的基础上，考虑现有的慕课推荐方法面临数据稀疏和协同信息缺失的局限性，将图卷积神经网络应用到在线学习资源推荐领域，参考 He[①] 等提出的图卷积神经网络模型（LightGCN），实现对学习者之间、学习者与慕课之间交互特征的提取，构建基于 LightGCN 的慕课推荐方法，具体模型框架如图 7-2 所示。

该模型由嵌入层、图卷积层和预测层构成：

第一，嵌入层。嵌入层根据学习者的慕课学习历史构建学习者-慕课二部图，为每个学习者节点和慕课节点随机分配初始化向量，作为初始特征。

① HE X, DENG K, WANG X, et al. Lightgcn: Simplifying and powering graph convolution network for recommendation[C]//Proceedings of the 43rd International ACM SIGIR conference on research and development in information retrieval, 2020: 639-648.

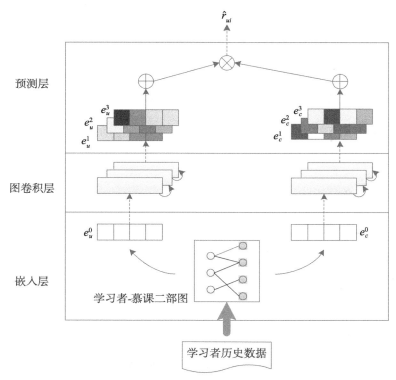

图 7-2　基于 LightGCN 的慕课推荐模型

第二，图卷积层。图卷积层由连续三层卷积层组成，每层卷积层利用节点的一阶邻居节点获取节点的交互特征，用来更新节点的特征向量。

第三，预测层。预测层聚合来自不同卷积层捕获的协同信息，得到节点最终的特征向量，并通过交互函数计算学习者对课程的感兴趣程度从而完成推荐。基于 LightGCN 的慕课推荐模型算法流程如表 7-1 所示。

表 7-1　　　　　　　图卷积神经网络慕课推荐算法流程

算法：基于 LightGCN 的慕课推荐模型算法
输入：学习者与慕课交互记录
输出：学习者对慕课的偏好程度预测评分
1 for 学习者 $u = \{1, 2, 3, \cdots, U\}$ do
2　　在二部图 G 中生成学习者节点 u，随机初始化节点 u 的向量表示
3　　　for 学习者 u 评价的每门课程 c do
4　　　　　在二部图 G 中生成慕课节点 c，随机初始化节点 c 的向量表示，关联节点 u 与节点 c

续表

5　　　end for

6 end for

7 for 二部图每个节点 ∈ G do

8　　　$e_u^{(l+1)} = \sum\limits_{c \in N_u} \dfrac{1}{\sqrt{|N_u|}\sqrt{|N_c|}} e_c^{(l)}$ 　　/ * 邻域节点信息提取,$L = \{0,1,2\}$

9　　　$e_c^{(l+1)} = \sum\limits_{u \in N_c} \dfrac{1}{\sqrt{|N_c|}\sqrt{|N_u|}} e_u^{(l)}$

10 end for

11 $e_u^* = \sum\limits_{l=0}^{L} \alpha_l e_u^{(l)}$

12 $e_c^* = \sum\limits_{l=0}^{L} \alpha_l e_c^{(l)}$

13 $\hat{r}_{uc} = e_u^{*T} e_c^*$

14 end

---

(1)嵌入层

嵌入层作为本书构建的基于图卷积神经网络的慕课推荐模型入口,按照图结构的数据组织形式,根据学习者与慕课的交互历史形成学习者-慕课二部图,表示为 $G(V, E)$,节点集合 V 分为学习者节点 V_u 和慕课节点 V_c 两个子集合,边集合 $E(V_u, V_c)$ 是学习者节点与慕课节点交互记录的集合,例如边 (V_{u1}, V_{c2}) 指学习者 u1 曾学习过课程 c2。然后嵌入层在二部图的基础上为学习者节点随机初始化嵌入向量 E_u^0,为慕课节点随机初始化嵌入向量 E_c^0。E_u^0、$E_c^0 \in R^d$,其中 d 为特征向量的维度。

(2)图卷积层

构建的基于图卷积神经网络的在线学习推荐模型的图卷积层由三层连续的图卷积层构成,每一层图神经网络利用图结构的连通性,捕获学习者节点及慕课节点的邻居节点信息,并传递到节点本身,从而挖掘学习者与慕课之间的交互关系,通过三层图卷积层的学习提取交互历史中隐含的协同信息。捕获邻居节点信息并传递至自身节点的公式表示如下:

$$e_u^{(l+1)} = \sum_{c \in N_u} \frac{1}{\sqrt{|N_u|}\sqrt{|N_c|}} e_c^{(l)}$$
$$e_c^{(l+1)} = \sum_{u \in N_c} \frac{1}{\sqrt{|N_c|}\sqrt{|N_u|}} e_u^{(l)} \tag{7-1}$$

其中，$e_u^{(l+1)}$ 表示由第 $l+1$ 层图神经网络生成的学习者 u 的特征向量，N_u 表示学习者 u 学习过的慕课集合，N_c 表示学习过慕课 c 的学习者集合，而 $|N_u|$、$|N_c|$ 分别表示集合 N_u、N_c 包含的元素数量，$e_c^{(l)}$ 表示由第 l 层图神经网络生成的慕课 c 的特征向量，本书中的图卷积层为三层，l 的取值范围为 $[0,2]$，对称归一项 $\dfrac{1}{\sqrt{|N_u|}\sqrt{|N_c|}}$ 避免图卷积过程生成的特征向量数值增速过快。

（3）预测层

所构建的基于图卷积神经网络的慕课推荐模型的预测层，以节点的初始化特征向量以及由图卷积层生成的向量表示为输入，对各层得到的特征向量进行聚合，作为学习者节点和慕课节点的最终特征表示为：

$$e_u^* = \sum_{l=0}^{L} \alpha_l e_u^{(l)}$$
$$e_c^* = \sum_{l=0}^{L} \alpha_l e_c^{(l)} \tag{7-2}$$

其中，α_l 表示第 l 层图卷积层生成的嵌入表示在构成最终嵌入表示时的权重（$\alpha_l \geq 0$），是随着学习过程自动优化的模型参数，也可以是手动设置的超参数。本书统一将 α_l 设置为 $1/(l+1)$，这样设置可以获得良好的表现并且降低训练的时间复杂度，避免使得网络模型复杂化、学习过程复杂化，从消息传递的角度该系数为折损系数，反映随着传播路径长度增长而信息传播的强度在衰减。

聚合特征向量后，预测层对学习者节点特征 e_u^* 和慕课特征 e_c^* 做点积运算，得到学习者 u 对慕课 c 的评分预测值，公式如下：

$$\hat{r}_{uc} = e_u^{*T} e_c^* \tag{7-3}$$

由于本模型的推荐模式为 Top-N 推荐，根据推荐评分预测值的大小排序生成长度为 N 的学习资源推荐列表，在训练过程中采用成对损失函数（Pairwise Loss），具体使用贝叶斯个性化排名损失函数（Bayesian Personalized Ranking，简称 BPR），BPR 损失函数令训练过程里推荐列表中正确的推荐项比错误的推荐项获得更高的预测评分，公式如下：

$$\text{Loss}_{BPR} = -\sum_{u \in U} \sum_{i \in N_u} \sum_{j \notin N_u} \ln \sigma(\hat{r}_{ui} - \hat{r}_{uj}) + \lambda \|E^0\|^2 \tag{7-4}$$

其中，E^0 是本模型训练过程需要学习的参数，U 为学习者集合，N_u 表示学习者 u 学习过的慕课集合，i 为可观察项即用户真实感兴趣的样本，

j 为不可观察项，$\sigma(\ )$ 为 Sigmoid 激活函数（$\sigma(x) = \dfrac{1}{1 + e^{-x}}$），$\|E^0\|^2$ 为 L2 正则化处理（$\|E^0\|^2 = \sum (E^0)^2$），能够防止模型训练过程过拟合现象，λ 为调整 L2 正则化强度的系数。

本模型采用 Adam 优化器在训练过程中优化 E^0，E^0 是输入层为学习者和课程节点初始化的向量表示，在 BPR 损失函数和 Adam 优化器的作用下通过学习者-二部图不断达到令损失函数最小的情况。

本节着眼当前基于协同过滤的慕课推荐方法面临的数据稀疏和协同结构缺失问题，提出利用图卷积神经网络对图结构包含的实体间关系良好的表征能力，将学习者的学习历史转换为学习者-课程二部图，引入 LightGCN 算法构建基于图卷积神经网络的慕课推荐方法。本节详细介绍了所提出模型的各个部分，从模型对交互历史数据的转换，到图卷积网络对节点邻域信息的捕获，再到预测层对多层生成特征向量的聚合和预测工作，最后介绍了该模型训练过程采用的损失函数和优化器。

7.2　考虑用户画像的图卷积神经网络慕课推荐

7.2.1　双重注意力网络提取评论语义用户画像构建

随着互联网 Web2.0 技术的应用，用户由浏览互联网提供的内容转变为参与互联网内容的生产过程，因而用户对物品的评价不仅包含评分，还包括由用户发表的针对物品的文本评论，文本评论作为用户在体验物品或服务后所给的补充反馈，是对评分的补充，同样反映用户的偏好信息。如何从用户的评论文本数据挖掘用户偏好信息，成为推荐系统领域学者关心的重点方向。然而对同一用户而言其于不同时间发表或对不同种类的物品发表的评论包含的信息可能是不同的，简单地说，就是不同的评论文本具有不同的重要性，部分评论包含大量的偏好信息，更有利于挖掘用户特征或商品特征，部分评论可能没有作用，基于此，本书就如何挖掘评论文本中隐含的用户偏好信息构建用户画像，以改进评分数据单一的问题展开研究，提出基于双重注意力网络提取评论语义信息，构建用户画像的方法，所构建模型的具体框架如图 7-3 所示。

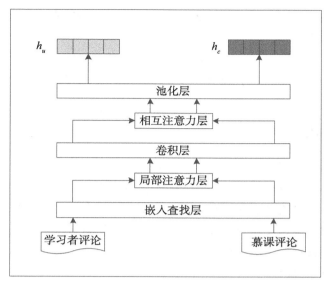

图 7-3 基于双重注意力网络提取评论语义用户画像构建模型

该模型由嵌入查找层、局部注意力层、卷积层、相互注意力层和池化层构成：

第一，嵌入查找层。在嵌入查找层利用文本处理模型将评论文本包含的最大数量为 L 的词映射为词向量，词向量的维度为 d，按照评论词原本在评论中出现顺序形成评论文本矩阵 $T \in R^{d \times L}$。

第二，局部注意力层。运用滑动窗口注意力机制对评论中每个词的权重进行学习，确定不同评论词对应的重要性。

第三，卷积层。对词向量矩阵 T 进行卷积运算，提取考虑局部上下文的语义特征信息。

第四，相互注意力层。在相互注意力层定义了相关性计算函数，对学习者评论和慕课评论之间的相关性进行计算。

第五，池化层。对相互注意力层输出的特征进行池化处理，在保留主要特征的同时减轻计算量，并防止过拟合。

（1）嵌入查找层

嵌入查找层是本书提出的基于双重注意力网络提取评论语义用户画像构建模型的入口，嵌入查找层的输入是学习者曾发表的评论文档和慕课收到的评论文档，评论文档由各条评论拼接产生，嵌入查找层利用自然语言处理领域的词向量生成模型 Word2vec，对经 jieba 中文分词处理的评论文本中包含的每个词映射为词向量，按照原顺序进行排列，将评论文档转换为评论词矩阵 $T^{d \times l}$：

$$T = [w_1, \ w_2, \ \cdots, \ w_l] \tag{7-5}$$

其中，$w_i(0 < i \leqslant l)$ 表示学习者（或慕课）评论文档中第 i 个词的向量表示，维度为 d。

(2)局部注意力层

考虑同一学习者针对多个课程发表的不同评论具有侧重性，即不同的评论包含不同数量级的语义信息。因此，对评论的重要性进行学习训练或许对提升评论语义抽取效果有贡献，基于此，本书在提出的基于双重注意力网络提取评论语义用户画像构建方法的局部注意力层，运用滑动窗口注意力机制对长评论文本进行处理。具体地，评论文档矩阵中第 i 个词的权重 q_i 计算公式如下：

$$w_{La, \ i} = (w_{i + \frac{-\theta + 1}{2}}, \ w_{i + \frac{-\theta + 3}{2}}, \ \cdots w_i, \ \cdots, \ w_{i + \frac{\theta - 3}{2}}, \ w_{i + \frac{\theta - 1}{2}})$$
$$q_i = \sigma(w_{La, \ i} \cdot W_{La} + b_{La}) \tag{7-6}$$

其中 θ 表示滑动窗口的大小，$w_{La, \ i}$ 表示以第 i 个词为中心时滑动窗口处理的局部对象，$\sigma()$ 表示非线性激活函数，这里采用 sigmoid 函数，W_{La} 是参数矩阵，b_{La} 为偏置项。

权重 q_i 反映了评论文档矩阵中第 i 个词向量的注意力权重，基于此，将第 i 个词向量更新为：

$$\hat{w}_i = q_i w_i \tag{7-7}$$

通过滑动窗口注意力机制对评论文档的词向量根据重要性进行重新赋权重后，评论文档矩阵对应地更新为：

$$\hat{T} = [\hat{w}_1, \ \hat{w}_2, \ \cdots, \ \hat{w}_l] \tag{7-8}$$

(3)卷积层

基于局部注意力层对评论文档中词向量赋予权重产生的评论文档矩阵 $\hat{T}$，本书在所提出的基于双重注意力网络提取评论语义用户画像构建方法的卷积层，对评论文档词向量矩阵进行卷积运算，在考虑局部上下文的情况利用卷积提取语义信息。具体地，局部上下文特征 c_i^j 的计算公式如下：

$$c_i^j = W_c^j * \hat{T}_{(:, i:(i + \theta - 1))} \tag{7-9}$$

其中，$*$ 为卷积运算，W_c^j 表示第 j 个卷积核的卷积权重向量，$\hat{T}_{(:, i:(i + \theta - 1))}$ 表示评论文档词向量矩阵中由第 i 个位置起的滑动窗口切片，

θ 表示滑动窗口的大小。

由于权重共享的卷积窗口仅能捕获一种上下文特征,对语义信息的提取或许不够全面。因此,在卷积层本书采用具有不同卷积权重的多个卷积核,多方面提取每个词向量的语义特征,经多个卷积核提取后,第 i 个词的上下文特征向量可表示为:

$$c_i = [\, c_i^1, \ c_i^2, \ \cdots, \ c_i^f \,] \tag{7-10}$$

其中,c_i^f 表示由第 f 个卷积核生成的上下文特征。

基于上述卷积运算,我们对所有学习者的评论文本和所有慕课的评论文本的向量表示为:

$$U = [\, c_1^u, \ c_2^u, \ c_3^u, \ \cdots, \ c_{lu}^u \,] \tag{7-11}$$

$$V = [\, c_1^i, \ c_2^i, \ c_3^i, \ \cdots, \ c_{li}^i \,]$$

其中,c_k^u 和 c_k^i 分别表示学习者评论文本和慕课评论文本中第 k 个词的上下文特征向量,lu 和 li 分别为学习者评论文本和慕课评论文本包含的最大词数量。

(4)相互注意力层

考虑学习者评论与慕课评论之间存在的联系,在本书提出的基于双重注意力网络提取评论语义用户画像构建模型的相互注意力层,利用相互注意力机制,对公式(7-11)中学习者语义特征 U 和慕课语义特征 V,按照欧氏距离计算两者之间的相关性,相关性计算公式具体为:

$$F_{re} = \frac{1}{1 + |\, c_k^u - c_j^i \,|} \tag{7-12}$$

根据相关性计算公式,学习者与慕课对应的相互注意力矩阵 $A \in R^{M \times N}$ 可表示为:

$$A = F_{re}(U, \ V) \tag{7-13}$$

其中,矩阵 A 的每个元素表示每组<学习者,慕课>特征的相关性,相关性矩阵 A 的第 k 行表示学习者 U 的每个上下文特征与慕课上下文特征矩阵 V 的相关性,类似地,相关性矩阵 A 的第 j 列表示慕课 V 的每个上文特征与矩阵 U 的相关性。基于此,特征向量 c_k^u 和 c_j^i 的相关性权重 g_k^u 和 g_j^i 计算公式分别如下:

$$g_k^u = \sum A[\, k, : \,] \tag{7-14}$$

$$g_j^i = \sum A[\, : , j \,]$$

（5）池化层

对于相互注意力层输出的特征向量，本书采用滑动窗口对连续的行向量做平均化处理，以生成更高粒度的特征，结合相互注意力层生成的权重，从而得到包含相互注意力权重的特征表示：

$$t_k^u = \sum_{k=k:\ k+\theta} g_k^u \cdot c_k^u$$

$$t_j^i = \sum_{j=j:\ j+\theta} g_j^i \cdot c_j^i \tag{7-15}$$

其中，$t_k^u \in U^u = [t_1^u,\ t_2^u,\ t_3^u,\ \cdots,\ t_{lu}^u]$，$t_j^i \in V^i = [t_1^i,\ t_2^i,\ t_3^i,\ \cdots,\ t_{li}^i]$，$t_k^u$ 表示学习者评论文档中第 k 处的上下文特征，类似地 t_j^i 表示慕课评论文档中第 j 处的上下文特征，θ 为滑动窗口大小。

为提取具有更好泛化能力的特征，减少不相关噪声，在局部池化层还进行了卷积操作和平均池化，具体处理方式如下：

$$h_h^j = \sigma\left(W_a^j U_{h:\ h+\theta-1}^u + b_a^j\right)$$

$$h_h = \mathrm{mean}\left(h_i^j,\ \cdots,\ h_{lu-\theta+1}^j\right) \tag{7-16}$$

$$h^u = [h_1,\ \cdots,\ h_f]$$

其中，W_a^j 表示第 j 个卷积核的权重，θ 为滑动窗口大小，b_a^j 为偏置项，h_h^j 为第 h 位置处的向量在第 j 个卷积核处理后的向量，h_h^j 经平均池化处理即得到 h_h，由此我们便得到最终的包含学习者-慕课相关性的学习者上下文特征表示 h^u。

（6）用户画像构建

用户画像层对上述流程输出的学习者语义特征表示进行多分类任务处理，来完成画像的构建，分类器采用 Softmax，利用交叉熵作为损失函数训练，具体如下：

$$Z^u = \mathrm{softmax}(h^u) \tag{7-17}$$

$$\mathrm{Loss} = -\sum_{u \in U} y^u \ln Z^u \tag{7-18}$$

7.2.2　考虑用户画像的图卷积神经网络慕课推荐

针对学习者-慕课评分数据单一的问题，通过本书提出的基于双重注意力网络提取评论语义用户画像构建模型，按照学习者评论文本和慕课文本划分并提取语义信息，结合图卷积神经网络对学习者-慕课二部图生成的学习者协同特征和慕课协同特征，在此基础上融合语义特征和协同特征，使新构建的协同-语义特征能够更全面地表示学习者对某一慕课的偏好信息。因此，本书提出考虑用户画像的图卷积神经网络慕课推荐模型（DAML-LightGCN），模型对双重注意力网络提取的评论语义特征，结合图卷积神经网络从二部图提取的交互特征，以期利用评论文本信息完善评分数据面临的数据稀疏和单一问题，模型的框架如图7-4所示。

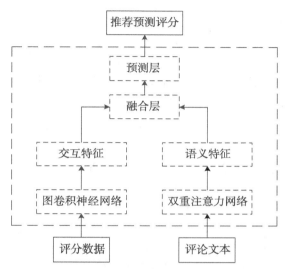

图7-4　考虑用户画像的图卷积神经网络慕课推荐模型

（1）评论语义画像特征与协同特征融合

为获取全面的学习者偏好和慕课特征，改善现有慕课推荐方法面临的数据稀疏、评分单一和协同信息缺失问题，本书将评论语义画像特征与协同特征进行融合，融合后的特征同时包含评论语义和评分特征，利用因子分解机（Factorization Machines，简称FM）捕获特征间高阶非线性交互信息，从而使预测效果更好。

本书定义的评论语义特征和评分特征融合策略如下：

$$z_u = e_u^* + h^u$$
$$z_c = e_c^* + h^c$$
$$\tag{7-19}$$

其中，e_u^*、e_c^*由图卷积神经网络根据学习者-慕课二部图进行图卷积运算而得的协同交互特征，见公式（2-2）；h^u、h^c由双重注意力提取学习者和慕课评论文本信息的评论语义特征，见公式（3-12）。

在z_u和z_c的基础上对二者做联结操作，形成$z = [z_u, z_c]$。

（2）慕课推荐模块

本书构建考虑用户画像的图卷积神经网络慕课推荐模块，以评论语义特征和协同交互特征融合后的特征向量为输入，采用因子分解机捕获学习者特征和慕课特征之间的交互信息，并预测学习者对慕课的偏好评分，以产生推荐结果。

本模块的预测函数如下：

$$\hat{r}_{uc}(Z) = w_0 + \sum_{i=1}^{|Z|} w_i z_i + \sum_{i=1}^{|Z|} \sum_{j=i+1}^{|Z|} \langle v_i, v_j \rangle z_i z_j \qquad (7\text{-}20)$$

其中，$\hat{r}_{uc}(Z)$ 是预测评分，z 是融合层产生的特征向量，w_0 为全局偏置项，$|Z|$ 为特征向量的数量，w_i 为特征向量的一阶系数，$\langle v_i, v_j \rangle$ 为二阶特征交互的系数，由 v_i 和 v_j 内积运算而得，v_i 和 v_j 分别是二阶系数矩阵的第 i 行和第 j 列。

本模块的任务场景是预测推荐评分，本质属于回归问题，故训练过程采用平方误差作为损失函数，具体如下：

$$\text{Loss} = \sum_{(u, c) \in R} (\hat{r}_{uc} - r_{uc})^2 + \lambda \|W\|^2 \qquad (7\text{-}21)$$

其中，R 是学习者-慕课评分矩阵，$\hat{r}_{uc}$ 为预测评分，r_{uc} 表示学习者 u 对慕课 c 的真实评分，W 表示全部的参数，λ 为控制 L2 正则化强度的系数，$\|W\|^2$ 表示 L2 正则化处理，避免训练过程产生过拟合现象。

本模块的训练过程使用批随机梯度下降法，采用 Adam 优化器对参数进行学习。

本节考虑学习者评分数据单一的问题，提出利用评论文本中的语义信息构建用户画像，全面提取学习者特征。基于此，本章阐述了基于双重注意力网络提取评论语义的用户画像构建模型的各层，对各层的设计进行详细的说明，其中使用局部注意力机制确定评论不同词向量的重要性，采用相互注意力机制计算学习者评论与慕课评论之间的相关性，连同卷积层和池化层进行学习者画像和慕课特征的提取。同时本章在用户画像构建模型基础上，介绍考虑用户画像的图卷积神经网络慕课推荐方法的特征融合模块和慕课推荐模块，特征融合模块对评论语义特征和由学习者-慕课二部图得出的交互协同特征进行融合，慕课推荐模块利用因子分解机对融合后的学习者特征、慕课特征进行训练，得出预测评分并生成推荐列表。

7.3　实验与结果分析

7.3.1　数据集与实验环境

(1)数据采集与预处理

①数据采集

为验证本书构建的考虑用户画像的图卷积神经网络慕课推荐方法的有效性，本书以中国大学 MOOC(慕课)国家精品课程在线学习平台的真实学习者作为研究对象，获取其评分与评论历史作为本书实验数据。本书借助 Java 爬虫开源框架 WebMagic，对中国大学慕课平台的网页元素标签进行分析，对应抓取学习者 id、课程资源信息、评分数据以及评论文本，并存储到本地数据库，所采集的相关数据在平台课程详情页的分布情况如图 7-5 所示。本书从中国大学慕课平台爬取自 2021 年 1 月至 2021 年 10 月共计 18 万余条数据，涵盖 16 项课程大类的两千余门课程以及 10 余万名学习者。

图 7-5　需采集数据在课程详情页的分布情况

部分数据采集结果如表 7-2 所示。

表 7-2　　　　　　　　　　　　**数据采集结果**

course_url	user_id	rating	review
https：//www. icourse163. org/course/WZU-1205796834	1388213850	4.0	没什么实例
https：//www. icourse163. org/course/WZU-1205796834	1021583337	5.0	这门课非常好
https：//www. icourse163. org/course/WZU-1205796834	1392147543	1.0	看不了啊咋回事
…	…	…	…
https：//www. icourse163. org/course/PKU-269001	4648560	5.0	学习到了不少有用的知识
https：//www. icourse163. org/course/PKU-269001	1141496376	5.0	对教学研究有了更深的认识,对课题选择更有实践意义
https：//www. icourse163. org/course/PKU-269001	1142306541	5.0	在这里学到了很多专业性知识

②数据清洗

出于对实验效果的考虑,在实验前对采集到的数据进行数据清洗,主要工作包括清洗异常值和空值、获取课程 id 以及评论文本清洗。清洗异常值和空值是指将数据中异常值和空值的所在进行整体剔除。获取课程 id 是从中国大学慕课平台爬取课程信息作为课程的 url 地址,截取 url 地址字符串包含的课程 id 作为该课程的唯一标识符,例如对"https：//www. icourse163. org/course/WZU-1205796834"处理后得到"WZU-1205796834"。

由于本书提出的用户画像模型基于评论文本提取学习者和课程特征构建学习者画像,评论文本是影响模型效果的重要因素。因此,在实验前对评论文本做清洗处理。不同于英语文本以空格作为分隔符,处理中文评论文本前,需要对评论进行分词处理,才能将中文评论转换为词向量表示。本书利用中文分词开源框架 jieba 对课程评论信息作分词处理,并对照"哈尔滨工业大学停用词表"去除评论中未表示有效信息的停用词,对原始评论文本中的标点符号、表情符号、无意义的数字字母和 HTML 标签以及停用词等噪声数据进行清洗，从而提升文本特征的维度、评论数据的质量。部分评论文本清洗效果如表 7-3 所示。

表 7-3　　　　　　　　　　　　评论文本清洗过程

清洗前	经分词处理后	经去除停用词后
多布置上机实验	多，布置，上机，实验	布置，上机，实验
每个知识点讲解得又简洁又易懂	每个，知识点，讲解，得，简洁，又，易懂	每个，知识点，讲解，简洁，易懂
比较强调代码的实现过程	比较，强调，代码，的，实现，过程	比较，强调，代码，实现，过程
感觉课程容量缩减太多了啊	感觉，课程，容量，缩减，太多，了，啊	感觉，课程，容量，缩减，太多
内容很多，但老师语速过快	内容，很多，但，老师，语速，过快	内容，很多，老师，语速，过快

（2）实验环境

本书的爬虫程序使用 Java 语言 1.8 版本编写，依赖爬虫框架 WebMagic0.7.3 版本实现，深度学习模型部分采用 Python 语言 3.8 版本编写，其中模型部分基于深度学习框架 PyTorch1.7.0 版本实现，数据预处理模块主要使用 pandas、gensim、jieba 完成。出于本实验构建的网络模型复杂程度较大，而本地的 GPU 算力有限的考虑，采用云算力租赁平台 AutoDL 提供的硬件环境，具体配置如表 7-4 所示。

表 7-4　　　　　　　　　　　　硬 件 环 境

实验设备	详细配置
CPU	4 核 Intel(R) Xeon(R) Silver 4110 CPU@2.10GHz
GPU	RTX 2080 Ti
内存	16GB
硬盘空间	120GB

（3）实验评测指标

①图卷积神经网络协同过滤推荐方法评测指标

为验证本书基于图卷积神经网络协同过滤推荐方法的性能效果，实验采用推荐系统 Top-N 推荐任务中常用的召回率（Recall）和归一化折损累计增益（Normalized Discounted Cumulative Gain，简称 NDCG）作为评测指标，Recall 值反映推荐模型经训练集数据学习相关参数后为用户推荐的结果中，用户真实感兴趣的数量，NDCG@N 值反映在 Top-N 推荐场景下，用户真实感兴趣的物品在推荐列表中出现的先后顺序，推荐方法计算得出的 Recall 值和 NDCG@N 值越大，说明推荐物品中用户真正感兴趣的越多，顺序越准确，推荐效果越好，反之则说明推荐方法的效果与真实情况偏差较大。Recall 和 NDCG@N 的计算公式如下：

$$Recall = \frac{\sum_{u \in U} |R(u) \cap T(u)|}{\sum_{u \in U} |T(u)|} \tag{7-22}$$

$$DCG_u@N = \sum_{i=1}^{N} \frac{2^{re_i} - 1}{\log_2(i+1)} \tag{7-23}$$

$$NDCG@N = \frac{1}{|U|} \sum_{u \in U} \frac{DCG_u@N}{IDCG_u@N} \tag{7-24}$$

其中，$R(u)$ 代表推荐模型向用户 u 推荐的项目列表，$T(u)$ 代表测试集中与用户 u 真实发生交互的项目；$DCG_u@N$ 表示为用户 u 生成的长度为 N 的推荐列表有效性，re_i 表示推荐列表第 i 个项目对于用户兴趣的有效性或相关性，在 TOP-N 推荐任务场景中取值范围通常为 $\{0, 1\}$，$IDCG_u@N$ 表示最理想状态下推荐列表的有效性，即推荐列表的 N 个项目按照用户 u 的真实兴趣排序下的 $DCG_u@N$ 值，$|U|$ 表示用户集合的大小。

②基于双重注意力网络提取评论语义的用户画像构建方法评测指标

为验证本书基于双重注意力网络提取评论语义的用户画像构建方法的性能效果，实验采用多分类问题常用的准确率（Accuracy）和精准率（Precision）作为评测指标。准确率表示所有预测样本中正确预测的比例，精准率表示预测为正例的样本中真实值为正例的比例，具体公式如下：

$$Accuracy = \frac{TP+TN}{TP+TN+FP+FN} \tag{7-25}$$

$$Precision = \frac{TP}{TP+FP} \tag{7-26}$$

其中，TP、TN、FP 和 FN 的含义如表 7-5 所示。

表 7-5   混淆矩阵

	预测值为正例	预测值为负例
真实值为正例	TP（Ture Positive）	FN（False Negative）
真实值为负例	FP（False Positive）	TN（True Negative）

③考虑用户画像的图卷积神经网络慕课推荐方法评测指标

为验证本书提出的考虑用户画像的图卷积神经网络慕课推荐方法的性能效果，实验采用平均绝对误差（Mean Absolute Error，简称 MAE）作为评测指标，MAE 是评分预测任务常用的评测指标，衡量预测评分与真实评分的误差，MAE 值越小，则预测值与真实值误差越小，推荐结果越准确。MAE 的计算公式如下：

$$MAE = \frac{1}{N} \sum_{(u, c) \in R} |r_{u, c} - \hat{r}_{u, c}| \tag{7-27}$$

其中，R 表示评分矩阵，$r_{u, c}$ 表示学习者 u 对学习资源 c 的真实评分，$\hat{r}_{u, c}$ 表示由推荐系统计算得出的预测评分，N 为测试样本数量。

7.3.2 实验过程与结果分析

（1）基于图卷积神经网络的慕课推荐效果评估

①数据准备

本书提出的基于图卷积神经网络的慕课推荐方法在实验环节需要用到经处理的数据中的"user_id""course_id"和"rating"字段，作为构建学习者-慕课二部图的依据，由于"rating"评分的范围为[1, 5]，实验将学习者大于等于 3.0 的评分视作学习者对慕课的正例，在二部图的学习者中节点与相应的课程节点相连，学习者小于等于 2.0 的评分记录以及未打分的课程被视作负例，其与课程的关系不予在二部图中显现。如学习者 u 的评分历史分别是（c_1：5.0；c_2：3.0；c_3：1.0），则学习者-慕课二部图中学习者节点 u 与课程节点 c_1 和节点 c_2 具有连通性，u 与其他课程节点无连通性，如图 7-6 所示。

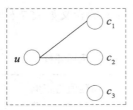

图 7-6 学习者 u 与课程 c_1、c_2、c_3 在二部图中的关系

首先，考虑原始数据集过大，仅筛选有五次及以上评分行为的学习者以及不少于 100 名学生参学及评分的课程作为实验对象；其次，对符合要求的数据进行重构索引，将 user_id 和 course_id 的原索引分别映射为连续索引；最后，以 3.0 评分为界限，对学习者评分超过 3.0 分的课程视作正例交互记录，在学习者-课程二部图中以节点间通过边相连表示出学习者与慕课的联系。评分数据经处理后部分数据如表 7-6 所示。

表 7-6 　　　　　　　　　　学习者-慕课二部图部分节点

user_id	course_id
0	317 416 600 605 618 713
1	93 173 182 192 278 296 398 404 510
2	11 150 151 229 331 352 461 536 538 573
...	...
3942	165 238 293 294 302 409 527 530 633

②超参数设置

本书提出的基于图卷积神经网络的慕课推荐模型中超参数设置如表 7-7 所示。

表 7-7 　　　　基于图卷积神经网络的慕课推荐模型超参数设置

标识符	描述	参数值
embedding size	特征向量维度	64
l	图卷积层数	3
α_l	各卷积层特征权重系数	$1/1+l$
λ	L2 正则化系数	1e-4

续表

标识符	描述	参数值
epoch	训练轮次	100
learning rate	学习率	0.001
K	推荐列表长度	20
batch size	批次大小	128

其中，特征向量维度 embedding size 是所要提出的学习者-慕课二部图中交互协同特征向量的维度，在一定范围内，维度越大，特征向量越能够全面地表示学习者偏好信息和课程信息，同时维度越大模型的复杂程度越高，训练速度越慢。图卷积层数 l 调节图卷积神经网络中邻域信息提取的阶数，过于高阶的连通性可能使得邻域节点信息聚合过于平滑，即 l 值过高可能导致过拟合，而低阶的连通性可能不足以让模型捕捉交互历史中节点之间的协同信息。各卷积层特征权重系数 α_l 是预测层的聚合函数中，对各层图卷积网络生成的节点特征向量给予的不同权重，反映由不同层生成特征的重要性。L2 正则化系数 λ 控制 L2 正则化处理的强度，避免模型出现过拟合问题。训练轮次 epoch 表示模型训练的次数，对全部样本进行一次训练对应一个 epoch 流程，模型训练效果将在 epoch 到达一定数量后趋于收敛。学习率 learning rate 是模型训练中每次根据损失函数对学习参数调整的幅度，学习率较小可能导致模型速度过慢，迟迟无法到达收敛状态，该值越大则模型的训练步幅越大，收敛速度越快，但过大可能造成损失函数无法达到最小值。

③基线方法

A. SVD[①]：奇异值分解（Singular Value Decomposition，简称 SVD）是一种常见的矩阵分解方法，借助奇异值矩阵将评分矩阵分解为低维形式的用户表示和项目表示，以此对评分矩阵进行填充并产生推荐。

B. NCF[②]：神经协同过滤（Neural Collaborative Filtering，简称 NCF）将深度学习与协同过滤推荐方法结合，利用多层感知机非线性地获取用户和

---

① KOREN Y，BELL R，VOLINSKY C. Matrix factorization techniques for recommender systems [J]. Computer，2009，42(8)：30-37.

② KIM D，PARK C，OH J，et al. Convolutional matrix factorization for document context-aware recommendation [C]//Proceedings of the 10th ACM conference on recommender systems，2016：233-240.

项目之间的交互特征。

C. NGCF①：图神经协同过滤（Neural Graph Collaborative Filtering，简称 NGCF）在图卷积网络工作的基础上，利用多层图卷积网络对图节点做邻域聚合、特征变换和非线性激活，获取用户和物品的嵌入表示，以点积运算来预测评分。

④结果讨论

基于表 7-7 的参数设置，本实验构建了基于图卷积神经网络的慕课推荐模型，将本书所提出的方法在按照比例划分的训练集和测试集上分别进行训练和测试，与此同时采用基线方法对相同的实验数据开展训练并测试，得到 SVD、NCF、NGCF 和 LightGCN 在慕课推荐任务中的性能效果及对比，如表 7-8 和图 7-7 所示。

表 7-8　　　　　　　　各模型在实验数据上的性能

模型	召回率	归一化折损累计增益
SVD	0.019	0.011
NCF	0.021	0.014
NGCF	0.025	0.013
LightGCN	0.031	0.019

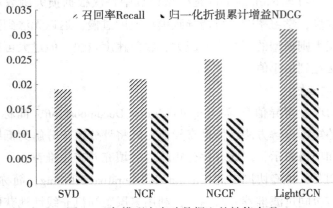

图 7-7　各模型在实验数据上的性能表现

① WANG X, HE X, WANG M, et al. Neural graph collaborative filtering[C]//Proceedings of the 42nd international ACM SIGIR conference on research and development in information retrieval，2019：165-174.

　　由上可见，在相同的实验环境和数据集上，本书基于图卷积神经网络的慕课推荐方法召回率为 0.031，归一化折损累计增益为 0.019，优于作为对比的基线方法。其中，本书所用方法在召回率指标上，相较 SVD、NCF 和 NGCF 分别提高 0.012、0.01 和 0.006，在归一化折损累计增益上，相较 SVD、NCF 和 NGCF 分别提高 0.008、0.005 和 0.006。

　　由实验结果可得，本书提出基于图卷积神经网络的慕课推荐方法在 TOP-N 推荐任务中，在召回率和归一化折损累计增益指标上均有更好的表现，验证了该方法的有效性。

　　⑤参数分析

　　本部分介绍实验中的参数调优过程，对实验中可能影响推荐方法性能的部分超参数进行分析，探究不同超参数值下的性能效果。

　　A. 图卷积层数 l

　　图卷积层是基于图卷积神经网络的推荐方法中提取高阶非线性交互特征的主要模块，基于消息传递机制将节点的邻域节点特征传递到其本身并更新，图卷积层数控制消息传递路径的长度，对提取特征的效果产生直接影响。为探究图卷积层数对模型性能的影响，本实验在保持其他超参数不变的条件下，设置不同图卷积层数开展对比实验以分析图卷积层数对推荐效果的影响，结果如图 7-8 所示。

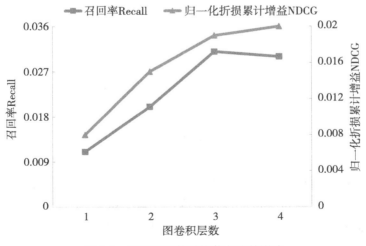

图 7-8　图卷积层数对推荐方法的影响

　　由图 7-8 可知，对图卷积层数的分析区间为 $[1,4]$，当图卷积层数 l 取 1 时，随着层数的增加，本书推荐方法的召回率和归一化折损累计增益均呈上升态势，当图卷积层数为 3 时，模型效果即取得较好效果，在此基础上继续增加层数提升效果不明显，且会加大训练成本，由此可以说明图卷积层数设置为 3 时可以有效提升推荐效果。

B. 特征向量维度 embedding size

特征向量维度是本书中图卷积神经网络推荐方法提取的学习者嵌入表示与慕课嵌入表示的维度大小，不同维度的特征向量包含不同的信息量，维度过小则不利于泛化，维度过大则可能导致模型无法有效提取交互特征。为分析特征向量维度对模型性能的影响，本实验在保持其他超参数不变的条件下，设置不同维度进行评测，以分析该参数对推荐效果的影响，结果如图 7-9 所示。

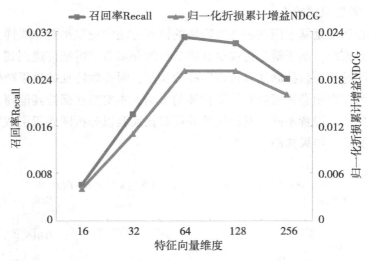

图 7-9　特征向量维度对推荐方法的影响

由图 7-9 可知，对特征向量维度分析的区间为［16，256］，当 embedding size 处于［16，64］区间时，随着特征维度的增加，召回率和归一化折损累计增益有明显的上升，在取到 64 时取得最佳性能表现，此时进一步增大特征向量维度，性能会有所下降，同时加大了训练难度。因此，特征向量维度设置为 64 可以有效提升推荐方法的性能。

（2）基于双重注意力网络提取评论语义构建用户画像效果评估

①数据准备

本书提出的基于双重注意力网络提取评论语义构建用户画像方法在实

验环节需要用到经处理的数据中的"user_id"字段、"course_id"字段以及对应的评论文本。由于本方法以全部评论文档的形式对学习者和慕课建模，而不是针对单条评论建模。因此，首先以 user_id 和 course_id 为唯一标识符，筛选学习者发表过的所有评论和慕课收到的所有评论，并拼接得到评论文档作为输入。

考虑原数据集过大，仅筛选发表五次及以上评论行为的学习者以及不少于 100 名学生评论过的慕课作为实验对象，同时，在拼接评论文档时，将单条评论的最大字数设置为 100 字，超出 100 字的部分不予拼接至文档，考虑实际训练成本问题，单个学习者评论文档拼接的评论条数不超过 20 条，单个慕课评论文档拼接的评论条数不超过 50 条。

②超参数设置

本书对提出的基于双重注意力网络提取评论语义构建用户画像模型中超参数设置如表 7-9 所示。

表 7-9　基于双重注意力网络提取评论语义构建用户画像模型超参数设置

标识符	描述	参数值
word embedding size	词向量维度	100
convolution kernel	卷积核数	100
sliding window size	滑动窗口大小	3
λ	L2 正则化系数	1e-4
epoch	训练轮次	100
learning rate	学习率	1e-5
dropout	屏蔽神经元数	0.2
batch size	批次大小	128

其中，词向量维度是通过评论词由 Word2vec 映射而得向量的维度，一定范围内词向量维度越大，评论语义越能被全面表示，同时向量维度增大会降低训练速度。卷积核数和滑动窗口大小控制注意力网络提取语义特征时的能力。L2 正则化系数 λ 控制 L2 正则化处理的强度，避免模型过拟合。训练轮次 epoch 表示模型训练的次数，对全部样本进行一次训练对应一个 epoch 流程，模型训练效果将在 epoch 到达一定数量后趋于收敛。学习率 learning rate 是模型训练中每次根据损失函数对学习参数调整的幅度，学习率较小可能导致模型速度过慢，迟迟无法到达收敛状态，该值越大则

模型的训练步幅越大，收敛速度越快，但过大可能造成损失函数无法达到最小值。

③基线方法

A. LDA[①]：隐狄利克雷分布（Latent Dirichlet Allocation，简称 LDA）模型是一种常见的主题模型用户画像方法，以概率分布抽取每篇文档的主题，根据主题分布对文本分类完成用户画像。

B. ConvMF[②]：卷积矩阵分解模型（Convolutional Matrix Factorization，简称 ConvMF）利用卷积神经网络对物品的评论文本提取特征。

C. DeepCoNN[③]：深度卷积神经网络模型（Deep Convolution Neural Network，简称 DeepCoNN）在 ConvMF 提取物品评论文本的基础上加入用户的评论文本，使用深度学习模型进行训练。

④结果讨论

基于表 7-9 的参数设置，本实验构建了基于双重注意力网络提取评论语义的用户画像构建模型，将本书所提出的方法在按照比例划分的训练集和测试集上分别进行训练和测试，与此同时采用基线方法对相同的实验数据开展训练并测试，得到 LDA、ConvMF、DeepCoNN 和 DAML 在用户画像任务中的性能效果及对比，如表 7-10 和图 7-10 所示。

表 7-10　　　　　　　　　各模型的准确率和精准率

模型	准确率	精准率
LDA	0.019	0.011
ConvMF	0.021	0.014
DeepCoNN	0.025	0.013
DAML	0.031	0.019

① BLEI D, NG A, JORDAN M. Latent dirichlet allocation[J]. Journal of Machine Learning Research, 2003, 3(1): 993-1022.

② KIM D, PARK C, OH J, et al. Convolutional matrix factorization for document context-aware recommendation[C]//Proceedings of the 10th ACM conference on recommender systems, 2016: 233-240.

③ ZHENG L, NOROOZI V, YU P S. Joint deep modeling of users and items using reviews for recommendation[C]//Proceedings of the tenth ACM international conference on web search and data mining, 2017: 425-434.

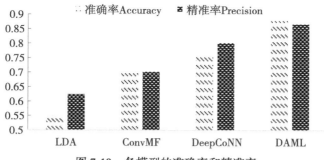

图 7-10　各模型的准确率和精准率

由图 7-10 可见，在相同的实验环境和数据集上，本书基于双重注意力网络提取评论语义用户画像构建模型的准确率为 0.878，精准率为 0.866，均优于作为对比的基线方法。其中，本书所用方法在准确率指标上，相较 LDA、ConvMF 和 DeepCoNN 分别提高 0.325、0.182 和 0.12，在精准率指标上，相较 LDA、ConvMF 和 DeepCoNN 分别提高 0.242、0.165 和 0.065。

由实验结果可知，本书基于双重注意力网络提取评论语义用户画像构建模型在多分类任务中，准确率和精准率指标上均有更好的表现，验证了该方法的有效性。

⑤参数分析

本部分介绍实验中的参数调优过程，对实验中可能影响用户画像构建性能的部分超参数进行分析，分析不同超参数值对模型的影响。

A. 词向量维度 word embedding size

词向量维度是本书提出的双重注意力网络提取评论语义特征的维度，词向量维度越多，则特征越多，每个词之间有更准确的表示和更高的区分度，但同时过高的维度会淡化词之间的联系，达不到寻找词之间联系的目的，同时增大模型训练成本。为分析词向量维度对画像模型的影响，本实验在保持其他超参数不变的条件下，设置不同的词向量维度进行实验，结果如图 7-11 所示。

由图 7-11 可知，对词向量特征维度分析的区间为 [50，250]，当词向量维度由 50 增加至 100 时，准确率和精准率有明显的提升，当词向量维度设置为 100 时，模型得到最佳的表现。结果表明适当增加词向量的特征维度，能够提升推荐模型的性能，若进一步增大词向量维度，由于评论文本的语料有限，更大的词向量维度将减弱词与词之间的联系，模型的性能将有所下降。

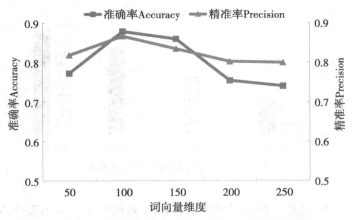

图 7-11　词向量特征维度对用户画像构建方法的影响

B. 屏蔽神经元率 dropout

为缓解本书中用户画像构建方法在训练过程中可能出现的过拟合现象，实验采用了 dropout 策略，dropout 是指在深度网络训练过程中，按照一定的比率随机暂时屏蔽部分神经元，能够有效防止卷积神经网络出现过拟合现象。本实验在保持其他超参数不变的条件下，设置不同 dropout 值开展实验以分析对模型的影响，结果如图 7-12 所示。

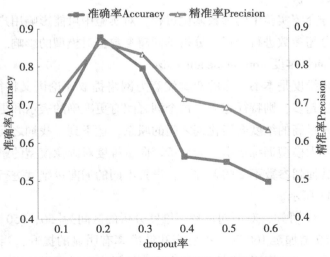

图 7-12　dropout 率对用户画像构建方法的影响

由图 7-12 可知，对参数 dropout 分析的区间为[0.1，0.6]，dropout 值取 0.2 时，模型在准确率和精准率上取得最佳表现。当 dropout 值小于等于 0.2 时，dropout 值的增加使得准确率和精准率上升，当 dropout 值大于 0.2 时，dropout 值的增加使得准确率和精准率呈明显下降趋势。结果表明恰当的 dropout 比例能够有效缓解训练过程的过拟合问题，增强模型的泛化能力，随着屏蔽神经元比例的扩大，模型无法充分提取特征，导致模型推荐性能下降。

(3)考虑用户画像的图卷积神经网络慕课推荐效果评估

①超参数设置与基线方法

为验证本书提出的考虑用户画像的图卷积神经网络慕课推荐模型 DAML-LigthGCN 的有效性，本节实验将提取评论文本用户画像构建方法应用在实验一的基线方法上进行对比实验，LightGCN 同时也作为一个对比项。相关的超参数设置参照前文实验的分析讨论，具体如表 7-11 所示。

表 7-11 　　　　　　　　　**DAML-LightGCN 模型超参数设置**

标识符	描述	参数值
word embedding size	词向量维度	100
interaction embedding size	交互特征向量维度	64
l	图卷积层数	3
epoch	训练轮次	100
learning rate	学习率	1e-5
dropout	屏蔽神经元数	0.2
batch size	批次大小	128

②结果讨论

基于表 7-11 的参数设置，本书构建 DAML-LightGCN 模型，于相同的实验环境下与基线方法在真实数据集上评测推荐效果，得到各模型在慕课推荐任务中的表现(如表 7-12 和图 7-13 所示)。

表 7-12 　　　　　　　　　**各模型在实验数据上的性能**

模型	平均绝对误差
DAML-SVD	0.452
DAML-NCF	0.426

续表

模型	平均绝对误差
DAML-NGCF	0.379
LightGCN	0.528
DAML-LightGCN	0.313

　　由表 7-12 可知，基于双重注意力网络提取评论语义特征构建用户画像应用在基线方法上，取得了比单一基于评分历史进行推荐的 LightGCN 图卷积神经网络推荐方法更好的表现，考虑用户画像的图卷积神经网络慕课推荐模型 DAML-LightGCN 在所有方法中取得最优性能，证明了本书提出的用户画像构建方法的有效性，评论文本含有的语义信息结合评分历史能够更加全面地反映学习者的偏好，从而能够改进慕课推荐方法的效果。

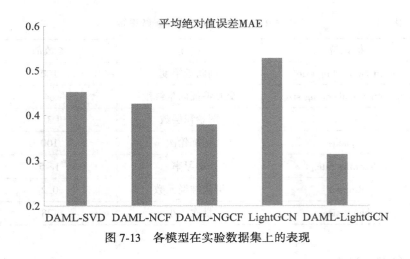

图 7-13　各模型在实验数据集上的表现

7.3.3　实验结论

　　本书根据上述实验的实验过程、结果讨论以及参数分析，得出以下结论：

　　(1)基于图卷积神经网络能够有效改善慕课推荐方法的效果。通过实验，可以发现将评分历史转换为学习者-慕课二部图的条件下，图卷积神经网络能够通过高阶连通性捕获图节点之间的关联关系，基于关联关系更新节点的特征向量表示能够有效提取评分历史中的协同信息，从而改进了慕课推荐方法的效果。

（2）双重注意力网络能够有效提取评论文本中的信息，并构建用户画像。通过实验，展示出局部注意力机制对学习者或慕课评论文本重要性的计算，以及相互注意力机制对学习者对应慕课评论词之间的相关性，改进静态特征无法充分捕获学习者偏好和慕课特征的问题。

（3）评论文本能够作为评分数据的补充缓解慕课推荐方法面临的数据单一的局限性。实验结果表明，利用双重注意力网络对学习者评论文档和慕课评论文档中的局部重要性和相互重要性进行度量，能够有效地提取评论文本包含的语义信息，与图卷积网络提取的学习者偏好和慕课特征融合，提升慕课推荐方法的性能表现。

本节主要研究了基于图卷积神经网络的慕课推荐方法、基于双重注意力网络提取评论语义用户画像构建方法以及考虑用户画像的图卷积神经网络慕课推荐方法的性能评测相关实验内容，具体分为实验准备、实验过程和实验结果讨论展开。实验准备部分介绍了本书所需要的慕课学习有关数据的采集、清洗和预处理工作，还介绍了开展实验所用的软件依赖和硬件设施，以及描述各实验采用的评测指标。在实验过程和结果讨论部分，围绕本书提出的三个方法分别开展实验，讨论结果并分析参数。首先，针对基于图卷积神经网络的慕课推荐方法与基线方法在真实数据集上的性能进行对比，以此说明其有效性，并分析不同超参数设置对方法的影响。其次，开展实验论证基于双重注意力网络提取评论语义用户画像构建方法与基线方法的性能差异和参数分析。最后研究考虑用户画像的图卷积神经网络慕课推荐方法的有效性，通过学习者-慕课二部图获取学习者和慕课的交互特征，并利用双重注意力网络提取评论文本的语义特征，作为评论文本对交互历史的补充，融合交互特征与语义特征进行推荐，与基线方法进行对比，分析考虑用户画像对慕课推荐方法的效果，得出最后的实验结论。

8. 高校大数据的慕课群组推荐方法

8.1 基于 BERT-wwm-ext 的课程评论情感分析

8.1.1 BERT-wwm-ext 模型概述

语言模型(Language model,简称 LM)在机器翻译、句法分析、语音识别等 NLP 领域的研究中具有举足轻重的地位。不同于早期的专家语法规则语言模型、统计语言模型和目前广泛应用的单向神经网络语言模型,双向转换编码表示(Bidirectional Encoder Representations from Transformers,简称 BERT)模型是一种大规模双向预训练语言模型,采用"大规模数据预训练(Pre-Training)——下游任务微调训练(Fine-Tuning)"两阶段训练模式,通过 Fine-Tuning 将预训练模型应用到下游任务中。

BERT 预训练阶段采用的训练策略主要有两种:一种是掩码语言模型(Masked Language Model,简称 MLM)策略,另一种是句子连贯性判定(Next Sentence Prediction,简称 NSP)策略。对于不同的 NLP 任务,采用的预训练策略不同,输出的形式也不同。其中,MLM 的预训练策略是基于 WordPiece 方式对文本进行分词操作并生成词序列,随机遮盖序列中的单词,让模型基于上下文来预测被遮盖的内容。然而,WordPiece 分词方式会将一个有完整含义的词分割成若干个子词,这些被分开后失去原有含义的子词可能被随机遮盖住。

为了改进这种训练样本生成策略,谷歌根据全词 Mask(Whole Word Masking,简称 WWM)方法于 2019 年 5 月 31 日发布了 BERT-wwm[①] 模型。

① CUI Y, CHE W, LIU T, et al. Pre-training with whole word masking for Chinese bert[J]. ArXiv Preprint ArXiv: 1906.08101, 2019.

在 BERT-wwm 模型中，如果在一个完整的词中某个子词被遮盖，则该词的其他子词也都被遮盖。示例如表 8-1 所示：

表 8-1　　　　　　　　　**BERT 及其改进模型的预训练策略示例**

原始语料	视频讲解非常详细，还有课堂讨论可以交流学习经验
BERT	视[MASK]讲解非常详细，还有课堂讨论可[MASK]交流学习经验
BERT-wwm	[MASK][MASK]讲解非常详细，还有课堂讨论[MASK][MASK]交流学习经验

在 BERT-wwm 的基础上，哈工大讯飞联合实验室发布了一个升级版的中文预训练语言模型——BERT-wwm-ext①。该模型主要有两点改进：一是扩大了预训练语料的规模，在预训练模型时使用了涵盖新闻、百科以及问答等总词数多达 5.4B 的语料；二是增加了训练步数，在预训练阶段训练了 1M 步，在下游任务微调阶段训练了 400K 步。本书正是基于 BERT-wwm-ext 预训练语言模型来计算慕课评论文本情感分值。

8.1.2　基于 BERT-wwm-ext 的慕课评论情感分值计算

由于慕课用户对课程的评分数据是用户主观的评分结果，存在评价维度比较片面的问题。因此，本书提出通过深度学习预训练语言模型 BERT-wwm-ext 来计算慕课评论情感分值，然后将评论情感分值融合到评分数据中，以完善用户评分数据，进而更准确地表达慕课用户对课程的偏好。

（1）输入层

BERT-wwm-ext 的具体预训练方法是：随机选择预训练语料中 15% 的词作为训练样本，这些样本有 80% 的概率被[MASK]掩码替换，10% 的概率被随机的词替换，10% 的概率保持不变。每个输入序列的头部都要添加一个标记[CLS]表示序列开始，在输出时，仅通过标记[CLS]就可以得到整个句子的信息。由于一些预训练任务需要对前后句子作区分，因此，使用[SEP]来标记分割位置。在语料输入后，首先会对语料进行上述标记生成标记嵌入层；然后会对语料进行句子层级的分割，对前一个句子中的每

---

① CUI Y, CHE W, LIU T, et al. Chinese-BERT-wwm[EB/OL].（2021-1-27）[2021-2-1]. https：//github.com/ymcui/Chinese-BERT-wwm.

个词添加 A 嵌入标识，对后一个句子添加 B 嵌入标识（通常将 A 句中的词赋值为 0，将 B 句中的词赋值为 1），生成分割嵌入层；在此基础上，对每一个词进行位置编码，生成位置嵌入层；最后，对这三层嵌入层进行加总，将其作为隐藏层的输入内容。图 8-1 以评论语料"老师很好 讲得清楚"为例，展示了 BERT-wwm-ext 模型的输入表示构造过程。

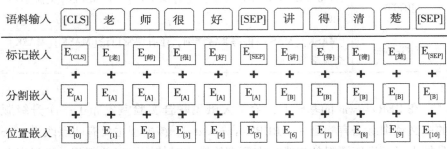

图 8-1   BERT-wwm-ext 模型输入表示构造过程

（2）BERT-wwm-ext *层*

BERT-wwm-ext 预训练模型在整体结构上与 BERT 相同，如图 8-2 所示：

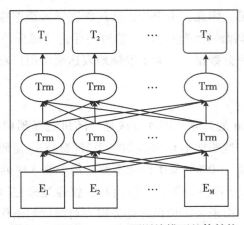

图 8-2   BERT-wwm-ext 预训练模型整体结构

其中，E 代表语料中的单个字或词，Trm 代表 Transformer 编码器，T 代表最终计算得出的隐藏层结果。

Transformer 模型主要由编码器和解码器两部分构成。其中，编码器用于将自然语言序列映射成隐藏层，而 BERT-wwm-ext 预训练模型使用的正是 Transformer 的编码器部分。Transformer 编码主要包括两大模块，一个是多头自注意力机制（Multi-Head Self-Attention Mechanism，简称 MHSAM），另一个是前馈神经网络（Feed-Forward Network，简称 FFN），而 MHSAM 与 FFN 之间不仅需要通过残差连接，还要进行层归一化的规范化处理，以达到优化深度网络的效果，其结构如图 8-3 所示：

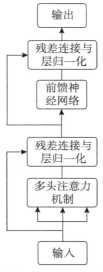

图 8-3　Transformer 的编码器结构

　　神经网络中的自注意力机制（Self-Attention Mechanism，简称 SAM）仅关注输入信息中与任务相关的内容，自动忽略不相关的信息，其输入由查询（Query）、键（Key）和值（Value）组成。通过 Softmax 函数计算一组 Key 与 Query 的点积再除以 $\sqrt{d_k}$ 的商（d_k 代表键的维度），以此作为 Value 的权重，并通过与 Value 进行乘法操作，获得自注意力矩阵，其公式[①]如下：

$$\text{Attention}(Q,\ K,\ V) = \text{softmax}\left(\frac{QK^T}{\sqrt{d_k}}\right)V \tag{8-1}$$

　　其中，Q、K、V 各代表由 Query、Key、Value 构成的矩阵。

　　由于单个注意力机制容易出现过拟合的问题，因此，MHSAM 通过集成多次自注意力矩阵，使得模型在不同的表示子空间里学习到句子内部的

① VASWANI A, SHAZEER N, PARMAR N, et al. Attention is all you need[J]. ArXiv Preprint ArXiv：1706.03762, 2017.

词依赖关系，从而捕获句子结构。具体公式如下：

$$\mathrm{MultiHead}(Q,\ K,\ V) = \mathrm{Concat}(\mathrm{head}_1,\ \cdots,\ \mathrm{head}_h)W^O,$$

$$\mathrm{head}_i = \mathrm{Attention}(QW_i^Q,\ KW_i^K,\ VW_i^V) \tag{8-2}$$

除了 MHSAM 层之外，Transformer 编码器还有一个全连接的 FFN 层。FFN 层由两层线性变换组成，在层与层之间使用 ReLU 函数进行激活，其具体计算公式如下：

$$\mathrm{FFN}(x) = \mathrm{ReLU}(\mathrm{Linear}(\mathrm{Linear}(X_{\mathrm{attention}}))) \tag{8-3}$$

（3）输出层

为了得到慕课评论情感分值，本书对 BERT-wwm-ext 模型的下游任务进行设计，在原来情感分类任务的基础上加入神经网络结构，以进一步计算评论文本情感分值。在输出层中，首先将 BERT-wwm-ext 预训练模型的结果输入多层感知机（Multi-Layer Perceptron，简称 MLP）模型中，各层神经网络之间均通过 ReLU 函数来激活。为了避免较小数据集在参数过多的 BERT-wwm-ext 中出现过拟合的现象，本书在各层神经网络中加入 dropout 层，仅保留一定比例的神经元数量。与此同时，为了计算得到具体的情感分值，本书在模型的最后一层加入 sigmoid 函数，将情感分值映射到[0，1]区间内。

此外，为了不断优化模型迭代训练得出的结果，本书采用的损失函数是二元交叉熵损失（Binary Cross-Entropy Loss）函数。在优化器的选择方面，现有的比较流行的 Adam（Adaptive Moment Estimation）优化器虽然收敛速度快，但仍存在参数过拟合的问题。即使在损失函数中引入 L2 正则项，仍会因 Adam 中自适应学习率的存在而失效[①]。而 AdamW（Adam Weight Decay Regularization）通过在最终的参数更新时引入参数自身来解决这一问题，同时使得模型具有更好的泛化性能。因此，本书最终采用 AdamW 作为模型的优化器。

8.1.3　慕课评论情感分值与评分融合

通过上述构建的基于 BERT-wwm-ext 模型计算文本情感分值的方法，可以将慕课用户对课程的评论量化成具体的情感分值。由于评论文本情感以及评分数据在刻画用户对课程的偏好时都具有片面性问题，本书通过将

---

① GUGGER S，HOWARD J. AdamW and Super-convergence is now the fastest way to train neural nets[EB/OL].（2018-7-2）[2020-12-15]. https：//www.fast.ai/2018/07/02/adam-weight-decay/.

评论文本情感分值融合到评分数据中来减小单一数据造成的误差。考虑到通过模型计算的评论文本情感分值仍存在情感倾向预测偏差的可能性，本书提出：如果用户评分的情感倾向性与评论文本情感倾向性相同，则将评分与评论文本情感分值的平均值作为用户对课程的最终融合分值（以下简称"融合分值"）；如果评分的情感倾向性与评论文本情感倾向性不同，则将评分作为用户对课程的融合分值。融合策略具体定义如下：

$$S = \begin{cases} R, & if\ P_R \neq P_V \\ \dfrac{R + V}{2}, & if\ P_R = P_V \end{cases} \tag{8-4}$$

其中，S 代表融合分值，R 代表评分数据，V 代表通过模型计算得到的评论文本情感分值，P_R 代表评分情感倾向性，P_V 代表评论文本情感倾向性。

对于评论文本情感分值和评分的情感倾向性的判定，本书基于自适应的思想，对评分进行不同规则的情感倾向性划分形成多种情感标签（如：对于取值范围为 1~5 的评分数据，分别规定分值大于 4、3、2、1 的评分为正向情感，其余评分为负向情感），并与人工标签和评论情感分值进行比对，找出最符合大多数用户判定评分情感倾向性的阈值，在此基础上，对该阈值进行归一化处理，将其作为判断慕课评论文本情感倾向性的阈值。

以上针对目前慕课群组推荐中存在的评论文本情感利用不充分以及评分数据过于片面的问题，提出了利用自然语言处理技术计算评论情感分值并与评分数据融合的解决思路，在此基础上，设计并构建了基于 BERT-wwm-ext 的慕课评论文本情感分值计算方法，并基于自适应思想提出了评论文本情感分值与评分的融合策略。本章选用目前最先进的自然语言处理方法，从预训练语言模型的各层框架结构，到下游任务的设计优化，以及最终面向研究对象——慕课的评分融合策略这几个方面均做出了详细的说明，为同领域同类问题甚至不同领域同类问题的解决与改进提供一定的参考与借鉴价值。

8.2　基于 NeuMF 的慕课群组推荐

8.2.1　慕课群组生成

(1)谱聚类算法概述

谱聚类（spectral clustering）是一种基于图论的聚类方法，图论的飞速进步与广泛应用推动了谱聚类的进一步发展。谱聚类的基本原理是：将数据集转换成图，通过对图的最优划分来代替对数据集的聚类过程①，即：将所有数据看作空间中的节点，根据数据之间的相似度构建连接节点的边，通过图的拉普拉斯矩阵将数据映射到低维空间，从而将图分成多个子图，最后再用传统的聚类算法（如 K-means 算法）对低维空间中的非凸数据集进行聚类，使得子图内部的点间相似度相对较高，而各子图之间的点间相似度相对较低。

谱聚类的具体实现过程主要分为以下三步②：

第一步：通过相似度计算方法构建数据集的相似矩阵。

第二步：通过计算拉普拉斯矩阵得到前 k 个特征值及其对应的特征向量，并构建特征空间的向量矩阵。

第三步：用经典聚类算法对上一步得到的向量矩阵进行聚类。

与经典的 K 均值算法相比，谱聚类对数据分布具有更优的适应能力，具体表现为：①谱聚类在进行聚类时只需要相似度矩阵数据，因此，相比于传统的聚类算法，谱聚类具有更强的稀疏数据处理能力。②谱聚类在聚类过程中降低了数据的维度，因此，在对高维度数据进行聚类时，该方法的计算复杂度较低。考虑到本书使用的实验数据具有维度高、稀疏性大的特点，因此，本书采用谱聚类算法作为慕课群组生成的聚类算法。

（2）慕课群组偏好融合方法

通过前文对相关文献的研究发现：现有的群组推荐使用的数据均为精确数环境下的用户评分，却忽略了评分数据存在的不确定性问题，而单值中智集作为中智集的一种特殊情况，可以描述真实情境中普遍存在的不精确、不确定和不一致信息。因此，本书首先对单值中智集的基本原理进行简要描述，在此基础上，提出一种单值中智集环境下的慕课群组偏好融合方法，用于处理慕课群组推荐中存在的不确定性问题。

①单值中智集定义

Smarandache③ 首先从哲学的观点提出了中智集理论，从真理（Truth）、不确定（Indeterminacy）、谬误（Falsehood）三个维度来描述不确

①　WEISS Y. Segmentation using eigenvectors：A unifying view[C]//Proceedings of the seventh IEEE international conference on computer vision. IEEE, 1999, 2：975-982.

②　王贝贝. 改进的谱聚类算法及其应用研究[D]. 太原：中北大学, 2018.

③　SMARANDACHE F. A unifying field in logics：Neutrosophic logic[J]. Multiple-Valued Logic, 2002, 8(3)：385-438.

定信息。

定义 1　设 X 为对象集，x 为 X 中任意一个元素（$x_i \in X$，$i = 1$，2，$\cdots$，n），X 上的一个中智集 A 可以由真实程度函数 $T_A(x)$，不确定程度 $I_A(x)$ 及谬误程度 $F_A(x)$ 表示，其中 $T_A(x)$，$I_A(x)$ 和 $F_A(x)$ 是 $]0^-$，$1^+[$ 的标准或非标准实数子集（非标准有限数形为 $1^+ = 1 + \varepsilon$，其标准部分为 1，而其非标准部分为 ε，ε 为无穷小数且 $\varepsilon \geqslant 0$），即：

$$T_A(x)：X \rightarrow]0^-，1^+[$$
$$I_A(x)：X \rightarrow]0^-，1^+[$$
$$F_A(x)：X \rightarrow]0^-，1^+[$$

且 $0^- \leqslant supT_A(x) + supI_A(x) + supF_A(x) \leqslant 3^+$。

定义 2[①]　设 X 为对象集，x 的一个单值中智集 A 是由三个从 X 到单位区间 $[0，1]$ 的有限离散子集的函数 $T_A(x)$，$I_A(x)$，$F_A(x)$ 组成，A 可以表示为 $A = \{\langle x_i，T_A(x_i)，I_A(x_i)，F_A(x_i)\rangle \mid x_i \in X\}$。

其中，$T_A(x)$ 表示真实度，$I(x)$ 表示犹豫度，$F_A(x)$ 表示谬误度，并且 $T_A(x_i)$，$I_A(x_i)$，$F_A(x_i) \in [0，1]$，且 $0 \leqslant T_A(x_i) + I_A(x_i) + F_A(x_i) \leqslant 3$。为简述方便，单值中智集 A 上的单值中智数表示为 $A = \langle T_A(x_i)，I_A(x_i)，F_A(x_i)\rangle$。

定义 3[②]　设 $A = \langle T_A(x_i)，I_A(x_i)，F_A(x_i)\rangle$，$B = \langle T_B(x_i)，I_B(x_i)，F_B(x_i)\rangle$ 为两个单值中智数，则有：

（1）$\lambda A = \langle 1 - (1 - T_A(x_i))^\lambda，1 - (1 - I_A(x_i))^\lambda，1 - (1 - F_A(x_i))^\lambda\rangle$，$\lambda > 0$

（2）$A = \langle 1 - (T_i)^\lambda，1 - (1 - I_i)^\lambda，1 - (F_i)^\lambda\rangle$，$\lambda > 0$

（3）$A + B = \langle T_A(x_i) + T_B(x_i) - T_A(x_i)T_B(x_i)，I_A(x_i) + I_B(x_i) - I_A(x_i)I_B(x_i)，F_A(x_i) + F_B(x_i) - F_A(x_i)F_B(x_i)\rangle$

（4）$A \cdot B = \langle T_A(x_i)T_B(x_i)，I_A(x_i)I_B(x_i)，F_A(x_i)F_B(x_i)\rangle$

（5）$A^C = \langle F_A(x_i)，1 - I_A(x_i)，T_A(x_i)\rangle$

定义 4　设 $A_j = \{\langle x_i，T_A(x_i)，I_A(x_i)，F_A(x_i)\rangle \mid x_i \in X\}$（$j = 1$，$2$，$\cdots$，$n$）为单值中智集，则单值中智加权平均集结算子为：

$$F_W(A_1，A_2，A_3，\cdots A_n) = \sum_{j=1}^{n} w_j A_j \tag{8-5}$$

①　WANG H, SMARANDACHE F, ZHANG Y, et al. Single valued neutrosophic sets [J]. Review of the Air Force Academy, 2012, 10.

②　YE J. A multicriteria decision-making method using aggregation operators for simplified neutrosophic sets[J]. Journal of Intelligent & Fuzzy Systems, 2014, 26(5)：2459-2466.

其中，$W = (w_1, w_2, w_3, \cdots, w_n)$ 是单值中智集 $A_j(j = 1, 2, \cdots, n)$ 的权重向量，$w_j \in [0, 1]$ 且 $\sum\limits_{j=1}^{n} w_j = 1$。设 $W = (1/n, 1/n, 1/n, \cdots, 1/n)$，则单值中智集 $A_j(j = 1, 2, \cdots, n)$ 的算术平均集结算子为：

$$G_W(A_1, A_2, A_3, \cdots A_n) = \prod_{j=1}^{n} A_j^{w_j} \tag{8-6}$$

定义 5[①]   设 A 与 B 为两个单值中智数，其中，$A = \{\langle x_i, T_A(x_i), I_A(x_i), F_A(x_i) \rangle \mid x_i \in X\}$，$B = \{\langle x_i, T_B(x_i), I_B(x_i), F_B(x_i) \rangle \mid x_i \in X\}$，它们之间的相似度为：

$$S(A, B) = \frac{1}{n} \sum_{i=1}^{n} \frac{T_A(x_i) T_B(x_i) + I_A(x_i) I_B(x_i) + F_A(x_i) F_B(x_i)}{\sqrt{T_A^2(x_i) + I_A^2(x_i) + F_A^2(x_i)} \sqrt{T_B^2(x_i) + I_B^2(x_i) + F_B^2(x_i)}}$$

$$\tag{8-7}$$

$S(A, B)$ 具有如下性质：

(1) $0 \leqslant S(A, B) \leqslant 1$；

(2) $S(A, B) = S(B, A)$；

(3) 若 $S(A, B) = 1$，则 $T_A(x_i) = T_B(x_i)$，$I_A(x_i) = I_B(x_i)$，$F_A(x_i) = F_B(x_i)$。

定义 6[②]   设 $A = \{\langle x_i, T_A(x_i), I_A(x_i), F_A(x_i) \rangle \mid x_i \in X\}$ 为单值中智集，$A = \langle T_A(x_i), I_A(x_i), F_A(x_i) \rangle$ 为单值中智数，A 可依据 $K(A)$ 的大小进行排序。

$$K(A) = \frac{1 + T_A(x_i) - 2I_A(x_i) - F_A(x_i)}{2} \tag{8-8}$$

其中，$K(A) \in [-1, 1]$。

②基于单值中智集的慕课群组偏好融合

A. 问题描述

为了形式化描述慕课群组推荐问题，现做如下定义：慕课群组推荐系统中用户集合表示为 $U = \{u_i \mid 1 \leqslant i \leqslant m\}$，课程集合表示为 $I = \{i_j \mid 1 \leqslant j \leqslant n\}$，评分选项集合表示为 S（如：$S = [1, 5]$，$S = [$很好，好，一般，差，很差$]$），评分集合表示为 $R = \{r_{ij} \mid 1 \leqslant i \leqslant m, 1 \leqslant j \leqslant n\}$（其中，$r_{ij}$ 为用户 u_i 对课程 i_j 的评分），群组表示为 $G = \{g_k \mid 1 \leqslant g_k \leqslant l\}$（$k < m$），

①　SHI L, YE J. Cosine measures of linguistic neutrosophic numbers and their application in multiple attribute group decision-making[J]. Information, 2017, 2017(8)：117.

②　SAHIN R. Multi-criteria neutrosophic decision making method based on score and accuracy functions under neutrosophic environment[J]. ArXiv Preprint ArXiv：1412. 5202, 2014.

慕课群组评分表示为 $P = \{p_{11}, \cdots p_{km}\}$（$p_{km}$ 由群组成员评分融合得到）。慕课群组推荐问题可以形式化表示为：寻找使得慕课群组未评分课程的预测评分最大化的课程集合，即：

$$I^* = \arg \max_{i_j \in I} \widetilde{p}(g_k, i_j) \tag{8-9}$$

其中，$\widetilde{p}(g_k, i_j)$ 为群组 g_k 对未评分课程 i_j 的预测评分，I^* 为使得 $\widetilde{p}(g_k, i_j)$ 最大的课程集合。

B. 获取群组成员偏好

根据语言术语与单值中智数的对应关系①，获取组成员的偏好评分矩阵 $r_{ij} = \langle T_{ij}, I_{ij}, F_{ij} \rangle$，即：

$$r_{ij} = \begin{matrix} r_{11} & \cdots & r_{1n} \\ \vdots & \ddots & \vdots \\ r_{m1} & \cdots & r_{mn} \end{matrix} = \begin{matrix} \langle T_{11}, I_{11}, F_{11} \rangle & \cdots & \langle T_{1n}, I_{1n}, F_{1n} \rangle \\ \vdots & \ddots & \vdots \\ \langle T_{m1}, I_{m1}, F_{m1} \rangle & \cdots & \langle T_{mn}, I_{mn}, F_{mn} \rangle \end{matrix} \tag{8-10}$$

C. 群组成员偏好融合

偏好融合策略的选择要考虑到数据集本身的属性特征，此处对几种常用的偏好融合策略进行介绍，根据这几种策略以及中智集的相关定义得出基于单值中智集的群组推荐偏好融合表示方法。

a. 平均融合策略

平均融合策略将群组所有成员评分的平均值作为群组的评分。该策略考虑到群组中每一个用户的偏好，相较于其他融合策略更加公平。根据定义 4 可以得到基于单值中智集的群组平均融合偏好：

$$p(g_k, i_j) = \text{avg}(r_{ij}: u_i \in g_k) \tag{8-11}$$

b. 最大开心策略

最大开心策略选择所有成员评分中的最大值作为群组评分。该策略易使群组对课程的评分虚高，在对群组进行课程推荐时容易导致评分偏低的用户对推荐结果不满意。根据定义 6 对群组成员评分进行排序可以得到基于单值中智集的群组最大开心融合偏好：

$$p(g_k, i_j) = \max(r_{ij}: u_i \in g_k) \tag{8-12}$$

c. 最小痛苦策略

---

① BISWAS P, PRAMANIK S, GIRI B C. TOPSIS method for multi-attribute group decision-making under single-valued neutrosophic environment[J]. Neural Computing and Applications, 2016, 27(3): 727-737.

最小痛苦策略选择所有成员评分中的最小值作为群组评分。该策略易使群组对课程的评分普遍偏低，从而导致最后的课程推荐结果极易受极端不满的用户影响。根据定义 6 对群组成员评分进行排序可以得到基于单值中智集的群组最小痛苦融合偏好：

$$p(g_k,\ i_j) = \min(r_{ij}:\ u_i \in g_k) \qquad (8\text{-}13)$$

（3）基于谱聚类的慕课群组生成

现有的关于相似度的计算方法主要为皮尔逊相关系数（Pearson Correlation Coefficient）、曼哈顿距离（Manhattan Distance）、欧几里得距离（Euclidean Distance）、余弦相似度（Cosine Similarity）、斯皮尔曼秩相关系数（Spearman's Rank Correlation Coefficient）、Tanimoto 系数（Tanimoto Coefficient）以及对数似然相似度（Log Likelihood Similarity）。其中，余弦相似度是通过两个向量夹角的余弦值来衡量两个个体间差异的大小，基于余弦相似度的计算方法多使用用户评分数据来衡量用户之间的偏好差异，而且，余弦相似度还可以有效改善用户之间存在的度量标准不同的问题。因此，本书根据余弦相似度计算慕课用户之间的相似度，具体的慕课用户相似度计算公式如下：

$$\mathrm{sim}(u_a,\ u_b) = \frac{\sum_{i=1}^{n} u_{ai} \times u_{bi}}{\sqrt{\sum_{i=1}^{n} u_{ai}^2} \times \sqrt{\sum_{i=1}^{n} u_{bi}^2}},\ u_a,\ u_b \in U \qquad (8\text{-}14)$$

其中，u_a 代表慕课用户 a，u_b 代表慕课用户 b，n 代表慕课总数。

在利用 K-means 对特征空间中的向量矩阵进行聚类时，首先要提前确定聚类数 K。然而，现有的研究有关自动确定聚类数的算法要么效率不高，要么只适用于理想数据集[①]。因此，本书基于自适应思想，通过对不同的 K 值进行多次聚类实验，选择令内部评价指标——CH 值[②]最大的 K 值作为最终的聚类数。

具体来说，基于谱聚类的慕课群组生成算法流程如表 8-2 所示：

---

① 王贝贝. 改进的谱聚类算法及其应用研究[D]. 太原：中北大学，2018.
② CALINSKI T, HARABASZ J. A dendrite method for cluster analysis[J]. Communications in Statistics, 1974, 3(1): 1-27.

表 8-2	基于谱聚类的慕课群组生成算法流程

算法：基于谱聚类的慕课群组生成

输入：慕课用户-课程-融合分值信息文档

输出：慕课群组-课程-融合分值信息文档

01：生成慕课用户-课程融合分值矩阵

02：将矩阵转变成 list，矩阵中的每行变成 list 中的一个值

03：cosine_similarity(ua，ub) //计算慕课用户间的余弦相似度

04：构建相似矩阵 S

05：通过 S 获得邻接矩阵 W 和度矩阵 D

06：L=D-W//计算拉普拉斯矩阵 L

07：获得拉普拉斯矩阵的特征向量

08：利用 K-means 算法对特征向量进行聚类

09：通过对比多个 K 值的 CH 大小确定最优 K 值

10：生成群组评分矩阵

11：For each Gi ∈ G //对于每一个群组

12：For each Cj ∈ C //对于每一门课程

13：$p(g_k，i_j)$ //计算组内成员的融合分值

14：End For

15：生成慕课群组-课程-融合分值文档

8.2.2　基于 NeuMF 的群组推荐模型

(1)传统的矩阵分解及其局限性

协同过滤算法作为群组推荐系统中最流行的方法之一，其经典算法——矩阵分解(Matrix Factorization，简称 MF)也被广泛应用于群组推荐中。矩阵分解通过分解用户-项目矩阵，将用户和项目映射到同一隐因子空间中，用低维度的用户矩阵和项目矩阵表示用户隐因子特征向量和项目隐因子特征向量，然后通过点积运算预测用户对项目的评分并对稀疏矩阵进行填充，从而改善推荐系统中存在的数据稀疏性问题。

矩阵分解的一般公式如下：

$$R_{m \times n} = P_{m \times k} \times Q_{k \times n} \tag{8-15}$$

$$\hat{R}_{u \times i} = \sum_{k=1}^{K} p_{u \times k} \times q_{k \times i} \tag{8-16}$$

其中，R 表示用户-项目评分矩阵，m 表示用户数，n 表示项目数，k

表示隐因子数，P 表示用户-隐因子矩阵，Q 表示项目-隐因子矩阵，$\hat{R}_{u\times i}$ 表示经过矩阵分解后预测用户 u 对项目 i 的评分，p_u 表示用户 u 的隐因子特征向量，q_i 表示项目 i 的隐因子特征向量。

由上述公式可以发现，矩阵分解只是对用户项目进行简单的线性内积运算，近似于一种隐因子线性模型，这在很大程度上会导致信息的丢失，如果通过增加隐因子空间向量的维度来改善，则会导致模型出现过拟合问题。

（2）NCF 算法

针对前面提到的矩阵分解的局限性问题，HE[①] 提出了基于神经协同过滤（Neural Collaborative Filtering，简称 NCF）框架的神经矩阵分解（Neural Matrix Factorization，简称 NeuMF）个性化推荐模型。接下来，本书将简要介绍 NCF 算法，并将 NCF 算法的一个实例——NeuMF 模型应用到慕课群组推荐中，以通过后续实验测试在评分数据中融合评论情感分值对群组推荐性能的影响，同时推动深度学习技术在推荐系统领域的进一步研究与应用。

NCF 模型架构如图 8-4 所示，主要由输入层、嵌入层、NCF 层以及输出层构成。

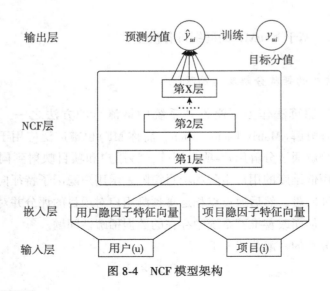

图 8-4　NCF 模型架构

①　HE X，LIAO L，ZHANG H，et al. Neural collaborative filtering[C]//Proceedings of the 26th international conference on world wide web，2017：173-182.

其中，输入层输入的是用户特征向量和项目特征向量，通过 one-hot 编码模式转化为二值化稀疏向量，从而缓解推荐系统中常见的冷启动问题。嵌入层将输入层的用户和项目向量映射到同一隐因子空间，生成低维用户隐因子特征向量和项目隐因子特征向量。NCF 层的作用则是将嵌入层生成的隐因子向量映射为预测分数。该层可以根据研究对象及目的的不同选用不同的模型构造不同的 NCF 实例，本架构以 MLP 模型为例。最后的输出层通过不断训练以最小化预测分数与目标分数的平方损失值①。具体公式如下②：

$$\hat{y}_{ui} = f(P^T v_u^U,\ Q^T v_i^I \mid P,\ Q,\ \Theta_f) \tag{8-17}$$

其中，$P \in R^{M \times K}$ 代表用户隐因子矩阵，$Q \in R^{N \times K}$ 代表项目隐因子矩阵，Θ_f 代表 NCF 层模型 f 的参数。由于该框架使用的是 MLP 模型，因此，此处的 f 定义为：

$$f(P^T v_u^U,\ Q^T v_i^I) = \phi_{\text{out}}(\phi_X(\cdots\phi_2(\phi_1(P^T v_u^U,\ Q^T v_i^I))\cdots)) \tag{8-18}$$

其中，ϕ_{out} 表示输出层的映射函数，ϕ_x 表示 X 层 MLP 模型中第 x 层的映射函数。

（3）NeuMF 慕课群组推荐模型

①GMF 模型

广义矩阵分解（Generalized Matrix Factorization，简称 GMF）模型输入层的映射函数为：

$$\phi_1(p_g,\ q_i) = p_g \odot q_i \tag{8-19}$$

将向量映射到输出层的函数为：

$$\hat{y}_{gi} = a_{\text{out}}(h^T(\phi_1(p_g,\ q_i))) \tag{8-20}$$

其中，p_g 代表慕课群组的隐因子向量，q_i 代表慕课课程的隐因子向量，$\odot$ 代表向量元素积运算，h^T 代表连接输出层之间的权重，a_{out} 代表输出层的激活函数。本书使用 sigmoid 函数作为 GMF 模型输出层的激活函数，其计算公式如下：

---

① WANG H, WANG N, YEUNG D Y. Collaborative deep learning for recommender systems [C]//Proceedings of the 21th ACM SIGKDD international conference on knowledge discovery and data mining. 2015：1235-1244.

② HE X, LIAO L, ZHANG H, et al. Neural collaborative filtering[C]//Proceedings of the 26th international conference on world wide web. 2017：173-182.

$$a_{out}(x) = \frac{1}{1 + e^{-x}} \qquad (8\text{-}21)$$

很显然，如果令 a_{out} 为恒等函数，且 h^T 中各值均为 1，则该模型就是传统的矩阵分解。而本书采用的 sigmoid 激活函数则为模型引入了非线性因素，实现了更广义的矩阵分解，提高了模型的泛化能力。

②MLP 模型

尽管 GMF 在 MF 的基础上引入了非线性因素，但仍只是对慕课群组和课程之间的隐因子交互特征向量进行简单的内积操作。为了更灵活地学习慕课群组和课程之间的隐因子特征向量，通过在隐藏层中使用 MLP 模型对向量进行非线性建模。

$$z_1 = \phi_1(p_g, \ q_i) = \begin{bmatrix} p_g \\ q_i \end{bmatrix},$$

$$\phi_2(z_1) = \mathrm{ReLU}(W_2^T z_1 + b_2),$$

$$\cdots\cdots \qquad (8\text{-}22)$$

$$\phi_L(z_{L-1}) = \mathrm{ReLU}(W_L^T z_{L-1} + b_L),$$

$$\hat{y}_{gi} = \sigma(h^T \phi_L(z_{L-1}))$$

其中，W_x 代表 MLP 第 x 层的权重矩阵，b_x 代表 MLP 第 x 层的神经元阈值，ReLU 代表 MLP 各层之间使用的激活函数。由于神经网络本质上也是多层输入输出的线性组合，如果不引入非线性函数对层与层之间的连接进行处理，则最后输出的效果仍等同于一层，因此，要通过引入非线性激活函数使得深层神经网络实现多层存在的意义。目前，常用的激活函数有 sigmoid，elu 和 tanh 等，但由于 sigmoid 的输出范围在 0 到 1 之间，接近临界值 0 或 1 时会使得神经元停止学习，对模型性能有一定限制，而 tanh 也存在类似的问题，因此，本书选用适合稀疏数据且不会使模型过拟合的 ReLU 作为激活函数。而 MLP 的网络结构采用常见的逐层减半的塔式模型，即每层规模为前一层的一半，通过在高层使用更少的隐藏单元来学习更多的抽象特征[①]。

③NeuMF 模型

在 NCF 框架中，NeuMF 模型将线性模拟隐因子特征交互的 GMF 模型

---

① GLOROT X, BORDES A, BENGIO Y. Deep sparse rectifier neural networks [C]// Proceedings of the fourteenth international conference on artificial intelligence and statistics. JMLR Workshop and Conference Proceedings, 2011: 315-323.

和非线性学习交互函数的 MLP 模型结合起来，达到了兼具 MF 线性建模优势以及 MLP 非线性优势的效果。然而，如果令 GMF 模型和 MLP 模型在 NCF 框架中使用相同的嵌入层慕课群组隐因子向量和课程隐因子向量，则 GMF 和 MLP 模型的输入需要使用同样大小的隐因子向量维度，但通常情况下，令这两个模型达到最佳性能的向量维度大小存在很大差异。因此，如果按上述方法建模最终会影响 NeuMF 模型的性能。为了解决这个问题，该模型使 GMF 和 MLP 分别独立学习嵌入层的慕课群组隐因子向量和课程隐因子向量，然后再对他们的输出结果进行连接。具体公式如下：

$$\phi^{\text{GMF}} = p_g^G \odot q_i^G$$

$$\phi^{\text{MLP}} = a_L\left(W_L^T \text{ReLU}\left(\cdots \text{ReLU}\left(W_2^T \begin{bmatrix} p_g^M \\ q_i^M \end{bmatrix} + b_2 \right) \cdots \right) + b_L \right)$$

$$\hat{y}_{gi} = \sigma\left(h^T \begin{bmatrix} \phi^{\text{GMF}} \\ \phi^{\text{MLP}} \end{bmatrix} \right) \tag{8-23}$$

其中，p_g^G 代表 GMF 模型学习的慕课群组隐因子向量，q_i^G 代表 GMF 模型学习的课程隐因子向量，p_g^M 代表 MLP 模型学习的慕课群组隐因子向量，q_i^M 代表 MLP 模型学习的课程隐因子向量。

综上，本书构建的 NeuMF 慕课群组推荐模型如图 8-5 所示：

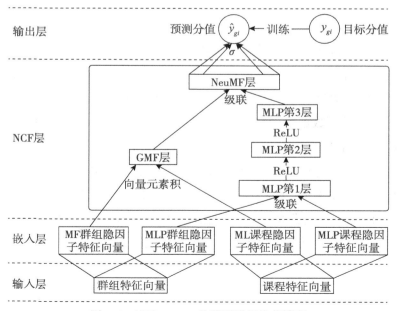

图 8-5　基于 NeuMF 的慕课群组推荐模型

以上从慕课群组生成以及慕课群组推荐两部分对基于 NeuMF 的慕课群组推荐展开研究。在慕课群组生成部分，本章首先概述了谱聚类算法的原理和优点，以说明本书选择谱聚类作为群组生成方法的原因；其次，本章针对现有精确数环境中用户评分的不确定性问题，提出了一种改进的、基于中智集环境的慕课群组偏好融合方法；最后，设计出慕课群组生成算法。在基于 NeuMF 的群组推荐模型部分，本章首先阐述了推荐系统中传统的矩阵分解方法及其存在的局限性；在此基础上，介绍了基于神经协同过滤算法的神经矩阵分解（NCF）模型架构，并对模型各层的作用进行了详细的说明；最后，将 NCF 算法的实例之———NeuMF 模型应用到慕课群组推荐中，构建基于 NeuMF 的慕课群组推荐模型。

8.3　实验与结果分析

8.3.1　实验准备

（1）数据采集与预处理

①数据采集

慕课评论语料资源的获取是融合评论情感进而对慕课资源进行群组推荐的基础。本书在综合搜索指数、课程质量和平台评价功能等指标后，最终以"中国大学 MOOC 平台"为研究对象以及实验数据的来源。本书通过 python 语言编写数据采集脚本，基于深度优先原则采取策略借助 Selenium 自动化测序工具模拟登录中国大学 MOOC 平台等人工点击操作，通过 Beautiful Soup 库获取相关数据并存储到本地数据库中。最终在中国大学 MOOC 平台收集到自 2018 年 1 月至 2019 年 6 月共 40 余万条数据，涵盖该平台 15 项课程大类的两千余门课程以及 30 余万位学习者。部分数据展示如表 8-3 所示，其主要包含的属性及含义如表 8-4 所示。

表 8-3　中国大学 MOOC 平台部分爬取数据实例

Category	course_name	teacher	url	userid	author_name	comments	created_time	course_times	voteup	rating
computer	计算机硬件技术基础	柳秀梅副教授 徐彬副教授 张昱讲师	https://www.icourse163.org/course/NEU-1002125002	1020493759	机械1602班 20163205 高航	我是东北大学的同学，在这里提一点经过考虑但可能不太成熟的意见。我们这门课是学习计算机硬件分析……	发表于 2018 年 12 月 30 日	第 3 次开课	12	23
computer	计算机硬件技术基础	柳秀梅副教授 徐彬副教授 张昱讲师	https://www.icourse163.org/course/NEU-1002125002	1025037348	mooc1489323491405	看了好儿所学校的相同课程，唯有这里的老师给我们分享了 8086 的仿真软件，而且增加了逻辑器件的……	发表于 2018 年 05 月 03 日	第 2 次开课	4	23
computer	计算机硬件技术基础	柳秀梅副教授 徐彬副教授 张昱讲师	https://www.icourse163.org/course/NEU-1002125002	1146162595	黑喵儿	讲解思路清晰	发表于 2018 年 09 月 24 日	第 3 次开课	1	23
computer	计算机硬件技术基础	柳秀梅副教授 徐彬副教授 张昱讲师	https://www.icourse163.org/course/NEU-1002125002	1147364797	BaekHyunmooc61	讲得很好，老师辛苦了	发表于 2019 年 04 月 17 日	第 4 次开课	0	23
computer	计算机硬件技术基础	柳秀梅副教授 徐彬副教授 张昱讲师	https://www.icourse163.org/course/NEU-1002125002	2096180	黑龙江鹤岗解子鹏	有点难，学得很吃力	发表于 2019 年 04 月 17 日	第 4 次开课	0	23

表 8-4　　　　　　　　　　　　爬取数据主要属性及含义

属性名称	属性含义
category	课程类别
course_name	课程名称
teacher	授课教师
url	课程链接
userid	用户 ID
author_name	用户昵称
comments	评论文本
created_time	评论时间
course_times	课程轮次
voteup	评论获赞数
rating	课程评分

②数据清洗

对已采集的数据进行清洗是进行后续实验的基础，也直接决定了实验的效果。本书的数据清洗工作主要包括对异常值和空值、具体课程地址以及评论文本字段的清洗。

A. 异常值和空值：针对采集到的数据中的异常值和空值，要将其所在的数据进行整体剔除；

B. 课程地址：对于课程地址的清洗是为了从其 url 字段数据中提取课程的唯一 ID 作为后续实验的课程唯一标识；

C. 评论文本：对于评论文本的清洗是本书进行数据清洗的主要工作任务，因为本书的一个重点实验项目是对评论文本进行情感分析。因此，格式标准的评论文本数据尤为重要。由于采集到的原始评论文本数据中包含了大量的标点符号、表情符号、无意义的数字及字母和 HTML 标签等，因此，本书针对这些字符对评论文本进行清洗，具体清洗策略及样例如表 8-5 所示：

表 8-5　　　　　　　　　　　　评论文本清洗策略及样例

清洗对象	操作	样例（清洗前）	样例（清洗后）
标点符号	删除	确实学到了很多知识～～～--------	确实学到了很多知识

续表

清洗对象	操作	样例(清洗前)	样例(清洗后)
表情符号	删除	老师讲得真心不错(＊^▽^＊)	老师讲得真心不错
无意义的数字及字母	删除	666666 这门课程太有意思了	这门课程太有意思了
HTML 标签	删除	</span>老师讲得有点快</span>	老师讲得有点快

③数据抽样与标注

由于本书采集的是中国大学 MOOC 网站的真实数据集，因此，存在数据量大、用户个人属性特征较少且数据稀疏度较高的问题。考虑到实验条件的计算性能有限以及后续群组聚类实验对于数据稀疏度的要求，本实验对预处理后的数据进行进一步筛选：A. 首先筛选出有 10 次以上评论记录的慕课用户评论数据，在此基础上，筛选出拥有 20 条以上评论记录的课程所对应的评论数据。B. 对筛选后的数据进行索引重构，以保证实验数据中慕课用户的编号和课程的编号是连续索引。此外，由于 BERT-wwm-ext 在微调环节需要情感标签作为分类依据以验证模型的性能及适配性，本书按照二分类原则对评论文本进行了正向情感和负向情感的标注，并在标注期间对无意义的评价进行人工剔除，同时达到二次数据清洗的效果。最终得到的用于计算慕课评论情感分值及群组推荐的评论数据共 3200 条(正向 1906 条，负向 1294 条)，其中包括 281 位用户以及 99 门课程，如表 8-6 所示(其中，userid 代表用户编号，itemid 代表课程编号，rating 代表用户对课程的评分，comments 代表用户对课程的评论，label 代表人工标签)。

表 8-6　　　　　　中国大学 MOOC 平台实验数据

	userid	itemid	rating	comments	label
0	1	1	4	很棒的课程只要具备高中科学知识就够了对健康饮食很有用	1
1	1	8	4	这门课程很好	1
2	1	16	5	内容翔实丰富	1
3	1	36	5	知识很全面通俗易懂	1
4	1	39	5	正是想学的东西很棒	1
…	…	…	…	…	…

续表

	userid	itemid	rating	comments	label
3195	268	83	5	好累好累好累，不过我们的申老师真的很负责，很好的老师	1
3196	274	26	5	感觉效果很好，在教授知识的时候会有很大的收获	1
3197	274	64	5	It's so cool, and I think everybody should join it	1
3198	278	19	5	让我基本了解了计算机的基础对我将来非常有用	1
3199	76	68	5	嵩老师讲得太好了，还及时复习，适合初学Python 的朋友	1

(2) 实验环境

本书通过 Python 语言对使用的方法进行编码。其中，构建的模型基于深度学习框架 Tensorflow'2. 4. 1' 版本，数据预处理模块使用了 Numpy、Pandas、Scipy 以及 Scikit-learn 等方法。考虑到本书涉及的方法的模型较为复杂、参数较多以及本地计算性能有限的情况，本书采用谷歌公司提供的 Google Colab 在线科学计算平台的 GPU 环境作为实验环境，实验环境具体参数值如图 8-6 所示。

```
+-----------------------------------------------------------------------------+
| NVIDIA-SMI 460.39       Driver Version: 460.32.03       CUDA Version: 11.2   |
|-------------------------------+----------------------+----------------------+
| GPU  Name        Persistence-M| Bus-Id        Disp.A | Volatile Uncorr. ECC |
| Fan  Temp  Perf  Pwr:Usage/Cap| Memory-Usage         | GPU-Util  Compute M. |
|                               |                      |               MIG M. |
|===============================+======================+======================|
|   0  Tesla T4            Off  | 00000000:00:04.0 Off |                    0 |
| N/A  32C    P8     9W /  70W  |   0MiB / 15109MiB    |     0%       Default |
|                               |                      |                  N/A |
+-------------------------------+----------------------+----------------------+

+-----------------------------------------------------------------------------+
| Processes:                                                                  |
|  GPU   GI   CI        PID   Type   Process name               GPU Memory    |
|        ID   ID                                                Usage         |
|=============================================================================|
|  No running processes found                                                 |
+-----------------------------------------------------------------------------+
```

图 8-6　Google Colab 实验环境

(3) 实验评测指标

①BERT-wwm-ext 模型文本情感分类评测指标

为了检验本书提出的基于 BERT-wwm-ext 的模型对慕课评论情感的分析效果，本实验选择最常用的准确率（Accuracy）、查准率（Precision）和召回率（Recall）作为评测指标。

其中，准确率表示得到正确分类的样本与所有样本的比率：

$$\text{Accuracy} = \frac{\text{TP+TN}}{\text{TP+FP+TN+FN}} \tag{8-24}$$

查准率表示被正确分类的正向样本与所有被分类到正向样本的比率：

$$\text{Precision} = \frac{\text{TP}}{\text{TP+FP}} \tag{8-25}$$

召回率表示被正确分类的正向样本与所有正向样本的比率：

$$\text{Recall} = \frac{\text{TP}}{\text{TP+FN}} \tag{8-26}$$

式中，TP、TN、FP、FN 代表的含义如表 8-7 所示：

表 8-7　　　　　　　　　　　　　　　评测指标混淆矩阵

	P（正向样本）	N（负向样本）
T（正确分类）	TP 正确分类的正向样本	TN 正确分类的负向样本
F（错误分类）	FP 错误分类到正向的负向样本	FN 错误分类到负向的正向样本

②慕课群组偏好融合评测指标

为了评测本书提出的基于单值中智集的群组推荐偏好融合方法对评分预测的准确性，本实验采用平均绝对误差（Mean Absolute Error，简称 MAE）作为评测指标，其计算公式如下：

$$\text{MAE} = \frac{1}{N} \sum_{r_{ui} \in N} |\tilde{r} - r_{ui}| \tag{8-27}$$

其中，N 为评分预测的个数，$\tilde{r}$ 为预测的评分，r_{ui} 为用户 u 对候选项 i 的真实评分。

③慕课群组聚类评测指标

较好的聚类效果通常表现为类簇具有较高的类内相似度以及较低的类间相似度，其度量标准通常可分为两种：一种是外部评价指标，另一种是内部评价指标。其中，外部评价指标是根据给定的基准对聚类效果进行评价，内部评价指标是根据数据集的属性特征来评价聚类效果。由于本书使用的实验数据中没有已经存在的群组，各用户不具有群组标签，因此，本书使用内部评价指标中的 CH 指标对群组聚类效果进行评测。

由 Caliński 和 Harabasz 提出的、用于确定最佳聚类数的评价指标——CH 指标，其定义如下：

$$CH(K) = \frac{BGSS/(K-1)}{WGSS/(N-K)} \tag{8-28}$$

其中，K 代表群组数，N 代表数据样本数，且：

$$BGSS = \frac{1}{2}\left[(K-1)\,\overline{d^2} + (N-K)A_K\right] \tag{8-29}$$

$$WGSS = \frac{1}{2}\left[(N_j-1)\,\overline{d_j^2} + \cdots + (N_K-1)\,\overline{d_K^2}\right] \tag{8-30}$$

其中，$\overline{d^2}$ 代表所有数据样本之间的平均距离，$\overline{d_j^2}$ 代表第 j 个群组的样本之间的平均距离，$j=1$, 2, $\cdots$, K，且：

$$A_K = \frac{1}{N-K}\sum_{i=1}^{K}(N_i-1)(\overline{d^2} - \overline{d_i^2}) \tag{8-31}$$

由定义可知，CH 指标是所有群组的组间分离度与组内紧密度的比值，CH 值越大，则代表慕课群组聚类的组间距离越大，组内距离越小，聚类效果越好。

④NeuMF 群组推荐评测指标

由于 NeuMF 方法推荐的结果是一个推荐项目列表，因此，为了检验 NeuMF 模型对慕课用户进行融合评论情感分值的群组推荐性能，本书使用标准化折扣累计收益（Normalized Discounted Cumulative Gain，简称 NDCG）指标评判模型的推荐列表与用户真实的交互列表之间的差距，具体的计算公式如下：

$$NDCG@K = \frac{DCG@K}{IDCG} \tag{8-32}$$

$$DCG@K = \sum_{i=1}^{K}\frac{2^{r(i)}-1}{\log_2(i+1)} \tag{8-33}$$

其中，K 代表推荐列表的长度；$r(i)$ 代表用户对推荐列表中每个项目的相关性分数，即评分；DCG（Discounted Cumulative Gain，折扣累计收益）用于评价单个用户对推荐列表的满意程度；IDCG（Ideal Discounted Cumulative Gain，理想折扣累计收益）表示理想情况下 DCG 的最大值。由于不同用户的真实列表长度不同，而 DCG 是累加值，对于不同的用户无法直接用 DCG 进行比较。因此，通过用 DCG 除以 IDCG 的方式，即可得到归一化的 NDCG 指标。NDCG 的取值介于 0 到 1 之间，越接近于 1 则说明推荐效果越好。

8.3.2　实验过程与结果分析

（1）基于 BERT-wwm-ext 分析慕课评论文本效果

①参数设置

本书使用的 BERT-wwm-ext 中文预训练模型是由哈工大讯飞联合实验室发布的谷歌 BERT-wwm 模型的升级版，包含 12 个 Transformer 网络层，768 个隐藏层以及 12 个多头注意力机制层。其预训练阶段的参数已在模型中封装好，因此，本书就模型微调部分的参数进行设置：批次大小（batch_size）、学习率（learning_rate）、训练轮次（epochs）、词向量嵌入维度（embedding size）以及随机失活（dropout）的超参数设定如表 8-8 所示。

表 8-8　　　　　BERT-wwm-ext 计算评论文本情感分值模型的超参数

名　　称	参　　数
批次大小（batch_size）	64
学习率（learning_rate）	5e-5
训练轮次（epochs）	10
词向量嵌入维度（embedding size）	98
随机失活（dropout）	0.5

其中，批次大小代表模型每训练一次使用的数据量，值越高，对计算性能的要求也越高；学习率代表模型学习优化的速度，学习率越大，模型学习速度越快，但也可能导致错过全局最小值；训练轮次指模型所有实验数据训练的总次数，多轮次的训练有助于模型的优化与更新；随机失活方法是为了防止训练中模型学习能力过强导致的过拟合现象的出现，按一定概率屏蔽神经网络中的部分神经元；词向量嵌入维度是对样本数据标准化后输入模型的统一长度，对于评论文本通常会选择最长的文本序列作为标准长度。而 BERT-wwm-ext 模型在考虑到其自身的复杂度的前提下将句子级文本的标准程度设置为 128，对超长的文本进行剪枝，对长度不足的文本进行填充。为了更好地利用计算资源，本书依据置信区间的区间估计原理将区间上限（即文本长度的平均值加二倍的文本长度标准差）设为词向量嵌入维度，通过计算得到实验文本的最长长度为 237，平均长度为

33.4，最后得到的词向量嵌入维度为98，覆盖了95.16%的样本。

②基线方法

为与本书使用的 BERT-wwm-ext 情感分析模型进行比较，本书选取了 BERT 以及文本情感分析中常用的三种方法作为基线方法：

LSTM①：长短记忆网络模型（Long Short-Term Memory，简称 LSTM），是一种特殊的循环神经网络模型，主要由遗忘门（forget gate）、输入门（input gate）和输出门（output gate）构成。LSTM 在循环神经网络模型的基础上增加了记忆状态这一元素，通过训练可以学习到需要记忆和遗忘哪些信息，从而更好地捕捉到较长距离的依赖关系，从而解决序列数据分析中的长句依赖问题。此外，LSTM 还缓解了简单循环神经网络的梯度消失和梯度爆炸问题。

GRU②：门控循环单元模型（Gated Recurrent Unit，简称 GRU），是 LSTM 模型的一种变体，由更新门（update gate）和重置门（reset gate）组成，其中，更新门由遗忘门和输入门结合而成。GRU 模型同样可以解决简单循环神经网络中的长句依赖问题，但与 LSTM 模型相比，其结构更加简洁，且训练速度更快。

BiLSTM③：双向长短记忆网络模型（Bidirectional Long Short-Term Memory，简称 BiLSTM）是由前向 LSTM 与后向 LSTM 组合而成。BiLSTM 模型弥补了 LSTM 无法从后到前对信息进行编码的缺陷，因此可以更好地捕捉句子中存在的双向语义依赖。

在对以上基线方法进行实验时使用与 BERT-wwm-ext 相同的训练参数；此外，本书还通过对评分数据进行不同规则的情感二分类以形成新标签，与评论情感计算值对比，以说明评分情感与评论情感存在一定程度的偏差，仅通过评分数据判断用户的情感倾向存在片面性，从而验证在评分数据中融合评论情感的必要性。在标签的划分方面，本书拟用 S1 表示人工标签，S2 表示评分>3 则为正向的标签，S3 表示评分>2 则为正向的标签，S4 表示评分>1 则为正向的标签，S5 表示评分>4 则为正向的标签，各标签情感划分标准及情感值如表 8-9 所示：

① HOCHREITER S, SCHMIDHUBER J. Long short-term memory [J]. Neural Computation, 1997, 9(8): 1735-1780.

② CHUNG J, GULCEHRE C, CHO K, et al. Empirical evaluation of gated recurrent neural networks on sequence modeling[J]. arXiv: Neural and Evolutionary Computing, 2014.

③ SCHUSTER M, PALIWAL K K. Bidirectional recurrent neural networks [J]. IEEE Transactions on Signal Processing, 1997, 45(11): 2673-2681.

表 8-9   **各标签情感划分标准及情感值**

	正向情感（值为 1）	负向情感（值为 0）
S1	人工标注 1	人工标注 0
S2	评分为 4｜5	评分为 1｜2｜3
S3	评分为 3｜4｜5	评分为 1｜2
S4	评分为 2｜3｜4｜5	评分为 1
S5	评分为 5	评分为 1｜2｜3｜4

③实验结果与分析

按照前面表中的参数设置，本书构建了基于 BERT-wwm-ext 的慕课评论文本情感计算模型，模型各层结构及相关参数如表 8-10 所示：

表 8-10   **基于 BERT-wwm-ext 的慕课评论情感计算模型**

Layer（type）	Output Shape	Param#
input_ids（InputLayer）	$[(None,98)]$	0
bert（BertModelLayer）	$(None,98,768)$	101675520
lambda_1（Lambda）	$(None,768)$	0
dropout_2（Dropout）	$(None,768)$	0
dense_2（Dense）	$(None,768)$	590592
dropout_3（Dropout）	$(None,768)$	0
dense_3（Dense）	$(None,1)$	769
Total params：102,266,881		
Trainable params：102,266,881		
Non-trainable params：0		

由表 8-10 可以看出，该模型共包含 10226681 个参数，并在各层神经网络之间添加了 dropout 层，以缓解过拟合现象。

在对本书使用的实验数据按照 8：2 的比例进行训练集与测试集的划分后，以人工情感标签为基准，根据参数对模型以及基线方法在训练集和测试集上进行训练和测试，得到 LSTM、GRU、BiLSTM、BERT 和 BERT-wwm-ext 对慕课评论情感分析的性能及对比。

表 8-11　　　　　　　　模型在人工标签上的评估结果

	准确率	查准率	召回率
LSTM	0.8844	0.9135	0.8895
GRU	0.8828	0.9026	0.9049
BiLSTM	0.8875	0.8956	0.9147
BERT	0.9453	0.9495	0.9571
BERT-wwm-ext	0.9566	0.9655	0.9581

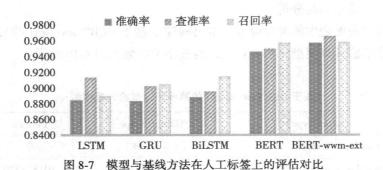

图 8-7　模型与基线方法在人工标签上的评估对比

通过表 8-11 和图 8-7 可以发现，BERT 预训练模型相较于 LSTM、GRU 和 BiLSTM 方法在准确率、查准率和召回率的指标上均有更好的表现，而本书提出的基于 BERT-wwm-ext 的慕课评论情感分析模型相较于 BERT 的性能还有提升。其中，在准确率方面，BERT-wwm-ext 相较于 LSTM、GRU、BiLSTM 和 BERT 分别提升了 7.22%、7.38%、6.91% 和 1.13%；在查准率方面，BERT-wwm-ext 相较于 LSTM、GRU、BiLSTM 和 BERT 分别提升了 5.20%、6.29%、6.99% 和 1.60%；在召回率方面，BERT-wwm-ext 相较于 LSTM、GRU、BiLSTM 和 BERT 分别提升了 6.86%、5.32%、4.34% 和 0.10%。由此可见，本书提出的基于 BERT-wwm-ext 模型分析慕课评论文本情感的方法无论是在准确率、查准率还是在召回率方面均有更良好的表现，证明了本书所提方法的有效性，并为后续提升慕课群组推荐性能的实验奠定了良好的基础。

根据评分情感标签划分标准，使用人工情感标签和不同的评分情感标签训练并测试 LSTM、GRU、BiLSTM、BERT 以及 BERT-wwm-ext 模型，得到各模型在各标签上的文本情感分析准确率。

表 8-12　　　　　　　　　　**模型在五种标签上的准确率**

准确率	S1	S2	S3	S4	S5
LSTM	0.8844	0.8200	0.8815	0.9095	0.7890
GRU	0.8828	0.8105	0.8465	0.9085	0.8030
BiLSTM	0.8875	0.8000	0.8705	0.9050	0.8095
BERT	0.9453	0.8761	0.8681	0.8751	0.8731
BERT-wwm-ext	0.9566	0.8819	0.8745	0.8527	0.8559

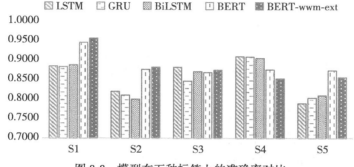

图 8-8　模型在五种标签上的准确率对比

仅从 S1 人工标签来看，BERT-wwm-ext 的准确率最高，这一结果从正面解释了 BERT-wwm-ext 的情感分析准确度高；通过对比五种方法在 S1-S5 的准确率发现：基线方法的 S4 更接近人工标签，然而 BERT-wwm-ext 方法计算情感值与评分标签（S2-S5）对比准确率普遍低（均低于 0.9），这从反面验证了 BERT-wwm-ext 的情感分析准确度高；通过将 S2-S5 与 S1 进行对比发现，五种方法的准确度都降低了，这说明了用户的评分与评论之间确实存在情感倾向性偏差，验证了将评论情感倾向融入评分的必要性；通过整体观察五种方法在人工标签以及另外四种评分标签的表现，可以发现，S2 标签的标准更接近人工标签，即在五分评分制中，3 分以上评分的情绪倾向为积极正向的。这一结论将为后续实验中文本情感分值倾向性的判定提供依据。

（2）评论情感分值计算及评分融合

①慕课评论情感分值计算

利用基于 BERT-wwm-ext 的慕课评论情感计算模型对预处理好的 3200 条评论文本进行情感分值计算，其结果示例如下所示。其中，"text" 代表慕课用户对课程的评论内容，"Score"代表模型计算出的慕课评论情感分值，POS│NEG 代表情感分值对应的情感倾向性(正向│负向)。

```
text:  思路清晰，讲解细致，但是第六章的时候内容一下子有点太多，接受需要时间
[POS] Score: 0.84
========================================

text:  基础部分有点多，感觉听起来有点疲倦
[NEG] Score: 0.36
========================================

text:  垃圾网课讲得烂
[NEG] Score: 0.18
========================================

text:  很好对教学很有帮助谢谢老师
[NEG] Score: 0.27
========================================

text:  授课条理清晰，容易理解，课程难度适中，对零基础的初学者友好。
老师声音好听，讲得特别棒，笔芯。
[POS] Score: 0.88
========================================
```

图 8-9　评论文本情感分值计算结果示例

②评分与评论情感分值融合

依照前面提出的慕课评论情感分值与评分融合策略计算出每名慕课用户对课程的最终融合分值，融合结果显示如表 8-13 所示：

表 8-13　　　慕课用户评论情感分值与评分融合结果示例

uid	iid	comment	rating	label	nor_rating	s_value	s_label	is_dev	t_value
30	27	老师讲得很详细真心推荐	4	1	0.8	1.00	1	FALSE	0.90
252	91	非常的不错学到了很多知识	5	1	1	0.99	1	FALSE	0.99
226	46	后面的内容还可以再充实一下	4	1	0.8	0.05	0	TRUE	0.80
175	67	非常好一下子燃起了我的热情	5	1	1	1.00	1	FALSE	1.00
99	41	老师讲得通俗易懂对小白友好	4	1	0.8	0.99	1	FALSE	0.90

其中，各属性代表的含义以及取值范围如表 8-14 所示。

表 8-14	评论情感分值与评分融合示例属性含义及取值	
属性名称	属性含义	取值(范围)
uid	用户编号	$[0,280]$
iid	课程编号	$[0,98]$
comment	评论文本	—
rating	用户评分	$[1,5]$
label	用户评分情感倾向性	$0\mid1$
nor_rating	用户评分归一化	$[0,1]$
s_value	评论文本情感分值	$[0,1]$
s_label	评论文本情感倾向性	$0\mid1$
is_dev	评分与评论文本的情感倾向性有无误差	True $\mid$ False
t_value	评论文本情感分值与评分融合后的分值	$[0,1]$

(3)融合评论情感分值的慕课群组生成

①基于单值中智集的群组偏好融合

为了验证本书提出的基于单值中智集的群组偏好融合的有效性，本实验在该融合方法的基础上利用传统的协同过滤算法对未评分项目进行预测，并与精确数环境中的群组推荐效果进行对比分析。

根据中智集定义 5 可以得到群组间相似度计算公式：

$$\text{similarity}(g_a,\ g_b) = \frac{\sum_{i_{ab}\in I_{ab}}p(g_a,\ i_{ab})p(g_b,\ i_{ab})}{\sqrt{\sum p^2(g_a,\ i_{ab})}\ \sqrt{\sum p^2(g_b,\ i_{ab})}}$$

$$= \frac{1}{n}\sum_{i_{ab}\in I_{ab}}\frac{T_{g_a,i_{ab}}(x_i)T_{g_b,i_{ab}}(x_i) + I_{g_a,i_{ab}}(x_i)I_{g_b,i_{ab}}(x_i) + F_{g_a,i_{ab}}(x_i)F_{g_b,i_{ab}}(x_i)}{\sqrt{T^2_{g_a,i_{ab}}(x_i)+I^2_{g_a,i_{ab}}(x_i)+F^2_{g_a,i_{ab}}(x_i)}\ \sqrt{T^2_{g_b,i_{ab}}(x_i)+I^2_{g_b,i_{ab}}(x_i)+F^2_{g_b,i_{ab}}(x_i)}}$$

$$(8\text{-}34)$$

其中，I_{ab} 为慕课用户 u_a 和慕课用户 u_b 均进行过评分的课程，n 为 I_{ab} 中课程的数量。

对于未评分课程预测的评分：

$$\text{prediction}(g_a,\ i_j) = \frac{\sum_{g_b\in G}\text{similarity}(g_a,\ g_b)h^k_{bj}}{\sum_{g_b\in G}\text{similarity}(g_a,\ g_b)} \qquad (8\text{-}35)$$

其中，$\text{prediction}(g_a,\ i_j)$ 为慕课群组 g_a 对未评分项 i_j 的预测评分，h^k_{bj}

为慕课群组 g_a 的 k 个最近邻组对 i_j 的评分。根据中智集定义 6 对 prediction(g_a，i_j) 进行排序，按从大到小的顺序排列，并选取前 N 门课程推荐给群组 g_a。

考虑到计算复杂度，本实验拟使用 10 名用户对 6 门课程的 60 条评分数据。其中，这 10 名用户包括群组规模为 2 的 5 个小组（如表 8-15 所示）。本书利用提出的方法来预测第 1 组对第 6 个课程的评分，并与基于精确数的群组偏好融合方法进行对比，以分析两者在评分预测准确性上的差异。

表 8-15　　　　　　　　　　　用户评分矩阵

uid	gid	i1	i2	i3	i4	i5	i6
u1	g1	3	4	1	1	2	**5**
u2	g1	3	1	1	2	3	**5**
u3	g2	4	2	3	1	2	3
u4	g2	3	4	2	1	4	2
u5	g3	4	3	1	1	1	3
u6	g3	4	5	4	3	3	3
u7	g4	3	4	3	2	2	4
u8	g4	4	2	5	5	4	1
u9	g5	2	2	1	2	2	5
u10	g5	1	2	3	1	4	2

尽管用户在评价时多采用精确值表达自己的偏好，但真实的评价环境往往充斥着很多复杂因素，同时，用户也具有难以克服的模糊思维。[①] 因此，本书使用语言变量来代替精确的数值，进而描述不确定性问题。考虑到评分数据取值为 {1，2，3，4，5}，本书将以上评分数据按照表 8-16 的五级评分数据与语言术语对应关系进行映射，得到如表 8-17 所示的用户评级术语矩阵。

---

① 滕飞．基于区间中智不确定语言变量的信息集成算子研究 [D]．济南：山东财经大学，2016．

表 8-16　　　　　　　　　　**评分数据与语言术语对应关系**

评分数据/Rating（R）	语言术语/Linguistic Terms（LT）
5	很好/Very good（VG）
4	好/Good（G）
3	一般/Fair（F）
2	差/Bad（B）
1	很差/Very bad（VB）

表 8-17　　　　　　　　　　**用户评级术语矩阵**

uid	gid	i1	i2	i3	i4	i5	i6
u1	g1	F	G	VB	VB	B	VG
u2	g1	F	VB	VB	B	F	VG
u3	g2	G	B	F	VB	B	F
u4	g2	F	G	B	VB	G	B
u5	g3	G	F	VB	VB	VB	F
u6	g3	G	VG	G	F	F	F
u7	g4	F	G	F	G	B	G
u8	g4	G	B	VG	VG	G	VB
u9	g5	B	B	VB	B	B	VG
u10	g5	VB	B	F	VB	G	B

其中，语言术语与单值中智数之间的对应关系[①]如表 8-18 所示。

表 8-18　　　　　　　**语言术语与单值中智数对应关系**

语言术语 Linguistic Terms（LT）	单值中智数 Single-Valued Neutrosophic Numbers（SVNN）
很好/Very good（VG）	<0.90, 0.10, 0.10>
好/Good（G）	<0.80, 0.20, 0.15>

---

① BISWAS P, PRAMANIK S, GIRI B C. TOPSIS method for multi-attribute group decision-making under single-valued neutrosophic environment［J］. Neural Computing and Applications, 2016, 27（3）: 727-737.

续表

语言术语 Linguistic Terms(LT)	单值中智数 Single-Valued Neutrosophic Numbers(SVNN)
一般/Fair(F)	<0.50, 0.40, 0.45>
差/Bad(B)	<0.35, 0.60, 0.70>
很差/Very bad(VB)	<0.10, 0.80, 0.90>

通过对比使用精确数和单值中智数在不同偏好融合策略以及不同近邻数 K 下的准确率(MAE),可以得到如表 8-19 所示的实验结果。

表 8-19　　　单值中智数与精确数的群组偏好融合准确率对比

偏好表示	偏好融合策略	准确率(MAE)		
		$k = 2$	$k = 3$	$k = 4$
精确数	平均融合策略	0.50	0.50	0.50
	最小痛苦策略	1.01	0.84	0.50
	最大开心策略	1.50	1.28	1.35
单值中智数	平均融合策略	0.11	**0.081**	0.085
	最小痛苦策略	0.20	0.16	0.15
	最大开心策略	0.37	0.31	0.32

通过实验结果可以发现,本书所提出的利用单值中智数的方法比在精确数下的群组推荐偏好融合方法的准确率更高,但融合策略以及近邻数对推荐效果也有影响。其中,在融合策略方面,平均融合策略的预测准确率最高,其次是最小痛苦策略,最后是最大开心策略;在近邻数方面,随着近邻数的增加,群组偏好方法的评分预测的准确率会先上升,然后下降。

然而,尽管该实验结果在小数据集上证明了本书所提出的利用单值中智数的方法比在精确数环境下的群组推荐偏好融合方法的准确率更高,但考虑到实际爬取的慕课评分数据与单值中智数的形式相差较大,在转换过程中存在较大的主观性,因此,在接下来的实验中仍使用评分精确值作为实验数据。

②慕课群组生成

根据上一实验可以发现无论是基于精确数环境,还是基于中智集环境,利用平均融合策略的群组推荐准确率都更高。因此,本书采用平均融合策略作为慕课群组偏好融合策略并进行后续实验。

根据基于 BERT-wwm-ext 模型计算的评论文本情感分值与评分融合后可以得到如图 8-10 所示的用户-课程-融合评分矩阵（行代表用户索引 userid，列代表课程索引 itemid）。

itemid userid	1	2	3	4	5	6	7	8	9	10	...	90	91	92	93	94	95	96	97	98	99
1	0.90	0.0	0.00	0.0	0.0	0.00	0.0	0.9	0.0	0.000	...	0.0	0.0	0.0	0.00	1.00	1.0	0.0	0.00	0.0	0.00
2	0.00	0.0	0.00	0.0	0.0	0.00	0.0	0.0	0.0	0.000	...	0.0	0.0	0.0	1.00	0.99	0.0	1.0	0.00	1.0	0.00
3	0.00	0.0	0.00	0.0	0.0	0.00	0.0	0.0	0.0	0.000	...	0.0	0.0	0.0	0.95	0.00	0.0	1.0	0.00	0.0	0.00
4	1.00	0.0	0.00	0.0	0.0	0.00	0.0	0.0	0.0	0.000	...	0.0	0.0	0.0	0.00	0.00	0.0	0.0	0.00	0.0	0.00
5	0.00	0.0	0.00	0.0	0.0	0.00	0.0	0.0	1.0	0.000	...	0.0	0.0	0.0	0.00	0.00	0.0	0.8	0.00	0.0	0.00
...																					
277	0.00	0.0	0.00	0.8	0.0	0.00	0.0	0.0	1.0	0.000	...	0.0	0.0	0.0	0.00	0.00	0.0	0.00	0.00	0.8	0.98
278	0.00	1.0	0.89	0.1	0.0	0.00	0.0	0.0	0.0	0.800	...	0.0	0.0	0.0	0.00	0.00	0.0	0.00	0.00	0.0	0.00
279	0.00	1.0	0.00	1.0	0.0	0.99	0.0	0.0	0.0	0.000	...	0.0	0.0	0.0	0.00	0.00	0.0	0.6	0.00	0.0	0.00
280	0.00	0.0	0.00	0.0	0.0	0.00	0.0	0.0	0.0	0.000	...	0.0	0.0	0.0	0.00	0.00	0.0	0.00	0.00	1.0	0.00
281	0.98	0.8	1.00	0.9	1.0	0.99	1.0	0.6	0.0	0.985	...	0.0	0.0	0.0	0.00	0.00	0.0	0.00	0.74	1.0	0.00

281 rows × 99 columns

图 8-10　用户-课程-融合评分矩阵

根据余弦相似度计算公式可以得到用户之间的相似度，形成相似度矩阵，然后通过相似度矩阵得到拉普拉斯矩阵及其特征向量。在对特征向量进行 K-means 聚类时要先确定 K 值，考虑到本实验使用的数据中包含 281 个慕课用户，且根据常见的群组规模大小要将群组规模控制在 3 人组和 10 人组之间，因此，本书通过对 K 值取从 30 到 90 不同的聚类数进行多次实验，根据聚类的 CH 值选取本书所用数据的最佳聚类数。此外，为了验证融合评论文本情感分值对于最终提升群组推荐性能的有效性，本书引入仅使用评分数据生成的群组作为对比实验，并将生成的群组用于后续群组推荐性能对比实验。对于利用融合评分构建群组的不同 K 值及其 CH 值如图 8-11 所示，对于仅利用评分构建群组的不同 K 值及其 CH 值如图8-12 所示，其中，横轴表示聚类数（Number of Clusters），纵坐标表示 CH 值（CH Score）。

通过观察图 8-11 以及图 8-12 可以发现，利用融合分值数据生成的群组随着聚类数的增加，CH 指标变化趋势较为稳定，而仅利用评分数据生成的群组变化趋势的稳定性较差。这说明了仅利用评分数据刻画用户偏好具有片面性和不稳定性，也证明了在评分数据中引入评论文本情感分值的必要性。此外，当 K 值取 90 时，CH 值最大，群组聚类效果最好。这一结果可以理解为群组规模越大，群组成员数量越多，群组间偏好越耦合，群组类间间距越小，聚类效果越不显著；群组规模越小，群组成员数量越

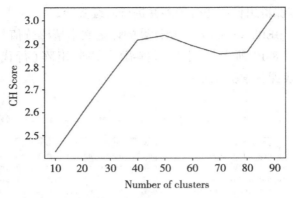

图 8-11　融合分值群组聚类不同 K 值对应的 CH 值

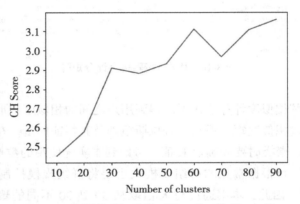

图 8-12　仅评分群组聚类不同 K 值对应的 CH 值

少，群组内用户相似度越大，群组类内间距越小，聚类效果越显著。因此，本书以 90 为 K 聚类数，对群组进行聚类，并将群组偏好按照平均策略进行融合，最后得到如图 7-13 所示的慕课群组对课程的融合分值。其中，groupid 表示群组编号，itemid 表示课程编号，t_value 表示群组对课程融合评论文本情感的分值。

（4）基于 NeuMF 方法的慕课群组推荐

①参数选择及基线方法

实验同样基于 Tensorflow 实现。在推荐模型的隐藏层使用神经网络常用的正态分布方法对参数进行初始化，并使用 Adam 优化器对模型进行优化。对于小数据集来说，层数过多的神经网络容易导致模型过拟合或梯度爆炸。因此，针对本书使用的实验数据，在 MLP 模块采用三层塔式结构并在层与层之间使用 ReLU 激活函数。此外，本节使用 NDCG 指标，通过两种群组和两种基线方法进行对比实验：对于 NDCG 中 K 值的选择，本书选用推荐系统研究中常用的 $K=5$ 和 $K=10$ 进行计算；对比实验的两种群组分别是仅利用评分数据基于谱聚类生成的群组，以及利用融合评论情感分值后的融合分值数据基于谱聚类生成的群组；对比实验的两种基线方法分别是 MLP 和 GMF 推荐算法。

	groupid	itemid	t_value
0	34	99	0.800000
1	35	99	0.800000
2	43	99	0.800000
3	1	99	0.833077
4	41	99	0.970000
…	…	…	…
1123	14	1	1.000000
1124	15	1	1.000000
1125	22	1	1.000000
1126	65	1	1.000000
1127	76	1	1.000000

1128rows×3columns

图 8-13　群组对课程的融合分值

②群组对比实验及结果分析

图 8-14 和图 8-15 分别显示了基于 NeuMF 方法对仅利用评分生成的群组和融合评论情感分值生成的群组进行 top-5 以及 top-10 推荐的准确性。其中，实线代表利用慕课用户对课程融合评论情感后的分值进行群组推荐的准确率，虚线代表利用慕课用户对课程的评分数据进行群组推荐的准确率。

通过对比实验结果可以发现：随着迭代次数不断增加，两种群组的 NDCG 指标在整体上均有所提高，而且相较于 top-5 推荐，两种群组的 top-10 推荐在整体上具有更高的准确率；相较于仅使用评分数据的群组，融合评论情感分值的群组对推荐课程的满意度更高。

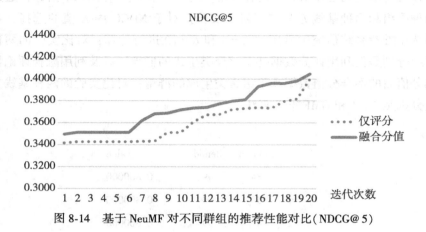

图 8-14   基于 NeuMF 对不同群组的推荐性能对比（NDCG@ 5）

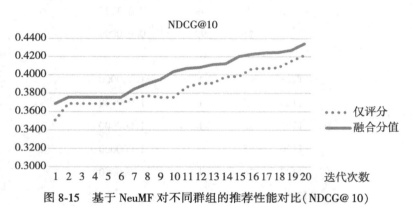

图 8-15   基于 NeuMF 对不同群组的推荐性能对比（NDCG@ 10）

③推荐方法对比实验及结果分析

本书将 NeuMF 模型与两种基线方法（MLP 和 GMF）在两种群组中进行推荐性能的实验，得到如图 8-16 所示的对比结果。其中，柱状图代表三种模型进行 top-5 推荐的 NDCG 值，对应左侧坐标轴；折线图代表三种模型进行 top-10 推荐的 NDCG 值，对应右侧坐标轴；实线和实心柱状图代表对融合了评论情感分值的群组进行推荐；虚线和纹络柱状图代表对仅使用评分数据的群组进行推荐。

由图 8-16 可以看出，基于 NeuMF 的慕课群组推荐性能优于 MLP 和 GMF 基线方法的推荐性能。此外，相较于仅利用评分数据对慕课用户进行群组推荐，这三种推荐方法在融合评论情感分值的数据中均表现出更佳的推荐性能。

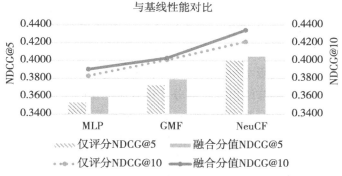

图 8-16　NeuMF 与基线方法对不同群组的推荐性能对比

8.3.3　实验结论

本书通过上述两节的实验准备以及实验过程与结果分析，得出以下结论：

(1)基于 BERT-wwm-ext 模型可以有效分析慕课评论文本的情感。通过分析实验结果可以发现，在慕课评论情感分析性能方面，BERT-wwm-ext 模型不仅凭借其大规模的预训练方式优于 LSTM、GRU、BiLSTM 模型，还凭借其改进的预训练样本生成策略优于 BERT 预训练模型。

(2)慕课评分融合评论文本情感分值可以有效提升群组生成的稳定性。通过分析实验结果可以发现，在生成群组时，将评论文本情感分值融入评分数据可以改善评分数据的片面性和不稳定性，进而提高群组聚类的稳定性。

(3)群组规模越小，群组聚类效果越显著。通过分析实验结果可以发现，不同规模大小的群组，群组间成员分离度与群组内成员相似度的比值是存在差异的。在整体趋势上，群组规模越小，群组聚类的效果越好。

(4)慕课评分融合评论文本情感分值可以有效提升慕课群组推荐的性能。通过分析的实验结果可以发现，无论是 GMF 模型、MLP 模型还是 NeuMF 模型，在慕课评分数据中融合本书基于 BERT-wwm-ext 模型计算的评论文本情感分值可以提升慕课群组推荐性能。此外，基于 NeuMF 的慕课群组推荐性能优于基于 MLP 的慕课群组推荐和基于 GMF 的慕课群组推荐。

基于 BERT-wwm-ext 模型的评论文本情感分析效果、基于 BERT-wwm-ext 模型的慕课评论文本情感分值计算及评分融合、融合评论情感分值的慕课群组生成以及基于 NeuMF 方法的慕课群组推荐四个模块的相关实验内容。实验主要分为：实验准备、实验过程与结果分析和实验结论三大部分。其中，在实验准备部分，主要描述了本书的研究对象——中国大学MOOC平台相关数据的采集、清洗、抽样和标注；同时，展示了本实验的硬件环境和软件及其版本与方法；此外，还阐述了本实验各模块采用的评测指标。在实验过程与结果分析部分，本章从上述四个模块分别开展实验并进行分析。首先，对基于BERT-wwm-ext分析慕课评论文本的效果从参数设置以及基线方法对比两方面展开研究，从而验证本书提出的文本情感分析方法在慕课领域真实数据集的性能。其次，通过BERT-wwm-ext模型对已筛选的慕课数据集进行评论文本情感分值的计算，并根据本书提出的融合策略融合评论情感分值与评分数据，将融合后的分值作为下一模块进行慕课群组生成的数据源。然后，对群组偏好融合方法的选择展开实验，并基于谱聚类算法依据不同聚类K值对应的CH值确定最适合本实验数据的聚类数，生成融合分值后的慕课群组。此外，为了验证融合评论情感分值对群组推荐性能的影响，按照同样的方法仅利用评分数据生成对比慕课群组。最后，对两种慕课群组分别进行基于NeuMF的群组推荐，并与基线方法进行对比，分析在评分数据中融合评论情感分值对于不同群组推荐算法的影响。在实验结论部分，对实验结果分析进行归纳总结，得出最后的实验结论。

9. 高校大数据整合与抽取推荐总结与展望

9.1 高校大数据整合与抽取推荐总结

本书通过深入分析高校的数据分布与数据结构，在对相似度算法、聚类算法、SOM 网络、BP 神经网络、数据库原理、哈希函数、Rabin 指纹、布隆过滤器以及 C++，在高校的异构数据库数据源和存储设备的基础上建立了高校数据精简整合系统范式。

（1）在不含有主键的数据库精简范式方面，由于高校大数据中有一些历史数据是不含有主键的，这些无主键的数据在表内记录有重复的可能，因此要对这些重复记录进行精简。具体步骤包括预处理、求字段相似度、重复记录检测及重复记录处理。

（2）在含有主键的数据库记录精简范式方面，分为注入流程和精简流程，注入流程通过使用 SOM 网络进行字段类型的匹配，在此基础上使用 BP 网络实现相似字段的匹配，通过 SOM-BP 的配合完成了异构数据库与共享池预留字段的对应。将异构数据库数据注入共享池后，根据表与表之间的字段对应的不同情况采取不同的策略对异常记录进行检测，这些异常数据最后提供给人工筛查，将筛查的结果整合成一张完整的表。

（3）在含有主键的数据库记录精简范式方面，分为注入流程和精简流程，注入流程通过使用 SOM 网络进行字段类型的匹配，在此基础上使用 BP 网络实现相似字段的匹配，通过 SOM-BP 的配合完成了异构数据库与共享池预留字段的对应。将异构数据库数据注入共享池后，根据表与表之间的字段对应的不同情况采取不同的策略对异常记录进行检测，这些异常数据最后提供给人工筛查，将筛查的结果整合成一张完整的表。

（4）最后，通过实验，验证了数据库精简范式的查全率和查准率和储存子系统精简的压缩率。

随着互联网技术的飞速发展，大数据技术已经融入高校教学中，并且不断推动着高校信息化建设的发展。在高校信息化管理部门的重视下，高校的信息管理系统日益成熟。但由于高校大数据呈现出海量增长的趋势，高校信息系统的数据库也愈发庞大，随着数据的不断堆积，数据库不堪重负，使得大量没有得到充分利用的数据不得不被抛弃，造成很大程度的资源浪费。构建碎片化整合体系的目的就是要将高校信息系统中的海量数据通过碎片化整合并有效利用，变废为宝，不仅可以减轻高校信息管理沉重的负担、减少人力和管理资源的浪费，还可以为高校管理决策提供辅助支持。

本书主要阐述了高校信息化建设发展背景、高校信息整合及随机森林算法发展现状，并对随机森林相关算法和知识进行了梳理。在结合大学信息化建设的实际需要的基础上，设计了高校碎片化信息整合体系。高校碎片化信息整合体系的核心是整合特征的选择。利用随机森林算法，构建了高校碎片化信息整合过程中的整合特征选择模型，并运用具体的案例来验证模型的准确性和有效性。研究对高校信息整合问题进行了深入探索，主要得出以下结论：

（1）通过阅读大量关于信息整合的相关文献，发现对于信息整合方面的研究主要包括对整合方法、整合模式、整合技术以及整合应用的研究，而对于高校信息整合来说，以需求为导向的高校信息整合体系的研究大多停留在理论阶段，在应用阶段的研究还不够完善。因此，根据当前高校信息化建设的实际情况，提出知识碎片的概念，并对高校碎片化信息整合思路及整合框架的相应模块进行详细描述，确定每一模块的目的和主要功能，并简单介绍了碎片化整合体系需要运用到的相关技术。高校碎片化信息整合体系不仅具有很好的扩展性，还充分考虑到用户的自主性，可以为高校管理决策提供个性化的决策支持。

（2）在通读国内外相关文献时发现，目前高校信息整合研究多采用数据挖掘和机器学习算法，如神经网络算法、决策树算法、关联规则算法、聚类算法、贝叶斯算法等，但这些算法多单独运用到高校管理的某一具体决策当中，且算法的精度、效率和实现复杂度都普遍存在很多问题。通过比较分析，发现随机森林具有很高的预测准确率，对异常值和噪声具有很好的容忍度，可并行处理且不容易出现过拟合现象。因此，本书结合随机森林算法构建整合特征选择模型，不仅对模型的特征提取模块、训练及测试模块进行详细设计，还定义了一组评价指标用来对模型的特征选择效果进行评价。最后，针对当前高校贫困生认定工作的现状，利用整合特征选择模型对贫困生认定问题进行分析，通过试验得到高校贫困生认定的最优整合特征集合，并通过计算评价指标对该整合特征集合进行验证。通过案例证明了该模型具有很好的准确性和有效性，可用于高校信息整合实践中。

近年来，高校大数据平台——MOOC 平台飞速发展，越来越多的人选择在这些平台上学习。为提升学习者在 MOOC 平台上的学习体验，这些平台纷纷提供了针对 MOOC 课程的评价功能。MOOC 平台积累了大量课程评论信息，而这些课程评论中蕴含了丰富的有价值的信息。通过对这类具有较强互动性的文本的挖掘，既可以为学习者选择所要学习的课程提供依据，也可以为教学者提升教学水平、优化课程资源提供参考，还可以为MOOC 平台管理者优化平台体验提供补充。但是，随着 MOOC 课程评论的累积，仅靠人力难以全面把握学习者在评论中表达的情感倾向。因此，迫切需要一种可以自动从评论中提取情感信息的方法。对于课程评论文本来说，可以利用文本情感分析的相关技术，挖掘出丰富的价值信息。评价对象和评价词的抽取任务是细粒度情感分析的基础任务。在 MOOC 课程评论中，评价对象是学习者表达某种情感倾向的目标，评价词则是针对某一具体评价对象而表达的情感倾向的载体。MOOC 课程评论评价对象和评价词的抽取任务是 MOOC 课程评论情感分析研究的基础任务。

本书在相关研究成果的基础上，提出可以将 MOOC 课程评论评价对象和评价词的抽取问题看作一个序列标注问题。为弥补现有方法的局限性，提出了一种新的方法，双向长短期记忆条件随机场，并针对这一问题提出一种基于 BiLSTM-CRF 的 MOOC 课程评论评价对象和评价词抽取的方法。具体来说，BiLSTM-CRF 由三部分组成，第一部分是输入层，将课程评论编码。第二部分是 BiLSTM 层，其目标是在每个句子的上下文中的每个词学到一个更高层次的特征表现。通过评价对象和评价词间上下文做特征学习。第三部分是 CRF 层，将 BiLSTM 的输出作为条件随机场的输入，可以学到一个更好层次的特征到标签的判别式映射，从而可以很好地捕获上下文信息。主要贡献是利用 BiLSTM 在高维表征学习方面来编码评价对象和评价词之间的关系。然后，利用极大似然和反向传播来学习 BiLSTM和 CRF 的参数。在该方法中，在 CRF 参数学习中，评价对象和评价词的标签信息可以双向传播，来表征评价对象和评价词的学习，预测正确的标签路径。本书所提出的方法不仅可以捕获长距离的信息，还可以捕获过去与未来的信息，也可以解决标签之间的关系。

本书在提出 MOOC 课程评论评价对象和评价词抽取模型之后，为验证本书所提出的 MOOC 课程评论对象和评价词抽取方法的有效性，利用该模型在真实课程评论数据集上进行了实验，并且与现有抽取方法进行了比较。本书从中国大学 MOOC 平台的课程评价区爬取了大量的课程评论文本来构建实验所需的数据集，评估了本书提出的方法在准确率、召回率以及 F1 值方面的有效性。实验结果表明，本书提出的方法可以有效抽取 MOOC 课程评论中的评价对象和评价词，并且在上述几个方面都要优于现有方法或模型。

在这个信息获取永远跟不上信息爆炸的时代，在线学习资源的数量积累只会越发庞大，而为了应对学习者在选择学习资源时出现的"知识迷航"问题，推荐领域的研究人员展开了各方面深入的研究。现如今，深度学习应用于推荐系统领域在性能方面取得了较好表现，却鲜见将深度学习应用于在线学习资源推荐领域的研究成果。因此，应该将深度学习更好地应用到在线学习资源推荐中，从而解决传统方法暴露出来的局限性，进一步提升推荐性能。

基于此，本书在相关研究成果的基础上，提出了对进一步提升在线学习资源推荐性能的思考：

（1）针对传统的在线学习资源推荐方法所采用的矩阵分解点积运算所存在的局限性，提出了基于深度距离分解的在线学习资源推荐方法。在该方法中，首先，将传统的学习者-学习资源评分矩阵转换为学习者-学习资源距离矩阵。其次，构建多层感知机，使得模型通过多层非线性神经网络学习到更深层次的特征表示。最后，利用 FML 距离分解算法替代矩阵分解算法来计算分线性隐藏层输出的值，使得计算方法由点积运算转变为基于欧氏距离进行计算。为了验证该方法的有效性，本书在真实的在线学习资源数据上进行实验，并与基线方法进行对比，结果发现，本书提出的基于深度距离分解的在线学习资源推荐方法在平均绝对误差和均方根误差两个评测指标上有更好的效果，从而证明本书方法的有效性。

（2）针对传统的在线学习资源推荐方法采用评分数据过于单一性问题，提出融合评论文本情感分值改进评分数据的策略。首先，本书提出了基于 BERT 模型的慕课评论文本情感分值计算方法，利用迁移学习的思想，在 BERT 预训练模型的基础上进行微调，从而使得模型能够计算出具体的情感分值。其次，根据所采取的融合策略将计算出来的情感分值与原始评分数据进行融合。最后，通过实验环节验证了本书的评论文本情感计算方法相较于基线方法性能更优，计算出的情感分值更加准确。并且融合后的情感-评分数据相较于原始评分数据在推荐效果上有明显提升。

随着通信技术的成熟和网络应用的飞速扩张，教育领域在互联网的驱动下出现慕课学习这一全新发展模式，新冠肺炎疫情暴发以来社会对在线学习的需求日益增长，在线学习更是有可能成为常态。与此同时，越来越多的课程资源进驻慕课平台，在信息爆炸的时代人们需要花费更多的时间和精力才能找到适合自身的课程。针对学习者挑选慕课资源时面临的"学习迷航"问题，研究人员在慕课推荐领域做了多方面的深入研究。已有的慕课推荐方法研究取得了较好表现，针对学习者的历史评分挖掘学习者的偏好和课程的特征，通过偏好信息去度量学习者之间的相似性和对课程的感兴趣程度，从而向学习者提供个性化的慕课推荐服务。然而现有方法仍面临评分数据稀疏和评分单一的问题。基于此，本书提出利用图卷积神经网络和双重注意力网络提取学习者与慕课之间的协同特征以及评论语义，以期进一步提升慕课推荐方法的性能：

（1）针对现有的慕课协同过滤推荐方法对评分矩阵进行分解时，面临数据稀疏和协同特征缺失的局限性，提出基于图卷积神经网络的慕课推荐方法。该方法根据学习者评分历史数据转换为学习者-慕课二部图，以图结构中的节点表示学习者与慕课、节点间的连通性关系，则表示学习者对所学慕课的偏好态度。然后构建图卷积神经网络，在连续的图卷积层通过图的高阶连通性挖掘图节点之间的协同信息，对各卷积层生成的节点特征聚合并更新节点特征表示，最后根据包含协同信息的交互特征进行点积运算获得推荐结果。为验证该方法的有效性，本书基于中国大学 MOOC 平台的真实评分数据集开展实验，并与基线方法进行对比，结果表明本书提出的基于图卷积神经网络慕课推荐方法在召回率和归一化折损累积增益两个评测指标上有更好的表现，从而证明本方法的有效性。

（2）针对现有的慕课推荐方法面临评分数据单一的问题，提出利用评论文本构建用户画像融合交互特征的策略。本书提出基于双重注意力网络提取评论语义用户画像构建模型，由于评论信息中同一个词在不同学习者或不同慕课评论中具有不同的语义，利用局部注意力机制学习单个学习者或课程中评论词的重要性，再通过相互注意力机制挖掘学习者与课程之间对应评论的相关性，以学习者评论文档的语义特征构建用户画像。然后分别融合学习者的语义特征和交互特征，利用因子分解机处理融合后的特征从而获得推荐结果。在实验环节，本书基于中国大学 MOOC 平台的真实评分数据和评论文本进行实验，结果表明本书提出的双重注意力网络用户画像构建方法优于基线方法，考虑用户画像的图卷积神经网络慕课推荐方法相比于只考虑评分数据的慕课推荐方法有明显提升。

9.2　高校大数据整合与抽取推荐展望

高校大数据整合与抽取推荐有待改进：

(1)如何在系统中增加自动修正异常数据的功能，虽然本方案在预处理阶段中集成了对空白值、异常值的处理，但是这些处理仅仅是对相似度计算的预处理，而不是对字段值根据语义的智能修正，所以有待改进。

(2)在不含有主键的数据库精简的字段选择中使用智能算法分配字段权值而不是人工分配以提高效率。

针对当前高校信息化建设出现的问题，本书提出了碎片化整合思想，并利用随机森林算法构建了高校碎片化信息整合的特征选择模型，通过高校贫困生认定这一实验验证了该模型在高校整合特征的选择上具有很高的准确性和精确度，为高校信息整合提供了一种可行的思路。但是由于客观条件和主观能力的限制，仍存在一定的局限，很多方面还可以进行深入研究，对于后续的研究可以从以下几个方面进行改进：

(1)在构建高校碎片化信息整合体系时，由于相关资料和知识背景的限制，对提出碎片化信息整合概念、思路及框架，仅仅从宏观角度对碎片化信息整合体系加以论述，对于碎片化整合的具体实现方式描述得不够细致，认识还不够深入，在今后的研究中将对这一部分进一步扩充和完善。

(2)随机森林虽然具有很好的辨识度，但该方法使得权值大的特征总是被选中，从而导致特征因子空间的多样性降低，使得每棵决策树之间的相关性过高，反而使泛化误差变大，因此，后续研究需要对随机森林算法进行改进，保证算法在提高特征相关性的同时，又能降低泛化误差。

(3)在对高校碎片化信息整合进行实际应用时，发现高校信息系统每天持续不断更新的数据量庞大，而本书由于受到数据源和隐私保护的限制，只运用了部分数据源中的信息，没有运用大数据平台和方法来进行，因此，相关研究有一定的局限性，下一步可利用高校大数据平台，实时接入高校信息管理数据库，将每天记录的数据实时进行反馈，这样可以使高校管理者及时做好相关决策调整。

本书以 MOOC 课程评论为研究对象，根据 MOOC 课程评论的特点，尝试提出了一个 MOOC 课程评论评价对象和评价词抽取方法，通过真实语料集验证了本书所提方法可以从课程评论文本中准确抽取出的评价对象和评价词。但是由于时间的限制，本书还有一些局限的地方，还有一些研究内容可以进行深入研究。在未来的研究过程中，还可以从以下几个方面进行深入研究：

（1）扩充训练语料规模与种类。为了实现方便，本书采集了中国大学MOOC在线课程学习平台上计算机类的255门课程的40000多条课程评论数据作为本实验的数据。词向量必然不会很准，而好的词向量对MOOC课程评论评价对象和评价词抽取至关重要。另外，由于本书所用语料主要是与计算机相关学科有关的，而对其他学科的语料采集较少，难免不全面。在后续研究中，也会加入不同种类的语料，进行实验。

（2）引入其他数据辅助抽取评价对象与评价词。本书在深入研究之后，发现可以利用中国大学MOOC平台上，对课程评论的点赞数、评级来辅助从情感标签中抽取。特别是评分数据，评分数据代表了学习者对所学课程的整体评价，其数值大小在一定程度上代表了学习的情感倾向。

（3）改进本书提出的方法。在本书提出的MOOC课程评论评价对象和评价词抽取方法中，本书利用word2vec来对MOOC课程评论进行表示。这种特征表示方法尽管相较于CRF方法来说，对句法分析工具依赖较少，但还是利用到了分词工具，而分词工具分析的不准确会引入错误。因此，在下一步的研究中，可以研究如何自动从MOOC课程评论中获取课程评论表示。

（4）跨领域的评价对象和评价词抽取。本书提出的MOOC课程评论评价对象和评价词抽取模型依赖于MOOC课程评论语料，而构建大规模的MOOC语料难度大，同时也耗费大量人力。在电子商务领域有大量公开的可用于评价对象和评价词抽取的商品评论语料。因此，在后续研究中，将考虑研究模型的迁移性，提高模型的适应性，减少语料标注的成本。

（5）研究成果的应用。本书提出的方法主要是针对MOOC平台上课程评价区的评论文本，但对电子商务平台上的商品和服务评论的评价对象和评价词抽取也有借鉴意义。另外，本书提出的评价对象和评价词抽取方法还可以应用到课程的个性化推荐系统、情感检索系统以及情感对话系统中，为MOOC平台上的学习者、教学者和管理者提供决策支持。

在后续的研究工作中，将针对以上五方面展开进一步的研究，以期可以有效提高MOOC课程评论评价对象和评价词抽取的性能并加强其应用性。

本书提出的基于深度学习改进评分数据的在线学习资源推荐方法，对于现有的在线学习资源推荐方法在推荐性能上有所改进，但仍然存在一些问题有待解决，在未来的研究过程中进行深入研究：

（1）改进本书基于深度距离分解的在线学习资源推荐方法。本书推荐方法提出的出发点是针对传统在线学习资源推荐矩阵分解点积运算的局限性而提出，本书利用 FML 距离分解替代点积运算，并通过搭建多层非线性神经网络结构的方式来进行特征学习，进而进行推荐。在未来，还可以直接使用更复杂的神经网络模型，如卷积神经网络等来构建推荐方法，从而获得性能的提升。此外，将本书方法拓展到群组推荐中，也是未来的研究方向之一。

（2）BERT 模型的中文词嵌入方法分析。BERT 模型默认使用 WordPiece 方法进行文本的分词操作，这种方法广泛使用于英文文本的嵌入处理，在对中文的分词操作中，通常是以字为粒度将文本逐字进行分割，这有可能会造成对某些中文特定词语如成语的理解出现偏差。但由于本书方法是在 BERT 预训练模型的基础上更具情感分值计算特定任务而进行的微调操作，因此并没有对 BERT 模型进行深入修改。在后续的研究中，可以就 BERT 模型的中文词分割嵌入的相关方法展开进一步的分析。

（3）BERT 预训练网络对评论文本情感计算的影响。由于 BERT 模型是一种通用的 NLP 预训练网络模型，因此，目前不少研究机构都利用 BERT 模型进行了不同程度的预训练任务，构建了新的 BERT 预训练模型。但由于 BERT 模型复杂，涉及参数过多，并且考虑到与本书实验环境的适配性，本书选择了谷歌公司官方构建的针对中文的 BERT 预训练网络模型来进行微调。在未来的研究中，也可以尝试引进由国内研究机构如：哈尔滨工业大学开源的"Chinese-BERT-wwm"预训练模型来重构本书方法，以此分析不同 BERT 预训练模型对在线学习资源评论文本情感分析的影响。

（4）基于研究内容搭建在线学习资源推荐系统。本书主要针对在线学习资源推荐方法进行了方法上的研究，利用真实在线学习资源数据采用离线实验的原则在具体的评测指标上进行了性能评估，并没有考虑如何将本书方法部署到实时在线推荐系统中。在接下来的研究中，会继续研究基于本书方法搭建在线学习资源推荐系统，特别是针对下一代互联网技术 IPv6 的适配性，从而测试本书方法的实践性。

综上所述，高校大数据整合与抽取推荐还有许多问题将进一步进行深入的研究。

本书提出的考虑用户画像的图卷积神经网络慕课推荐方法，在推荐效果上有提升，但仍存有不足之处，有待展开深入研究：

（1）图卷积神经网络算法的改进。本书中基于图卷积神经网络的慕课推荐方法，主要是将学习者的评分历史转换为学习者-慕课二部图，在未来可以利用多元图和异质图等包含更多种类信息的图结构，对除评分以外的信息进行学习，如：学习者对课程的浏览、收藏、点赞等多种不同行为，更为全面地获取学习者偏好和课程特征。

（2）词嵌入模型的改进。本书采用 jieba 分词对中文评论做分词操作，利用 Word2vec 将分词处理后的评论词映射为词向量。由于中文不具备英文以空格作为分隔符的优势，在分词以及映射模型处理中可能由于分词粒度不当，造成某些特定词的语义出现偏差，今后可以针对中文评论的词向量预处理开展进一步的工作。

（3）评论文本的信任度分析。本书中考虑用户画像的图卷积神经网络慕课推荐方法从评论文本中提取用户偏好，然而由于网络发言存在随意性，慕课平台的评论存在很多无效评论，会干扰语义特征的提取，今后的研究可以针对评论的长度、语义等信息分析评论的可信度，提高评论文档的质量。

本书提出的基于深度学习融合评论情感的慕课群组推荐研究，随着在线教育的发展与社会化进程的推进，在线学习用户数量激增，慕课资源更是呈现爆炸式增长趋势，给慕课用户带来"学习迷航"的困扰。因此，如何为慕课群体推荐更符合其认知水平、学习风格和兴趣爱好的慕课资源已成为慕课领域亟待解决的问题。为了有效改进这一问题，本书通过对国内外相关研究进行梳理发现：现有的关于慕课评论情感分析、深度学习预训练技术以及群组推荐的研究已取得显著成果，但仍存在未能定量分析慕课评论文本情感以及对于慕课群组进行推荐时没有充分利用评论文本情感和深度学习技术来提高推荐性能的不足之处。在此基础上，本书提出利用深度学习技术分析评论文本情感以进一步提高慕课群组推荐效果：

（1）针对目前慕课群组推荐中对评论文本情感利用不充分以及评分数据过于片面的问题，提出了利用自然语言处理技术计算评论文本情感分值并与评分数据进行融合的解决思路。遵循这一研究思路，本书首先基于迁移学习的思想，提出了利用 BERT-wwm-ext 预训练语言模型计算慕课评论文本情感分值的方法，并设计了基于 BERT-wwm-ext 的慕课评论文本情感分值计算模型。然后，基于自适应思想提出了慕课评论文本情感分值与评分的融合策略。最后，通过在中国大学 MOOC 平台的真实数据集上进行多次对比实验，证明了本书提出的慕课评论情感分析方法相较于基线方法具有更好的文本情感分析性能，从而验证了本方法的有效性。

（2）针对目前群组推荐研究中常用的矩阵分解线性点积运算的局限

性，本书提出将基于深度学习技术的 NeuMF 模型应用到慕课群组推荐中，并使用融合了评论情感分值的评分数据进行慕课群组推荐。首先，利用谱聚类算法生成慕课群组并对群组偏好进行融合。然后，基于 NCF 模型结构将其实例——NeuMF 模型应用到慕课群组推荐中，构建基于 NeuMF 的慕课群组推荐模型。最后，同样在中国大学 MOOC 的真实数据集上进行多次对比实验，实验结果表明：基于 NeuMF 的慕课群组推荐模型相较于基线方法具有更好的推荐性能；此外，慕课评分融合评论文本情感分值不仅可以有效提升群组生成的稳定性，还可以有效提升慕课群组推荐的性能。

本书提出的基于深度学习融合评论情感的慕课群组推荐展望，本书通过在真实数据集上进行实验，验证了本书提出的基于深度学习融合评论情感的慕课群组推荐方法在推荐性能上有所提升。但由于研究有限以及现有技术固有的缺陷，本书仍存在一些不足之处，需要进一步改进与完善：

（1）深度学习技术对计算资源的大量消耗。BERT 及其改进模型虽然在处理自然语言问题时表现较好，可以更准确地挖掘用户的情感倾向性，但由于它实际是通过大数据、大计算量这种简单粗暴的方式来提高实验效果的，在训练过程中每个 batch size 只有 15% 的数据被用来预测，模型收敛速度慢，需要消耗大量的计算资源，对于一般的科研人员来说具有较高的算力门槛，不利于科研人员对预训练技术的改进。

（2）慕课群组推荐算法的改进。本书提出的慕课群组推荐模型主要是通过将 NeuMF 模型应用于慕课推荐领域并利用评论情感分值数据提升推荐性能。在未来，还可以使用甚至改进更复杂的神经网络模型，从推荐算法层面提升群组推荐的性能。

（3）用户属性信息的挖掘与隐私保护问题的平衡。本书使用的是中国大学 MOOC 平台的用户和课程相关数据，该平台未收录用户的年龄、性别等个人属性信息。因此，本书在慕课群组生成以及群组推荐时仅能利用课程评分和评论数据作为群组划分和推荐的依据，在一定程度上限制了群组推荐的性能。但从另一个角度来说，本书相对较好地保护了用户的隐私。然而，现有的许多推荐平台为了提高平台资源推荐效果，不惜以牺牲用户隐私为代价强制收集用户个人的属性信息，在侵犯用户隐私权的同时还增加了用户隐私泄露的风险。因此，在未来对提升群组推荐性能的研究中需要考虑如何平衡用户信息挖掘与用户隐私保护的问题。

（4）慕课群组推荐系统的搭建及推广。本书主要针对融合评论情感的慕课群组推荐进行了方法上的研究，并没有据此方法设计并开发出慕课群组推荐系统，且在对该方法的性能进行评估实验时使用的是离线数据。因此，在未来的研究工作中，可以考虑搭建融合评论情感的慕课群组推荐系统，将本书的方法切实应用到慕课推荐领域中；此外。在对慕课群组推荐系统的推广中，还应考虑到系统的实时推荐功能，提高系统的实时响应性能，实时收集并分析系统中用户的行为数据，实时对慕课群组进行推荐。

主要参考文献

期刊

［1］GINSBERG J. Detecting influenza epidemics using search engine query data［J］. Nature，2009，457.

［2］梅宏. 大数据治理成为产业生态系统新热点［J］. 领导决策信息，2019（5）：26-27.

［3］董铠军，杨茂喜. 科学、技术、社会视域下大数据治理的动因和趋向［J］. 科技管理研究，2017，37（22）：26-31.

［4］杜小勇，陈跃国，范举，等. 数据整理——大数据治理的关键技术［J］. 大数据，2019，5（3）：13-22.

［5］黄静，周锐. 基于信息生命周期管理理论的政府数据治理框架构建研究［J］. 电子政务，2019（9）：85-95.

［6］粟湘，郑建明，吴沛. 信息生命周期管理研究［J］. 情报科学，2006（5）：691-696.

［7］高志鹏，牛琨，刘杰. 面向大数据的分析技术［J］. 北京邮电大学学报，2015（3）：1-12.

［8］刘忠祥. 基于大数据的政府公共信息资源整合应用研究［D］. 南京：南京邮电大学，2016.

［9］饶爱京，万昆，邹维. 教育大数据时代高校教师教学领导力建设［J］. 现代教育管理，2019，（1）：57-61.

［10］张文德，杨洵，廖彬. 数据精简整合系统范式管理研究——应用于高校信息集成［J］. 中国管理信息化，2016（1）：189-194.

［11］石峻峰，樊泽恒，武莉莉，等. 高校大数据集成管理研究［J］. 图书馆学研究，2014（21）：47-50，11.

［12］王娟，李卓珂，杨现民，等. 智能化时代新型教育服务监管体系建构与路径设计［J］. 电化教育研究，2020，41（1）：84-90. DOI：

10. 13811/j. cnki. eer. 2020. 01. 011.

[13]郑庆华. 高校教育大数据的分析挖掘与利用[J]. 中国教育信息化，2016(13)：28-31.

[14]方旭，韩锡斌. 高校教师教学大数据技术行为意向影响因素研究——基于清华"学堂在线"的调查[J]. 远程教育杂志，2017，35(6)：76-86.

[15]郑忠林. 大数据时代高校图书馆信息资源整合系统平台的构建研究[J]. 四川图书馆学报，2016(6)：67-69.

[16]颜英利. 大数据背景下高校教学资源整合研究[J]. 中国成人教育，2018(24)：37-39.

[17]SAGARRA M，MAR-MOLINERO C，AGASISTI T. Exploring the efficiency of Mexican universities：Integrating data envelopment analysis and multidimensional scaling[J]. Omega，2016：1324-1325.

[18]王凌霄，沈卓，李艳. 社会化问答社区用户画像构建[J]. 情报理论与实践，2018，41(1)：129-134.

[19]王宪朋. 基于视频大数据的用户画像构建[J]. 电视技术，2017，41(6)：20-23.

[20]余孟杰. 产品研发中用户画像的数据模建——从具象到抽象[J]. 设计艺术研究，2014，4(6)：60-64.

[21]裘惠麟，邵波. 基于用户画像的高校图书馆精准服务构建[J]. 高校图书馆工作，2018，38(2)：70-74.

[22]吴智勤，柳益君，李仁璞，等. 基于社交网络的高校图书馆用户画像构建研究[J]. 图书馆学研究，2018 (16)：26-30，25.

[23]陈添源. 高校移动图书馆用户画像构建实证[J]. 图书情报工作，2018，62(7)：38-46.

[24]徐海玲，张海涛，张枭慧，等. 基于概念格的高校图书馆群体用户兴趣画像研究[J]. 情报科学，2019，37(9)：153-158.

[25]乐承毅，王曦. 基于改进 RFM 聚类的高校图书馆用户画像研究[J]. 图书馆理论与实践，2020(2)：75-79，93.

[26]李伟，胡云飞，李澎林. 基于多视角二分 k-means 的高校图书馆用户画像研究[J]. 浙江工业大学学报，2020，48(2)：141-147.

[27]刘漫. 基于用户画像的高校图书馆阅读推广模式构建[J]. 图书馆理论与实践，2019(7)：21-26.

[28]都蓝. 基于用户画像的高校图书馆年度阅读报告研究[J]. 图书馆杂

志，2019（4）：27-33，40.

[29]肖海清，朱会华.基于参与式用户画像的高校图书馆精准阅读推广模式构建[J].图书馆工作与研究，2020（6）：122-128.

[30]尹相权，李书宁，弓建华.基于系统日志的高校图书馆研究间用户利用行为分析[J].现代情报，2018，38（1）：115-120.

[31]康存辉.基于用户画像的高校智慧图书馆服务空间再造探索[J].图书馆工作与研究，2020（4）：79-83.

[32]薛欢雪.高校图书馆学科服务用户画像创建过程[J].图书馆学研究，2018（13）：67-71.

[33]张亚楠，黄晶丽，王刚.考虑全局和局部信息的科研人员科研行为立体精准画像构建方法[J].情报学报，2019，38（10）：1012-1021.

[34]王英，胡振宁，杨巍，等.高校科研用户画像特征分析及案例研究[J].图书馆理论与实践，2020（4）：35-40.

[35]黄如花，赖彤.数据生命周期视角下中国政府数据开放的障碍研究[J].情报理论与实践，2018，41（2）：7-13.

[36]李黎，华奎，姜昀芃，等.输电线路多源异构数据处理关键技术研究综述[J].广东电力，2018，31（8）：124-133.

[37]徐成华，宋雨娇，于振铎，等.面向应急救援的多源数据融合技术[J].计算机系统应用，2019，28（12）：9-18.

[38]詹国华，何炎雯，李志华.智能健康管理多源异构数据融合体系与方法[J].计算机应用与软件，2012，29（9）：37-40.

[39]冀振燕，宋晓军，皮怀雨，等.基于深度学习的融合多源异构数据的推荐模型[J].北京邮电大学学报，2019，42（6）：35-42.

[40]翟书颖，郝少阳，杨琪，等.多源异构数据融合的智能商业选址推荐算法[J].现代电子技术，2019，42（14）：182-186.

[41]周凯.一种多源异构数据融合技术在PGIS系统中的研究与应用[J].测绘，2019，42（2）：51-55.

[42]胡永利，朴星霖，孙艳丰，等.多源异构感知数据融合方法及其在目标定位跟踪中的应用[J].中国科学：信息科学，2013，43（10）：1288-1306.

[43]刘充.基于KETTLE的高校多源异构数据集成研究及实践[J].电子设计工程，2015，23（10）：24-26.

[44]刘文军，吴俐民，方源敏.基于ETL的多源异构空间数据集成技术研究[J].城市勘测，2014（2）：55-59.

［45］刘占伟，刘厚泉．基于 GML 的多源异构空间数据集成系统的设计
　　　［J］．计算机工程与设计，2007（8）：1962-1965．

［46］李建军，陈洪辉，胡爱国，等．基于 GML 的多源异构空间数据协同
　　　集成［J］．计算机工程，2004（23）：34-36．

［47］缪谨励，李景朝，陶留锋．基于 GML 的国土规划多源异构数据集成
　　　模型［J］．地质通报，2014，33（10）：1571-1577．

［48］杨洵，张文德，廖彬．高校数据精简整合系统管理研究［J］．情报探
　　　索，2016（4）：83-87，92．

［49］邱红飞．存储的自动精简配置技术应用研究［J］．电信科学，2010，
　　　26（11）：12-17．

［50］胡新海．云存储数据缩减技术研究［J］．长春工程学院学报（自然科
　　　学版），2012，13（2）：110-114．

［51］谢平．存储系统重复数据删除技术研究综述［J］．计算机科学，2014，
　　　41（1）：22-30，42．

［52］王凯，刘玉文．大数据的数据简化理论与方法研究综述［J］．唐山师
　　　范学院学报，2017，39（5）：71-74．

［53］ZENG X-Q，LI G-Z．Incremental partial least squares analysis of big
　　　streaming data［J］．Pattern Recogn，2014，47（11）：3726-3735．

［54］杨晓鹏，黄琛，黄晓川．基于中间件技术的数据整合方案设计与实
　　　现［J］．科技视界，2015（1）：113-114．

［55］曹淑服，安艳辉．基于 Web Services 数据整合系统的研究［J］．河北
　　　省科学院学报，2015，32（3）：17-20．

［56］王春丽．基于主数据管理的数据共享平台设计［J］．电脑编程技巧与
　　　维护，2019（9）：89-91，98．

［57］马琳．数据挖掘技术综述浅析［J］．数字技术与应用，2019（37）：10．

［58］HAND D J，YU K．Idiot's Bayes not so stupid after all？［J］．International
　　　Statistical Review，2001，69（3）：385-398．

［59］王一战，刘宏伟，韩经丹，等．基于数据挖掘技术的感染性腹泻的
　　　中医证候要素研究［J］．中华中医药杂志，2016，31（9）：3494-3497．

［60］马文峰，杜小勇，胡宁．基于信息的资源整合［J］．情报资料工作，
　　　2007（1）：46-50，70．

［61］RAO S．Integration of complex archeology digital libraries：An ETANA-DL
　　　experience［J］．Information Systems，2008，33（7-8）：699-723．

［62］ALFREDO J S．Organizing open archives via lightweight ontologies to facilitate the use of heterogeneous collections[J]. As lib Proceedings, 2012, 64(1): 46-66.

[63]郝欣, 刘英涛. 基于本体集成的数字资源整合研究[J]. 图书馆学研究, 2011(20): 55-59.

[64]赵英, 雷强. 基于贝叶斯本体映射方法的数字资源整合[J]. 情报杂志, 2008(2): 23-27.

[65]崔伟, 徐恺英, 王宁. 基于知识链的数字资源整合研究[J]. 图书馆学研究, 2010(15): 32-35, 10.

[66]吕莉媛. 基于自组织理论的图书馆数字资源整合研究[J]. 图书馆学研究, 2008(8): 55-57, 73.

[67]刘胜, 陈定权, 莫秀娟. 基于开放式参考链接的数字资源整合研究[J]. 图书馆学研究, 2008(5): 16-20.

[68]郑燃, 唐义, 戴艳清. 基于关联数据的图书馆、档案馆和博物馆数字资源整合研究[J]. 图书与情报, 2012(1): 71-75.

[69]LISTON K. Intrusion detection FAQ: Can you explain traffic analysis and anomaly detection [J]. Politologica Acta Universitatis Palackianae Olomucensis, 2008, 31(6): 22.

[70]周丽琴. 高校科技信息资源整合与服务对策研究[J]. 科技管理研究, 2015, 5(5): 47-51.

[71]唐振宇, 陈凤岩, 冯玉强. 基于个性化信息服务的大学图书馆信息资源整合[J]. 情报科学, 2008(4): 622-626.

[72]徐琦. 基于大数据的高校数据整合模式研究[J]. 中国教育信息化, 2015(15): 60-63.

[73]WANG H, SONG Y, HAMILTON A, et al. Urban information integration for advanced planning in Europe[J]. Government Information Quarterly, 2007(24): 736-754.

[74]吕希艳, 张润彤. 基于SOA的企业信息资源整合[J]. 中国科技论坛, 2006(6): 103-105.

[75]宋敏. 基于SOA图书馆数字资源整合平台关键技术的研究与实现[J]. 数字图书馆, 2009(9): 22-26.

[76]BO H, SHAN Z Y, WENG T C. Spatio temporal information integration in XML[J]. Future Generation Computer Systems, 2004, 20(7): 1157-1170.

[77]ISABEL F C. A visual tool for ontology alignment to enable geospatial

interoperability[J]. Journal of Visual Languages and Computing，2007，18(3)：230-254.

[78]张兴华．搜索引擎技术及研究[J]．现代情报，2004(4)：142-145.

[79]GROSSMAN R L，GU Y H，et al. Computer and storage clouds using wide area high performance networks[J]. Future Generation Computer Systems，2009(25)：179-183.

[80]GARBER L. Denial-of-service attacks rip the internet[J]. IEEE Computer，2007，33(4)：12-17.

[81]杨小燕，廖清远，等．大数据时代基于云计算的高校信息平台资源整合研究[J]．数据库技术，2013，5(4)：32-35.

[82]汪会玲，刘高勇．从面向资源的信息资源整合到面向用户的信息资源整合[J]．图书情报工作，2005，49(7)：45-48.

[83]钱庆，李军莲，李丹亚，等．面向用户的自建信息资源整合平台建设[J]．医学信息杂志，2009，30(1)：9-13.

[84]吴伯成．基于用户行为的信息资源整合及服务模式探究[J]．现代情报，2009(4)：51-53.

[85]申彦舒，姚志宏．基于用户的图书馆信息资源整合[J]．图书馆学刊，2010(12)：34-35.

[86]王知津，谢丽娜，李赞梅．基于知识管理的政府数字信息资源整合模式构建[J]．图书馆，2011(1)：27-30.

[87]刘新良．对高校信息资源整合的几点思考[J]．桂林航天工业高等专科学校学报，2006，11(4)：69-70，80.

[88]陈新添，朱秀珍，李萍．基于知识管理的高校信息资源整合策略[J]．现代情报，2007(1)：80-82.

[89]金业阳．高校信息资源整合与服务研究[J]．图书馆论坛，2008，28(3)：88-90，100.

[90]叶汝军，贾新民，谢一风．浅谈高校信息资源整合[J]．中国教育信息化，2009(5)：57-58，62.

[91]顾瑞，李爱英，卢加元．高校信息资源整合的必要性研究[J]．中国教育信息化，2010(5)：7-8.

[92]董华．关于高校信息资源整合的几点思考[J]．创新科技，2013(10)：61.

[93]吴延凤，周全明．基于SOA的高校信息资源整合研究[J]．福建电脑，2008(11)：110，105.

[94]姜久雷. 基于 EMIF 的高校信息资源整合技术研究[J]. 科技信息, 2009(33): 5-6.

[95]王平. 基于 AJAX 和 Web Services 的高校信息资源整合研究[J]. 伊犁师范学院学报(自然科学版), 2009(2): 36-39.

[96]魏华. 高校信息资源整合模式初探[J]. 科技广场, 2009(9): 239-240.

[97]陈涛. 基于 HDFS 的云存储在高校信息资源整合中的应用[J]. 电子设计工程, 2012(2): 4-6.

[98]陈方方, 何小波. 面向服务的高校信息资源整合[J]. 计算机时代, 2015(8): 76-77, 80.

[99]常桐善. 数据挖掘技术在美国院校研究中的应用[J]. 复旦教育论坛, 2009(2): 72-79.

[100]廖凤露, 周庆. EDM 用于研究生就业能力的预测[J]. 教育教学论坛, 2017(33): 65-66.

[101]施佺, 钱源, 孙玲. 基于教育数据挖掘的网络学习过程监管研究[J]. 现代教育技术, 2016(6): 87-93.

[102]舒忠梅, 徐晓东. 学习分析视域下的大学生满意度教育数据挖掘及分析[J]. 电化教育研究, 2014(5): 39-44.

[103]何世明, 沈军. 基于 BP 神经网络的网上学习评价方法[J]. 微机发展, 2004(12): 26-29.

[104]刘美玲, 李熹, 李永胜. 数据挖掘技术在高校教学与管理中的应用[J]. 计算机工程与设计, 2010(5): 1130-1133.

[105]BREIMAN L. Bagging predictors[J]. Machine Learning, 1996, 24(2): 123-140.

[106]HO T K. The random subspace method for constructing decision forests[J]. IEEE Transaction on Pattern Analysis and Machine Intelligence, 1998, 20(8): 832-844.

[107]BREIMAN L. Random forests[J]. Machine Learning, 2001, 45(1): 5-23.

[108]NICOLAI M. Quantile regression forests[J]. Journal of Machine Learning Research, 2006, 7(6): 13-14.

[109]ZHOU Z H, TANG W. Selective ensemble of decision trees[J]. Lecture Notes in Computer Science, 2003, 2639: 476-483.

[110]SMITH A, STERBABOATWRIGHT B, MOTT J. Novel application of a

statistical technique, random forests, in a bacterial source tracking study [J]. Water Research, 2010, 44(14): 4067-4076.

[111] QIAN C, WANG L, GAO Y, et al. In vivo MRI based prostate cancer localization with random forests and auto-context model [J]. Computerized Medical Lmaging and Graphics, 2016(52): 44-57.

[112] 张雷, 王琳琳, 张旭东, 等. 随机森林算法基本思想及其在生态学中的应用——以云南松分布模拟为例[J]. 生态学报, 2014, 34(3): 650-659.

[113] 李亭, 田原, 邬伦, 等. 基于随机森林方法的滑坡灾害危险性区划 [J]. 地理与地理信息科学, 2014, 30(6): 25-30.

[114] 方匡南, 吴见彬. 个人住房贷款违约预测与利率政策模拟[J]. 统计研究, 2013, 30(10): 54-60.

[115] 方匡南, 吴见彬, 谢邦昌. 基于随机森林的保险客户利润贡献度研究[J]. 数理统计与管理, 2014, 33(6): 1122-1131.

[116] 董倩, 孙娜娜, 李伟. 基于网络搜索数据的房地产价格预测[J]. 统计研究, 2014, 31(10): 81-88.

[117] 李恒贝, 等. 基于碎片化服务的高校信息化架构及实践[J]. 中国教育信息化, 2016(19): 11-13.

[118] 李慧. 基于大数据的智能高校信息综合处理平台设计[J]. 现代电子技术, 2019, 42(10): 31-34, 39.

[119] 王庆桦. 基于数据挖掘技术的图书馆个性化快速推荐算法研究[J]. 现代电子技术, 2019. 42(5): 149-151, 156.

[120] 刘爱琴, 李永清. 基于 SOM 神经网络的高校图书馆个性化推荐服务系统构建[J]. 图书馆论坛, 2018, 38(4): 95-102.

[121] 张海华. 基于大数据和机器学习的大学生选课推荐模型研究[J]. 信息系统工程, 2019(4): 105-106.

[122] 吴元敏. 大数据在高校选课中的应用[J]. 中国现代教育装备, 2017 (7): 9-12.

[123] 理文. 大数据环境下高校档案信息资源集成服务问题研究[J]. 档案管理, 2020(5): 73-74.

[124] 赵彦昌, 段雪茹. 大数据环境下档案信息资源整合的 SWOT 分析 [J]. 北京档案, 2016(11): 9-11.

[125] 王萍. 大规模在线开放课程的新发展与应用: 从 cMOOC 到 xMOOC [J]. 现代远程教育研究, 2013(3): 13-19.

［126］PANG B, LEE L. Opinion mining and sentiment analysis［J］. Computational Linguistics, 2009, 35(2)：311-312.

［127］LIU B. Sentiment analysis and opinion mining［J］. Synthesis Lectures on Human Language Technologies, 2012, 5(1)：1-167.

［128］Qiu G, Liu B, Bu J J, et al. Opinion word expansion and target extraction through double propagation［J］. Computational Linguistics, 2011, 37(1)：9-27.

［129］刘三女牙, 彭晛, 刘智, 等. 面向 MOOC 课程评论的学习者话题挖掘研究［J］. 电化教育研究, 2017, 38(10)：30-36.

［130］RANI S, KUMAR P. A sentiment analysis system to improve teaching and learning［J］. Computer, 2017, 50(5)：36-43.

［131］MÄNTYLÄ M, GRAZIOTIN D, KUUTILA M. The evolution of sentiment analysis—A review of research topics, venues, and top cited papers［J］. Computer Science Review, 2018, 27：16-32.

［132］SUN S L, LUO C, CHEN J Y. A review of natural language processing techniques for opinion mining systems［J］. Information fusion, 2017, 36：10-25.

［133］LEONG C K, LEE Y H, MAK W K. Mining sentiments in SMS texts for teaching evaluation［J］. Expert Systems with Applications, 2012, 39(3)：2584-2589.

［134］潘怡, 叶辉, 邹军华. E-learning 评论文本的情感分类研究［J］. 开放教育研究, 2014, 20(2)：88-94.

［135］WONG J S, LU X L, ZHANG K. MessageLens：A visual analytics system to support multifaceted exploration of MOOC forum discussions［J］. Visual Informatics, 2018, 2(1)：37-49.

［136］姚天昉, 程希文, 徐飞玉, 等. 文本意见挖掘综述［J］. 中文信息学报, 2008, 22(3)：71-80.

［137］赵妍妍, 秦兵, 刘挺. 文本情感分析［J］. 软件学报, 2010, 21(8)：1834-1848.

［138］廖祥文, 陈兴俊, 魏晶晶, 等. 基于多层关系图模型的中文评价对象与评价词抽取方法［J］. 自动化学报, 2017, 43(3)：462-471.

［139］沈亚田, 黄萱菁, 曹均阔. 使用深度长短时记忆模型对于评价词和评价对象的联合抽取［J］. 中文信息学报, 2018, 32(2)：110-119.

［140］QIU G, LIU B, BU J J, et al. Opinion word expansion and target extraction through double propagation［J］. Computational linguistics，2011，37(1)：9-27.

［141］李纲，刘广兴，毛进，等. 一种基于句法分析的情感标签抽取方法［J］. 图书情报工作，2014，58(14)：12-20.

［142］张莉，钱玲飞，许鑫. 基于核心句及句法关系的评价对象抽取［J］. 中文信息学报，2011，25(3)：23-29.

［143］顾正甲，姚天昉. 评价对象及其倾向性的抽取和判别［J］. 中文信息学报，2012，26(4)：91-97.

［144］李丕绩，马军，张冬梅，韩晓晖. 用户评论中的标签抽取以及排序［J］. 中文信息学报，2012，26(5)：14-19.

［145］郗亚辉. 产品评论特征及观点抽取研究［J］. 情报学报，2014，33(3)：326-336.

［146］HUANG H，LIU Q G，HUANG T. Appraisal expression recognition based on generalized mutual information［J］. JCP，2013，8(7)：1715-1721.

［147］赵妍妍，秦兵，车万翔，等. 基于句法路径的情感评价单元识别［J］. 软件学报，2011，22(5)：887-898.

［148］王娟，曹树金，谢建国. 基于短语句法结构和依存句法分析的情感评价单元抽取［J］. 信息系统，2017，40(3)：107-113.

［149］方明，刘培玉. 基于最大熵模型的评价搭配识别［J］. 计算机应用研究，2011，28(10)：3714-3716.

［150］王素格，吴苏红. 基于依存关系的旅游景点评论的特征——观点对抽取［J］. 中文信息学报，2012，26(3)：116-121.

［151］陶新竹，赵鹏，刘涛. 融合核心句与依存关系的评价搭配抽取［J］. 计算机技术与发展，2014，24(1)：118-121.

［152］聂卉，杜嘉忠. 依存句法模板下的商品特征标签抽取研究［J］. 现代图书情报技术，2014(12)：44-50.

［153］姚兆旭，马静. 面向微博话题的"主题+观点"词条抽取算法研究［J］. 现代图书情报技术，2016，32(7)：78-86.

［154］江腾蛟，万常选，刘德喜，等. 基于语义分析的评价对象-情感词对抽取［J］. 计算机学报，2017，40(3)：617-633.

［155］孙晓，唐陈意. 基于层叠模型细粒度情感要素抽取及倾向分析［J］. 模式识别与人工智能，2015，28(6)：513-520.

［156］陈兴俊，魏晶晶，廖祥文，等. 基于词对齐模型的中文评价对象与

评价词抽取[J]. 山东大学学报(理学版), 2016, 51(1): 58-64.

[157] 杜思奇, 李红莲, 吕学强. 基于汉语组块分析的情感标签抽取[J]. 情报理论与实践, 2016, 39(5): 125-129.

[158] 张璞, 李逍, 刘畅. 基于规则的评价搭配抽取方法[J]. 计算机工程, 2019, 45(8): 217-223.

[159] 李良强, 徐华林, 袁华, 等. 基于最大频繁模式的在线评论标签抽取[J]. 信息系统学报, 2016, 16(1): 125-129.

[160] 刘臣, 韩林, 李丹丹, 等. 基于汉语组块产品特征——观点对提取与情感分析研究[J]. 计算机应用研究, 2017, 34(10): 2942-2945.

[161] 李大宇, 王佳, 文治, 王素格. 面向电影评论的标签方面情感联合模型[J]. 计算机科学与探索, 2018, 12(2): 300-307.

[162] 王忠群, 吴东胜, 蒋胜, 等. 一种基于主流特征观点对的评论可信性排序研究[J]. 数据分析与知识发现, 2017, 1(10): 32-42.

[163] 李志义, 王冕, 赵鹏武. 基于条件随机场模型的"评价特征-评价词"对抽取研究[J]. 情报学报, 2017, 36(4): 411-421.

[164] 戴敏, 朱珠, 李寿山, 等. 面向中文文本的情感信息抽取语料库构建[J]. 中文信息学报, 2015, 29(4): 67-73.

[165] 陈一明. "互联网+"时代课程教学环境与教学模式研究[J]. 西南师范大学学报(自然科学版), 2016, 41(3): 228-232.

[166] 张岩. "互联网+教育"理念及模式探析[J]. 中国高教研究, 2016 (2): 70-73.

[167] 高倩, 何聚厚. 改进的面向数据稀疏的协同过滤推荐算法[J]. 计算机技术与发展, 2016, 26(3): 63-66.

[168] 廖志芳, 王超群, 李小庆, 等. 张量分解的标签推荐及新用户标签推荐算法[J]. 小型微型计算机系统, 2013, 34(11): 2472-2476.

[169] 于洪, 李俊华. 一种解决新项目冷启动问题的推荐算法[J]. 软件学报, 2015, 26(6): 1395-1408.

[170] 冷亚军, 陆青, 梁昌勇. 协同过滤推荐技术综述[J]. 模式识别与人工智能, 2014, 27(8): 720-734.

[171] ABDUL A, CHEN J, LIAO H Y, et al. An emotion-aware personalized music recommendation system using a convolutional neural networks approach[J]. Applied Sciences, 2018, 8(7): 1103.

[172] PENG Y, ZHU W, ZHAO Y, et al. Cross-media analysis and reasoning: Advances and directions [J]. Frontiers of Information Technology &

Electronic Engineering, 2017, 18(1): 44-57.

[173] 李学超, 张文德, 曾金晶, 等. 推荐系统领域研究现状分析[J]. 情报探索, 2019(1): 112-119.

[174] De MAIO C, FENZA G, GAETA M, et al. RSS-based e-learning recommendations exploiting fuzzy FCA for knowledge modeling [J]. Applied Soft Computing, 2012, 12(1): 113-124.

[175] 郝兴伟, 苏雪. E-learning 中的个性化服务研究[J]. 山东大学学报(理学版), 2005, 2005(2): 67-71, 91.

[176] 卢修元, 周竹荣, 奚晓霞. 基于 WC-C-R 学习资源推荐的研究[J]. 计算机工程与设计, 2006(23): 4461-4464.

[177] 李嘉, 张朋柱, 李欣苗, 等. 一种通过挖掘研讨记录来促进学生思考的在线督导系统[J]. 现代图书情报技术, 2012(4): 10-16.

[178] 陶剑文, 姚奇富. 基于 Web 使用挖掘的个性化学习推荐系统[J]. 计算机应用, 2007, 2007(7): 1809-1812, 1816.

[179] 梁婷婷, 李春青, 李海生. 基于内容过滤 PageRank 的 Top-k 学习资源匹配推荐[J]. 计算机工程, 2017, 43(2): 220-226.

[180] BOBADILLA J, SERRADILLA F, HERNANDO A. Collaborative filtering adapted to recommender systems of e-learning [J]. Knowledge-Based Systems, 2009, 22(4): 261-265.

[181] HA I A, SONG G S, KIM H N, et al. Collaborative recommendation of online video lectures in e-learning system [J]. Journal of the Korea Society of Computer and Information, 2009, 14(9): 85-94.

[182] ABEL F, BITTENCOURT I I, COSTA E, et al. Recommendations in online discussion forums for e-learning systems[J]. IEEE Transactions on Learning Technologies, 2009, 3(2): 165-176.

[183] PANG Y, JIN Y, ZHANG Y, et al. Collaborative filtering recommendation for MOOC application [J]. Computer Applications in Engineering Education, 2017, 25(1): 120-128.

[184] 周丽娟, 徐明升, 张研研, 等. 基于协同过滤的课程推荐模型[J]. 计算机应用研究, 2010, 27(4): 1315-1318.

[185] 孙歆, 王永固, 邱飞岳. 基于协同过滤技术的在线学习资源个性化推荐系统研究[J]. 中国远程教育, 2012, 2012(8): 78-82.

[186] 马莉, 薛福亮. 一种基于向量的在线学习推荐系统架构[J]. 情报科学, 2017, 35(7): 56-59.

［187］LU J，WU D，MAO M，et al. Recommender system application developments：A survey［J］. Decision Support Systems，2015，74：12-32.

［188］AHER S B，LOBO L. Combination of machine learning algorithms for recommendation of courses in e-learning system based on historical data ［J］. Knowledge-Based Systems，2013，51：1-14.

［189］BOUIHI B，BAHAJ M. Ontology and rule-based recommender system for e-learning applications ［J］. International Journal of Emerging Technologies in Learning（IJET），2019，14（15）：4-13.

［190］刘志勇，刘磊，刘萍萍，等. 一种基于语义网的个性化学习资源推荐算法［J］. 吉林大学学报（工学版），2009，39（S2）：391-395.

［191］姜强，赵蔚，杜欣，等. 基于用户模型的个性化本体学习资源推荐研究［J］. 中国电化教育，2010，2010（5）：106-111.

［192］CHEN W，NIU Z，ZHAO X，et al. A hybrid recommendation algorithm adapted in e-learning environments［J］. World Wide Web，2014，17（2）：271-284.

［193］WU D，LU J，ZHANG G. A fuzzy tree matching-based personalized e-learning recommender system［J］. IEEE Transactions on Fuzzy Systems，2015，23（6）：2412-2426.

［194］PANG Y，LIU W，JIN Y，et al. Adaptive recommendation for MOOC with collaborative filtering and time series［J］. Computer Applications in Engineering Education，2018，26（6）：2071-2083.

［195］DIAS A S，WIVES L K. Recommender system for learning objects based in the fusion of social signals，interests，and preferences of learner users in ubiquitous e-learning systems［J］. Personal and Ubiquitous Computing，2019，23（2）：249-268.

［196］丁永刚，张馨，桑秋侠，等. 融合学习者社交网络的协同过滤学习资源推荐［J］. 现代教育技术，2016，26（2）：108-114.

［197］马莉. 一种利用用户学习树改进的协同过滤推荐方法［J］. 现代图书情报技术，2016（4）：72-80.

［198］夏立新，毕崇武，程秀峰. 基于 FRUTAI 算法的布尔型移动在线学习资源协同推荐研究［J］. 图书情报工作，2017，61（3）：14-20.

［199］张维国. 面向知识推荐服务的选课决策［J］. 计算机科学，2019，46（S1）：507-510.

［200］刘伟，刘柏嵩，王洋洋．海量学术资源个性化推荐综述［J］．计算机工程与应用，2018，54（3）：30-39.

［201］黄立威，江碧涛，吕守业，等．基于深度学习的推荐系统研究综述［J］．计算机学报，2018，41（7）：1619-1647.

［202］陈亮，汪景福，王娜，等．基于 DNN 算法的移动视频推荐策略［J］．计算机学报，2016，39（8）：1626-1638.

［203］邵健，章成志．文本表示方法对微博 Hashtag 推荐影响研究——以 Twitter 上 H7N9 微博为例［J］．图书与情报，2015（3）：17-25.

［204］WEI J, HE J, CHEN K, et al. Collaborative filtering and deep learning based recommendation system for cold start items［J］. Expert Systems with Applications, 2017, 69: 29-39.

［205］冯兴杰，曾云泽．基于评分矩阵与评论文本的深度推荐模型［J］．计算机学报，2019，37（10）：1-18.

［206］贾伟，刘旭艳，徐彤阳．融合用户智能标签与社会化标签的推荐服务［J］．情报科学，2019，37（10）：120-125.

［207］ROSA R L, SCHWARTZ G M, RUGGIERO W V, et al. A knowledge-based recommendation system that includes sentiment analysis and deep learning［J］. IEEE Transactions on Industrial Informatics, 2019, 15 (4): 2124-2135.

［208］DENG X, HUANG F F. Collaborative variational deep learning for healthcare recommendation［J］. IEEE Access, 2019（7）: 55679-55688.

［209］陈耀旺，严伟，俞东进，等．基于深度学习的个性化网吧游戏推荐［J］．计算机工程，2019，45（1）：206-209，216.

［210］ZHANG H, HUANG T, LV Z, et al. MOOCRC: A highly accurate resource recommendation model for use in MOOC environments［J］. Mobile Networks and Applications, 2019, 24（1）: 34-46.

［211］张金柱，于文倩，刘菁婕，等．基于网络表示学习的科研合作预测研究［J］．情报学报，2018，37（2）：132-139.

［212］厉小军，柳虹，施寒潇，等．基于深度学习的课程推荐模型［J］．浙江大学学报（工学版），2019，53（11）：2139-2145，2162.

［213］刘凯，张立民，周立军．深度学习在信息推荐系统的应用综述［J］．小型微型计算机系统，2019，40（4）：738-743.

［214］ZHANG S, YAO L, WU B, et al. Unraveling metric vector spaces with factorization for recommendation［J］. IEEE Transactions on Industrial

Informatics, 2019: 1-11.

[215]余以胜,韦锐,刘鑫艳. 可解释的实时图书信息推荐模型研究[J]. 情报学报, 2019, 38(2): 209-216.

[216]KOREN Y, BELL R, VOLINSKY C. Matrix factorization techniques for recommender systems[J]. Computer, 2009, 42(8): 30-37.

[217]陈一明. "互联网+"时代课程教学环境与教学模式研究[J]. 西南师范大学学报(自然科学版), 2016, 41(3): 228-232.

[218]张岩. "互联网+教育"理念及模式探析[J]. 中国高教研究, 2016(2): 70-73.

[219]才苗. 基于神经网络的异构数据库语义集成的研究[D]. 大连: 大连理工大学, 2009.

[220]强保华,陈凌,余建桥,等. 基于BP神经网络的属性匹配方法研究[J]. 计算机科学, 2006, 33(1): 249-251.

[221]戴东波,汤春蕾,熊赟. 基于整体和局部相似性的序列聚类算法[J]. 软件学报, 2010, 21(4): 702-717.

[222]郭文龙. 异构数据库集成中相似重复记录清洗方法[J]. 宜春学院学报, 2014, 36(3): 37-39.

[223]张永,迟忠先,闫德勤. 数据仓库ETL中相似重复记录的检测方法及应用[J]. 计算机应用, 2006, 26(4): 880-882.

[224]张枢. 基于数据仓库的数据清洗算法研究[J]. 煤炭技术, 2010, 29(7): 192-194.

[225]邱越峰,田增平. 一种高效的检测相似重复记录的方法[J]. 计算机学报, 2001, 24(1): 69-77.

[226]ZHOU Z D, ZHOU J L. High availability replication strategy for deduplication storage system[J]. Advances in Information Sciences and Service Sciences, 2012, 4(8): 115-123.

[227]刘芳,何飞. 基于聚类分析技术的数据清洗研究[J]. 计算机工程与科学, 2005, 27(6): 70-77.

[228]MANSKI C F. Partial identification with missing data: Concepts and findings[J]. International Journal of Approximate Reasoning, 2005(39): 151-165.

[229]唐懿芳,钟达夫,严小卫. 基于聚类模式的数据清洗技术[J]. 计算机应用, 2004, 24(5): 116-119.

[230]RIPON K S N. RAHMAN A, RAHAMAN G M A. A domain-

independent data cleaning algorithm for detecting similar-duplicates[J]. Journal of Computers, 2010, 5(12): 1800-1809.

[231] 庞剑锋, 卜东波, 白硕. 基于向量空间模型的文本自动分类系统的研究与实现[J]. 计算机应用研究, 2001, 18(9): 23-26.

[232] 杨建武, 陈晓鸥. 基于倒排索引的文本相似搜索[J]. 计算机工程, 2005, 31(5): 1-3.

[233] 俞荣华, 田增平, 周傲英. 一种检测多语言文本相似重复记录的综合方法[J]. 计算机科学, 2002, 29(1): 118-121.

[234] 黄运高, 王妍, 邱武松, 等. 基于 K-means 和 TF-IDF 的中文药名聚类分析[J]. 计算机应用, 2014(1): 173-174, 210.

[235] 施聪莺, 徐朝军, 杨晓江. TFIDF 算法研究综述[J]. 计算机应用, 2009, 29(B06): 167-170.

[236] 唐玲玲, 刘思帆. 基于语义的相似性重复记录检测[J]. 中国电子商务, 2010 (2): 57-58.

[237] 叶鸥, 张璟, 李军怀. 中文地名数据清洗中的重复字段匹配[J]. 应用科学学报, 2013, 31(2): 91.

[238] 郭文龙. 基于 SNM 算法的大数据量中文地址清洗方法[J]. Computer Engineering and Applications, 2014, 50(5): 65-66.

[239] 徐艳玲. 在数据库中一种基于 QPSO 与 BP 神经网络的重复记录检测算法[J]. 网络安全技术与应用, 2014 (11): 67-68.

[240] 刘雪琼, 武刚, 邓厚平. Web 信息整合中的数据去重方法[J]. 计算机应用, 2013, 33(9): 2493-2496.

[241] 赵志刚. 异构数据汇交及挖掘共享平台的研究[J]. 黑龙江科技信息, 2014(17): 160.

[242] 李恒贝, 等. 基于碎片化服务的高校信息化架构及实践[J]. 中国教育信息化, 2016(19): 11-13.

[243] LIU Y C, CHEN M L. Random forest method and application in stream big data systems[J]. Journal of Northwestern Poly-technical University, 2015, 33(6): 1055-1061.

[244] YAO D J, YANG J, ZHANG X J. Feature selection algorithm based on random forest [J]. Journal of Jilin University (Engineering and Technology Edition), 2014, 44(1): 137-141.

[245] ARCHER K J, KIMES R V. Empirical characterization of random forest variable importance measures [J]. Computational Statistics & Data

Analysis，2008，52(4)：2249-2260.

[246]JANITZA S，STROBL C，BOULESTEIX A L. An AUC-based permutation variable importance measure for random forests[J]. BMC Bioinformatics，2013，14(3)：433-440.

[247]宋敏. 基于 SOA 图书馆数字资源整合平台关键技术的研究与实现[J]. 数字图书馆，2009(9)：22-26.

[248]吕莉媛. 基于自组织理论的图书馆数字资源整合研究[J]. 图书馆学研究，2008(8)：55-57，73.

图书

[1]周志华. 机器学习[M]. 北京：清华大学出版社，2016.

[2]GOODFELLOW I J，BENGIO Y，COURVILLE A C. Deep learning[M]. Cambridge：MIT Press，2016.

[3]索雷斯. 大数据治理[M]. 匡斌，译. 北京：清华大学出版社，2014.

[4]杨杰. 数据挖掘技术及其应用[M]. 上海：上海交通大学出版社，2011.

[5]Liu B. Sentiment analysis：Mining opinions，sentiments，and emotions[M]. Cambridge：Cambridge University Press，2015.

[6]PRINZIE A，POEL D V D. Random multiclass classification：Generalizing random forests to random MNL and random NB[M]//Database and Expert Systems Applications. Berlin：Springer，2007.

[7]GOODFELLOW I J，BENGIO Y，COURVILLE A C. Deep learning[M]. Cambridge：MIT Press，2016.

[8]项亮. 推荐系统实践[M]. 北京：人民邮电出版社，2012.

[9]苏新宁，杨建林，邓三鸿，等. 数据挖掘理论与技术[M]. 北京：科学技术文献出版社，2003.

[10]SAM Y，LI S Z，SUN P. A fast filtering scheme for large database cleaning[M]//WONG K，LAM F，LAM N. Proceedings of the eleventh international conference on Information and knowledge management. Boston：ACM Press，2002.

学位论文

[1]王兴. 重复数据删除系统的性能优化研究[D]. 武汉：华中科技大学，2013.

［2］龚铁梁．数据降维算法研究及其应用［D］．武汉：湖北大学，2012.

［3］谈锐．半监督数据降维方法的研究［D］．无锡：江南大学，2012.

［4］闫小彬．大数据增量降维方法的研究与实现［D］．哈尔滨：黑龙江大学，2019.

［5］陈健．我国大数据技术发展的政策体系研究［D］．昆明：云南师范大学，2017.

［6］陈桂香．大数据对我国高校教育管理的影响及对策研究［D］．武汉：武汉大学，2017.

［7］唐桥．在线数据整合技术的研究与设计［D］．成都：电子科技大学，2011.

［8］赵夷平．传统搜索引擎与语义搜索引擎比较研究［D］．长春：吉林大学，2009.

［9］徐国庆．数据挖掘技术在教育行业CRM中的应用研究［D］．济南：山东师范大学，2013.

［10］程希来．多数据库系统数据整合平台设计［D］．成都：电子科技大学，2008.

［11］张文超．基于数据挖掘的高校学科建设决策支持系统研究与实现［D］．北京：北京工业大学，2013.

［12］梁世磊．基于Hadoop平台的随机森林算法研究及图像分类系统实现［D］．厦门：厦门大学，2014.

［13］王晓宇．网络评论标签提取的研究与实现［D］．北京：北京邮电大学，2018.

［14］刘智．课程评论的情感倾向识别与话题挖掘技术研究［D］．武汉：华中师范大学，2014.

［15］贺雅琪．多源异构数据融合关键技术研究及其应用［D］．成都：电子科技大学，2018.

［16］丛培林．SOA架构在高校信息化系统中整合技术的应用［D］．成都：电子科技大学，2011.

［17］贺杰．在线教育课程评论文本情感倾向性研究［D］．南昌：江西财经大学，2017.

［18］冯君．基于条件随机场的情感分析模型在MOOCs评论文本分析中的应用研究［D］．武汉：华中师范大学，2017.

［19］刘智．课程评论的情感倾向识别与话题挖掘技术研究［D］．武汉：华中师范大学，2014.

[20]ZARATE S A. Big data: Evolution, components, challenges and opportunities[D]. Cambridge: Massachusetts Institute of Technology, 2013.

[21]张彩琴. 基于 Co-training 训练 CRF 模型的评价搭配识别[D]. 太原: 山西大学, 2013.

[22]徐强. GIS 领域多源异构数据集成的普适性处理框架研究[D]. 西安: 陕西师范大学, 2018.

[23]彭云. 提取商品特征和情感词的语义约束 LDA 模型研究[D]. 南昌: 江西财经大学, 2016.

[24]吴双. 基于依存句法分析的 Web 金融信息情感极性单元抽取[D]. 南昌: 江西财经大学, 2015.

[25]姚兆旭. 基于 WSO-LDA 的微博话题"主题+观点"词条抽取算法研究[D]. 南京: 南京航空航天大学, 2017.

[26]刘涛. 基于特征的中文在线评论观点挖掘系统的研究与实现[D]. 南京: 东南大学, 2017.

[27]王晓宇. 网络评论标签提取的研究与实现[D]. 北京: 北京邮电大学, 2018.

[28]邢淑凝. 基于深度学习的多源信息融合推荐算法研究[D]. 济南: 山东师范大学, 2019.

[29]李佳. 基于意见挖掘与深度学习的推荐算法研究[D]. 长春: 吉林大学, 2018.

[30]吴晓亮. 基于文本情感分析与矩阵分解的混合推荐算法研究[D]. 南昌: 南昌大学, 2019.

[31]胡洪宁. 聚类算法的分析与研究[D]. 武汉: 海军工程大学, 2005.

[32]张燕. 基于聚类算法的数据清洗的研究与实现[D]. 保定: 华北电力大学, 2008.

[33]周正达. 信息存储系统中重复数据删除技术的研究[D]. 武汉: 华中科技大学, 2012.

[34]戴颖基. 基于聚类树的相似重复记录检测算法改进研究[D]. 合肥: 合肥工业大学, 2010.

[35]吕景耀. 数据清洗及 XML 技术在数字报刊中的研究与应用[D]. 北京: 北京邮电大学, 2009.

[36]周奕辛. 数据清洗算法的研究与应用[D]. 青岛: 青岛大学, 2005.

[37]文双全. 一种基于云存储的同步网络存储系统的设计与实现[D]. 济

南：山东大学，2010.

［38］曹正凤．随机森林算法优化研究［D］．北京：首都经济贸易大学，2014.

［39］董丽娟．基于关联规则的决策树改进算法在贫困生认定中的应用［D］．郑州：郑州大学，2016.

［40］贺杰．在线教育课程评论文本情感倾向性研究［D］．南昌：江西财经大学，2017.

会议文献

［1］HO T K. Random Decision Forest［C］//Proceedings of the Third International Conference on Document Analysis and Recognition. Canada：IEEE Computer Society，1995.

［2］ROBNIK-SIKONJA M. Improving Random Forests［C］//Proceedings of the 15th European Conference on Machine Learning. Italy：Computer Science，2004.

［3］GALL J，LEMPITSKY V. Class-Specific Hough forests for object detection［C］//Proceedings of IEEE Conference on Computer Vision and Pattern Recognition. Los Alamitos：IEEE Computer Society Press，2009.

［4］POPESCU A M，ETZIONI O. Extracting product features and opinions from reviews［C］//Proceedings of the Conference on Human Language Technology and Empirical Methods in Natural Language Processing，Vancouver. Stroudsburg，PA，USA：Association for Computational Linguistics，2005：9-28.

［5］ZHUANG L，JING F，ZHU X Y. Movie review mining and summarization［C］//Proceedings of the ACM 15th Conference on Information and Knowledge Management，Arlington，Virginia，USA. New York，USA：ACM，2006：43-50.

［6］WILSON T，WIEBE J，HOFFMANN P. Recognizing contextual polarity in phrase-level sentiment analysis［C］//Proceedings of Human Language Technology Conference and Conference on Empirical Methods in Natural Language Processing，Vancouver，British Columbia，Canada. Stroudsburg，PA，USA：Association for Computational Linguistics，2005：347-354.

［7］ZHAO J，LIU K，WANG G. Adding redundant features for CRFs-based sentence sentiment classification［C］//Proceedings of the conference on empirical methods in natural language processing, Honolulu, Hawaii. Stroudsburg, PA, USA: Association for Computational Linguistics, 2008: 117-126.

[8] PANG B, LEE L. A sentimental education: Sentiment analysis using subjectivity summarization based on minimum cuts[C]//Proceedings of the 42nd annual meeting on association for computational linguistics, Barcelona, Spain. Stroudsburg, PA, USA: Association for Computational Linguistics, 2004.

[9] EL-HALEES A. Mining Opinions in User-Generated Contents to Improve Course Evaluation[C]//International conference on software engineering and computer systems, Berlin, Heidelberg. Springer, 2011: 107-115.

[10] MUNEZERO M, MONTERO C S, MOZGOVOY M, et al. Exploiting sentiment analysis to track emotions in students' learning diaries[C]// Proceedings of the 13th Koli Calling international conference on computing education research, Koli, Finland. New York, USA: ACM, 2013: 145-152.

[11] FERGUSON R, WEI Z Y, HE Y L, et al. An evaluation of learning analytics to identify exploratory dialogue in online discussions[C]// Proceedings of the third international conference on learning analytics and knowledge, Leuven, Belgium. New York, USA: ACM, 2013: 85-93.

[12] RAMESH A, GOLDWASSER D, HUANG B, et al. Understanding MOOC Discussion forums using seeded LDA[C]//Proceedings of the ninth workshop on innovative use of NLP for building educational applications, Baltimore, Maryland. Association for Computational Linguistics, 2014: 28-33.

[13] WEN M, YANG D Y, ROSÉ C P. Sentiment analysis in MOOC discussion forums: What does it tell us? [C]//Proceedings of educational data mining. 2014: 130-137.

[14] EZEN-CAN A, GRAFSGAARD J F, LESTER J C, et al. Classifying student dialogue acts with multimodal learning analytics[C]//Proceedings of the fifth international conference on learning analytics and knowledg, Poughkeepsie, New York. New York, USA: ACM, 2015: 280-289.

[15] FEI H X, LI H Y. The study of learners' emotional analysis based on MOOC[C]//International conference on cognitive computing. Springer,

2018：170-178.

［16］HU M Q, LIU B. Mining and summarizing customer reviews［C］//Proceedings of the tenth ACM SIGKDD international conference on Knowledge discovery and data mining, Seattle, WA, USA. New York, NY, USA：ACM, 2004：168-177.

［17］KIM S M, HOVY E. Identifying opinion holders for question answering in opinion texts［C］//Proceedings of AAAI-05 workshop on question answering in restricted domains, 2005.

［18］JIN W, HO H H, SRIHARI R K. A novel machine learning system for web opinion mining and extraction［C］//Proceedings of the 15th ACM SIGKDD international conference on knowledge discovery and data mining, Paris, France. New York, USA：ACM, 2009：1195-1204.

［19］JAKOB N, GUREVYCH I. Extracting opinion targets in a single-and cross-domain setting with conditional random fields［C］//Proceedings of the 2010 conference on empirical methods in natural language processing, Cambridge, Massachusetts. Stroudsburg, PA, USA：Association for Computational Linguistics, 2010：1035-1045.

［20］ZHOU X J, WAN X J, XIAO J G. Cross-language opinion target extraction in review texts［C］//2012 IEEE 12th international conference on data mining, Brussels, Belgium. IEEE, 2012：1200-1205.

［21］WANG W Y, PAN J L, DAHLMEIER D, et al. Recursive neural conditional random fields for aspect-based sentiment analysis［C］//Proceedings of the 2016 conference on empirical methods in natural language processing, Austin, Texas. USA：Association for Computational Linguistics, 2016：616-626.

［22］WU Y B, ZHANG Q, HUANG X J, et al. Phrase dependency parsing for opinion mining［C］//Proceedings of the 2009 conference on empirical methods in natural language processing, Singapore. Stroudsburg, PA, USA：Association for Computational Linguistics, 2009：1533-1541.

［23］毛军，张翠侠，陈昇. 信息融合技术在数据集成中的应用研究［C］//2019 第七届中国指挥控制大会论文集，2019.

［24］LI S S, WANG R Y, ZHOU G D. Opinion target extraction using a shallow semantic parsing framework［C］//Proceedings of the twenty-sixth AAAI conference on artificial intelligence, Toronto, Ontario, Canada.

AAAI, 2012: 1671-1677.

[25]LI F T, PAN S J, JIN O, et al. Cross-domain co-extraction of sentiment and topic lexicons[C]//Proceedings of the 50th annual meeting of the association for computational linguistics, Jeju Island, Korea. Stroudsburg, PA, USA: Association for Computational Linguistics, 2012: 410-419.

[26]XU L H, LIU K, LAI S W, et al. Mining opinion words and opinion targets in a two-stage framework[C]//Proceedings of the 51st annual meeting of the association for computational linguistics, Sofia, Bulgaria. Association for Computational Linguistics, 2013: 1764-1773.

[27]LIU K, XU L H, ZHAO J. Syntactic patterns versus word alignment: Extracting opinion targets from online reviews[C]//Proceedings of the 51st annual meeting of the association for computational linguistics, Sofia, Bulgaria. Association for Computational Linguistics, 2013: 1754-1763.

[28]KIM S M, HOVY E. Determining the sentiment of opinions[C]// Proceedings of the 20th international conference on computational linguistics, Geneva, Switzerland. Stroudsburg, PA, USA: Association for Computational Linguistics, 2004: 1367-1373.

[29]LAFFERTY J D, MCCALLUM A, PEREIRA F C N. Conditional random fields: Probabilistic models for segmenting and labeling sequence data [C]//Proceedings of the eighteenth international conference on machine learning, San Francisco, CA: Morgan Kaufmann Publishers Inc.. 2001: 282-289.

[30]RODRIGUEZ M G, GUMMADI K, SCHOELKOPF B. Quantifying information overload in social media and its impact on social contagions[C]//The eighth international AAAI conference on weblogs and social media. Ann Arbor, Michigan, USA: AAAI Press, 2014.

[31]SEDHAIN S, SANNER S, BRAZIUNAS D, et al. Social collaborative filtering for cold-start recommendations[C]//Proceedings of the 8th ACM conference on recommender systems. New York, NY, USA: ACM, 2014: 345-348.

[32]SHISHEHCHI S, BANIHASHEM S Y, ZIN N A M, et al. Review of personalized recommendation techniques for learners in e-learning systems [C]//2011 international conference on semantic technology and

information retrieval. Kuala Lumpur, Malaysia: IEEE, 2011: 277-281.

[33]ZAIANE O R. Building a recommender agent for e-learning systems[C]// International conference on computers in education, 2002. NW Washington, DC, USA: IEEE, 2002: 55-59.

[34]KHRIBI M K, JEMNI M, NASRAOUI O. Automatic recommendations for e-learning personalization based on web usage mining techniques and information retrieval[C]//2008 eighth IEEE international conference on advanced learning technologies. Santander, Cantabria, Spain: IEEE, 2008: 241-245.

[35]HUANG R,LU R. Research on content-based MOOC recommender model [C]//2018 5th international conference on systems and informatics (ICSAI). Nanjing, China: IEEE, 2018: 676-681.

[36]DWIVEDI P, BHARADWAJ K K. Effective resource recommendations for e-learning: A collaborative filtering framework based on experience and trust [C]//International conference on computational intelligence and information technology. Berlin, Heidelberg: Springer, 2011: 166-170.

[37]MAWANEL J, NAJI A, RAMDANI M. Clustering collaborative filtering approach for Diftari E-learning platform' recommendation system[C]// Proceedings of the 12th international conference on intelligent systems: Theories and applications. New York,NY,USA: Association for Computing Machinery, 2018: 1-6.

[38]YU Z, NAKAMURA Y, JANG S, et al. Ontology-based semantic recommendation for context-aware e-learning[C]//International Conference on Ubiquitous Intelligence and Computing. Berlin, Heidelberg: Springer, 2007: 898-907.

[39]KUSUMAWARDANI S S,PRAKOSO R S, SANTOSA P I. Using ontology for providing content recommendation based on learning styles inside E-learning[C]//2014 2nd international conference on artificial intelligence, modelling and simulation. Madrid, Spain: IEEE, 2014: 276-281.

[40]JETINAI K. Rule-based reasoning for resource recommendation in personalized e-learning[C]//2018 International Conference on Information and Computer Technologies (ICICT). De Kalb, Illinois, USA: IEEE, 2018: 150-154.

[41]ARYAL S, PORAWAGAMA A S, HASITH M G S, et al. MoocRec:

Learning styles-oriented MOOC recommender and search engine[C]// 2019 IEEE Global Engineering Education Conference (EDUCON). Dubai, United Arab Emirates: IEEE, 2019: 1167-1172.

[42]DO P, NGUYEN K, VU T N, et al. Integrating knowledge-based reasoning algorithms and collaborative filtering into e-learning material recommendation system[C]//International conference on future data and security engineering. Ho Chi Minh City, Vietnam: Springer, 2017: 419-432.

[43]FLOREZ O U. Deep learning of semantic word representations to implement a content-based recommender for the RecSys challenge'14 [C]//Semantic Web Evaluation Challenge. Crete, Greece: Springer, 2014: 199-204.

[44]WANG X, WANG Y. Improving content-based and hybrid music recommendation using deep learning[C]//Proceedings of the 22nd ACM international conference on multimedia. New York, NY, USA: Association for Computing Machinery, 2014: 627-636.

[45]WEI J, HE J, CHEN K, et al. Collaborative filtering and deep learning based hybrid recommendation for cold start problem[C]//2016 IEEE 14th Intl Conf on Dependable, Autonomic and Secure Computing, 14th Intl Conf on Pervasive Intelligence and Computing, 2nd Intl Conf on Big Data Intelligence and Computing and Cyber Science and Technology Congress (DASC/PiCom/DataCom/CyberSciTech). Auckland, New Zealand: IEEE, 2016: 874-877.

[46]YUAN J,SHALABY W, KORAYEM M, et al. Solving cold-start problem in large-scale recommendation engines: A deep learning approach[C]// 2016 IEEE International Conference on Big Data (Big Data). Washington DC, USA: IEEE, 2016: 1901-1910.

[47]OUHBI B, FRIKH B, ZEMMOURI E, et al. Deep learning based recommender systems [C]//2018 IEEE 5th International Congress on Information Science and Technology (CIST). Marrakesh, Morocco: IEEE, 2018: 161-166.

[48]MODARRESI K, DINER J. An efficient deep learning model for recommender systems [C]//International conference on computational science. Wuxi, China: Springer, 2018: 221-233.

[49] FANG H, GUO G, ZHANG D, et al. Deep learning-based sequential recommender systems: Concepts, algorithms, and evaluations [C]// International conference on web engineering. Daejeon, Korea: Springer, 2019: 574-577.

[50] WANG X, ZHANG Y, YU S, et al. E-learning recommendation framework based on deep learning [C]//2017 IEEE International Conference on Systems, Man, and Cybernetics (SMC). Banff, Canada: IEEE, 2017: 455-460.

[51] ZHANG H, YANG H, HUANG T, et al. DBNCF: Personalized courses recommendation system based on DBN in MOOC environment[C]//2017 International Symposium on Educational Technology (ISET). Hong Kong, China: IEEE, 2017: 106-108.

[52] HE X, LIAO L, ZHANG H, et al. Neural collaborative filtering[C]// Proceedings of the 26th international conference on world wide web. Perth, Australia: IW3C2, 2017: 173-182.

[53] VASWANI A, SHAZEER N, PARMAR N, et al. Attention is all you need [C]//Advances in neural information processing systems. Long Beach, CA, USA: NIPS, 2017: 5998-6008.

[54] LEMIRE D, MACLACHLAN A. Slope one predictors for online rating-based collaborative filtering [C]//Proceedings of the 2005 SIAM International Conference on Data Mining. Society for Industrial and Applied Mathematics, 2005: 471-475.

[55] LEE D D, SEUNG H S. Algorithms for non-negative matrix factorization [C]//Advances in neural information processing systems. Vancouver, British Columbia, Canada: NIPS, 2001: 556-562.

[56] MCCALLUM A, NIGAM K, UNGAR L. Efficient clustering of high-dimensional data sets with application to reference matching [C]// Proceedings of the sixth international conference on knowledge discovery and data mining, 2000: 169-178.

[57] FORMAN G, ESHGHI K, CHIOCCHETTI S. Finding similar files in large document repositories[C]//Proceedings of the eleventh ACM SIGKDD international conference on knowledge discovery in data mining. ACM, 2005: 394-400.

网络文献

[1]SHAH D. By The numbers：MOOCs in 2018［EB/OL］.（2018-12-11）［2019-05-03］. https：//www. classcentral. com/report/mooc-stats-2018/.

[2]新华网. 慕课——中国高等教育实现"变轨超车"的关键一招［EB/OL］.（2018-04-16）［2019-06-12］. http：//www. xinhuanet. com/politics/2018-04/16/c_1122689822. htm.

[3]ZHANG S, YAO L, SUN A, et al. NeuRec：On nonlinear transformation for personalized ranking［J/OL］. arXiv preprint arXiv：1805. 03002, 2018［2020-01-10］. https：//arxiv. org/abs/1805. 03002.

[4]DEVLIN J, CHANG M W, LEE K, et al. BERT：Pre-training of deep bidirectional transformers for language understanding［J/OL］. arXiv preprint arXiv：1810. 04805［cs］, 2019. https：//arxiv. org/abs/1810. 04805.

[5]WU Y, SCHUSTER M, CHEN Z, et al. Google's neural machine translation system：Bridging the gap between human and machine translation［J/OL］. arXiv preprint arXiv：1609. 08144, 2016［2020-01-10］. https：//arxiv. org/abs/1609. 08144.

[6]LI S, ZHAO Z, HU R, et al. Analogical reasoning on chinese morphological and semantic relations［J/OL］. arXiv preprint arXiv：1805. 06504, 2018［2020-01-10］. https：//arxiv. org/abs/1805. 06504.

[7]CUI Y, CHE W, LIU T, et al. Pre-training with whole word masking for chinese bert［J/OL］. arXiv preprint arXiv：1906. 08101, 2019［2020-01-10］. https：//arxiv. org/abs/1906. 08101.

[8]MARCUS J I M A. Data cleaning：Beyond integrity analysis［EB/OL］.（2000-06-23）［2006-11-21］. http：//Sdml. info/papers/IQ2000. pdf.